守望与回望

中国农业大学社会学系口述历史

朱启臻　主编

社会科学文献出版社
SOCIAL SCIENCES ACADEMIC PRESS (CHINA)

序 言

　　发生在20世纪70年代末80年代初的"包产到户"（现在称之为农业家庭经营）是中国改革的重要标志，一举解决了中国人为之奋斗了30年而没有解决的吃饭问题。其中的道理不是简单经验可以解释的，需要通过对农业和农村社会进行系统研究给予解释。于是，就有了农业院校率先面向全校学生开设的"农村社会学"等选修课。这算是社会学专业建设的准备阶段，我还清楚记得能容纳几百人的大教室座无虚席的课堂场景。20世纪90年代，中国经济进入活跃发展期，社会冲破了以往的沉静，各类新社会现象不断涌现。如当时被称为"盲流"的农民工现象、市场意识觉醒后的市场行为、乡村工业化蓬勃发展、乡村自治出现以及农民负担加重等，均需要特定学科做出科学的解释，也迫切需要有新学科背景的毕业生承担新时期的社会工作。为适应社会发展需要，在高校学科大发展的背景下，中国农业大学的社会学本科专业于1995年9月首次招生。我们把这一事件定为中国农业大学社会学系成立的标志。从此，我们的社会学学科进入了一个新的发展阶段。

　　经过20年的稳步发展，中国农业大学的社会学系健康扎实地成长，取得了令人瞩目的成绩。

　　我们已经建设了一支高素质的师资队伍。社会学系从最初的七八名转行教师发展到今天的具有 25 名专职教师的师资队伍。其中 80% 的教师具有博士学位，88% 的教师具有国外留学或国外工作经历，真正形成了一支可以与国际接轨的教学科研团队。我们不断创新着教学内容，引进新的教学理念和方法，也不断创造着令人鼓舞的研究成果。

我们形成了具有农业大学特色的教学与实践体系。重视教学以及社会实践是中国农业大学社会学系从成立伊始就始终坚持的培养学生的原则。经过 20 年的努力，形成了包括社会学理论、社会学研究方法、社会心理学、文化人类学以及各个分支社会学等课程的完善的学科体系，并且在农业社会学、农村社会学等学科上做出了具有开拓性的贡献，形成了中国农业大学社会学特色学科。在实践教学上，不仅创新了实践教学的方式方法，保持了与农村、农民的密切接触，而且形成和建设了稳定而有效的学生实践和实习基地。

我们培养了一批高质量的毕业生。截止到 2015 年 9 月，我们培养了 535 名本科毕业生，203 名硕士研究生，以及 144 名在职农业推广硕士研究生。毕业生或工作在国家机关、企业、事业单位，或工作在科研、教学单位。无论在哪个岗位上，他们都发扬了农业大学"解民生之多艰"的精神，体现了农业大学社会学"求真、务实"的传统，在各自的岗位上做出了杰出的成绩。

我们取得了一批教学和科研成果。社会学系承担了 13 项国家哲学社会科学基金项目，其中 1 项为重点项目；承担了 50 多项省部级研究项目，产出了一批有影响的科研成果。在社会学系的教师队伍里，有学校的教学名师，有教育部新世纪优秀人才，有国务院政府津贴获得者；在社会学系，有国家级精品课，有教育部资源共享课程，有国家级规划教材；还获得了国家级、省部级奖励和荣誉，体现了广大教师的辛勤劳动，也是社会认可的重要标志。

要告诉大家的是，我们的社会学系正在面临新的发展机遇。这种机遇一方面来自社会和谐发展对社会学学科的迫切需要，另一方面来自社会学师生的长期努力和积淀。这使我们具备了跨越式发展的基础和条件。中国农业大学已经把社会学列为重点发展的学科，社会学系近期将有自己的博士授权点。我们学院将进一步整合资源，集中优势力量发展社会学学科。相信用不了多少年，一个全新的社会学系将展现在大家的面前。

前事不忘，后事之师。过去的20年，是中国农业大学社会学系师生探索、探索、再探索的20年，是我们努力、努力、再努力的20年。呈现在我们面前的这本口述史记录了我们走过的道路，反映了我们艰苦探索的历程，也预示着我们未来的发展方向。书中记录的人和事，可以帮助我们回忆美好的过去，细心阅读可以发现我们每个人的影子；书中记录的情与爱，会使我们感受到社会学系家一样的温暖和团体的凝聚力；书中记录的每一个阶段，像是一级级的台阶，沿着它可以走得更高、更远。

在庆祝中国农业大学社会学系成立20周年的日子里，我们不会忘记建系之初曾经给我们无私帮助的老前辈，他们是陆学艺、郭书田、陆银初、王立诚、李守经、邹德秀；也不会忘记社会学系的兼职教授和兼职导师，他们对社会学系发展做出的贡献是令人感动和难以忘怀的。

社会学系主任　朱启臻

2015年8月

目 录

程贵铭 ··· 001
  1. 中国社会学学科的曲折历程回顾 ································ 001
  2. 农大社会学系的艰难起步和快速发展 ······························ 005
  3. 农大社会学专业要办出自己的特色 ································ 009
  4. 一个经济学人与社会学的不解之缘 ································ 011
  5. 我的教学与研究心得 ·· 014
  6. 如何学好社会学 ·· 021

朱启臻 ··· 025
  1. 农业大学需要社会科学 ·· 025
  2. "三农"问题的解决离不开社会学 ································· 029
  3. 中国农业大学社会学的特色与方向 ································ 034
  4. 农村社会学可以发挥作用的领域 ·································· 038
  5. 兴趣与责任 ·· 048
  6. 自豪与遗憾 ·· 056
  7. 期望与建议 ·· 060

张 蓉 ··· 064
  1. 与农大结缘 ·· 064
  2. 与社会学系结缘 ·· 065

3. 学科建设与学科发展 ………………………………… 070
4. 本科生科研训练计划 ………………………………… 074
5. 对社会学专业实践教学的思考 ……………………… 078
6. 师生情谊与人生感悟 ………………………………… 083

蒋爱群 ……………………………………………………… 087
1. 溯源：弃理从文 ……………………………………… 087
2. 孕育：人文教研室 …………………………………… 089
3. 诞生：社会学的初创岁月 …………………………… 092
4. 成长：黄龙寺扶贫实践 ……………………………… 095
5. 收获：成为"蒋妈" …………………………………… 102
6. 结语 …………………………………………………… 111

孙 津 ……………………………………………………… 112
1. 从文学博士到农民问题专家 ………………………… 113
2. 农大社会学的学科建设与人才培养 ………………… 117
3. 比较现代化研究的思路与视野 ……………………… 124
4. 实证研究或田野调查的真相 ………………………… 130
5. 大学教育的本质内涵是精神自主 …………………… 134

何慧丽 ……………………………………………………… 140
1. 在武汉：两粒种子播种在一名年轻学子的心田 …… 140
2. 任教初期与读博期间教学科研思想的萌芽与成长 … 146
3. 教学科研的开拓性探索阶段：为了中国社会学的新生和发展 ………………………………………… 151
4. 课堂教学内容改革个案：社会学概论与中国社会学名著导读 ……………………………………………… 155
5. 课堂教学综合改革个案：经济社会学 ……………… 157
6. 关于社会实践教学改革的探索：发现乡土性，感悟农村美 ………………………………………………… 162

叶敬忠 ……………………………………………………… 167
1. 个人经历与学业转型 ………………………………… 167

2. 农村留守人口研究 ………………………………… 173
　　3. 农民视角的新农村建设研究 ……………………… 178
　　4. 社会科学研究的责任感 …………………………… 180
　　5. 社会科学研究的态度与精神 ……………………… 185
　　6. 社会科学研究的价值 ……………………………… 188
吴惠芳 ………………………………………………………… 191
　　1. 误打误撞初入门 …………………………………… 191
　　2. 跌跌撞撞进取路 …………………………………… 199
　　3. 峰回路转再上路 …………………………………… 203
　　4. 步履维艰"八爪鱼" ………………………………… 208
　　5. 不是结束的结语 …………………………………… 217
孙庆忠 ………………………………………………………… 219
　　1. 学业背景与学术志趣 ……………………………… 219
　　2. 与农大社会学系结缘 ……………………………… 221
　　3. 课堂教学的高峰体验 ……………………………… 224
　　4. 兰考之行的田野记忆 ……………………………… 230
　　5. 八载妙峰山庙会追踪研究 ………………………… 233
　　6. 十年本科生科研训练计划 ………………………… 239
　　7. 研究生教育的精神与理念 ………………………… 243
　　8. 农业推广硕士的培养与感悟 ……………………… 246
　　9. 心灵告白与社会学系的愿景 ……………………… 248
童小溪 ………………………………………………………… 253
　　1. 关于大学教育和社会科学 ………………………… 253
　　2. 在农大教书和调研的经历 ………………………… 255
　　3. 对教育和改革的看法 ……………………………… 257
　　4. 对"三农"问题的看法 …………………………… 258
　　5. 关于学生、学习和读书 …………………………… 260
　　6. 关于个人和体制 …………………………………… 264
　　7. 关于课堂与课外 …………………………………… 265

8. 对社会学系和社会学的看法 ………………………………… 267

赵旭东 ……………………………………………………………… 272
　　1. 乡土与社会 …………………………………………………… 272
　　2. 影响与改变 …………………………………………………… 274
　　3. 我与社会学 …………………………………………………… 275
　　4. 学生与培养 …………………………………………………… 276
　　5. 提升与转型 …………………………………………………… 280
　　6. 经历与人生 …………………………………………………… 282
　　7. 烦事与趣事 …………………………………………………… 285
　　8. 建议与主张 …………………………………………………… 287
　　9. 期待与展望 …………………………………………………… 290

熊春文 ……………………………………………………………… 293
　　1. 与社会学结缘 ………………………………………………… 293
　　2. 入职社会学系 ………………………………………………… 300
　　3. 尽心课堂教学 ………………………………………………… 305
　　4. 开展经验研究 ………………………………………………… 311
　　5. 从容寄望未来 ………………………………………………… 319

郑红娥 ……………………………………………………………… 322
　　1. 感念与感悟 …………………………………………………… 322
　　2. 初次造访 ……………………………………………………… 323
　　3. 带队实习 ……………………………………………………… 324
　　4. 第一次上讲台 ………………………………………………… 326
　　5. 我的成长 ……………………………………………………… 328
　　6. 亦师亦友 ……………………………………………………… 331
　　7. 失败与"成功" ……………………………………………… 335
　　8. 学术之路漫漫 ………………………………………………… 338

谢元媛 ……………………………………………………………… 343
　　1. 求学：愉快之旅 ……………………………………………… 343
　　2. 工作：从心选择 ……………………………………………… 347

  3. 班主任：幸福的社会111 …… 349
  4. 课堂：享受彼此的存在 …… 353
  5. 求知：小宇宙爆发的渴求 …… 355
  6. 人生：因梦想而让人期待 …… 356
  7. 致谢 …… 356

梁永佳 …… 358
  1. 自我放逐的求学 …… 358
  2. 以宗教为研究领域 …… 362
  3. 田野工作的乐趣和收获 …… 364
  4. "三不主义"人类学 …… 372
  5. 与农大结缘 …… 374
  6. 大学教育和社会学的前景 …… 381
  7. 每个同学都在谋划自己的生涯 …… 385
  8. 遁世者的意义 …… 388

潘　璐 …… 392
  1. 大学忆往 …… 393
  2. 研究生学习：寻找实践的田野 …… 395
  3. 回归社会学系 …… 400
  4. 走上讲台 …… 403
  5. 寄语新生：学科意识的培养 …… 407

张艳霞 …… 411
  1. 八年燕园寻梦 …… 411
  2. 十二年海外求索 …… 414
  3. 旧燕归来初登农大讲台 …… 419
  4. 学术研究志趣及对未来的展望 …… 423

后　记 …… 425

程贵铭

2015年是中国农业大学社会学系建立20周年。20年在人类历史进程中只不过是短暂的一瞬间，但社会学系作为一个在非文科院校建立的人文社科专业却经历了一个不寻常的漫长过程。忆往昔峥嵘岁月稠。看到今天社会学专业的繁荣景象，我思绪万千，心里有很多话想说。借这个机会，我想讨论四个问题：一是社会学学科在中国的曲折历程；二是农大建立社会学专业的背景与历程；三是本人学农业经济学的背景是如何同社会学结缘的，以及从事社会学教学和研究的一些体会或理念；四是农大社会学专业如何办出自己的特色，以及对社会学专业进一步发展的看法。

1. 中国社会学学科的曲折历程回顾

2015年是中国农业大学建校110周年，而社会学系却只有短短20年的历史。到目前为止，还有很多人不知道社会学是一门独立的学科。

这是很遗憾的。这与社会学这门学科的性质有很大的关系。社会学这门学科，同社会环境、政治生态或体制有很大的关系。没有改革开放，没有政治生活的初步民主化、法制化，以及政治体制改革的初步进行，就不可能有今天社会学的恢复和重建。中国农业大学建立社会学专业，同整个国家社会学专业的兴衰、发展也有着密切的关系。与全国其他大学一样，农大社会学专业，是在改革开放的背景下建立的。社会学是在20世纪初期传入中国的，但很多人认为中国的社会学好像是改革开放以后才有的，过去没有，这是个错误的认识。实际上新中国成立以前，这门学科就有了一定的发展。在20世纪30年代，中国的社会学曾经一度繁荣，特别是农村社会学。当时，中国出版了很多社会学著作，如冯和法的《农村社会学大纲》、孙本文的《社会学原理》等等。新中国成立以前，中国社会学的发展主要表现为农村社会学的繁荣，因为那时的中国基本上没有现代化的工业，是典型的农业社会。"如何把农业社会变成工业社会"是很多老一代学者一直研究的问题。20世纪30年代中国的社会学，特别是农村社会学，在世界上曾占有一席之地，出现了很多国际知名的社会学家。例如，晏阳初先生在美国拿到博士学位以后，放弃了优裕的生活，到第一次世界大战的法国战场上为中国劳工服务，为他们写家信，教他们识字。在那里，他对中国农民有了深刻的认识。他说，中国要发展，必须把农民的文化素质提高。所以，他下决心，这辈子不升官、不发财，一心为这些劳苦大众服务。在20世纪30年代，他组织了"百名博士下乡"活动，到河北定县做乡村建设的实验。这在当时的历史条件下是难能可贵的。他提出的很多观点和看法，同我们现在的新农村建设是不谋而合的。他提出，旧中国农村存在四大病：愚、贫、弱（农民体质健康状况差）、私（农民涣散，不团结）。针对这四大病，他提出了四大教育：通过文化教育，提高农民素质；通过生计教育，发展经济，改善农民生活；通过卫生教育，增强农民体质；通过公民教育，把农民组织起来，解决农民的涣散问题。这些看法非常符合当时农村的实际情况。联系现在的新农村建设，生产发展、生活富裕就是生计教育；乡村文明、村容整洁就是文化和卫生教育；管理民主就是公民教育。经过这么多年，尤其是改革开放以来，中国农村发展的很多主张是新中国成立以前老一代学者早就提出来的。如在1947年，乔启明老前辈就预见到中国的人口发展，曾经提出控制人口的主张。他在《中国农村社会经济学》一书中指出，新中国成立以后，随着生产的发展，人口可能还会增加，但根据中国的土地、资源，我们国家最多能容纳8亿人，这是中国的适量人口。实际上，他提出了一个适度人口理论，比马寅初老先生提出的控制人口数量、提高人口素质主张还要早。再如现在实行的村民自治，是梁漱溟先生主张的。他在20世纪30年代提出乡村要自治，并提出村治、乡治，提出要建立农村的组织——合作社。又如费孝通先生，改革开放以来，他为中国农村的改革和发展出谋划策，提出的很多建议被纳入政策之中，如小城镇建设、发展乡村工业等。实际上，费老在20世纪30年代就提出了社区建设、城镇化等概念。所以说，新中国成立之前，我们曾经有过社会学的研究与发展，而且农村社会学是非常发达的。那时，我们没什么工业，所谓的工业就是王麻子剪刀，所谓的运输业就是骆驼祥子，所谓的商业就是林家铺子。对于怎样把典型的农业社会发展起来，老一代学者提出了很多主张。再如杨开道先生，他在新中国成立之初提出"改造农村的十大措施"。第一个就是要提高农民的文化水平，第二个是要建设乡村道路。改革开放以来，常说"要想富，先修路"，指的就是建设乡村道路。杨开道先生的"改造农村的十大措施"，直到改革开放后才一项一项地得到落实。我曾去云南大学参观抗日战争时期西南联大的校展。西南联大的课程表里有三门课——经济学、法学和社会学。无论哪个专业的学生，都要学习这三门课。因为只有科学和人文这两根支柱同时存在，才能支撑起一个大学。这些都说明，新中国成立以前，中国是存在社会学的，特别是20世纪20~40年代曾经出现过农村社会学的繁荣与发达。但是，新中国成立以后，这门学科就被取消了。为什么取消？社会学和政治学都被称为"敏感学科"，跟当时整个社会体制和意识形态有很大的关系。取消社会学大概有两个原因。第一个原因是全面学习苏联。新中国成立以后，我们的教育制度向苏联学习，专业分得越来越细，细到除了专业课之外，其他什么都不学，教师教给学生的知识也只是一些零碎的专业知识，更不用说人文社科修养。这样培养出来的学生，知识面越来越窄，很难适应社会需要。实际上，这是违反教育规律的。科学和人文是一个有机统一的整体，不能偏废。科学是求真的，而人文是求善和美的，真善美才是教育所追求的目标。第二个原因是认为社会学没有存在的必要。改革开放以前，中国不存在一个独立的社会，政府包揽了一切，所以客观上也不需要社会学。当时人民公社提出组织军事化，农业生产的组织方式向部队组织方式学习，生产战斗化、生活集体化。社会学要谈论社会问题，当时是不允许的，好像社会问题是资本主义的专利，社会主义国家不存在社会问题。硬是把这门学科从高等学校的课程中取消了，这是违反客观规律的。

改革开放使社会学迎来了春天。前事不忘，后事之师。用行政手段取消一门学科的教训是非常深刻的。1979年3月，全国哲学社会科学规划会议召开。胡乔木代表党中央给社会学恢复名誉，他说："否认社会学是一门学科，用非常粗暴的方法禁止它的存在、发展、传授，无论是从科学的，还是从政治的观点来说都是错误的。"这次会议成立了中国社会学会，标志着社会学从此开始恢复或重建。1979年3月30日，邓小平在一次讲话中这样说："政治学、法学、社会学以及世界政治的研究，我们过去多年来忽视了，现在也需要赶快补课。"邓小平讲话后，很多学校相继开设了社会学专业，第一批是上海大学、北京大学、中国人民大学和中山大学。社会学在整个国家的恢复，为农大建立社会学专业铺平了道路。农大人是很敏感的。这门学科刚刚恢复，我们就感觉到它是很有发展前景的，也认识到经济发展和社会发展就像一个人的两条腿，要两条腿走路，不能一条腿走路。这就是社会学这门学科的重要性。要在农业院校建立社会学这门专业，这就是大的背景。

在这样的大背景下，中国农业大学建立社会学专业经历了一个比较漫长的准备过程。中国农业大学建立人文社会科学专业，是专业发展上的一个最大的突破。过去，中国农业大学除了几门马列主义课程以外，没有人文社科的课程，更没有人文社科专业。这是过去高等教育发展思路的后遗症。大学有两根支柱，一个是科学，一个是人文，两个都很重要。科学是讲知识的，求真；人文是讲价值的，求善。为了改善农大人文社科专业空白的状况、完善学生的知识结构以及创造良好的人文环境，我们开始尝试在中国农业大学建立人文社科专业。在全国的非文科院校中，农大率先成立了人文教研室，打出了人文社科这个响亮的牌子，为学生开设人文社科类课程，如农村社会学、心理学、社会调查方法等。当时的教研室主任是马华教授，副主任是我。

2. 农大社会学系的艰难起步和快速发展

根据自己的亲身经历和切身体会，我把中国农业大学社会学专业的建立划分为三个时期。第一个阶段是准备阶段，从1984年到1994年这漫长的十年。在自然科学专业为主的学校，建立人文社科专业，阻力很大，难度也很大，因此我们做了很多准备工作。

第一项准备工作就是开课，做点试探。在全国高校中，中国农业大学（当时名为"北京农业大学"）是第一家开设"农村社会学"课程的大学。我是第一个讲农村社会学的老师。社会学专业在中国是1980年恢复的，我们1985年就在农大为学生开设了"农村社会学"选修课。最初开设课程的主要目的，是改变学生的知识结构。当时，中国农业大学的学生和北京大学的学生的学习环境差异很大。比较起来，北大学生即使不学人文社科的课程，每天也可以听各种各样的讲座。学生们的思路非常开阔，知识面非常广，而农业院校学生的知识面较为单一。为此，农村社会学的课程甫一开设，学生选课数量盛况空前。即使在能容纳200人的大教室上课，人也是挤得满满的。为什么？因为长期以来，农业院校没有人文社科类的课程，大家听了这门课程，觉得老师讲得很贴近社会现实，不像过去讲的空话，所以他们很感兴趣，听课的学生很多。这也让我们认识到学生是需要这些方面知识的，客观上为后来的专业建设创造了条件。

第二项工作就是开办培训班。20世纪80年代到90年代，我们办过乡镇干部培训班、县领导培训班等，开设过行政管理学、经济管理学、社会学等课程，其中就有农村社会学。我专门为乡镇干部写了一本浅显易懂、紧密联系基层实际的农村社会学教材。当时的乡镇干部受教育程度不高，大多是初中毕业水平，所以教材编得非常通俗易懂、简明扼要。我们在河北省承德地区的八个县讲课，县里的干部评价说学到很多东西，所以农大在当地有非常好的口碑。给成年人、有实际工作经验的人讲课，跟在大学里为学生讲课不一样。这些人有实际的社会工作经验，虽然他们比大学生的学习基础弱，对课程内容的理解却比大学生深得多。开办培训班也为我们建立社会学专业提供了条件。

第三项准备工作是参与组建中国农村社会学研究会。这是全国性的农村社会学最高学术组织，它的成立意味着社会对社会学这门学科的认可。在20世纪80年代末，农科院校的一部分学者发起成立了农村社会学研究会，挂靠在农业部中国农业经济协会下面的一个专业性学术组织中，其成员大概有郭书田、王立诚和我，以及周汝昌等人。1994年，我们跟中国社会科学院协商，认为农村社会学研究会从学科上讲还是应该归社会学。当年，中国农村社会学研究会在河北省邯郸市召开了第一次成立大会，理事长是陆学艺，原中国社会科学院社会学所的所长；副理事长是郭书田，原农业部政策法规司的司长；王立诚和李守经是华中农业大学的教授；邹德秀是西北农业大学的教授；辛秋水、杨兴恒、张厚义和我分别是正副秘书长。这个组织在推动全国农村社会学的发展方面起了很大的作用，而老一辈的开拓者，为社会学的发展，特别是为农村社会学的发展做出了很大的贡献。这里值得一提的是陆学艺先生，他的著作影响了一代农村社会学研究者。辛秋水老先生是安徽社科院的研究员，现在年事已高，但仍然是一个积极的实干主义研究者，长期深入乡下做调研。他是全国第一个提出文化扶贫主张的学者。老一代学者在农村社会学领域做出的贡献，也为中国农业大学成立社会学系创造了很好的环境。

第四个准备工作是编写教材。建立一个专业，必须有适合自己学校特点的教材。因此20世纪90年代初起，我们着手编写农村社会学教材。1992年出版的《农村社会学》是农业学校的第一本教材，也是为社会学的发展准备得最早的一本教材。王立诚是主编，我是副主编，参与编教材的，有王晓毅、唐忠新（天津社科院研究员，后为南开大学教授）、王军等。这些人现在都是知名的社会学学者。建立一个专业，应至少有一些教材是自己编写的，当然借用别人的也可以。但我非常不赞成有些专业所有的教材都是外来的，没有自己的东西，这对一个专业来说是不完整的。第二本教材是我写的《农村社会调查研究方法新编》。这本教材最初并不是为社会学专业的学生写的，而是为没有学过社会学的人写的。我认为社会学知识的普及非常重要。当时，很多基层干部的工作方法多是上传下达、讲空话，不是靠科学的管理。因此，我想为他们写一本书，用社会学的理论指导他们的工作，用社会学的方法教他们调查研究。这本书分上下两篇，第一篇是理论篇，主要介绍农村社会学的基本概念、基本知识；第二篇是方法篇，主要讲述社会学的调查方法。在社会学专业建立的最初几年，我们的学生也用了这本教材。

第五个是学术方面的准备。建立一门专业，要有具备专业知识的师资力量。当时全国的社会学毕业生很少，基本上可以说没有。社会学，不管是农村社会学还是普通社会学，初期那些开拓者都是参加函授教育出师的。我在1984、1985两年，参加了由中国社会科学院和北京大学举办的中国社会学函授大学，几乎学习了社会学的所有课程，包括社会学概论、西方社会学理论、社会学调查研究方法、社会心理学、社会学经典导读等，拿到中国社会学函授大学毕业证书。我的毕业论文是优秀论文。这些准备工作都为专业的建立奠定了良好的基础。

第二个阶段是起步阶段，时间是从1995年到2000年。过去的中国农业大学，对人文社会科学是不认可的，认为只有自然科学才叫科学，人文科学不叫科学。因此建专业初期，我们遇到了很多的困难。首先是不被人理解，舆论不支持。当时有很多说法，认为农业院校搞社会学专业是独出心裁、标新立异。好在当时学校的领导是支持的。那时建本科专业，需要提交教育部备案。后来本科生的招生很快获批，接着硕士授权点也很快获批。第二个困难是师资队伍建设。当时社会学专业的老师只有我、朱启臻、蒋爱群、张蓉四个人，可以说是先上马，后备鞍。1995年开始招生，当年招收了30个本科生；1996年，也就是硕士点获批那年，只招了一个研究生，这只是一个开始。那个学生叫姜军，现在在美国。第二年是两个研究生，一个叫黄观鸿，现在在民政部；还有一个叫丁开杰，现在是中央编译局的骨干，都是相当不错的。第一届本科生学习的课程中，社会学概论、农村社会学、社会调查研究方法、社会心理学等主要的骨干课都有,但社会学理论导读、经济社会学、宗教社会学等分支学科都没有开设,因为没那么多老师。但是第一届学生仍然是很不错的。他们毕业以后,有的人直接参加了工作,少数几个学生又攻读了研究生,工作表现都很好。比如现在我们系的吴惠芳老师、农村区域发展专业的陆继霞老师都是第一届社会学的优秀学生。

第三个阶段是发展阶段,从 2001 年到现在。中国农业大学社会学专业从无到有,从小到大,在逐步地完善、提高,而且还在不断地创新。第一个表现是师资力量越来越强。我们有 20 多名老师,包括调走的孙津教授、赵旭东教授。目前的 16 名教师中,有 6 位教授:朱启臻、张蓉、蒋爱群、孙庆忠、梁永佳、熊春文。朱启臻是跟我一起工作时间最长的。他注重实际,讲的课很实用,对一些问题的分析非常透彻。尽管师资人数还不算很多,但是大家各有所长,也已经满足了社会学专业的授课需求。第二个表现是课程体系不断完善,水平不断提高。例如,农村社会学被评为国家级精品课。网络学院的农村社会学开始是我讲的,退休以后我还讲了几年。这几年我岁数大了,请朱启臻老师主讲。冰冻三尺,非一日之寒。参与课程建设工作的还有蒋爱群、何慧丽、吴惠芳老师。现在这门课已经成为我们系的一门品牌课。2015 年,这门课又被评为全国优秀资源共享课,它的社会影响是长期积累的结果。第三个表现是科研课题不断增多。当时申请国家的课题很难,我申请了 1996 年国家"九五规划重点课题",全国只批了四项,其中我获批一项,得到 4 万元科研经费。现在一个课题就几十万元经费。现在每个老师都有科研课题,说明我们的科研工作也有了很大的发展。第四个表现是社会影响力不断增大。例如,朱老师的《农业社会学》,再如叶敬忠老师团队的农村留守人口研究系列著作,都引起了社会广泛的关注。

农大社会学专业从建立到现在之所以迅速发展,我认为有以下几个原因。第一,社会学专业的建立适应了社会发展的需要,特别是农村改革发展的需要,是客观规律的一种需要。发展应该是经济因素和非经济因素的全面发展,我们过去没有认识到这一点,现在农村遇到的很多问题就涉及非经济的因素,如留守儿童问题,不是经济的问题;农村老年人的问题、农村教育问题及各种社会矛盾等,这些都不是经济问题,而是社会学所研究的问题。发展应该是全面的发展，经济的发展，政治的发展，社会的发展，生态的发展，文化的发展。第二，从发展的角度讲，从社会稳定的角度来讲，社会学从正面研究社会稳定的条件和机制，如研究社会结构。什么样的结构，社会才是稳定的？有人说，一个枣核形的社会结构，两头小中间大，最穷人是少数的，最富裕也是少数的，这是最合适的，贫富差距越来越大就不行。社会学也从反面研究，问题出现以后，如何消除影响稳定的因素以及导致社会动乱的、障碍的因素。第三，从改革的角度来看，随着改革开放的深入，非经济因素越来越重要。社会不稳定的因素，农村的留守人口、公共财政，如何才能做到公平分配，这些都是社会学不断巩固、不断发展的重要原因。我相信，随着社会学的不断进步，社会学对建立和谐社会所产生的影响也会越来越大。同时农大社会学专业发展如此之快，与学校的重视、社会影响的扩大、各位老师的努力和广大学生的支持也是分不开的。

3. 农大社会学专业要办出自己的特色

2000年以后，社会对"三农"问题的关注越来越多。我们始终认为，"三农"问题绝不仅仅是农业的问题，更是深层次的体制问题。体制问题就涉及社会学问题，如城乡二元结构。这个二元结构的问题不解决，就不可能实现农村的现代化。随着改革开放的深入，各种社会问题越来越多，越来越突出。没有社会学的理论做指导，农村的发展，甚至整个国家的发展，都将遇到很大的阻力。只有从包括社会学在内的多学科角度进行立体研究，才能解决这些问题，我们的发展才能走上健康的、正确的道路。特别是农村社会学，它对指导我们整个国家的发展，农村的发展，起着其他学科不可代替的作用。正是坚持着这样的理念，才使我们冲破重重阻碍，建立并发展社会学系。

中国农业大学的社会学，与综合性大学如北大、清华相比，有共同的地方，如研究问题、理论及研究方法等。但作为农业院校社会学系，应有自身的特色。我们应立足于农村研究，面向整个社会。据中国官方统计，目前中国城市化率已达到百分之五十几，但实际上没那么多，其中可能包括了进城的农民，但他们的户口还都在农村，他们的家还在农村。如果抛开这个因素，农民仍然是当前中国最大的社会群体。如果不瞄准农民这个最大的社会群体，那么农村的现代化就不可能实现。没有农村的现代化，就没有中国的现代化。单看城市的发展，如一线城市北京、上海等，甚至可以超过发达国家；但农村有些地方仍然很落后。有些外国人说我们的城市像欧洲，农村像非洲。当然这说法不对，但现在的城乡差距确实很大。我们要充分认识农民在我们国家扮演的角色，他们在中国现代化建设当中起着非常重要的作用。无论从革命，从建设，从改革还是从市场经济发展看，农民的作用都是不可替代的。从历史上看，中国革命是通过"农村包围城市"的战略胜利的，解放战争是农民用小推车推出来的，抬担架、送军粮、搞后勤的都是农民。从建设来看，农民是工业化建设的支撑力量。新中国成立以后，国家实现工业化所需的资金，实际上多数是农民拿的钱。新中国成立初期，税收只占国家财政收入很小很小的一部分，主要靠工农业产品的剪刀差。小米现在是12元一斤，但计划经济时代实行国家统购统销，一斤小米的价格只有几毛钱。最便宜的时候，老玉米是7分钱一斤，那是国家定的价，只能卖7分钱。人民公社时候打下的粮食，不能运到市场上去卖，只能交给国家。农民一滴汗掉到地上摔成八瓣儿，一斤老玉米没有一根螺丝钉值钱。国家通过统购统销，压低农产品的价格，城市才能实现低工资、高就业；通过剪刀差，给工业化提供积累。农业税也为工业化提供了积累。农业是弱势产业，世界上很多国家，不但不收农业税，而且给农业一定的补贴。当然，非发达国家都是这样，因为工业化初期国家没有钱，只有靠提高工业品的价格，降低农产品的价格，通过用剪刀差，让农民给国家提供工业化的原始积累。但这条道路延续的时间太长了。农民也是改革的推动力量。中国的改革始于农村，首先从农村开始实行联产承包，然后发展到城市，推动城市改革。农民是市场经济的先导力量，最早走向市场的是农民。乡镇企业没有花国家一分钱，都是靠农民自己的力量建起来的。无论它的原料还是产品，都是靠市场调节的。过去的国有企业，原料国家供应，产品国家统一销售。所以说，市场经济最早是农民带动起来的。现在的乡镇企业产值占全国工业产值的一半，可能还要多。现在的国家财政 60% 来自民营企业，民营企业绝大多数也是农民办起来的。农民是社会稳定的保障。粮食跟别的产品不一样，它是一种战略品。一旦没有了粮食，那要天下大乱。粮食的生产者恰恰是广大的农民。我们要充分认识并肯定农民在整个国家发展当中所起到的举足轻重的作用。农民为中国的工业化做出了那么大的贡献，改革开放，国家富裕了，我们的政策应该向农村倾斜，真正让农民尽快富裕起来，让他们享受到改革开放的成果。

2000 年，"三农"问题的提出引起了社会科学界的高度重视，不管是农业院校，还是清华、北大、中国社科院，都开始研究"三农"问题。我认为，中国农业大学研究农业，研究农民，研究农村，是义不容辞的。这是第一个特点，立足于农村。中国农业大学社会学专业的第二个特点就是重视理论，但更强调实践。现在我们的理论课讲得很好，如孙庆忠老师讲的人类学理论，熊春文和梁永佳两位老师讲的社会学理论。不是说农业大学就不需要重视理论，应该说很重视理论，而且我们老师的社会学功底是很深的。但是理论一定要联系实践，农村社会调查也好，家庭社会学也好，老师在讲课当中举例子也好，涉及的农村问题比较多；我们的科研项目绝大多数是涉及"三农"问题的。1996 年，我获得一项国家"九五规划重点课题"，研究主题是当代农民的社会心理，写了《当代中国农民社会心理研究》一书，首都师范大学出版社出版的。我们的实习生基本上是去农村的；毕业生的毕业论文绝大多数涉及农村发展一系列热点问题，或者说是重点问题。我曾看过一名本科生的毕业论文。在我看来，他所研究的问题已经远远超出本科生的，甚至硕士研究生的水平。他以内蒙古一个旗为出发点，研究旱作农业文化遗产及其记忆，写得非常好。第三个特点，我们的学生绝大多数来自农村，对农村很有感情。因为来自农村，深感农村的辛苦，深感社会对农民的不公。这些都是我们的特点，也是优势。我们的社会学专业要扬长避短，充分发挥我们的优势，办出自己的特色。

4. 一个经济学人与社会学的不解之缘

在大学时代，我学的是农业经济学。改革开放提出要实现市场经济，使很多人一窝蜂似的愿意学经济学，出现了"经济学热"。现在经济学还是很热门。但我认为，除了经济学以外，我们还应该关注其他的问题。

转眼社会学系已经成立20周年。社会学系成立以前，我讲过农村社会学的全校选修课。后来我又陆续讲过这样几门课：我给本科生讲过社会学概论、农村社会学，也讲过社会调查研究方法；我给研究生讲过中国农村社会专题。这个专题是研究改革开放以来或者说当前农村改革发展当中的一些热点问题的。我在农大的网络学院开设了社会学理论与实践、农村社会学、中国农村发展理论与实践、农村社区发展等课程，其中农村社会学被评为国家级精品课，还被评为国家级精品资源共享课。绪论、农村文化、社会保障几部分是我讲的，都获得很好的效果。不论讲哪门课，我都强调理论联系实际，所以课程总是受大家欢迎。

但是我，学经济学的人为什么偏偏喜欢上了社会学？我想有四个原因。第一，社会学的实践性特征使我对它产生了浓厚的兴趣。与改革以前很空洞的课程相比，社会学关注现实问题。改革开放，社会学恢复以后，我阅读了社会学的相关书籍，特别是在参加了中国社会学的函授大学，初步学习了一些社会学的知识以后，我对这门学科应该说是一见钟情，或者说是一拍即合，非常喜欢这门学科。它所研究的问题都是社会的实际问题，而不是空话、套话。比如社会分层，过去地主、贫下中农的分层方法早过时了，这种分法是有问题的。社会分层主要应该按谋生手段或职业，而不是财富的多少来划分。再如社会流动，目前全国两亿农民从农村出来，走到大城市打工、经商，这就是社会流动。又如社会问题，最近一段时间恐怖事件不断发生，在过去却很少。杀人放火，搞恐怖活动，这都是社会问题。还有婚姻家庭问题。我经常看北京电视台的"第三调解室"栏目，出现最多的话题就是房产问题，子女多，争房产，六亲不认，反目成仇。这些都是社会生活中的现实问题，与社会学的研究密切相关。

第二，实用性。社会学的知识和方法在将来能够用上。比如社会保障，现在老龄化社会已经提前到来，如何解决几亿老年人的养老问题，是一个很大的问题。我们可以用社会学的理论、社会学的知识，来解决很多实际性的社会问题。"第三调解室"解决了很多问题。它不是通过法律的程序,而是通过一些心理学专家、法学专家,还有调解专家,解决了很多问题。这些问题很多都是社会学的问题。

第三,社会学的实证主义方法。社会学看问题,是讲事实。要有数据,要有案例,强调实证,凭事实说话,这是我喜欢社会学的最重要的原因。如现在贫富悬殊,悬殊到什么程度,可以拿出一系列的数据来说明。社会学研究问题重实证,这是社会学的科学方法。孔德创立社会学的一个前提条件和指导思想就是要用实证的方法来研究社会。我们都知道,自然科学需要实验和数据,社会科学中的经济学和社会学同样要求实验和数据。我认为,很多人对社会学感兴趣,都是出于此原因。

第四,社会学的视角和社会学的想象力能更新人的思维方式。社会学不仅给了人知识,而且给了人智慧,教给人思考问题的思路。这也是我对社会学感兴趣的一个重要方面。所谓的视角,就是社会学看问题的角度。第一个视角是动态性。过去看到的都是静止的,遇到什么问题,先看看毛主席怎么说的。但世界在变化,社会在发展,特别是改革开放以来,随着科学技术的发展,世界的变化非常快,那么社会学研究要适应这样的形势。因此,动态的视角是社会学看问题的重要方面。第二个视角是整体性。社会学看问题是从整个社会角度出发的。什么叫整体?改革开放初期,发展经济,一味追求GDP,不管环境污染怎么样。过去国家对地方政府考核的唯一指标,或者说最重要的指标,就是GDP增长了多少。实际上,有些GDP的增长是虚假的。如一亩地给老百姓两万元,政府再以几百万元的价格卖给开发商,这都算GDP。这叫什么GDP? 一味拿GDP来评价地方政府,结果出现了环境污染、资源枯竭等问题。20世纪50年代我刚到北京时,这里山清水秀;而现在雾霾天气让人不堪忍受。资源的枯竭、土地资源的浪费、环境的污染等问题,是我们在发展经济中付出的最大代价。北京从2015年开始,将所有的污染企业通通关闭;很多城市采取这个办法。这表明在改革刚开始的时候,政府没有从环境、社会的可持续发展角度考虑,这就不是整体观。直到党的十八大提出"经济发展、社会发展、政治发展、生态发展、文化发展",这就比较全面,符合整体观。所以社会学看问题,从整体角度，如某一个项目，如果单从经济角度来讲，可以赚很多钱，政府可以收不少税。但是，从环境、资源各方面综合来考虑，这个项目是不可取的。现在有些地方开始慢慢地认识到这个问题，因此有些污染企业就算投资再多也不能开设。社会学看任何问题都要从整体来看，而不是单从某一方面来看，这很重要。社会学的另一个角度是实践的视角，强调实际。第三个视角是开放性。社会学看问题要从全球角度，用开放的眼光，不能闭关锁国。我上学时，老师说帝国主义国家的人们生活在水深火热之中。虽然不知道，但是我们很相信。改革开放走出去一看，根本不是那样。封闭的视角拉大了中国同世界的差距，中国真正发展应该是改革开放后。改革开放以后中国所创造的奇迹，不在于同世界的求异而在于同世界的求同。改革开放以后，真正富起来的原因是引进了发达国家的市场经济、科学民主、法制、人权、产权这些普遍性的观念。这就是开放的视角。除此之外，还需具备一种专业素质，就是社会学的想象力。什么叫想象力？就是遇到一个问题以后，能够很自然地用社会学的知识、社会学的眼光去解决。想象力的基础是知识，想象力是创造力的前提，没有想象力就不可能有创造力。因此，社会学看问题的角度和社会学的想象力也是我对这门学科产生浓厚兴趣的很重要原因。

5. 我的教学与研究心得

自社会学恢复后，我一直从事其教学和研究工作。现在虽然退休了，但仍没有完全离开教学。多年的教学经验，概括起来讲有以下四点粗浅体会，也可以说是我教学的理念。

第一个理念是教师的天职是传道、授业、解惑。很多老师认为讲课就是将课本上的内容讲给学生听，而我觉得韩愈的"传道、授业、解惑"这句话对教师的职责阐述得非常到位。什么叫"传道、授业、解惑"？现在很多老师讲课最多是中间那部分，就是授业；解惑，解不了；传道，更不用说了。所以从教书的这几十年里，我深深体会到，教师授课的任务是三维的，而不是一维的。很多老师上课就把书本上写的念一遍，这叫照本宣科。大家都很熟悉"授业"，在此不做赘述。对于"传道""解惑",我有着自己的理解。《大学》里有这样一句话,"大学之道,在明明德,在亲民,在止于至善"。大学的性质,应把道放在第一位,达到善的最高境界。教师传道,是指在传授知识的过程当中,对学生进行品行的熏陶,对学生产生一种无形的影响;不是把政治课、德育课的内容再讲一遍,而是用教师的人格力量和魅力,影响和感化学生。有些老师很有人格魅力,学生愿意听他的课,愿意接触他。教师要用自己渊博的知识、良好的品德和高尚的人格影响人,感化人,塑造人,要有个表率的作用。比如课程准备要非常到位,学生上课时就知道老师是花了时间的,值得我学习。要以身作则,要求学生做到的自己要先做到,叫作"其身正,不令而行;其身不正,虽令不从"。在几十年的教学生涯中,我时刻注意用自己的人格力量来影响学生,应该说也是得到同学们认同的。1998届的叶志华同学,快毕业的时候给我写了一封信,偷偷地放在我的包里,说你不要看,回去再看。他说"大学四年最值得骄傲的是有幸成为老师的学生。我学到的不仅是丰富的知识,而且学会了怎样做人。渊博的知识,实事求是的作风,深刻在我的记忆深处;您的权威来源于您的知识,您的人格。您的课总是那么充满欢愉的气氛,富于知识性、感染力、震撼力。听您的每节课都异常激动、兴奋,有一种心灵认同和共鸣感"。我觉得自己远没有他说的那么好,但这也代表了一个同学对我的看法,是学生对老师的一种鼓励。看了以后,我很感动。

所谓解惑,就是教师讲课要结合书本知识,联系学生思想实际,解决他们思想上的一些疑难问题或长期困扰他们的疑惑不解的问题。如我在讲农村组织制度变迁中人民公社那段历史时,涉及人民公社制度失效的原因。我们不能用长期固定不变的"左"和"右"的模式简单地说人民公社超越了历史的发展阶段,犯了"左"的错误。而是要联系实际,从制度本身层面进行深入分析,从根本上解决学生思想上的模糊认识。人民公社,把土地都集中起来,队长敲钟下地干活,完全都是集体的。它失败的原因是存在根本的制度缺陷,而并非单纯是"左"的错误。首先,它没有任何明确的产权主体。人民公社讲三级所有,公社,大队,生产队,其实哪一级都没有权。人民公社打了粮食要分配,公社说了不算数，生产大队没有权，生产队也没有权。谁有权？起码县一级以上的政府，它们说怎么分配就怎么分配。种什么，种多少，怎样种，都是政府说了算。如种老玉米株距多少，行距多少，都得县以上政府说了算数。有的农民说他们县里只有一个人会种田（指县一把手）。所以没有任何明确的产权主体，谁都可以不关心。西方有句格言，"花自己的钱比花别人的钱更谨慎"。这句话说明了产权明确的重要性。"左"的年代有句话叫"私有制是万恶的根源"，这话是十分错误的。17世纪英国哲学家洛克的警言："财产不可共有，权力不可私有，否则人类将进入灾难之门。"联系集体经济给我们带来的灾难和家庭经营带来的活力，这话很值得我们深思。人民公社失败的第二个原因是付不起高额的计量成本和监督成本。那时候，评工计分，不是给钱，干一天记多少工分，男的一天十分，女的八分，一个工分两毛钱，三毛钱。农业跟工业不一样，一个村，很分散，东山头，西山头，谁去看、去监督？第三，人民公社对人力资源的控制从根本上挫伤了农民的积极性和创造力。农民只能种地，不能从事副业。人是生产力中最活跃的因素，人的积极性没有了，经济就不可能发展。那时期，八亿人种地，最后却没饭吃。所以人民公社对劳动的控制，最大限度地扼杀了农民的积极性。而现在的农民，承包以后，种什么、种多少都由自己做主，提高了生产的积极性。此外，人民公社的形式不适合农业生产。农业生产是生物再生产和经济再生产交替的过程，和工业不一样，它需要方便灵活机动。只有家庭最适合于农业生产，所以家庭经营不仅能容纳传统农业，也能容纳现代农业。比如美国或者欧洲的大农场主，都是家庭经营。因此我认为，在讲课过程中，应当多花点时间，讲类似这些在学生头脑中似是而非、模糊不清的问题，解决学生思想上一些疑惑的问题，而不是只讲一些空洞的、陈旧的、似是而非的结论。

第二个理念是知识量、信息量是教好课程的基础。在一节课一个半小时中，教师要传授给学生一定的知识量和信息量，而不是白开水一碗。照本宣科、蜻蜓点水式的讲课，从某种意义上说就是浪费学生的时间。我认为给大学生讲课，以教材为基础，学生能看懂的就让他们自己去看，老师讲的时候应该抓住重点，讲一些与课程相关而书本上又没有的知识和信息，教会学生分析问题和思考问题的方法。比如农村社会学中有一章讲农村文化，如果我按照教材讲，很简单。什么是文化，文化有什么特点？什么是农村文化，农村文化有什么特点？书本上就是这些东西。再加上新农村文化建设，一二三四几条。这样讲学生听了会觉得枯燥乏味，难以引起他们的共鸣。因此我认为，讲课要把课本上的知识展开、拓宽，让学生能够举一反三。讲关于农村文化这一章，我增加了课本上没有的以下三个方面的内容。第一，讲文化必须讲清楚中国文化的根。中国传统文化即儒家文化的内容和体系，是以仁为核心的道德体系。儒家讲"亲亲之爱""泛爱众，而亲仁"，从爱自己的家庭成员，发展到社会其他一些人。现在的社会缺少爱，人与人的关系变得冷漠。因此我强调儒家文化积极的人生观、世界观、生死观。"三军可夺帅也，匹夫不可夺志也。"再如儒家文化重视个人主体自身的修养，强调修身，齐家，治国，平天下。儒家文化还强调天人合一的人与自然和谐相处的观念。白居易有一首诗，讲的就是这个道理："莫道众生性命微，一般骨肉一般皮。劝君莫打枝头鸟，子在巢中望母归。"讲中国文化，就要把什么是中国的传统文化及其包括什么内容讲清楚。第二，如何正确地看待中国的传统文化和西方文化。中国人有个坏毛病，容易翻烙饼，一会儿西方文化都是资产阶级的，一会儿全盘西化；中国文化也是这样，一会儿中国文化全是封建的，一会儿中国传统文化全是好的。这样看问题是不科学、不全面的。对中国文化也好，西方文化也好，应该是四句话：如何继承传统文化，如何扬弃传统文化，如何引进外来文化，如何排斥外来文化。传统文化中的家长制、君主专制等是应该抛弃的。不能一提到继承中国传统文化、中国文化都是好的。外来文化也不全是坏的。第三，在进行现代化的过程中，儒家文化的哪些方面有积极功能，是可以被我们所用的。新加坡的李光耀，在国际儒学成立会上有一段致辞，值得我们深思。他说："治理新加坡的经验，特别是自（20世纪）50年代到60年代那段艰辛的日子，使我深深相信，要不是新加坡大部分人民都受过儒家价值观的熏陶，我们是无法克服困难和挫折的。"新加坡人对儒家文化的了解、学习比我们要好得多，李光耀把新加坡的发展归功于儒家文化的熏陶。他说："经济增长离不开社会纪律，在全国上下自觉严格的要求下，新加坡成为一个有秩序，犯罪率低的社会"，"40年的治国经验使我深深相信，道德价值和伦理规范对于建设一个健全稳定的社会来说是非常重要的"。这段话讲得非常好。让学生学到书本以外的知识，是非常重要的。

在现代社会文明发展中，应重视并发挥儒家文化的积极功能，如重人文、讲教化、重信、守诚、德治、民本、和谐等都值得我们大力提倡。把这些问题给学生讲清楚，一定能引起他们思想上的共鸣，从而增强教学效果。最后落实到讲农村文化，也不能就事论事，只讲一些表面现象，而是要抓住深层次的问题讲。如讲述农村文化的失衡、农民价值观的倾斜、城乡文化资源分配的不公平等。新农村的文化建设，最根本的还是着力提高农民的文化素质，培养适应现代市场经济的新型农民。同时在新农村文化建设中，要处理几个重要的关系，如继承和发展的关系、文化的娱乐功能和教育功能的关系、乡土文化和外来文化的关系、深层文化和表层文化的关系等。不能一提到发展农村文化，就认为是唱歌跳舞，就是娱乐，文化是有多种功能的。农村文化建设的关键是人的建设，是如何培养一支适应现代社会的高素质的农民队伍，如教育农民树立开放的意识、竞争的意识、法制的观念等等。这些东西书本上都是没有的，但是我上课过程中都为学生详细地说清楚，促使学生从更深层次思考问题，培养他们的能力。

第三个教学理念是精心选择案例，可以吸引学生的注意力，增加课程亮点。每上一门课，在备课的过程当中，我都会考虑已经准备的内容能不能打动自己，打动不了自己的肯定也感动不了学生。一堂课里，一定要有一个亮点，就像演戏一样，让人看了很兴奋。一堂课不能给学生一杯白开水，不要浪费学生的时间，要给学生一定的知识、一定的信息量，让他们有收获。那么怎样才能让学生有收获呢？除了教学态度、知识量、信息量外，选择生动的案例也很重要。首先要对每堂课进行认真设计，广泛收集资料，做到古今中外，融会贯通，吸取相关学科之长，旁征博引。例子要经过认真比较，从众多的案例中选择最贴题、最有趣、最能打动学生的例子，而不是顺手牵羊，随便用一些人人都知道的社会现象当案例，这样做肯定是失败的。

在教学上，我是舍得花时间的。要想获得学生的认可，就必须对学生负责，对得起自己的学生。不花时间大量涉猎多方面的知识，不动脑筋琢磨问题，就不可能准备出能征服学生的课程。我上课从不只依靠PPT，除PPT外，我会准备一份详细的演讲稿。生动的案例、经典引文、有趣的故事等均是讲稿的内容。有时候睡觉也在想问题，灵感一来突然想起一个新的思想，马上起来记下来，准备第二天上课用。对于讲课提纲标题的设计、用词等，我都会经过认真思索。

第四个理念是跟踪学科发展的前沿，把最新的知识教给学生。如我在讲组织制度这一章时，就把制度创新理论介绍给学生。改革开放实际上是制度的创新，明确产权是最有效的激励机制和交易的基础。社会在发展，知识也在不断更新，信息量成倍增长。教师讲课不能只满足于教材上的知识，而要跟踪学科发展前沿，把最新的知识和信息教给学生。我在讲农村制度时，重点把美国经济学家诺斯的制度创新理论介绍给学生。改革开放的过程，实际上就是制度创新的过程。诺斯制度创新理论的核心是产权理论。他认为经济增长的关键因素在于制度；一种能够更好激励个人的有效制度是经济增长的决定性因素；在诸多的制度因素中，产权的作用最为突出。什么叫作市场经济？市场经济是产权明确的经济，产权明确后才能进行交换。人民公社时代就没有交换，采用分配制度，实践证明这是失败的。联系中国的改革，以粮食为例，过去8亿人种地，却几乎没有饭吃，农村家庭自主承包，只给了农民对土地的使用权，种地的人少了，农产品反而多了，这就是产权所发挥的作用。记得（20世纪）80年代，我在《人民日报》上看到一位河南农民写的一首打油诗，歌颂联产承包责任制，"依山傍水，瓦房几间，朝也安然，暮也安然。种几亩责任田，种也由俺，管也由俺，丰收靠俺不靠天。大米白面日三餐，早也香甜，晚也香甜。的确良身上穿，长也称心，短也如愿。人间闲事我不干，坐也清闲，睡也清闲。晚归妻子儿女话灯前，古也谈谈，今也谈谈。富民政策喜心间，如今娱乐在人间，不是神仙，胜似神仙"。这首打油诗写得很好。将土地经营权和个人自由赋予农民，从根本上调动了农民的积极性。人的解放是生产力解放的前提。中国的农民从来没有像现在这样，八仙过海，各显神通，充分发挥他们的积极性。中国农村改革中的一系列重大举措都是围绕制度创新而展开的。特别是消除城乡二元经济社会结构，实现城乡发展的一体化，是根本性的制度变迁或制度创新，促进了中国农村的飞跃发展。我在授课中比较详细地把类似这样的最新知识和各地农村改革进展状况介绍给学生，更新了学生的知识，促进了他们的思考，深受学生欢迎。

这些年，除了教学，我也做了很多与社会学相关的科研活动。我的研究方向主要是农村社会学和农村发展、农村文化等，承担了一些国家级、省部级及学校的科研课题（其中国家级课题两项、省部级两项、学校级三项），在《人民日报》、《农民日报》、《高等农业教育》、《中国农业大学学报》（社会科学版）等报刊上发表论文50余篇，出版了《农村社会学》《农村社会调查研究方法新编》《当代中国农民社会心理研究》《社会学理论与实践》《农村发展理论与实践》等教材与著作十余部。除了教学和科研，我还参加了一系列社会活动，如参与发起组织——中国农村社会学学会，参加一系列的学术讲座活动。退休以前，我每年给学校的一个学生组织——农村发展研究会做讲座，在其他地方如河南、河北等地，以及中国农业大学烟台校区，给老师，给学生，做了很多次报告。此外，我参加录制了一些关于农村发展的电视节目，如农村改革20周年的时候，我参与录制大型纪录片《中国农村发展报告》。我也参加过全国文化信息资源共享工程、北京电视台录制的"北京百场讲座下基层"等多种与社会学相关的学术活动。这些活动渗透了社会学的知识，也向社会广泛宣传农村改革开放以来的成绩。

师生间的感情让人难忘。记得有一年我在西区的295教室上课，那个教室能坐200多人。一次正好赶上放电影，除了选课的学生外，很多看电影的学生也来听课，教室坐得满满的。那时候，学生抱着求知的欲望来听课，鼓舞了我一定要把这个课上好，尽可能地把课讲好。特别是我在烟台讲课，有些同学没有选这门课，也来听课，让我很感动，同学们都感觉这门课对他们有帮助。还有一次我给同学们讲课，住在招待所，天天晚上人来人去，找我讨论问题。当然很麻烦，也很烦人，但是仔细一想，也很高兴，也很快乐。这表明学生是乐意和老师讨论问题的。烟台校区2006级的几个学生，到现在有空还会打电话问候我，我十分感动。我们那个年代没有学过汉语拼音，因此我打字很慢，有些时候还需要翻字典。从 2006 年到现在，我每次写的总结、文章，都是我的一个学生帮我打好。这些都令我非常感动。我的一个研究生分在编译局，他每次出版的东西都给我寄来一本。作为一个老师能够受到学生这样的欢迎，我心里是非常感动的。

6. 如何学好社会学

很多同学问我如何学好社会学，我觉得，真要学好社会学，是非常不容易的，因为它所涉及的面很广，涉及多方面的知识。根据我这些年来的经验，我认为起码要具备这样几条：第一，要有广博的知识。因为社会学这门专业学科，与经济学、哲学、文化都有关系。这就要求同学们具备这些方面的知识，没有丰富的知识，很难做出创新的事情。同时，我希望同学们学点中国的传统文化，《大学》《中庸》《论语》《孟子》等都很有意义。我非常欣赏《礼记》中的一句话，"博学之，审问之，慎思之，明辨之，笃行之"，希望同学们将它作为座右铭。第二，要勤于实践。"纸上得来终觉浅，绝知此事要躬行。"社会学是一门实践性很强的学科，实践是最好的老师。同学们应该利用各种机会，通过各种途径，争取多参加社会实践。包括调查研究，到市场上做些其他事情，放寒暑假到公司勤工俭学，这里面都有社会学的问题。研究社会学不接触社会是不行的，要广泛地接触社会，要接触社会上各种各样的人群。美国社会学家怀特写《街角社会——一个意大利人贫民区的社会结构》之前，就混在那些住在水泥管道里的人群当中，和他们一起生活，模仿他们的动作。在这个过程中，他收集了很多资料，因此他的书写得十分真实。第三，要勤于思考问题。学习社会学要勤于思考，要动脑筋，不断地想问题。费孝通先生的《江村经济》是世界名著。写这本书时，他在江村调查，发现那里没有卖东西的小店。他很疑惑老百姓去哪里买油盐酱醋，询问得知，河对面的小船一个星期来一次，买东西就去船上买。所以他通过对船的调查，写出了《江村经济》一书中"商品流通"一章。这就是社会学的头脑、社会学的眼睛。学社会学的人，思想要非常敏感，遇到问题要多问为什么。第四，要有较好的语言能力，包括口头的语言、笔头的语言。社会科学要写文章。教务处聘我当本科生教学辅导，除听课外，每年让我抽十篇毕业论文。有的论文很好，但相当多的学生写的论文，语言不通，这是一个很大的问题。写东西要反复练，不要怕麻烦；口头的语言表达要清晰，这个很重要。如果做调查，除了问人家几亩地、几口人，就没别的话说了，是不行的；但也不能问多，否则会让人家失去耐心。所以，口头语言表达也很重要。

经过改革开放30多年，农村进步很快。下乡实践是社会学系学生必须经历的，这其中也有很大的学问。到目前为止，农村有很多的特点与城市是不同的，乡土文化仍是农村的主流。同学们到乡下以后，一定要好好注意一些东西。首先，要放下学生架子，以一个普通人的身份，带着对农民的崇敬、向农民学习的态度，不要自视过高。农民当中很有人才的，不要瞧不起农民。有一次在涿州，农大的实验农场，我到附近的东城坊村散步。我喜欢跟老乡聊天，碰到一位农民跟我聊起红楼梦，红楼梦的人物他都清清楚楚，我倒说不上来那么多人。其实，有些农民很有智慧的，只不过没有学习的机会，被埋没了。因此，我认为要向他们学习。其次，到农村做调查，不是记者访谈，而是要学会跟农民聊天。很多信息可以在聊天的过程中获得。农民不习惯一问一答，就要把问卷整理成问题，慢慢地聊，还能增进感情。而且在聊天过程中，农民容易讲实话，生硬地问问题，不一定讲实话。此外，要与农民亲近。有一次，我带着一帮学生到山东调查。有位同学打着一把遮阳伞，我立刻让她收了起来。到农村以后，要适合农村特点，不要特殊化。若穿高跟鞋、打洋花伞，马上就和农民拉开距离了。同学们还要注意不同地方有不同的风俗习惯，农村有些禁忌是长期形成的。例如在胶东地区，老百姓就忌讳说"翻"。吃了一半的鱼说"翻过来"，人家会不高兴。风俗习惯不是迷信，是一个地方长期以来形成的，我们要尊重人家的习惯。从这个角度来看，民俗学很有用，很有意思。

农村调查跟城市调查很不一样。讨论一些比较敏感的问题，如党和政府的事时，不要当场记录，回去以后再回忆、整理记下来。开个小型座谈会，进来十来个人，大眼瞪小眼，谁也不说话，这是最尴尬的。这时候就要采取技巧，打破僵局。到农村，要随时注意观察问题。有一次我到定西调研，注意到一种社会现象。别的地方放牛、放羊的都是男孩，那个地方清一色的女孩，很奇怪。我猜想那里重男轻女思想一定很严重，果不其然。研究过程中，我看了县妇联给我的材料后大吃一惊。用在讲课中，这是一个很生动的案例。前面提到，精心设计案例，是课程的亮点之一。案例最有说服力的是自己亲手调查获得的东西。因此调查同讲课相关。人文社会科学，应该说，讲课都得有案例，没有案例的课程会讲死。书里面的很多名词、概念，都是翻译过来的，很拗口。案例就起一个启发人、引导人的作用，便于学生理解。所以，案例对于启发学生的思维，非常重要。我觉得，案例跟现象是两回事。有些老师讲课，罗列社会现象，那不叫案例。案例首先要贴题，你举这个案例，跟讲的问题是一致的；案例要非常生动，很感人。它是要进行设计的，不能够顺手牵羊，那样效果是不好的。刚才的例子，经过详细调查，我发现事情的经过是这样的：有四个女孩子，最小的12岁，最大的16岁。她们愿意上学，成绩都非常好，但是家长都不同意她们上学，让她们去放羊。其中有一个孩子家里有一台黑白电视机，她白天在山上放羊，回去就看电视。第二天到了羊吃草的时候，四个小孩就坐在一起议论电视里的画面。有一天，她们就说，你看那些人，活得多潇洒，别人的生活多好，咱们活得多窝囊，还不如死了以后，下一辈子在城里人中投胎做人。其实这个念头应该早就呈现出来了，但是没有引起家长的重视。有一天她们喝农药自杀，没有抢救过来，这是很可悲的。这个例子就是观察社会现象，发现问题后再进行深入调查得来的。所以在进入调查环境后，一定要注意观察社会现象，从中发现问题。这本身就是调查，不能认为只有找人说话才是调查。有时候一首好的古诗就是一个好的案例。如有一首诗叫《幼女词》："幼女才六岁，未知巧与拙。向夜在堂前，学人拜新月。"这是教人学礼教的，这就是社会化。学生既学了社会学的知识，也学到了文化。儒家提倡六艺，礼、乐、射、御、书、数；周王朝要求掌握这六种基本技能，这就是社会化。

在农大社会学系成立20周年之际，我对社会学系的发展满怀期待。随着改革开放的不断深入，各种社会矛盾、社会问题越来越突出，社会学在国家社会经济发展过程中的作用将会越来越大，而且会不断地受到社会的重视。它的前景是美好的、广阔的，但前提是教育工作者必须严格地按照教育规律来。因此，我认为中国农业大学的社会学系有几个方面还需要进一步加强。第一，要加强师资队伍建设。不仅是教师的数量要增加，师资队伍的质量更要不断地提高。只有优秀的老师，才能培养出优秀的人才。言传身教，这很重要。我们的老师总的来讲是很不错的，但是老师的知识面要扩大，教书育人的责任心要增强。第二，在社会上的影响要进一步地扩大。我们培养出来的学生，要做到学有所用，这样才能够在社会上立住脚。第三，发展新的专业，如农村社区管理、农村社会保障、农村社会工作等。第四，尽快建立博士点，培养更高层次社会学专业的人才。第五，建章立制，言传身教，建设社会学系独特的系文化，形成良好的系风、教风、学风，一代代传承下去。

江沛/韦晶/王露露/贡秋郎加　采访整理
程贵铭 2015/03/15　校订定稿

朱启臻

1. 农业大学需要社会科学

一般认为社会学在中国恢复与重建的标志是 1979 年全国哲学社会科学规划会议筹备处召开社会学座谈会，也有人把 1980 年在南开大学举办社会学暑期讲习班作为社会学恢复的标志。1982 年，中国才恢复建立了第一批社会学系。我接触社会学是在 1983 年，当时刚从北京农业大学毕业。学校为充实社会科学教学师资，就派我到当时的北京钢铁学院（现在的北京科技大学）参加教育部举办的一个青年教师社会科学培训班。学习班为期一年，都是全国各个大学选派的理工科毕业生来补习人文社会科学，所讲授的课程包括哲学、文学、历史、汉语、心理学、教育学、政治学等，社会学也是其中的课程之一。负责讲授社会学课的教师是北京大学的韩明谟、夏学銮、王思斌和孙立平。当时，我感觉社会学的思维与方法很新鲜，由此算是接受了社会学的启蒙教育。此后，我逐渐有了相关的兴趣。

回到农业大学后,我把社会学课程的笔记进行了整理,与当时的"德育教研室"副主任程贵铭老师做了交流。程贵铭老师对社会学也非常感兴趣,并开始着手准备开设社会学类的选修课。从那个时候起,我们就开始思考如何在农业大学开展社会学教育。

2004 年 7 月,在办公室指导学生

北京农业大学是新中国成立后最早组建的一所以农业为主的综合性大学,但是在改革开放前除了有传统农学、工学、理学、医学(动物)外,只有农业经济和国家规定的被称为"政治课"的一些哲学、政治经济学、中共党史等课程,人文社会科学还没有形成专业学科。改革开放以后,大学的发展模式经历了办专业学院好还是办综合大学好的争论。经过争论和辩论,大家达成了共识,认为大学应该是综合的,专业化的学院在迅速培养专业建设人才方面发挥了重要作用,但从对人的全面发展和培育人的信仰、精神素质角度来看,综合性大学无疑具有优势。当时,华中工学院院长朱九思很活跃。他批评中国高等教育的专业设置是学习苏联的产物,不符合高等教育规律,不适合培养高层次人才。朱九思有胆有识地在华工办理科、文科和管理科学,要建社会学专业,要实现从多科性工业大学向理工文管综合大学的转型。当时,我们这些理工科大学中的社会科学教师都深受鼓舞。

大学本来应该是综合的。世界上知名大学的学科设置无一例外都具备文理结合的特点。当时的北京农业大学在综合性办学思潮的影响下，于1985年把原来的"德育教研室"更名为人文社会科学教研室，是一个正处级单位。最初只有三个人：马华教授任主任，他是50年代毕业于中国人民大学哲学系，主讲哲学；程贵铭教授任副主任，主讲农村社会学；我是唯一的兵，讲授心理学。以后人文教研室不断扩大，蒋爱群、张蓉两位老师就是那个时候调到人文教研室，蒋爱群开设美学，后来又和张蓉一起开设家政学、农业推广学。随着教师人数的增加，我们先后开设了大学语文、文学欣赏、音乐、美术、行为学、管理学、法学、大学生职业指导等课程，受到大学生的热烈欢迎。在当时，由于人文课程少，选修人数多，都是在几百人的大教室开课，大学生选修人文社会科学课程是需要抓阄的，能选上人文社会科学的课程是大学生很幸运的事情。20世纪80年代农业大学开设的人文社会科学选修课，为90年代社会学专业的建设积累了经验、培养了师资，也奠定了舆论基础。

大家知道，当代学科的发展呈现出明显趋势，即高度分化的同时实现高度综合。当代任何重大的科学技术问题、社会发展问题和环境问题等，都具有高度综合性质，要求自然科学、技术科学和社会科学的各个领域和部门进行多方面的广泛合作，综合运用多学科的知识和方法，并且把自然科学、技术科学和人文社会科学知识结合成为一个创造性的综合体。由此，也促进了思维方式的巨大变革。这不仅使人们的认识能力更加深化和全面，而且把人的认识水平提高到一个崭新的阶段。自然科学技术的概念、方法和手段向人文社会科学渗透，人文社会科学的价值、伦理观念和理论在自然科学技术中得到广泛应用，自然现象和社会现象之间的鸿沟日趋消失。当代具有创造性的理论成果正是出现在各门自然科学、技术科学和人文社会科学的交汇之处。

设置人文社会科学学科，对一所大学的影响是广泛而深远的。从学生的角度看，要培养学生的综合素质和可持续发展能力，离开人文社会科学是不可想象的。在崇尚科学技术思潮的影响下，人们忽视了人文素质的塑造，培养了大批有知识没文化、有技术缺责任的所谓人才，结果是他们常常会把自己的知识、技术、才能用错地方，不仅没有对社会做出应有的贡献，反而给社会带来麻烦。诸如利用专业知识研制毒品，参与制毒贩毒的违法活动；研制、引进瘦肉精，对食品安全造成威胁；工业技术的发展造成了环境的污染和资源的破坏；养殖技术的发展使得激素、重金属泛滥。这些都不是靠科学本身能解决的，而是要依靠人文社会科学把握其正确方向，提供价值判断和价值导向。人文社会科学在培养人的科学精神、社会责任、道德情操、价值观念等方面发挥着重要的作用。可以说，自然科学教会了学生做事，而人文社会科学教会了学生如何做人，后者更能体现大学的根本任务。除此之外，人文社会科学能够为科技创新的主体提供精神支持。无论做什么事情，都需要有造福人类的信念和精神支柱，需要坚强的毅力和良好的心理素质。没有良好的人文社会科学素质，不可能在恶劣环境和逆境中坚持下去，也就不可能取得成就。人文社会科学在训练人的思维方式，培养人思维的广阔性、深刻性和批判性方面具有重要价值。一个具有人文素养的人，思考问题全面而深刻，思维灵活而不刻板，讲话具有文化内涵，也往往是具有创新能力的人。

人文社会科学不仅对个体有影响，对大学和社会也有重要影响。各国能培养出优秀人才的大学，几乎都是自然科学、技术科学和人文社会科学兼设的综合性大学。如果研究世界上大师级人才的知识背景，就会发现他们都是文理兼通的有广博的多学科知识的人，最起码是受到多学科的影响和熏陶。研究者们发现，在一所大学里，不同学科之间是存在共生关系和互生规律的，也就是说一种学科的存在与发展，有利于其他学科的建设与发展；或多种学科的共存，有利于彼此的成长，就像生态学所揭示的规律那样。这是因为各学科之间存在着广泛的联系，互为对方发展的基础和条件。因此，在综合性大学，不同学科都能从学科间共生和互生规律中受益，促进彼此的发展，使办学的综合实力得到增强。在这样的环境下，也最有可能培养出复合型人才，满足社会多样化的需要。

为了适应这一趋势，1993年，中国农业大学成立人文社会科学学院。首任院长是叶德先教授。他对社会学很有兴趣，也很支持，从1993年开始就积极支持酝酿和筹备组建社会学专业。程贵铭教授作为副院长，带领我们进行了大量的调查研究和论证工作，对国内已经建立社会学专业学校的培养目标、课程设置、生源与就业去向等做了详细的调查与比较。结合农业大学特点，借鉴国内外社会学专业教育情况，我们起草了中国农业大学社会学专业培养方案，得到学校的认可。在这个过程中，蒋爱群、张蓉、张大勇等教师都做了大量工作。1994年，教育部批准了中国农业大学的社会学专业，并列入1995年招生计划。在社会学专业建立之初，是集全院教师力量进行教学的，如社会学概论课就请了当时德高望重的陆银初教授承担，社会思想史课由王新亭承担，社会保障课程由张大勇承担。当时的人文学院最优秀的教师几乎都在社会学代课或指导研究生，如任大鹏、奉公教授等。

如今的中国农业大学已经发展成为一所以农学、生命科学和农业工程为特色和优势的研究型大学，形成了特色鲜明、优势互补的学科群，包括农业与生命科学、资源与环境科学、信息与计算机科学、农业工程与自动化科学、经济管理与社会科学等，涉及农学、工学、理学、经济学、管理学、法学、文学、医学、哲学等九大学科门类。其中，社会学对中国农业大学实现综合性大学的发展目标做出了贡献。据2013年全国社会学学科评估结果，在全国大学排名中，中国农业大学社会学专业排在第11名。

2. "三农"问题的解决离不开社会学

高中毕业后，直到1978年考上大学，我当了四年农民，而且是当生产队队长。那时，人们最大的心愿就是吃饱肚子。尽管想尽了办法，如平整土地、大兴水利、推广科技、围湖造田、起早贪黑、冬战三九、夏战三伏，但最终也没有摆脱饥饿与贫困。我当时报考农业大学的一个主要动机，就是试图通过学习农业科技解决人们的温饱问题。但是，在包产到户迅速解决了中国人的温饱问题后，我第一次深刻感触到制度、机制比科学技术更重要。在接触到社会学的思维方式和分析问题的视角后，我认识到社会学对"三农"问题的解决至关重要。可以说，"三农"问题的解决离不开社会学的思考。

2005 年 6 月，在青海海西地区带学生调研

教科书上介绍社会学学科特点时，认为社会学是从社会整体出发，通过社会关系和社会行为来研究社会的结构、功能，以及发生、发展规律的综合性学科。这是一个笼统的概念。具体考察社会学在解决"三农"问题中的地位，我认为可以在两个方面发挥其学科优势。

一个是在宏观领域，社会学可以引导农业学科发展，为乡村建设提供依据，为农业发展提供方向和导向。以农业科技为例，任何科技都有多种可能的发展方向，比如对农业机械的研究与开发，是研究大型的农机具，还是研究小型的农机具？这就要有个依据，而不是拍脑袋就可以决定的，需要多学科的研究，特别是社会学的研究，要从环境特点、农业性质、农业组织形式、农民利益、政府支持等多个要素来看农业的发展趋势，以此为基础预测未来的农业形式和规模，将其作为农机具研究的依据。再比如对育种技术的研究，就需要运用社会学综合考察农民的生产方式、生活方式和农业劳动力的发展趋势等。如果农业劳动力减少，农业劳动力成本增加，那么培育节省劳动力的新品种就是方向。农业领域的许多争议，往往是社会学的研究滞后所导致的。例如，关于转基因的争论，特别需要社会学做出自己的判断，从国家的农业安全、农产品安全、消费心理、对生态和农业文化的影响等方面进行评估。因此，有社会学研究做导向，就有助于自然科学把握正确的方向。我们常说，科学的不一定是最好的，最好的是最适合的、最合理的，是符合社会发展规律的。这些必须通过社会学的研究来把握。

另外一个是在微观领域。比如，社会学可以考察某一项科学技术的发明、推广可能引起的社会变化。技术可以改变人们的生活，但是这种改变有时是正向的，有时是负向的，即可能导致社会问题。社会学的微观任务就在于为具体技术或政策的应用提供正确的途径和方法。大家知道，科技是双刃剑。如何发挥积极作用，而避免消极影响，是社会学可以发挥作用的突出领域。比如，化肥与农药的使用，在带来巨大增产效益的同时，也使土壤板结，污染了地下水，消耗了能源，甚至降低了农产品品质。这个问题的解决，除了用更新的技术治理落后技术外，还需要考察人们的农业行为、农业组织形态、农业的多功能表现、生产者与消费者的关系、倡导何种生活方式、政府的农业政策等。最近有机农业运动兴起以及出现新的下乡潮流，就迫切需要社会学对此现象做出解释和说明。此外，农业技术的推广与扩散，更是典型的社会学问题。一项技术是被束之高阁，还是能得到迅速的推广与应用，就依赖于社会学对该技术与社会之间关系的揭示程度。这涉及技术本身的社会学问题，如技术的简单化问题、是否符合社会心理与文化传统等问题，同时也涉及传播、扩散技术，农民观念的转变，乃至人们的习惯和传统。

就农业而言，社会学可在宏观与微观两个层面发挥作用。一是把农业技术在内的各种农业现象作为分析的要素，从事物的整体出发，对要素之间的关系和社会行为进行结构、功能，以及发生、发展规律方面的研究。在宏观上把这些要素作为自己棋盘上的棋子，从整体的高度和视角统筹要素，使其得到最合理的配置，是和谐社会建设最具挑战性的工作。二是综合考察影响具体农业措施的社会、文化、心理因素，使某项具体农业措施（包括技术的和政策的）发挥最合理效用。

中国农业大学的社会学就是应该在这样的互动中，实现多学科（特别是农业科学与社会学）的相互影响、相互渗透和相互促进。随着社会的发展，未来的任何社会问题，都不是可以靠单一技术学科解决的，而是要建立综合、系统的整体思维，为社会学发挥作用提供越来越有作为的空间。从中国农业大学的社会学系建立起，我就试图做这样的学科融合工作，尽管很艰难，且直到今天也没有达到理想的程度，但是我们正在沿着这个方向努力。我们已经欣喜地看到，在学校的范围内，自然科学家们对社会学从不认识到认识，从不理解到自觉使用社会学思维，应该说是个很大进步。这与多年来我们的宣传、研究成果的影响是有关系的。很多教授在进行自然科学研究项目的开题、成果鉴定、实施效果评估时，开始自觉地邀请社会学专家参加。有自然科学教授甚至感叹"如果早些接触社会学就好了"，说明他们对社会学价值的认识。我们的社会学学科发展也从自然科学研究成果中得到启发，不断拓宽了社会学的研究领域，提高了社会学的解释力，使之变得更具体，更接地气，更能解决"三农"实际问题了。

大量的实践告诉我们，农业问题不是经济问题，农村问题不是技术问题，农民问题也不是简单地增加收入问题，而是表现为复杂的社会问题。我们可以通过具体的事件来了解社会学与"三农"问题的关系。

有个事件应该是大家都熟悉的。中国改革开放的标志是什么，或者说是什么启动了中国的改革，并为中国的改革和发展提供了源源不断的动力？这就是被当时称为"包产到户"的农村改革。中国人搞人民公社近30年，没有解决人民的吃饭问题，大多数人处于半饥饿的状态。我们这些五六十岁的人都经历过食品短缺的时代。为什么会这样？有人说政府不重视农业，这是不了解实际情况。事实上，中国政府对农业的重视恐怕超过任何一个国家。当时最时髦的口号是"以粮为纲"，为了让老百姓填饱肚子，可以毁林开荒，可以围湖造田；向荒山要粮，向滩涂要粮，甚至向大海要粮。国家大力推广农业科学技术，科学施肥、推广良种。当时的中国农业大学是最受人瞩目的大学，因为大家期盼着会有惊人的科技发明使人吃饱肚子。尽管人们绞尽脑汁，几乎穷尽了一切可以采用的技术手段，甚至不惜以破坏生态为代价，但最终没能解决中国人的吃饭问题。

有一天，这种千军万马、战天斗地轰轰烈烈大生产却解决不了吃饭问题的局面被一个小小的改革改变了，即发生在安徽省凤阳县小岗村的

"大包干"。这个改革被学术界认为是"被饥饿逼出来的生死抉择"。这个村子在"大跃进"时期饿死了 67 人,绝了 6 户人家。在对饥饿充满恐惧又走投无路的情况下,一个叫严金昌的农民在 1978 年的一个冬夜,冒着坐牢的危险召开了一个秘密会议,决定把村里的土地"分田到户"。如果因此干部坐了牢,村里的其他人筹钱也要把孩子养到 18 岁。19 户户主签字画押(外出讨饭不在家的,由人代签)。这就是当时小岗村的改革。后来知道,小岗村不是第一个,还有比小岗村更有标志性意义的"大包干"典型,即苏北泗洪县的上塘村。2013 年,我有幸应邀出席了在上塘村举行的"春到上塘"大包干纪念馆的开馆仪式,近距离地向当地干部和村民了解了当时"大包干"的情况。1978 年,上塘公开推行"大包干",受到批判。大家有兴趣可以看看新华社记者当时写的报道《春到上塘》,记录了当时改革的情景。我想要说的是,当时全国各地都在探索吃饱肚子的办法。而且人们都清楚的是,最简单有效的办法就是一条,把土地分给农民。中央尊重农民意愿,及时推行了"大包干"的做法。1983 年全国完成农村改革后,1984 年我国就出现了"卖粮难"现象。

地还是那些地,人还是那些人。为什么过去人们累死累活,就是吃不饱饭,而承包到户轻而易举地解决了这个问题?对人民公社失败的原因有各种解释,有人说是监督成本太高,人们出工不出力导致的。有这方面的原因,但不是主要的。当时的人们怀着一颗建设社会主义的热情,不计报酬地拼命干活,我是深有体验的。也有人说是人多地少导致的,这可能也是要搞计划生育的重要原因之一,但是不能解释同样的资源为什么有富裕和贫穷差异。当然,也有人说是因为科技落后,因为政府投入太少,因为政府对农民索取太多。各种论点不一而足。实际上并没有这么复杂,最主要的原因在于人民公社体制,让人们累死累活干着无效的工作。从社会学视角看,"大包干"的成功在于调整了人与土地的关系。过去的土地归集体所有,集体统一使用,农民被束缚在土地上集体劳动,一个重要的特征就是农民被动地劳动。家庭承包制度使农民获得了种地的自由。种什么,何时种,农民有了决定权和选择权,这对农民无疑是极大的解放。正是这种人地关系的调整,找到了最适合农业发展的路径，极大地调动了农民的积极性。农产品有了剩余，于是出现了农贸市场，这是市场经济的雏形；随后农村富余劳动力出现了流动，形成了流动就业大军，为中国制造业、城镇化的发展提供了可能。可以说正是一个小小的包产到户，不仅启动了中国的改革，而且为中国的改革提供了源源不断的动力。尽管包产到户的主意不是社会学家提出来的（当时没有社会学学科），而是农民在实践中发现的。但我们从中得到了启发，社会问题是不能靠技术来解决的，制度问题也不能靠非制度的措施来解决。如果说科技是生产力，那么社会学研究成果同样是生产力，有时是更重要的生产力。

3. 中国农业大学社会学的特色与方向

随着社会学的应用越来越广泛，许多学校设立了社会学专业。作为一个专业，有些是共性的，如大致相同的课程体系、大同小异的培养方案、相同的学位课程等。但是每个学校又根据自己学校的特色、优势，突出了本学校的特色。我们的社会学设在中国农业大学，也自然就有了中国农业大学的特点。中国农业大学有什么特点，重视农业科技、关注农村、有条件接触农民。因此，我们的社会学也就有条件关注"三农"

2009 年 1 月，在北京参加新农村建设研讨会

问题，带有了农业大学色彩。

从教学内容上看，我们的社会学系除了设有一般社会学课程外，还设立了与农业相关的一些课程。1995年招收第一届本科生，我们在制定培养方案时，就把农业推广、农学概论等涉农课程作为社会学本科生的必修课程。当时我们特别希望开设"农业概论"课，告诉学生农业是什么，农业的地位、特点和发展趋势，但是农业大学没有此课，国内也没有类似的课程可以借鉴，所以就用"农学概论"来代替。但是农学概论主要是介绍作物的起源分类与分布、作物的生长发育与品质形成、种植业资源与生产调节技术、种植制度、种子繁育、作物病虫害防治、农业气象灾害及防御、种植业发展展望等内容，不符合社会学学科的需求。因此，后来在修订培养方案时，取消了此课，代之以一些农业前沿方面的课程，以增加学生对农业的了解，并规定了具体的学分。另外，我们把"农村社会学"作为中国农业大学社会学系最为重要的课程来建设。该课程不仅是本科生的必修课，也是硕士研究生的学位课。这门课最早由程贵铭教授主讲，1998年程贵铭教授退休后，我任此课主讲。"农村社会学"在帮助学生了解中国的农业、农村、农民问题，培养其解决"三农"问题的能力方面发挥了重要作用。在农村社会学教材建设方面，我们先后形成了四个版本的农村社会学教材。第一本是由王立诚主编的《农村社会学》（1992年由农业出版社出版），第二本是由程贵铭主编的《农村社会学》（1998年由中国农业大学出版社出版），第三本和第四本是我主编的《农村社会学》（分别于2002年和2007年由中国农业出版社出版）。2007年的《农村社会学》是国家"十一五"规划教材。农村社会学的教材建设对强化农大社会学的农村特色起到显著的作用。

从科研方面看，我们的教师大部分把自己的研究方向选择在"三农"领域，以解决农民、农村和农业面临的迫切问题为研究目的。我们教师的很多研究成果，对中央相关决策发挥了参考作用，有的获得了中央领导的批示和肯定，有些则直接转化成了国家政策。20年来，我们社会学系教师主持的国家社会科学基金项目有13项，主持的省部级项目达50多项。这些科研成果反映到对学生的教育上，就进一步增强了中国农业大学社会学的特色。

在社会服务与实践方面，我们的特色也很突出，为学生提供了完整、系统的社会实践和为社会服务的途径，形成了社会实践制度和实践体系。我们的本科生从大学一年级的暑期，就开始了系统的社会实践和专业训练。同各地农村和农民保持密切的联系，特别是同中国农业大学的农业科技基地结合，很容易使学生进入当地社会，与农民、干部打成一片，便于学生进行调查和体验。

因此，中国农业大学的社会学具有了"三农"倾向和明显的应用色彩。

当代的中国正处在快速发展和迅速转型过程中，有一系列重大社会问题需要社会学做出回答，社会学不能视而不见，不能游离于社会变革之外。社会学要针对社会问题的难点做出自己独特的贡献。社会学要在解决社会问题过程中体现自己的价值。当然，社会学对社会发展的贡献，不是简单地提出对策，而是要研究各类社会现象之间的关系，在揭示事物间复杂关系基础上掌握社会发展规律，再以规律为依据，指导问题的解决。只有这样，才能获得科学的、符合客观事实的、可操作的解决问题的方案。

中国农业大学社会学形成自己的专业特色经历了一个过程。在社会学系成立之初，大家就达成了共识，农业大学的社会学系要为解决"三农"问题服务。当时，我曾与程贵铭教授反复讨论农业大学的社会学定位与发展方向问题，讨论如何区别于综合大学的社会学。我曾与刘廷晓教授、叶德先教授、陆银初教授以及当时的农业部管理干部学院院长王立诚教授等进行研讨，也曾向中国社会科学院陆学艺教授请教，请陆学艺教授、郑杭生教授等知名学者来学校为学生办学术讲座，介绍社会学的发展及其在社会发展中的应用。从定位社会学目标到实现为"三农"服务的目标，大体经历了三个阶段：探索阶段、积累阶段和初步实现目标阶段。探索阶段大体从1995年到2000年，此阶段主要表现为积极参加各类农村社会调查，出席各类与"三农"问题相关的会议。如利用寒暑假先后组织学生参加农民需求调查、农民消费调查、家庭承包经营问题调查、农民工调查、农民教育调查、贫困与扶贫问题调查、百村调查、城中村调查、农民权益调查、农民就业与失业问题调查、农村家政与农业推广调查等。当时所涉及内容很广泛，基本上是随着教师兴趣和追随社会上的热点问题而进行，没有凝练出明确目标，成果分散且限于对调研材料的描述。当时也试图与农业科学结合，以探讨农业发展的社会学问题。但是由于当时的大多数人对社会学不理解，不了解其社会价值，这种结合没有实现。

进入 21 世纪以后，中国农业大学社会学的特色建设进入了积累阶段。这个阶段大约持续了十年。这个阶段的主要特点是教学、科研与国家一系列涉农政策相结合。一是具有中国农业大学特色的教学体系基本形成，随着高水平教师的引进，社会学课程体系逐渐完善。二是科学研究凝练出了明确的研究方向，并初步形成研究团队。在此期间，国家出台了一系列重大涉农政策，包括取消农业税、促进农民增收、新农村建设、促进农民转移就业、发展现代农业等。2005 年以来的中央一号文件，都是围绕着"做强农业""富裕农民""繁荣农村"三个主题进行的。几乎所有内容都超出了技术和经济的范畴，迫切需要社会学给予回答。正是在这样的背景下，中国农业大学的社会学自觉围绕国家中心任务，承担了多项农业部、教育部和国家社会科学基金项目，主持召开了多次国际国内学术研讨会，出版了《当代中国农民社会心理研究》《农业社会学》《农民参与土地管理的理论与实践》《发展社会学》《中国农村土地制度研究》《中国农民专业合作经济组织研究》《阡陌独舞——中国农村留守妇女》《别样童年——中国农村留守儿童》等一系列学术研究成果，为实现社会学研究与解决"三农"问题的结合奠定了理论与实践基础。

2010 年以后，中国农业大学社会学进入了与解决"三农"问题密切结合的阶段。首先表现在研究成果为相关决策采用。例如，对留守人口的研究，引起国家重视；新型职业农民培育上升为国家战略；家庭农场被作为新型农业经营主体写进了中央文件。我们的一些教师也被聘为政府相关部门的专家或顾问，反映了中国农业大学社会学的研究成果受到应有重视。其次表现为直接参与解决"三农"问题的实践。在新型现代农业经营主体培育、农民组织建设、乡村文化建设以及新农村的规划过程中，中国农业大学的社会学受到越来越充分的重视。我们的教师参与指导农民合作社实践，帮助农村建设新乡村文化，参与和主持新农村建设规划，受聘为乡村扶贫专家、乡村治理顾问等，为解决"三农"问题做出了直接的社会学的贡献。再次表现为我们的研究成果得到社会认可。其主要的标志性事件有：叶敬忠等五位教授就新农村建设提出"社会主义新农村建设中的九个问题亟待关注"，获得中央领导的重要批示，对中国新农村建设产生重要影响；叶敬忠教授关于农村留守人口的研究引起了广泛的社会关注，"三留守"问题已在政府重要报告中得到重视，农村留守儿童、留守妇女和留守老人已成为社会讨论和学术研究的重要主题［其系列成果于 2013 年获第六届高等学校哲学社会科学研究优秀成果奖（社会学类）一等奖］；朱启臻、孙庆忠、熊春文教授等主持的《农业社会学》获得第六届高等学校哲学社会科学研究优秀成果奖（社会学类）三等奖；2014 年朱启臻教授主持的《生存的基础：农业的社会学特性与政府责任》荣获中共北京市委、市政府颁发的北京市第十三届哲学社会科学优秀成果奖（社会学类二等奖）。我相信随着我们社会研究成果的不断面世，会有更多的成果获得奖励。当然，研究成果被社会认可的形式与方式是多样的，获得奖励仅仅是一个方面，最为关键的是要看我们的研究成果对解决"三农"问题是否发挥了实际作用。

4. 农村社会学可以发挥作用的领域

可以说，社会学在解决农村、农业、农民问题的各个领域都有其不可替代的地位与作用空间。我主讲农村社会学课程，对该课程有自己的一些理解，从内心感觉这门课比其他应用社会学分支更重要。说它重要，首先在于它所涉及的领域是十分复杂的，如涉及农业问题，这是人类生存的基础；涉及农村问题，这是中国传统文化的根基所在，也是中国社会结构的模板；涉及农民问题，这是中国规模最大、构成最复杂且面临诸多最棘手问题的群体。农村社会学就是研究这些复杂问题的结构、关系与变迁。其次在于它所涉及的问题是现实的热点和难点问题，

2009 年 8 月，在河南邓州带学生考察

是社会普遍关注但又难以通过简单方法解决的问题。仅农民增收问题，我们就已经用 60 多年的时间，进行了各种各样的实践尝试，颁发了数不清的文件，制定了各种各样的政策，但至今依然没有从根本上解决这个问题。城乡差距依旧在扩大，农民增收依然困难，这凸显了该问题的复杂性，也凸显了农村社会学研究的重要性。应该看到，正是这个领域本该由社会学发声，但由于研究不够深入难以发声，或者由于研究者过少声音甚微，或者研究成果难以达成共识，相互矛盾，彼此抵消。因此，在国家关于"三农"重大问题的决策上，社会学所发挥的作用与其学科地位极不相称。这绝不是社会学学科的局限，而是受到我们的学科队伍水平的限制。

这里我仅就农村社会学具体在哪些领域中可以发挥作用，谈谈自己的认识，供大家参考。

农村社会学可以在农业与农村的许多相关领域发挥作用，运用社会学的一般原理解释农村家庭、农业组织，分析农村社会结构与农民生活，发现农村社会进步的动力，寻找乡村文化传承途径，等等。不同历史时期，农村、农业所面临的问题是不同的。因此，农村社会学在其基本理论和方法指导下，在不同阶段所关注的问题也应有所侧重。就当前中国所处的历史阶段和所面临的具体问题而言，迫切需要农村社会学在农业发展、农业政策、乡村建设、乡村文化、农民增收、农民生活等方面做出自己的判断，以校正其他学科对这些问题认识的片面和弥补研究不足。我想就农村社会学可以做出特别贡献的三个领域谈谈自己的想法。

第一，谈谈农业组织问题。前面谈到，家庭承包经营是在经历了反复挫折或者说惨痛教训后，农民探索出来的适合农业的经营形式。自从确立了家庭经营模式，中国的农业就开始了新的局面，连续丰收，解决了吃饭问题，也有力回答了外国人对"谁来养活中国人"的疑问。但是，进入21世纪后，家庭经营模式开始受到越来越多人的怀疑。主要依据是，农村出现了空壳村和土地撂荒、农民靠农业增收困难、农民收入长期徘徊、乡村衰败等现象。于是，人们做出了一系列判断，如小农经营与大市场存在矛盾、农户经营与现代农业存在矛盾、一家一户经营难以获得规模效益等。人们进一步提出规模农业，为了规模要流转土地，要消灭小农，要放弃家庭承包，甚至有人把被实践证明失败的集体农业又拿出来作为解决问题的办法。各种各样的观点导致了农业发展模式的极大混乱。为什么会有这么多混乱的认识，为什么直到今天还有人认为"人民公社好"？主要是因为人们没有掌握农业发展的规律，没有普及农业发展的一般规律知识，这当然是由涉农学科的局限性所决定的。所以需要农村社会学从农业与农民关系、政府与农民关系、政府的农业责任等层面做出解释。当我们从社会学视角审视农业组织时，就会发现，家庭经营是最适合农业特点的经营方式，这是由农业生产特点、家庭特点所共同决定的。只要农业生产特点不变，家庭经营的这种适应性就不会发生变化。但是，我们必须承认，家庭经营确实存在诸多问题，而且有些问题还很严重，如劳动力外出务工导致土地撂荒问题、小块土地限制和制约对农业科技的需求问题、分散的农户增加了市场交易成本问题。诸如此类，如不妥善解决会影响中国农业的安全。但是解决这些问题，并不是要以否定家庭经营为前提，而是要在保持家庭经营优势的基础上创新农业组织形式。这种新型的组织形式最为典型的就是家庭农场。家庭农场是以家庭成员为主要劳动力的家庭经营单位，或者简单地说是家庭经营的扩大版。它保留了家庭经营的所有优势，又可以克服家庭经营的部分劣势，是现代农业组织的基础。家庭农场依然会存在这样那样的问题，这些问题则需要通过更高的组织层次来解决，这个更高层次的组织就是合作社。小农户到家庭农场，再到合作社形式的联合，是农业组织发展的规律。无论什么样的组织创新，都是围绕这一规律进行的。如果偏离这一规律，农业发展就会遇到挫折。但是现实生活中，人们对这一规律还缺乏认识，对农户、家庭农场、合作社的理解还存在许许多多偏差和错误。因此，农业组织的发展并不顺利。这就需要我们社会学研究者对农业组织做出解释，进行宣传，使我们的农业发展少走弯路。这也是我们研究农业社会学的目的之一。早在2002年，我就提出要研究农业社会学问题，并提出了农业是公共产品的判断。当时大多数人不接受这一判断，今天越来越多的人接受了。具体的原理，我们在《农业社会学》中有系统的解释。

最近几年，农村出现了严重的老龄化趋势，农村留守群体被形象地表述为"386199部队"，一些六七十岁的老年人成为农业的主要劳动力，农业生产后继乏人，"未来谁种地"成为社会关注的重点。应该看到，农业生产的老龄化与兼业化是缓解中国劳动力紧张的有效措施，同时也是制约中国农业发展的重要因素。老龄化对农业的影响表现为力不从心，对种地的态度也从获得收入转化为"够自己吃就行"；中青年农民外出打工收入成为家庭主要收入，农业变成了可有可无的"鸡肋"，因此，不用心种地了。这些因素都严重影响了土地的利用和农业的产出。要解决这些问题，破解"未来谁种地"的难题，就要培养大批合格的新型职业农民。职业农民的好处在于可以一心一意种地，可以积累农业生产经验，可以成为有文化、懂技术、会经营的新型农民。职业农民要对年轻人形成吸引力，要有较高的收入。较高收入需要形成较大的规模经营，进而涉及土地流转、政府的支持与社会服务等一系列问题，还会涉及未来农民的社会地位、社会尊重以及生活环境等问题。可见，新型职业农民培育也是一个复杂的社会学问题，需要农村社会学对其中的复杂关系做出解释，为政府制定相关政策提供依据。新型职业农民与家庭农场是密切相联的：没有新型职业农民，家庭农场就没有可靠的主体；没有家庭农场，新型职业农民就缺乏有效的载体。

第二，谈谈城乡关系问题。城乡关系是我们一直没有很好理解和处理的问题。一方面，二元社会结构的形成，在城市和乡村之间人为地划定了一条难以逾越的鸿沟，导致了城乡分割和对立。城市出问题了，就把人赶到乡下，如20世纪50年代的"下放"、60年代的"知青下乡"；城里需要劳动力了，就鼓励农民进城打工，但是农民难以突破身份的限制，由此产生了留守问题、农民工问题和城镇化问题。国家在建设上重视城市投入，忽视乡村建设，世界上最现代化城市与最贫穷落后的乡村在同一块土地上并存。另一方面，城乡功能不分，城市越来越失去城市风貌和文化，乡村也越来越失去乡村的味道。在新农村建设的口号下，一味模仿失去文化的城市建设模式改造乡村，导致乡村建设不伦不类。这样的后果之所以产生，与决策者的认识有关，但是也与社会学的相关研究薄弱或缺失不无关系。进一步说，社会学还没有从中国的特点出发解释城乡关系和城乡的功能差异，对城乡文化的研究还停留在口号上。这是农村社会学可以发挥自己作用的重要领域。

我们从2006年开始关注乡村存在的价值问题，2014年出版了《留住美丽乡村：乡村存在的价值》。书中论述了乡村与农业的关系、乡村与农民生活的关系，特别是论述了乡村的生产、生态、生活、文化等功能。如果把乡村放在城乡关系背景下考察，我们会发现一个不一样的乡村建设。美国有一位叫芒福德的社会学家，他在《城市发展史》一书中论述过城乡关系，指出城市与乡村的发展是不能截然分开的，最后要走向城乡一体，实现城乡融合。具体地说，城乡关系要打破相互分割的壁垒，从城乡分离、城乡对立，逐步实现城乡经济和社会生活紧密结合与协调发展。对于城乡一体的图像，英国学者霍华德在他的《明日的田园城市》中有更为形象的解释：城市和乡村都各有其优点和相应的缺点，而城乡一体避免了二者的缺点。他认为，城市和乡村必须成婚，这种愉快的结合将迸发出新的希望、新的生活、新的文明。当我们把乡村建设放在城乡关系大背景下考察时就会发现，乡村的价值是不可替代的。乡村不仅有城市不具备的自然环境，还是可持续农业、生态建设的重要内容,是传统文化得以存在的重要载体,是低碳、循环、贴近自然的生活方式得以实现的基本条件,也具有对人的综合教育价值。城乡一体化当然不是把乡村变成城市,而是在明确城乡差异的基础上实现城乡功能的互补。

在2013年的中央城镇化工作会议上,习近平总书记有个充满浪漫色彩的讲话。他强调要依托现有山水脉络等独特风光,让城市融入大自然,让居民望得见山、看得见水、记得住乡愁;要融入现代元素,更要保护和弘扬传统优秀文化,延续城市历史文脉;要融入让群众生活更舒适的理念,体现在每一个细节中。在促进城乡一体化发展中,要注意保留村庄原始风貌,慎砍树、不填湖、少拆房,尽可能在原有村庄形态上改善居民生活条件。这是一个令乡村社会学研究者深受鼓舞的讲话,一方面会遏制盲目拆村的行为,另一方面也为乡村社会学的研究者提出了艰巨的任务,即要深刻揭示乡村的价值及其发展规律,为乡村建设提供理论依据。

2014年7月30日,国务院公布《关于进一步推进户籍制度改革的意见》,取消了在中国实行了半个多世纪的"农业"和"非农业"二元户籍管理模式。这样一项改革,对构建新型城乡关系具有重要意义。自1958年中国实施《户口登记条例》开始,城乡户籍制度就把中国公民分为农业户口和非农业户口,成为"二元社会结构"最显著标志之一。这是一种具有福利身份区隔和歧视性的制度。附加在户籍制度上的科教、卫生、医疗、就业、住房、养老、粮食与副食品供应等一系列福利政策,催生了一系列不平等的制度体制。很长一段时间里,农村居民梦想着如何把农业户籍变成非农户籍。考学、当兵、招工曾经是摆脱农民身份的仅有渠道,也是形成千军万马过"独木桥"现象的重要原因。改革开放以后,曾有农民出高价为子女购买非农户籍,或通过婚姻关系实现户籍的迁移,或通过购买城市房产实现户籍变更。也有的通过就地工业化和城镇化,使农村居民享受到甚至比城市更优越的福利。但农业户口的身份标签始终缠绕着农村居民,像是一个甩不掉的"膏药"伴随终身。于是"农民工"产生了,他们的子女被称为"新生代农民工",农村居民的孩子统统被称为农民子弟。一个俨然已经身价过亿的企业家，只因为拥有的是农业户籍，也被冠以"农民企业家"的称号。因此，取消户籍差别、实现自由迁移和享受同等的公共服务成为农村居民的迫切愿望。但是应该看到，简单地取消户籍差别，并不能必然实现新型城乡关系。要取消对农民的束缚，还农民以居住和迁移的自由，就要剥离、剔除附着在户籍关系上的种种特殊福利，真正做到城乡居民在发展机会面前地位平等。这其中的城乡关系，工业化、城镇化和农业现代化的关系，农民的城镇化问题等，都是十分复杂的社会学研究课题。

第三，谈谈乡村建设问题。乡村建设是农村社会学可以发挥重要作用的领域，乡村建设的许多问题都需要农村社会学做出回答。如乡村建设风格和格局，绝不是一个简单的建筑问题，而是涉及乡村社会结构和乡村文化的复杂问题。显然，一个由农家院落组成的村落与一个由单元楼构成的社区，具有完全不同的生活方式和文化内涵。就对人行为的影响而言，农家院落是开放的空间。正是因为这种开放性，才有了费孝通描述的熟人社会，才能构成乡村舆论的基础，才有了乡村舆论，才有了街谈巷议式的舆论监督。在这种群体压力下，人们对是非善恶就有了判断，人们的行为就会受到某种程度约束。所以，村落社区具有教化的价值。单元楼则完全改变了这样的物理结构与社会结构，每一户对外都处在封闭状态，家庭的事情被封锁在楼房里，不为他人所知，也就没有乡村舆论来扬善抑恶，于是乡村的教化功能丧失了。农村社会学要研究在让乡村居民享受现代社会生活方式的同时，如何使乡村的教化价值得以保存。这是阻止乡村遭到破坏的重要依据之一。

再比如，乡村文化建设。我们想当然地认为城市文化优于乡村文化，试图把城市文化移植到乡村中，结果是费力不讨好。农家书屋难以利用，数字影院成了仓库，文化下乡活动被农民称为"来去匆匆"。文化下乡何以遭遇尴尬？是因为对农村的文化需求特点没有研究清楚。在乡村，我们时常可以看到红白喜事的热闹氛围，不是那些"吹鼓手"演技有多么高明，而是符合乡村文化消费特点。我在北京的延庆县调查过"文化驻乡"工程，村民参与乡村文艺的热情给我留下了深刻印象。乡村文艺为什么会受到村民的欢迎？《向农民道歉》的作者野鹤讲过这样一个小故事：王屋山上有个"张瞎子"。张瞎子怀抱一把三弦琴，走村串户以说书为生。王屋山方圆百十里的地盘上，家家户户的农民都把张瞎子当成了一个宝。婚丧嫁娶，起房盖屋，老人祝寿，孩子满月，农家的红白喜事，都盼望着请张瞎子到家里来说上一场书。请的人多，张瞎子就一天两场、三场地赶场子。请他的农家用摩托车、三轮车、小四轮、农用车接他、送他。甚至于，有的人家怕误场，提前一年跟他预订日子，付他定金。县新华书店的经理很羡慕张瞎子，说张瞎子一年的纯收入超过了县新华书店全年的卖款。经理这么说的时候，经理的老父亲就来气。老父亲说写书的人比张瞎子还要瞎，他们哪能写出张瞎子嘴里的景致来。张瞎子嘴里的景致，自然是赵庄、钱庄的俗事，是孙家的长、李家的短。但是，他把自己融入了长长短短的俗事，让他自己也成了故事中的角色。这个故事确实寓意深长，对乡村文化建设不无启发意义。农村社会学如何对乡村文化建设做出贡献，从这个故事里可以受到一些启发。

党的十八届三中全会指出，要推进国家治理体系和治理能力现代化。2013年中央农村工作会议上，习总书记强调要加快完善乡村治理机制。2014年中央一号文件也强调探索不同情况下村民自治的有效实现形式。乡村治理已经提高到执政能力的高度上来。在乡村治理问题上，农村社会学可以发挥多方面的作用。从某种意义上说，离开了农村社会学的研究成果和工作，乡村治理是难以想象的。大家都读过费孝通先生的《乡土中国》，费老用形象的语言揭示了乡村熟人社会的特点，"这是一个熟悉的社会，没有陌生人的社会。熟悉是从时间里、多方面、经常的接触中所发生的亲密感觉。这感觉是无数次的小摩擦里陶冶出来的结果"。他说，中国社会是乡土性的，终老还乡是常态生活，每个孩子都是在人家眼中看着长大的，在孩子眼里周围的人也是从小就看惯的。这个"熟人社会"并非静止不变、毫无生机，而是一个"能放能收、能伸能缩"的"动态"格局。它以己为中心，像石子一般投入水中，如水的波纹一般，愈推愈远。在这个熟人社会里，人们的感情和相互的了解成为稳定社会关系的重要力量，因为熟悉才产生了集体亲密感觉和共同领悟。"意会"是人和人交往过程中的重要特征，人们处在"不言而喻""意在言外"的境界。在这样的社会里，人们很容易养成诚信品质、互助习惯、参与公共事务的传统，也有着依靠乡村权威调解纠纷、化解矛盾的机制。所以，费老把乡村称为"无讼"社会。社会秩序不是靠法治，而是靠礼治。在乡土社会的礼治秩序中做人，如果不知道"礼"，就成了撒野；没有规矩，就不是好人。因此，乡土社会是和谐的。

尽管当代中国的社会关系已发生剧烈的变化，但中国社会因亲缘、地缘关系而结成熟悉社会、圈子社会的差序格局并未完全改变，"意会"的交流方式也仍在社会生活中普遍存在，在当代中国社会仍占有十分特殊和重要的地位。比如有了矛盾，不一定就要针锋相对，而是可以化解的。今天你打官司赢了，我不甘心，明天再生个事来报复你，这样冤冤相报何时了。正所谓冤家宜解不宜结，就是这个道理。化解一桩纠纷，总比再产生一个新的矛盾要好吧。如果调解不成，再诉讼也不迟。最近，很多地方在倡导创建和谐社区，在厦门就有"无讼社区"建设，号召法官们放下法槌、脱下法袍，多到社区去，发现调解矛盾、化解冲突的办法。

我认为农村社会学在乡村治理中就是要努力挖掘传统乡村和谐关系的制度机制，充分利用传统熟人社会的优点为现代和谐社会建设服务。这里有许多工作要做，如重视乡村的道德建设，弘扬乡村的诚信文化、尊老爱幼传统和邻里互助品质。一些社区开展的"好媳妇""好婆婆""好邻里""星级家庭"等评选活动，就是利用传统为现代社会建设服务的有效方式。又比如，乡村新型主体的建设，或者说是乡村组织的建设，包含了十分丰富的内容：党组织如何转变成为一个服务型组织；村委会如何发挥自治职能，真正变成村民民主选举、民主决策、民主管理、民主监督的自治组织；乡村的经济组织如何建设，才能真正代表和实现集体成员的利益；文化娱乐组织如何建设，从而将传统文化娱乐与现代文化娱乐结合，让村民在富裕起来的同时，也能乐起来；还有教育组织、养老组织、卫生医疗组织以及各种非正式组织的建设。乡村的组织程度越高，人们就越充实，表达和实现自己愿望的途径就越多，社会就越和谐。最近，我们考察了一个乡镇的"说事评理"中心。它所利用的就是将传统熟人社会的特性与现代法治相结合，把乡村中德高望重的代表推选出来作为评理员,聘请法律专业人士为顾问。老百姓有啥矛盾,产生了什么纠纷,可以拿到村"说事评理"中心来评价、辩论、说理。"说事评理"中心可以从道德、法律、感情、关系、人情等各个方面给予评论,辨明是非,让人心服口服。如果调解不成,再到乡镇级的"说事评理"中心进行辩论、评说。最后,调解无效再上法庭打官司。"说事评理"中心有多方面的好处。首先,最直接的好处是可以减少上访、打官司。在我们的文化中,打官司是伤和气的,是冤冤相报,不能从根本上实现和谐。其次,帮助人们辨明是非。在现代社会,由于各种文化的冲击,人们的是非观念变得复杂和模糊了,不像传统社会简单明了。因此,需要多方面、多角度地进行思考和评判。在这个过程中,人们明辨是非,区分善恶,是社区实施教化的有效途径。再次,有助于村民广泛参与。通过"说事评理"中心的活动,可以在整个社区形成议论话题,大家可以参与"说事评理"活动,表达自己的见解,形成群体舆论。这对社区凝聚力、约束力和归属感的产生都具有重要作用。最后,有助于乡村新权威的形成。"说事评理"成员尽管不是官员或干部,但是在老百姓心目中承担着"定盘星"的作用。他们不是经济权威、政治权威,而是道德、礼与法的权威,可以对社区治理发挥重要作用。

2014年12月,我参加了浙江绍兴"乡村治理现代化"研讨会,被聘为"乡村治理现代化试验区"顾问。使我产生兴趣的是该地区的"乡贤文化"。"乡贤"是本乡本土有德行、有才能、有声望而深被本地民众所尊重的人。乡贤文化是一笔宝贵的精神财富。乡贤文化是扎根家乡的母土文化,看得见、摸得着,贴近百姓,贴近生活,是引导人们向上向善的力量,是一笔宝贵的道德资源。绍兴上虞在全国率先成立民间"乡贤"文化学术社团,以"挖掘故乡历史,抢救文化遗产,弘扬乡贤精神,服务地区发展"为宗旨,出版《乡贤文化》专辑,组织举办乡贤学术研讨活动,对名人文化遗产进行抢救保护。该地区将发展乡贤文化与学校教育紧密结合起来,通过对乡贤精神的挖掘、传承和弘扬,倡导向上向善、积极进取的良好社会风尚;依托乡贤文化,引进项目,提升乡村经济发展力;通过发展乡贤文化,提升乡村管理自治力。政府通过制度创新，将一批有经营头脑、社会声望的乡村能人吸引到村主职干部队伍中来，致力于培养新乡贤群体，发挥他们德治、善治的力量，满足群众办事、矛盾调解、信息咨询、致富求助的需求。他们成立老娘舅工作室和专业民间调解机构，将一大批热心公共事业的新乡贤吸引到调解队伍中来，促进了乡村自治、基层和谐稳定。

以上只是想说明农村社会学可以发挥作用的领域十分广泛。从乡村生产到生态，从村民生活到习俗、文化，从宏观政策到微观措施，农村社会学都有其独特的优势。社会学作为一个学科，在解决"三农"问题方面的作用随着社会的发展愈发重要和凸显。

5. 兴趣与责任

兴趣是学习和工作取得成绩的重要条件。在中国农业大学社会学系的学生中，有的对社会学感兴趣，愿意读书，喜欢讨论问题，学习成绩很好；有的对社会学缺乏认识和兴趣，学习成绩不理想。我很想结合自己的体会，给大家谈些建议。

2013 年 5 月，在河南原阳考察合作社

兴趣被认为是胜任工作和在工作中做出成绩的第一要义。心理学家研究发现，一个人如果从事了自己感兴趣的工作，就可以激发其潜力，

聪明才智容易表现出来；但是如果从事自己不感兴趣的活动，不仅聪明才智受到抑制，人也容易疲劳，效率降低。所以，现在人们越来越重视兴趣对学习和工作的影响。但是兴趣不是天生的，而是后天获得的，或者说，兴趣是可以培养的。兴趣培养需要两个基本条件，一是了解自己所学习知识的重要性，二是在自己的工作岗位上做出一定的成绩。前者帮助人获得自豪感，后者帮助人获得成就感。有了自豪感和成就感，就容易获得自信心，也就容易培养出对学习和研究的兴趣。作为中国农业大学社会学系的学生，有些是作为第一志愿被录取的，可能是受家长职业的影响，或者受亲戚朋友的影响，也可能是自己思考的结果。总之，他们对社会学有一定了解，知道社会学是干啥的，认识到社会学的重要性，所以报考中国农业大学的社会学系。这样的同学有明确目标，对学科感兴趣，学起来轻松，就有动力。有些同学不了解社会学，是被动地调剂到社会学专业的，但是接触社会学以后，认识到这个学科有用武之地，有意思，很快就产生了兴趣。认识到自己所学习知识的重要性，这种重要性是一种自我感觉和认知，当然有主观性，但是不论别人眼里是否重要，只要自己认为重要，就可以产生坚持学习的动力，进而培养出学习兴趣。在相关领域取得一定成绩对兴趣的培养也是重要的。如果总是看不到学习或工作成绩，久而久之，就会失去信心，就会受到其他干扰而偏离既定方向。因此，学习既要循序渐进，又要取得一定成绩。比如参与社会调查，撰写出调查报告，参加征文获得奖励，在学术会议上发言受到与会者的赞扬和肯定，在实践中提出的建设性建议被有关单位采用，以及发表了文章、参加了竞赛，等等。只要取得了成绩，就会增加自信，就会发现自己原来有这方面的才能，也就会激发出学习兴趣。2005级有一个女学生，就是因为经常参加教师组织的社会学研讨会和社会调查，对社会学产生了浓厚兴趣，读了大量的社会学名著，对经典很熟悉，不仅经常参加我们系的社会学读书会，还积极参加其他在京高校的社会学活动，知识很丰富。我就把她吸收到我的国家重点课题研究中来，让她撰写文章，帮她修改。她从中获得了很多启发，越发对社会学感兴趣，后来读了硕士、博士，现在北京大学博士后流动站工作。她说，喜欢社会学的思维，喜欢做社会学研究工作。当同学们运用社会学的视角或方法分析具体社会现象，或解决一些具体问题，并得到社会认可时，兴趣就会逐渐形成。大家不要好高骛远、人云亦云，只要踏踏实实学习，一定会表现出特殊的能力，成为对社会有用的人才。

我不是社会学科班出身，而是学农学出身，所学的专业是园艺学。我的老师们把我培养成了对园艺具有特殊感情和兴趣的学生。为什么会走上社会学教学的道路？有时代的原因，因为那个时候，社会学刚刚恢复，没有毕业生，组建社会学专业，很难有足够的科班出身的教师。即使是大家熟知的几位社会学家，也大都是转行而来。由于教学需要，领导谈话要改行做社会科学教师，那时大都会选择服从。除了服从，没有其他选择。经过一定的进修学习，我就改行成为社会科学教师了。进入社会科学教学领域后，我的研究方向做了多次调整。最早我研究"职业指导"，是改革开放后我们国家最早研究和在大学开设"职业指导"课的教师。1989 年，我出版了《择业指导概论》。时任团中央书记的李克强同志为此书写了序言，评价此书"是一本适合选择时代需要的书"。该书的出版激发了我的研究和教学兴趣。后来我又出版了《职业指导理论与方法》。这本书是系统提出职业指导理论和实践体系的著作，后来被学术界誉为对中国职业指导有"筚路蓝缕"之功。当时，我被推举为教育部职业指导专业委员会理事、中国职业教育学会第一届德育专业委员会理事。我主编过北京市中学生《职业指导》教材，主编过全国农业高校《大学生就业指导》。直到 2009 年，教育部一纲两本的职业院校教材《职业生涯规划》还聘我作为教材主审。就是因为取得了一定成绩，我对此活动有了兴趣；因为有了兴趣，就有了努力探索和工作的动力。

我对农村社会学感兴趣是 20 世纪 90 年代初的事情，由三个因素促成。一是那个时候农民问题突出，需要学者做出回答。当时我主持了一个关于农民教育的课题，就是要让农民通过掌握科学技术提高收入。在研究过程中，我发现问题远比人们想象的要复杂，一个普遍的事实是掌握了农业科技的农民依然贫困。进一步研究发现，人们对农业、农民的认识大都停留在极其肤浅的程度，而且都认为自己了解情况，把问题看得很简单。因此，我感觉有责任对这个问题进行研究，以探讨其本质的规律。第二个因素是中国农业大学社会学系的成立，需要我们对自己的学术研究有个调整和定位。我就选择对农民问题进行研究，从事农村社会学的教学。当然，还有一个原因，就是"三农"情怀。我当过农民，也试图改变农村的落后面貌，曾苦苦探索过。尽管后来上大学离开了农村，但是这个情结是深厚的，一直成为我关注乡村和农民命运的内在动力。所以就逐渐放弃了自己感兴趣的职业指导研究，转而研究"三农"问题。对"三农"问题进行研究，也有一个兴趣不断浓厚、方向不断调整的过程。开始讲授农村社会学，但是发现要解决农村问题，必须研究农民，农民是农业发展主体，是乡村建设主体，农民问题不解决，乡村发展是不可能的。于是把农民问题作为研究重点，也很崇尚"'三农'问题的核心是农民问题"的判断，探讨了农民教育、农民收入、农民生活方式、农民流动与转移等。后来，随着问题研究的深入，我越来越发现要解释农民行为和解决农民问题，必须知道农民是干啥的。当然农民是种地的，这就必须了解农业是什么。当我们从头反思农业本质时，惊奇地发现，原来农民问题、农村问题的根源在于农业特殊性。以往农民问题和农村问题找不到有效的解决途径，根源在于没有理解农业的本质和特点。因此，我对农业问题研究产生了兴趣，也就有了后来的对农业社会学的思考。我现在对"三农"问题的一些观点，被一些人认为是有前瞻性的，其实都是在思考农业问题的基础上提出的。如农民与农业的关系、现代农业的误区、新兴职业农民的培育、发展家庭农场以及政府的农业责任、农村土地问题等，都是在我的思维框架中获得的。

  我个人的经历给我这样一种感受：兴趣是重要的，但是兴趣是可以培养的。认识水平、社会责任感以及取得必要的成绩，是培养兴趣的重要条件。对于学生，认识到所学专业的重要性，是培养专业兴趣的重要条件。而对于教师，社会责任感对形成自身的研究兴趣和取得研究成果十分重要。

  我发表过很多文章，也出版了不少著作，但是，我认为在农村社会学领域我们做的两件事情是有价值的。

  第一件事是对农业问题进行社会学思考。农业的特殊性，决定了它不是一个简单的经济学要素，而是复杂的社会现象。过去我们把农业作为经济问题来看待，结果不论是计划经济还是市场经济条件下，农业问题都没有解决好，突出表现在农民种地得不到好处，不愿种地，导致农业劳动力后继乏人；掠夺性经营农业，环境破坏，土地污染，肥力下降，农业不可持续。要解决诸如此类的问题，前提是把农业的性质搞清楚。农业的性质是什么？简单地说，每个人每天都离不开吃饭，农业就是保障人人有饭吃的产业。因此，农业不能成为人们发财的工具，而是国家农业安全的保障。因此，我一直认为大肆渲染农业发财的行为是对农业无知的表现，对社会很有害。再有，农业是存在于大自然中的，面临着洪水、干旱、风雹、高温、低温以及各种病虫害等自然风险，还有难以预测的市场风险。人们一天不吃饭不行，让人多吃也不行。所以，农业是个缺乏需求弹性的产业。所以，农产品的供应不能少，少了就会有人饿肚子，社会就会不稳定。当农产品供小于求时，政府就会采用各种办法增加供给，包括增加进口和限制消费。农民并不能因减少供给获得更高的价格。相反，当农产品供大于求时，农业就存在难卖问题，农民就会难以实现其市场价值，从而遭受损失。所以，无论是丰收还是歉收，农民都难以得到好处，这就是农民与农业的关系。而要让农民种地，就不能伤害农民利益，要保障农民利益。这就成为政府责任。农业社会学就是研究农业、农民、政府三者之间的关系。过去的《农村社会学》教科书里是很少谈农业的，即使谈农业也是把经济学的一些概念移植过来，而缺少社会学对农业的判断。因此，社会学在农业上很少有发言权，继而在农民和农村问题上缺少了社会学特色。对农业问题进行社会学思考，其价值就在于拓宽了社会学的分析空间，为社会学在"三农"领域发挥作用奠定了重要基础。

农业社会学的实践价值是十分显著的，如懂得了工业反哺农业的本质，就可为政府支持农业提供理论依据，也可为如何支持农业，即为有效支持农业的途径与方法提供依据；理解了农民与农业的关系，也就知道了农民的重要性，就会明白农民为什么离开土地，如何才能吸引高素质的农业人才从事农业，这就涉及新型职业农民培育问题。理解了农业的特点，自然会明白怎样的农业组织形式才更有利于农业发展，这就是家庭农场发展的依据。我正在参与主持的教育部重点项目"新型职业农民教育重大问题研究",就是沿着农业社会学思路进行的。2014年,教育部和农业部联合发文,推动中等职业学校新型职业农民培养方案在全国试行,这是农民教育的一件大事。为此,我写了解读和评论文章分别在《中国教育报》和《农民日报》上发表。应该说,这是在农业问题的社会学研究基础上推进的,我们的研究起了很大的作用。家庭农场也是同样的道理,为什么适合农业经营的方式是家庭农场,而不是其他组织形式,其实理论解释得已经很清楚,但是一些人由于不懂农业社会学的基本知识,在这个问题上提出了很多错误概念,在实践上也屡屡遭到挫折,可悲的是按照错误的理论已经遇到挫折,还不知道失败的真正原因。很多老板投资农业以失败而告终,但是看他们总结失败的原因,依然不得要领。也就是说他们失败了却不知道为啥失败,很可悲。这也说明农业问题很复杂,社会学对农业问题研究很重要。其实,就农业与农民关系问题,我们早在2003年就出版了《中国农民职业技术教育研究》,2009年出版了《农业社会学》,2011年出版了《农民为什么离开土地》,2013年出版了《生存的基础——农业的社会学特性与政府责任》等,对农业的特点、农业与农民的关系等问题做了系统论述。

第二件事情是我们对乡村存在价值进行研究。现在有个很时髦的口号,"农村的城镇化"。许多地方出现了强拆农民房子、逼农民上楼的现象,导致了诸多集群事件和社会冲突。过去脱离农村到城市去是农民的梦想,今天却出现了强迫农民离土、离乡的现象。我经常提出这样的问题,为什么要让农民进城上楼呢?回答可能是:"不上楼,怎么城镇化呢?"如果再追问:"为什么要推进城镇化呢?"回答:"不城镇化怎么拉动内需?"最后的回答可能是,"不强迫农民进城,房子怎么卖得出去"。为了卖房子而不顾农民利益的做法,无论从什么角度看都是错误的,都是对社会的犯罪。这就需要我们考虑一个问题,在城镇化背景下,乡村还有没有存在的必要,城镇化真的必须以消灭乡村为代价吗?不是这样!城镇化有其自身的规律,是一个自然的过程,不是人为可以设定发展目标的,是人们的一种自由选择,不能强迫。今天强迫农民进城成为市民和当年阻止农民流动同样荒唐和错误。不仅城镇和乡村并存没有矛盾，而且建设和谐城乡关系，是生态文明的重要条件和体现。

从 2006 年开始，我们就把乡村存在的价值作为我们的研究课题，不仅在课堂上给学生讲，也在社会上广泛宣讲；不仅作为研究生的论文选题，也进行了大量的社会调查。最后形成了一个成果《留住美丽乡村——乡村存在的价值》，2014 年由北京大学出版社出版。本来的书名是"留住乡村"，后来编辑强调，落后乡村不要留了，要留就留住美丽的乡村，与美丽中国相对应。因此，就变成《留住美丽乡村》了。当然，我们希望每个村庄都是美丽的。其实，乡村美丽不美丽都不能消灭，因为乡村有其不可替代的功能。

在很多人的观念中，乡村是落后的，城市是先进的，城市要替代乡村是社会发展的规律。年轻人都愿意从乡村流入城市，所以很多乡村衰败了、消失了。但是，这并不是说乡村没有价值，一定要被城市所取代。在《留住美丽乡村》这本书中，我们论述了乡村存在的五大功能。

一是农业生产功能。这一点很重要，由于人们不懂得乡村对农业生产的重要意义，曾设想让农民住在城里的小洋楼上，每天开着汽车到田里种地。这被认为是很惬意的事情。实际上这是一种脱离实际的狂想，至少目前是一种想象。因为，农业生产无论是土地、庄稼还是牲畜，都需要精心的呵护。这决定了农民不能远离土地。远离土地不仅会增加农民的生产成本，也会带来生产上的诸多不便。下雨了，城里人往房子里跑去避雨，农民却是往地里跑，或施肥，或灌水，或排水，如果发现梯田被水冲毁，需要立即修复。很多情况下是等不得雨过天晴后再修补的。种菜的菜农，在田间搭个窝棚，昼夜都是守候在田里的，目的就在于呵护菜苗和实施及时的管护。所以，农业离不开村落，因为村落离农田最近。如果谁消灭村落，也就等于消灭农业，至少是极大地削弱了农业。这方面的教训已经不少了。

二是生态功能。村落就是生态的一部分，村落对生态的贡献是极其显著的。村落连接着农业生产和农民生活，搭建了能量转换与循环利用的平台。在传统村落，没有"垃圾"的概念，农民生产的所有东西都能得到有效利用，籽粒用于人的口粮，秸秆用作牲畜的饲料，生活垃圾和动物的粪便都作为有机肥回到田间，实现生产与生活的有机循环。不仅如此，村落植被对防风固沙、保持水土、维持生物多样性、实施生态理念教育等等，都发挥着重要的作用。

三是生活功能。这是十分显著的功能。村落中的农家院是农民的生产空间，也是生活空间。人们在这里可以生产出许多满足基本生活需要的生活资料，如在庭院里可以种几十种蔬菜、多种水果，养鸡、鸭、鹅和猪、牛、羊等家禽家畜，不仅可满足农户自己生活的需要，还可以为住在城市的亲朋好友提供放心可口的蔬菜、肉蛋等产品。农民的消费具有非货币化特征，可降低生活成本，提高生活质量，并减少市场压力。此外，农家院、村落的公共空间，也为村民的交往提供了便利。到农村，随处可以看到村民三五一群地聚在一起，或串门聊天，或打牌游戏，与城市居民的老死不相往来形成鲜明对比。在这样的生活环境中，人们可以获得较强的幸福感和满足感。因此，这些年许多环境优雅的乡村吸引了很多城市人到农村养老，一些乡村社区也在打造养生、养老、养心的"三养"社区，突出了乡村的生活功能。

四是文化功能。这是指乡村对传统文化的传承与保护功能。人们常说，乡村是传统文化的根，但是根在哪里？需要我们去思考和研究。其实文化的根就在村落形态与结构中，在民居格局中，在邻里关系中，在农民的生产与生活活动中。乡村的红白喜事、婚丧嫁娶、节日时令、风俗习惯、民间信仰等，既是传统文化的载体，也是传统文化的表现形式。比如放鞭炮，爆竹声中一岁除，这在乡村是很喜兴的事情。人们赋予了放爆竹很多寓意，从最早的驱魔避邪，到现代婚礼喜庆、各类庆典、庙会活动等场合几乎都会燃放鞭炮，反映了老百姓渴求安泰的美好愿望。但当人们把放爆竹的习俗带到城市中来的时候，实际上就已经失去了放爆竹的文化意义。它带给城市的是噪音、污染、扰民乃至火灾等，已无文化可言。乡村文化是存在于乡村的，如果乡村消失了，乡村文化也就不复存在。因为文化只有在特定环境下才具有意义，皮之不存，毛将焉附。爆竹如此，其他文化形式也是如此。当我们了解了乡村文化保存在何处，在改造乡村时就会有意识地保护传统文化。

五是教化功能。我们社会学讲人的社会化。一个人由生物人变成社会人受很多因素的影响，其中农村社区是社会化的重要场所。一个生活在乡村的人在农村社区里不仅可以接触大自然，有密切接触的小伙伴群体，也可接触村里的各色人物和事件。在这个环境中，人们潜移默化地、自然而然地学会了辨别真伪、善恶、美丑，掌握了一套行为规范，容易养成互助、善良、诚实等品质。农村社区是最有利于个体成长的环境。因此，很多新村社区挂上了"行为矫治中心"的牌子。特别是参加农业劳动被认为是促进身心健康的有效途径。据研究，儿童参加必要的农业劳动，除了可增长知识外，还有助于很多优秀品质的形成。如通过体验农业劳动的艰辛，培养珍惜劳动成果的品质；在与大自然接触过程中，养成善待大自然、尊重自然规律的品质；在与农民接触和农业劳动中，培养诚实的品质，培养耐力与忍耐品质，培养感恩和祈福的情操与珍爱生命的品质等。农业劳动是有利于人全面成长的途径。一些高素质的家长，看到了农业劳动的教育价值，把孩子放在农场接受农业的熏陶，这也是这些年"开心农场"得以发展的重要原因。

我最不能接受的一句口号，就是"按照城市建设的思路建设乡村"。这句口号背后所含的前提就是城镇优于乡村、楼房优于农家院、城市文化优于乡村文化，以至于在建设乡村过程中破坏了乡村。当我们用生态文明理念重新审视乡村价值时，会发现城市是城市，乡村是乡村，二者各有不可替代的功能。所以，我们从2006年开始就将"把乡村建设得更像乡村"作为农村社会学专题课程的主题。我们所向往的美丽中国与乡村建设是在突出城乡特色基础上实现城乡功能的互补。

6. 自豪与遗憾

人活着总是要有很多值得回忆的、自豪的、满意的、有成就感的事情，否则就会对生活失去兴趣，就难以坚持所谓事业。人进入老年后，最容易回忆和难以忘记的就是自己做过的最有意义的事情，也就是说，自己认为最自豪的事情是容易记住的。如果有人问我在中国农业大学工作30多年感到最自豪的事情是什么，应该说有两件事情最值得自豪：一是参与创建了中国农业大学的社会学专业。中国农业大学的社会学本

2013 年 6 月，与毕业生合影

科专业是全国农业大学中最早的社会学本科专业，在全国大学中也是比较早的。尽管我们走过的道路是曲折的，成长速度也不快，但是我们走得很扎实，一步一个脚印，很艰苦，也很充实。经过 20 年的努力，中国农业大学社会学系聚集了一批很有发展潜力的教师，凝聚了一批教学与研究骨干力量。在我们的队伍中，有的被学生评为最有魅力的教授，有最受学生喜欢的教授，也有很有发展潜力的青年教师，这些都是令人欣慰的事情。二是指导出一批学生，在教学上获得了一定认可。受大环境的影响，我们的教师在很长一段时间内可能更重视科研、发表文章，因为这些与晋升职称联系在一起。但是当我们回忆几十年的教学经历时会发现，最能体现教师价值、最能获得职业自豪感和最有回忆价值的，可能不是发了多少文章或出版了多少著作，而是一个教授站在讲台上的那份责任。我认为给学生上了多少课，课程得到学生多少好评，指导了多少学生，带了几次实习，以及学生毕业后所取得的成绩，都是最值得教师关注的，教师以培养出有成就的学生而自豪。每当听说我们的本科生、研究生在工作上取得了成绩，我总是感到很兴奋，很自豪。有一次应邀到外地考察，见到了我们社会学的毕业生。他的领导介绍说他已经在单位独当一面了，我就感到特别亲切和自豪。我指导的本科生、硕士生的论文获得校级优秀论文，我感到自豪；我指导的毕业生全部就业，并找到理想的工作，我感到自豪；学生在工作岗位上取得了成绩，当教师的比自己取得成绩还要自豪。这是教师对学生和教育事业的情感。

20年过去了，我们的毕业生有的成为企业管理者；有的通过创业有了自己的公司；有的做了公务员，当了科长、处长；有的当了大学教师，晋升为副教授或教授；有的到边疆去奉献自己的青春；有的到海外去发展。无论我们的学生在哪里，只要提起农大的社会学系，都会倍感亲切，都会找到我们共同的话题。同学们的每一个进步，都会给我们带来成就感和自豪感。如果我们的教学和科研把学生的未来作为出发点和目标，相信我们会取得更有价值的成绩。

学生的进步与教师的教育是分不开的，同样，教师经验的积累和成就也受益于学生的支持和参与。我先后给本科生上过农村社会学、社会心理学、组织行为学等课程，给硕士研究生上过农村社会学专题、社会心理专题、社会问题分析、农村教育专题等课程。其实，我的很多研究成果是在教学过程中引导学生参与讨论时受到启发积累而成的。在我所获得的奖励中，我更重视教学活动取得的成绩。我主编的《农村社会学》被列为国家级"十一五"教材，2012年农村社会学课程获得了国家级精品课称号，2014年农村社会学课程被列入教育部资源共享课。这些既是对我们教学工作的肯定，也是对教师的激励。这是一个教师不可以不为之奋斗的目标。教学是大学的主旋律，创新教学方法、提高教学质量是大学教师永恒的话题，希望我们社会学的教师都成为优秀教师。

回忆几十年的教学经历，有很多自豪，也留下了诸多遗憾。如果归纳起来，有三个遗憾。

第一个遗憾是没有坚持带本科生进行更多的实习。社会学系成立初期，由于教师人数少，也由于对社会学系的高度热情，我作为系主任，每年都带学生们深入农村，经常是住在老百姓家里，很多情景记忆犹新。多次带学生到北京的霞云岭乡调研，那是深山区，是《没有共产党就没有新中国》歌曲的诞生地。学生们白天入户调查，晚上唱歌跳舞。至今，同学跳太空舞的场景还映在我脑子里。在昌平的国营农场，和同学们享受过采摘苹果的乐趣；在河北围场，我和张蓉老师一起带本科生实习，不仅领略了草原风光，看到了万亩林海，与同学们一起吃农家饭，而且一起被蚊子叮咬的情景也历历在目；在三峡的快艇上，那是整整一个班的同学，调查三峡移民问题，考察后靠移民的生存状态，还记得同学们在快艇上分西瓜的情景；在神农架调研，同学们不知道米酒的厉害，喝醉的窘态印象也很深刻。在陕西汉中调查乡村纯女户，学生为当地重男轻女的习俗而伤心落泪……带本科生实习是十分辛苦的，但留下了有趣的记忆。在三峡调研，我带着学生们漂流了大坝合龙后被淹没的小三峡，漂流了四个多小时，给大家留下了深刻印象。我后来很多对"三农"问题的思考与判断就是在 20 世纪 90 年代带学生下乡进行农村调查时积累和形成的。后来随着带研究生压力的增加，带本科生实习逐渐少了，主要精力放在了研究生的实践上，这是一个很大的遗憾。2012年，我和孙庆忠、熊春文两位老师带本科生和研究生去河北围场县做调研，又引起我对指导本科生社会实践问题的思考。教师指导本科生社会实践对学生成长的作用是不可替代的。2014 年，当我开着私家车把本科一年级的学生送到距离北京几百公里外的河北平泉县去参加实践时，有些人感到不可思议，但对我们教师来说是很自然的事情。我在想，要是让我从头再当一回大学教师，一定把带本科生社会实践放在我工作的重要位置。

第二个遗憾是没有当过本科生的班主任。教学 30 多年，两度当系主任，当过多年副院长，但是没有当过班主任。这是我感到很遗憾的事情，所以我羡慕蒋爱群教授，她是 50 岁以后当本科班主任的。我跟她讲要把班主任的经历和大学生成长的历程详细记录下来，因为是重要的财富。当我看到学生与班主任那份亲近时，真实羡慕嫉妒恨，恨自己没有完整地当四年班主任，那样更能接近了解学生，是成为优秀教师的重要基础和条件。现在来不及了，就只能是遗憾了。

第三，记不住学生的名字。不是不用心记，可能是天生的形象记忆缺陷，我看学生长得都一样。记忆学生方面，我最敬佩孙庆忠教授，他记忆学生有过目不忘的本领。有次在外地调研，地方一所中心学校请孙教授给他们全体教师举办个讲座。短短一个多小时的讲座，孙教授能够认识和记住参加会议的 20 多名教师的名字，所有人都为之惊叹。相比之下，我是望尘莫及，给学生上一门课，记不住几个学生，课堂上记住了，换个地方就辨认不出来了。因此，如果与学生相遇，我认不出你们，首先不要有意见，不要以为我目中无人，实在是辨认不出你们的特征。其次，不要不理老师，你不认识我，我也就不认识你。持这种态度的不是好学生，不是社会学的学生。你要介绍自己，告诉我你是社会学哪一级的学生，叫啥名字。我会很激动、高兴和感谢你的。

7. 期望与建议

再有一年多就退休了，借此机会想和大家交流一下我对社会学发展的一些看法和建议。

2014 年 6 月，在中国农业大学指导学生

首先是对学生的期望。社会学专业的学生要有社会责任感，要关注民生、关注社会发展中的问题，培养自己用所学理论和方法解决社会现实问题的能力。社会学从它诞生那天起就是为满足社会需要而存在的。在其发展过程中，其应用价值不断得到强化。现代社会学在社会生活的任何领域都应该发挥其指导作用。不要把社会学当成"边缘学科"，更不能理解为"剩余学科"。要在国家的重大决策和社会热点问题上发挥影响力。社会已经发展到了这样一个阶段：任何问题都需要综合措施和多学科共同来解决，而社会学具有分析和解决综合问题的天然优势。社会学大有作为的时代已经到来，希望同学们毕业后在各自的领域做出自己的贡献。中国农业大学的社会学目前还是一张具有巨大空间的画纸，需要大家添光彩，画出最美的图画。我相信中国农大的社会学因为有你们而变得更精彩。一个系办得好坏，最终的标志是看她是否能培养出一群优秀的毕业生。

要培养出优秀毕业生，学校环境和教师很重要。我们作为普通教师可能左右不了大学的环境，但可以尽到我们的微薄责任。

今天的社会学系较20年前已经不可同日而语，不仅有了一个基本成体系的教师队伍，也逐渐形成了具有特色的研究方向和教育模式，有着巨大的发展空间和潜力，可做出贡献的领域十分广阔。我们的教师要在教学内容和教学方法上有所创新，要善于汲取新的教学理念和教学方法，始终把培养人放在第一位。教学是大学教师的本分，大学教师的一切活动都是围绕教书育人这个根本目的进行的。现在赋予大学的功能好像越来越多了，对大学功能的理解越来越糊涂。其实大学最根本的目的就一个——培养出合格的学生。我们强调教师做科研，也是为了更好地培养学生。首先，教师只有做了研究，才会对自己讲授的内容有更深刻的理解，把知识传授给学生的时候才有自信，才不至于照本宣科，才能理论联系实际。自己没有吃过梨子，是讲不出梨子的滋味的。其次，教师只有做科学研究，才能为学生提供优良的实践环境，才能指导学生进行系统的研究，使之得到系统的训练。再次，教师的科研有助于引导学生关注现实问题，培养学生的社会责任感和解决实际问题的能力。至于那些与培养学生无关的，只是为了写文章而进行的所谓科研，不是大学教师该做的事情。最近有个大学校长发表观点，要年轻人做科研，教授们不要再去搞科研，而是要以教学为主。这个观点我非常同意。但是我们的现实正好是倒过来的，没有教学经验也没有实践经验的年轻教师成为教学主力，有经验的教授不上课，到处做什么研究。着实是本末倒置。我们的社会学系有一个非常好的传统，就是教授坚持给本科生上课，没有出现不上课只做科研的所谓教授。不要为了科研而科研，更不要为追逐科研经费而做自己不喜欢的事或偏离教师的既定目标。扭转学风，恢复大学本质，可以从社会学系做起，因为我们是社会学系。

加强国内、国际的广泛交流是必要的。交流不仅可以向他人学习，了解最新的动态和观点，也可以让大家认识和了解我们。过去我们在交流方面做得不够，我们很多有价值的工作、成果不被同行所熟知。当在学术会议上听别人介绍自己最新成果时，我们常常感觉到，这是我们多年前已经搞清楚的问题了，但是人家不知道，说明我们的成果没有产生影响。因此，交流、相互学习和了解是今后必须加强的。当然，交流不限于开会、做报告，也包括发表文章和充分利用现代媒体传播我们的研究成果。我们系的教师在发表文章方面是积极的，成果很丰厚，每年人均发表的文章在全院也是名列前茅的。除了发表学术论文外，我个人认为也不要忽视报纸、网络、电视、广播等途径的声音。通过这些途径，让更多的人了解我们社会学系的专家、成果、观点是十分重要的。学生也会以他们的教师在媒体上有声音而自豪，我们社会学的影响力也会随着我们在公共平台上声音的扩大而增强。

我们在凝练教学与研究团队方面还需要进一步努力。无论是教学还是研究，有组织的行为都比个人单打独斗要好得多，更容易实现目标。对这个大家都公认的常识，我们却做得还不够，需要在凝练方向的基础上，形成我们的特色教学与研究领域，形成紧密的教学与研究团队。这就需要我们的教授有传帮带的品格，帮助年轻教师确定研究方向。年轻教师也要顾全大局，把眼界放远一些，舍得放弃一些自己暂时的研究乐趣，形成团队作战，从而取得更多、更大的成就。我自己的经验告诉我，一个人能否做出有价值的成绩，社会责任要远远大于个人兴趣。

稳定的教学基地建设是我们长期以来没有解决好的问题。我们在全国各地曾设立了不少教学、科研实践基地，但是没有坚持和巩固。学生实习、教师科研，打一枪换一个地方，影响了资料的积累和成果的价值。这与我们教师和学生图新鲜有关。一个地方做几次调查就认为没意思了，没新鲜感了，不愿做重复而需要坚持做的工作，而是寻找新的感觉和新的刺激，结果我们在一个地方难以积累可以纵向分析社会的完整材料。当然，也有客观的原因，就是我们学生的实践或教师的研究是围绕着经费转的，有什么经费就做什么事情，就要山南海北地跑。因此，稳定的研究基地就被忽略了。希望在以后的发展中，把动与静结合起来，建设更多更好的社会学研究实习基地，为后代积累有价值的资料。

最后，还是想讲几句反复说过的，中国农业大学的社会学，研究"三农"具有先天的优势，要在"三农"问题上凝练研究方向，要参与国家关于"三农"问题重大决策的讨论，不仅要在社会学圈子里有中国农业大学社会学系的声音，还要跨界到经济学、农业科学、文化建设、乡村建设等相关领域发出声音，加强与不同学科的合作。而且这种声音不是随波逐流的，不是人云亦云的，而是我们对问题真正思考后的成果。

希望我们的社会学系越办越好，办成有特色的一流学科。再过20年，我们再相会，一定是另一番天地。

李雅昕／孙弋帏／刘思远／李明馨　采访整理
朱启臻 2015/01/31　校订定稿

张 蓉

1. 与农大结缘

回想起与农大结缘的事很有意思，一心想学医学的我一不小心学了农业，一个在人多时说话就紧张的我却做了一辈子的大学教师。1977年初，我高中毕业响应国家"知识青年上山下乡"的号召，成了一名下乡插队的知识青年，在北京郊区农村当了近两年的农民。当真正成了一个农民的时候，感觉最羡慕的事就是读书、上学。1978年参加高考，报考的专业都是与医学相关的专业，而且当时五个志愿我只填了四个，可是在"知情办"交表时被告知必须填上"服从分配"。由于那年医学类专业的录取分数高，我考的成绩不够，最后"服从分配"被北京农业大学园艺系蔬菜专业录取。在毫无思想准备的情况下，我成了一名北京农业大学的学生。大学四年的专业学习，让我渐渐地爱上了我的专业。一节节的化学类、生物类、植物类、遗传学课程……一连几天的实验室实验，一次次的田间和田野实践，让我开始享受这所学校的学习生活。大学四年，我的假期都是与老师们一起度过的，进入不同的课题组参加他们的科研项目。这让我学到了许多专业知

识，同时还为父母减轻了生活负担。那时候经常在田间实验，毕业实习在四季青公社试验站一住就是半年。正是这些培养了我对专业的兴趣和对科研工作的认真、执着、不怕吃苦的精神。这些也让我有更多的机会与农民和农业科技人员结缘。关注农民、关注农业，为我后来做社会学的田野调查奠定了基础，后来参加许多的农村调查也得益于此。

当年收到北京农业大学录取通知书的时候，根本不知道要学习些什么。记得当年我们村的党支部书记还跟我说，小蓉头（村里人给我的昵称），咱别去了，种菜还要学四年，在咱村的菜园子里头，有个两三年你就能当师傅，还是等等招工时给你一个好工作吧。我说不行，我还是想读书。在农村生活的两年中，不知不觉开始羡慕起背着书包上学的学生，越来越渴望再进入课堂。尤其对我这样一个从小就在高校里长大的人，坐在教室里听课的场景是我挥之不去的梦想。所以，抱着管它学什么的思想进入了北京农业大学园艺系学习，从此就与农大结缘。1983年初留校工作至今，当过团干、助教、讲师以及社会学专业的副教授、教授，同时还一直兼任管理工作，1988年在社科部兼任过党总支委员，1991年任人文学院党总支副书记，1996年任党总支书记到2002年12月学院合并，2003年1月至2006年7月兼任人文与发展学院社会学系主任，2006年6月至今兼任学院副院长主管教学工作，并在2011～2014年2月同时兼任社会学系主任。所以，人生中的一次选择让我成为农业大学的一名教师，并使我对农大、对学院、对社会学系产生了非常深厚的感情。

2. 与社会学系结缘

1984年9月考入清华大学当时的社会科学系，在职脱产学习两年。从此，我从农业科技领域进入了社会科学领域。我原本是希望自己在原来的专业领域发展，所以在工作之余全力准备考研究生，但是学校根据工作需要希望我去学习社会科学。在校党委书记周鹏程老师找我谈话后，学校推荐我参加了清华大学双学位的招生考试（这个双学位班是国家为培养后备干部而设立的）。1984年9月进入清华大学社会科学系学习，所学习的课程包括哲学、文学、历史、经济、心理学、教育学、政治学等，社会学也是其中的课程之一。授课的都是清华、社科院、教育部最好的老师，引导我们读了不少社会科学方面的著作和论文，开阔了视野，并逐渐了解了社会科学方面的相关知识。在清华这个平台上，我还参加了一些社会调研活动，每一次调研都要在当地住一个月左右。如1985年初在安徽凤阳县，对最早开始"大包干"的小岗村及周边的几个村子进行调研；1985年暑假对深圳工业区和深圳大学进行了调研。这使我开始对社会科学有了兴趣，从此我从农科转向了社会科学。两年毕业后（那时想当教师的想法特别强烈，在自己再三的要求下），即1986年7月，我回校进入了当时的人文教研室（德育教研室）。它也叫思想政治教育教研室，是一个正处级单位，挂靠在校党委，我们的室主任还兼任校党委宣传部副部长。我与蒋爱群老师同时进入人文教研室。当时教研室加我与蒋老师一共5人，马华教授任主任，他50年代毕业于人民大学哲学系，主讲偏哲学类的课程；程贵铭教授任副主任（曾担任过校团委书记），主讲农村社会学；朱启臻老师讲授心理学、择业指导；蒋爱群老师讲授美学；我讲授社会调查研究方法。这个教研室的主要教学任务是为全校的学生开设社会科学的选修课程。所以后来，我还与蒋爱群老师开设了家政学，当时还根据教研室的要求讲过档案管理与办公自动化、大学生如何学习等课程。随着教育形势的变化，教育改革的进行，我们教研室不断扩大，随后学中文的刘爱英老师、学心理学的陈立老师、学音乐的黄霞老师加入，社会科学类的课程逐渐丰富，课程也受到了大学生的热烈欢迎。当时由于讲授社会调查研究方法课程（36学时），程贵铭老师带我一起参加了社科院举办的社会学培训班，为后来社会学专业的教学和研究工作奠定了一定的基础。

1987年下半年，政治理论课教研室与人文社会科学教研室（两个处级单位合并）成立了社会科学部，当时刘廷晓教授任主任。我开始时兼任党总支委员，1991年任党总支副书记。应学校向综合性发展的需要，1992年，以社会科学部和外语教学部（两个处级单位）为基础，农业大学成立人文社会科学学院，首任院长是叶德先教授（讲课让我崇拜的老师之一），我当时仍任党总支副书记。1993年，学院经济法学专业开始招收本科生。之后，在院长的积极支持下，副院长程贵铭教授和马华教授带领我们（我、朱启臻、蒋爱群、张大勇）开始了社会学专业的筹备工作。当时，我们进行了大量的调查研究和论证工作，对国内已经建立社会学专业的培养目标、课程设置、生源与就业去向等做了详细的调查与比较。结合农业大学特点，我们借鉴国内外社会学专业教育情况，起草了北京农业大学社会学专业培养方案。还记得我抱着大家准备好的、厚厚的申请材料，怀着兴奋的心情，给陆学艺、郑杭生、马戎、韩明谟、张厚义等社会学的评审专家一个一个送去。终于盼来了好消息，1994年，教育部批准了农业大学的社会学专业。1995年，我们开始招收第一批社会学专业本科生。社会学建立之初，学院集中了全院教师力量进行教学。应该说，学院所有的老师，为了办好这个专业，只要是能沾边的、有能力的老师都积极承担社会学专业课程的教学工作。如社会学概论课由陆银初教授承担，社会思想史课由王新亭老师承担，社会保障课程由张大勇承担，农业法、经济法由任大鹏老师承担，管理学由李茜老师承担，后来开设的社会工作由王冬梅老师承担，逻辑学由连丽霞老师承担，其中有些经济类的课程由农业经济学院的老师承担（如宏观经济学、微观经济学）等等。1996年社会学又有硕士授予权，当时的人文学院最优秀的教师几乎都在社会学任课或指导研究生，我在这一年开始担任学院党总支书记。社会学建系之初非常艰辛，当时社会学系的专任老师很少。所以，我们每一个人都会根据系里教学的需要准备不同的课，有的课是大家合讲，有的课花了很多时间备课却只讲了一次，但大家都没有怨言。那个时期我主讲过好几门课，具体名称都记不清了，大概有家政学、社会统计、档案管理、SPSS统计分析……每年学生的大小实习大家都要不同程度地参与。有一年安排社会学专业学生到房山县窑上乡实习，让我记忆深刻的有两件事：一是小车爆胎，我、朱启臻和孙津老师三人一起去联系和安排学生的吃住，孙津老师开车（当时有车很帅），在回来的路上突然爆胎，好在有惊无险；二是喝酒，因为乡长是我的同学，带学生去时，系里安排我与张大勇、张克云三位张老师带队，一天乡长带着四五个乡干部招待我们，两位张老师当场宣布由于身体原因滴酒不能沾，碍于礼节又没有酒量的我被灌惨了，头疼欲裂第一次体验醉酒。还有与朱启臻老师带学生去房山县霞云岭，《没有共产党就没有新中国》歌曲的诞生地、河北围场草原、山东东营的渔民、房山朱老师的家乡……与孙庆忠老师曾两次去过妙峰山；与学生在一起留下了难忘的记忆。

在社会学专业我一直主讲社会学研究方法课。在80年代中期，我们面向全校开设了现代社会调查研究方法选修课，当时为36学时，课程的主要内容基本上参照了国外社会调查学的体系结构。1992年在总结开课经验的基础上，程贵铭牵头主编了《农村社会调查研究方法》教材，北京农大出版社出版，当时作为全校开设选修课的教材。1991年到1996年先后对农业院校社会学专业开设农村社会调查研究方法课程的目的、内容结构进行了研究，吸收了十年来农村社会学的研究成果和北大、人大社会学教授编写的教材，并根据我校社会学专业的特点融进了农村社会学和社会心理学的基本原理、基本概念，使社会调查研究方法课程的内容趋于成熟。1995年，人文学院成立社会学系，社会调查研究方法作为该专业的核心课程之一，得到了进一步加强，学时增加为63学时，3.5学分。社会调查研究方法课程作为我校社会学专业的骨干课程，一直受到社会学系的高度重视，从90年代中期开始就作为一门重点课程来建设，2004年成为学院的精品课程建设，2010年又成为学校的精品课程建设。2008年版的教学计划修订后被分成了社会学研究方法和社会学研究方法实践两门课，共64学时。在多年参与农村社会学专题研究和多年教学实践的基础上，我先后主编了两个版本社会调查研究方法的教材，第一本《社会调查研究方法》是2005年3月由高等教育出版社出版，第二本《社会调查研究方法》是2014年1月由知识产权出版社出版，是21世纪高等院校网络教学示范教材，进一步增强了实践性。另外，1995年2月，我与蒋爱群老师合作主编的《现代家政》由中国农业出版社出版。1995年9月，应农村读物出版社之邀出版了一套"女性与发展丛书"，包括：朱启臻的《成功之路——当代女性求职择业艺术》、蒋爱群的《动人的风采——职业女性形象的自我设计》和我的《温馨的港湾——职业女性的理家之道》。同时，我还作为副主编参与了《农村社会学》（中国社会出版社）、《发展社会学》

(2008年由中国农业出版社出版，是全国高等农林院校"十一五"规划教材)等教材的编写工作。

那个时期的科研活动，除了根据自己的工作对象和学校的任务做一些研究外，主要参与的是由陆银初教授、程贵铭老师和朱启臻老师牵头的农村研究项目。我们几个志趣相投的老师一起做，积极性非常高。那时我的科研主要围绕两个对象，一个对象是大学生，围绕学生管理和问题进行研究，研究论文多次获奖；另外一个对象是农民、农村问题，主要围绕农民教育和农村转型进行研究。农村问题方面有两个研究值得记忆，一个是参加中国社会科学院社会学所陆学艺老师的项目——十三村调查和后来的百村调查。十三村是"文化大革命"树立的农业学习的榜样或样板村，是全国农业十面红旗之一。那么，改革开放以后这些村庄发生了哪些变化？由此，社科院在90年代初期牵头开展了十三村调查。当时，我们社科部的陆银初教授参与了这项研究。他带着我们（张法瑞、张大勇和我）负责十三村中华西村的调查，当时正式出版了一本研究报告，并提出了"社会分层"的概念。十年后，社科院再做百村调查时，华西村是其中之一。当时，陆银初老师已经退休，是张大勇老师和我带着学生崔红梅、邓世勇去完成的。应该说我们很早就与社科院有合作，所以我们申请成立社会学系时也得到他们大力的支持。因为随着改革开放的进行，农村问题比较凸显，我们农业大学研究农村问题有独特的优势，所以他们很支持我们成立社会学专业。另外一个是程贵铭教授主持的国家社科基金"九五"重点项目"当代中国农民社会心理研究"。当时，朱启臻、张大勇和我参加了这个项目，最后这个研究得到北京市社会科学理论著作出版基金资助，出版《当代中国农民社会心理研究》（首都师范大学出版社，2000），我是副主编；我们三个在这个研究的基础上出版了《观念的转型——社会转型时期中国农民观念变化的实证研究》（中国农业大学出版社，1998）。回想那时候，做科研真的挺苦的，为什么呢？一是那时我们的孩子都很小，家庭有拖累；二是那时研究经费少、调研条件很差；三是问卷全部是手工统计，统计工作基本上归我负责，每一项调研问卷回来，我要熬一个星期左右的夜（白天还有其他工作）才能完成基本统计，如：先按男女分一叠统计一遍，再按年龄统计一遍……问卷都翻烂了，最后画出统计表，分给大家分别去写调查报告。在 90 年代中期，我还加入了"国际农村发展研究中心"（农村发展学院前身）的妇女研究小组，参加了河北宁晋县和故城县的妇女研究项目。

之后在 2003 年 1 月和 2011 年 3 月，我先后两次担任社会学系主任，可以说社会学系的发展与我个人在专业上的成长是密不可分的。

3. 学科建设与学科发展

我曾经两度担任社会学系主任。2002 年 12 月主要在人文学院和农村发展学院的基础上成立人文与发展学院，2003 年 1 月我担任社会学系主任。社会学系对我来说很熟悉，但对社会学系的系统管理我却比较陌生，接手后遇到过许多困难。接了系主任后的第一年，基本上是摸索、磨合的状态，是前任主任朱启臻老师给了我许多的指导。当时吴惠芳老师也鼎力相助，承担了不少系里的具体工作，让我顺利度过了这个时期。

社会学专业从 1995 年到 2002 年，先是程贵铭老师，之后是朱启臻老师带领着我们努力向前发展，形成了我们社会学专业的特色——"农村社会学"，并在社会学领域有了影响。但当时影响我们发展最大的问题，一是师资队伍问题。这些年社会学的专任教师从开始的五六个，发展到八九个，数量和质量上变化并不是很大，所以仍然是全院优秀教师共同参与社会学的教学，社会学的培养方案中法学课程、经济学类课程和相关课程的比例依然比较大。那时，我们在农村社会问题、农村发展、农村政治、社会心理学、社会保障、社会性别、农民教育等研究领域取得了丰硕的研究成果，先后承担了 10 多项省部级课题，横向合作项目达 20 多项，发表科学论文和调查报告数百篇，出版各类著作 60 余部，为社会发展做出了重要贡献。但研究大多是由老师的条件和兴趣决定的，研究领域比较分散。

社会学系的进一步发展要围绕学校整体办学总目标及发展战略开拓创新，那么通过学科建设带动人才培养、科学研究和队伍建设是必由之路。过去的那些年为社会学的发展打下了良好的基础，但是随着国家对社会学专业的逐渐重视和社会管理的需要，社会学学科整体发展迅速，越来越强调社会学学科的规范化。全国社会学教育教学指导委员会、系主任会和社会学学术年会每年都召开，进行规范和交流。当时思考最多的是我们的社会学系应该如何进一步发展？大家经过讨论，提出了发展的指导思想——建设国内有影响的社会学系，力争在农村社会学和乡村人类学等领域打造品牌研究成果，并以农民问题研究所为依托，从事多领域的跨学科中国农村研究。当时的基本设想是：第一，强化以村落为基础的乡村调查，定量与定性研究方法并重。第二，强调社会学研究的中国经验，从实际的调查中来反省既有社会学理论与方法的可适用性，同时还要以开放的态度接纳新的社会学研究视角和方法，特别应该注意到中国作为发展中国家的特点，努力把社会学的研究应用到中国社会发展的研究中去，从参与老少边穷地区的社会发展研究中提炼出新的适用于中国社会的社会学概念和方法论准则。第三，对于社会发展的新动向开展社会调查，即将开展的包括西部地区自愿移民的社会学研究、农民工权益与社会保障以及子女教育问题研究，另外还有农村社会发展中所体现出来的性别角色差异研究。将特别关注城乡关系研究，审视都市化进程中乡村社会的转变，对北京周边都市化村落进行历史考察追踪研究。第四，社会学硕士点的建设要进一步强化社会学理论与方法的教学和科研工作，鼓励研究生在应用社会学研究取向上展开研究。第五，在研究生指导上进一步强化教师的指导作用，使读书安排和调研安排制度化、程序化。第六，强化社会学的教材建设，资助出版一些基础主干教材。第七，加大力度鼓励中青年骨干教师开展社会学调研工作，通过制订相应的科研奖励政策来鼓励教师发表和出版具有创新性的研究论文以及著作，同时鼓励中青年教师开展各种形式的课题研究，以实际的科研促进教学。第八，进一步加强教师队伍建设，增强社会学师资力量，增强学科教学实力，提高培养能力和科学研究水平，同时加强教师之间的学术交流，以"社会学论坛"的方式不定期地邀请学有所成的社会学家或者本院的老师演讲，提高现有教师水平。第九，拟开办一份有利于学术界内部交流的系级通讯刊物，为及时沟通学术信息建立一个良好的平台。第十，申请学院重点资助，拟创办一份以书代刊形式的《乡土中国评论》杂志，编辑和出版工作将由我系承担，其中将登载国内外有关农村社会研究的论文、调查报告以及书评等，借此积累中国农村研究的理论和经验。

　　这期间留下深刻印象的有几项具体工作。首先是发展我们的教师队伍，在学院的支持下我们系在 2003 年有三位老师同时加盟：第一个是人民大学社会心理学的博士后孙庆忠老师，我们当时看重的不仅是他获得的学位，还有他学师范的背景和人类学背景；第二个是从美国回国的童小溪老师，他本科学数学，研究生以后都是在芝加哥大学学习社会学，我们看好他在社会学专业背景和社会统计方面的能力；第三个是盛荣老师，申请从社科部转入我们系。其中决定进孙庆忠老师时还有点故事，当时他申请我们学校的时间很晚，按照学校的时间要求，社会学系的面试工作已经完成，我们已经准备好所有的录取材料准备上报学校了，当时打算录用的是童老师和另一位博士，所以按常规我们再收到简历一般不会再考虑了。可是当看到孙老师简历上的学科背景和文笔时，我动心了，于是马上与朱老师商量，以最快的速度请朱老师和孙津老师一起给孙庆忠单独安排面试并拍板换人。这样快的决定让我心里多少有些不安，所以才有了后来我特意跑去听孙老师第一节课的事。为了不影响新老师上课，那一节课我是站在教室外听的，今天想来很庆幸我们社会学系录用了他。2006 年熊春文老师从中国社会科学院博士毕业进入我们社会学系，他的学科背景是教育社会学和社会学理论，他的导师是国内社会学理论方面的知名学者苏国勋先生。他的进入过程也有一些曲折，不仅是在我们与学院争取的过程中，还有他自己的纠结。他的纠结是好不容易争取到我们社会学系这个职位，又接到北京大学社会学博士后的机会。很遗憾没有能力帮助他兼得。在这期间学院还考虑到社会学的发展，把从北京大学引进的人才赵旭东老师放在了社会学系，他后来接任社会学系主任。这样社会学专业的师资有了较大的改观。其次是 2005 年社会学一级学科硕士点通过评审，扩大社会学招收硕士研究生的学科范围。再就是 2004 年版教学计划的修订工作，当时在朱启臻副院长（主管教学）的组织下，我负责社会学培养方案的修订工作，那个时候与社会学的老师们一起共事，开始研究社会学专业的课程设置和培养方案。我们对国内外知名大学社会学专业的课程计划进行了调研和分析，同时总结和分析了我们这些年在学生培养中的优势和问题，在此基础上对社会学的培养方案进行了修订。主要体现在三个方面：一方面是专业性和系统性。对主干课和特色课程从学时和主讲教师方面进行了调整和加强，并对社会学的定量课程和定性课程体系化，如定量方面包括了社会学研究方法、社会统计、科研训练（定量）、SPSS 统计应用。第二方面是加强实践，我们社会学系制订了"定量研究——质性研究——小学期综合实习"三步科研训练计划。第三方面是强化专业基础，先后调整和开设了几门课程，如：请熊春文老师上社会学理论课，请童小溪老师上社会统计课；由孙庆忠老师新开民俗学和人类学的理论与方法，由孙庆忠、何慧丽和我新开"社会学名著导读（1）"，由童小溪、熊春文和徐琦三位老师新开"社会学名著导读（2）"。社会学主要课程由多专业老师上课的现象有了很大变化，社会学的课程更加完善。

在 2003～2006 年担任系主任的时期，也是我在专业上又一次长进比较大的时期。当时我承担的教学任务已经很重了，但根据系里需要，在这个时期我又独立承担了研究生的学位课社会学方法论的主讲（之前也是与童老师合作），与孙庆忠、何慧丽新开"社会学名著导读（1）"。正是要讲授这些课的压力让我静下心来认真读书，孙庆忠老师、何慧丽老师和熊春文老师给我开书单、借图书，并热心地与我交流读书心得，让我有一种豁然开朗的感觉，更深刻体会到社会学的魅力，真的非常感谢他们。记忆很深的是与孙庆忠、何慧丽新开"社会学名著导读（1）"时，是孙老师坚持把我拉入这门课的。从准备这门课开始，是我进入社会学以后对社会学著作读得最多的一个时期。当时由孙老师先列出教学计划，我们讨论定下导读十个社会学知名学者的代表著作，最后由孙老师设计教学大纲，并给同学们编了《社会学名著导读》读本。有意思的是分配我们各自要承担的主讲任务时，也就是谁讲哪一讲，他们尊重我让我先挑，可那时我读过相关的著作也不多，所以在我的坚持下让他们先选我讲剩下的，可最后剩的都是社会学的老前辈，孙本文、潘光旦的著作……因此大家给我找了许多他们的著作和与他们相关的著作，我就开始了辛苦的读书过程。我不仅要看明白还要能给学生讲明白，其中的辛苦可想而知。再就是要备社会学方法论的课，请教熊老师时，让我感觉他随口就说了一堆的书名和作者，我想他一定看到了我被"蒙圈"的窘相，然后他耐心地给我列出了五本书，说这五本书一定要读，读过以后还要再读几本……这三年我的书柜渐渐满了，辛苦的三年也是我在社会学专业知识丰富的三年。从这以后，我的研究主要集中在农民生计变化和城镇化过程中的社会问题，主持和参加了一些科研项目，发表论文近30篇，参与出版的教材和著作有13部以上。

2011年3月，经学院安排，我再次兼任社会学系主任，由于一直担任副院长，主管着全院的教学工作，因此精力在社会学系的管理工作投入得不多。这个时期，对社会学系的发展，孙庆忠老师、熊春文老师给了许多有建设性的意见和建议，谢元媛老师、吴惠芳老师先后做了大量的具体管理工作。这个时期，社会学在学院的支持下引进了梁永佳教授和张艳霞副教授，还有我们自己培养出来的潘璐老师，社会学的师资力量又有了新的提升。这一阶段主要的工作目标是提升社会学在学校的地位，为争取博士点努力，具体做了四方面工作：一是组织参加教育部的社会学专业硕士点的评估工作，评估结果很好，我们在全国排名第11位；二是组织和鼓励教师申请和承担科研项目，承担的科研项目明显增加；三是积极支持青年教师到国外知名大学进修学习和交流，提高业务水平；四是对社会学系的发展做了一些调查研究工作，如对"社会工作专业"建设的调查和分析工作，盛荣老师、吴惠芳老师先后为此做了许多工作；五是2015年是社会学专业建立20年，为纪念活动做了一些准备和规划工作。

4. 本科生科研训练计划

我在任社会学系主任时就非常重视本科生的实践教学，并把这种思想落实到学生的培养方案中。2005年，学校为了建设研究型大学，提升学生的科研能力，开启了中国农业大学本科生科研训练计划（Undergraduate Research Program）。2006年6月，我接任学院副院长，主管教学工作时，正好是学校开始准备迎接教育部组织的"本科生教学评估"工作，要对全院近五年的工作进行梳理和总结，由此我有机会对我院五个本科专业应该说是五个一级学科门类的专业实践教学内容进行认真的分析。我更坚定地认识到，人文社会科学类专业实践过程强调实践—课堂反思—再实践—反思及理论提升—专业能力以及全面素质提高的螺旋上升。实践教学环节非常重要，所以建立形成了我院学生培养的实践教学体系：

```
                    ┌─ 实践有助于培养学生的创新能力
      实践教学      ├─ 实践有助于增强学生的独立操作能力
      的重要性   ←──┤
                    ├─ 实践有助于学生加深专业知识
                    └─ 实践增加了学生的就业机会
```

实践教学的重要性

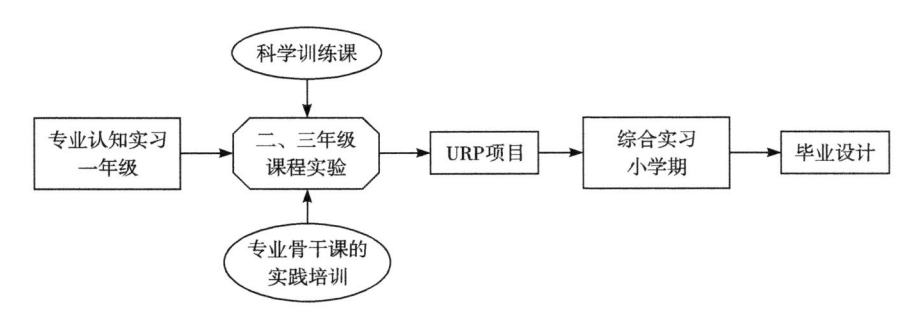

```
                          科学训练课
                              ↓
  专业认知实习  →  二、三年级  →  URP项目  →  综合实习  →  毕业设计
    一年级        课程实验                    小学期
                      ↑
                  专业骨干课的
                    实践培训
```

实践教学体系

我们还成立了学院实践教学中心，在原有科研基地的基础上建设了三个校外实习基地（北京延庆、河北易县、甘肃盐池）和一个海外实习基地（坦桑尼亚），同时在教务处的支持下建设和完善了校内实验室（传播的影视实验中心、模拟法庭、维权诊所、语言教学中心），使实践教学有了基本的保证；另外每年在学院"本科生科研训练计划"立项20～25项，参加的学生覆盖本科生70%以上；学院在经费上也给予了大力的支持。

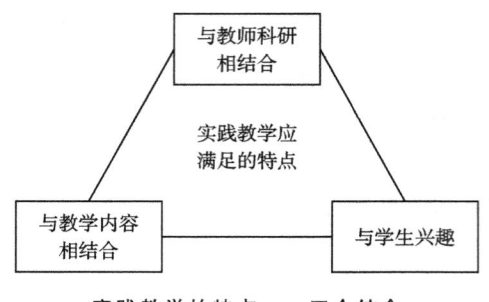

```
        与教师科研
          相结合

       实践教学应
       满足的特点

与教学内容              与学生兴趣
  相结合
```

实践教学的特点——三个结合

　　实践教学对学生重要，对老师也是一种考验。在社会学系工作期间每年都会带学生下乡实习，实习经费有限、农村条件差别也很大，带队的老师非常辛苦，会遇到各种想不到的困难。记得安排2001级学生实习，我与朱老师联系好了昌平县山区的几个村子，农村条件还算比较好的，但带学生去的当天遇到下雨，而且越下越大，进入几个村子的山路被雨水冲坏，学校的大巴车无法开上去，只能用小面包车分别把学生送入不同的村子。临时去旁边村子租用小面包车是当时可行的办法。雨大风也大让我们带的"遮阳伞"根本不起作用，大家都在大巴车中等着。当时王妍蕾老师（那时还是研究生）跳下车陪着我冒着雨，看到门口停着车的人家就进去租借。当借够车子，把一批批老师和学生送走，我们两个的惨样可想而知（可是当看到学生的实习成果和体会时，心里真的是甜的）。所以作为主管这个工作的我，非常知道其中的辛苦，也更庆幸学院有这样一批为之甘愿付出的好老师。如社会学系，每次实习，下乡前都要做培训和前期研究准备，调研回来要提交一篇调查报告和一篇实践感悟，最终还要把这些报告汇编成册；每一次回来学生还要自己组织一个汇报分享会，系里的老师和同学都要参加，每每参加这样的汇报会都能看到流着眼泪、微笑着的老师，我每次都会被我们带队的老师感动、为我们学生的成长自豪。这几年一般远途的实习，系里的老师怕我身体吃不消都不让我去，一些年轻老师都主动承担了下来。为了减轻带队老师负担，我把其他事情如安排经费、取现金、订票或订车等等都尽力包了，不让他们那么辛苦了。但还会有许多的担心，因为每次带这么多的学生下乡，万一哪个同学被狗咬了或者出了什么事怎么办，所以每次出发之前要叮嘱学生半天。同时，每次都会派研究生去照顾老师，不是照顾学生，在下面老师要全身心地照顾学生，会忘记自己。在每一次的分享会上，其实大家都哭得稀里哗啦的时候，是我最欣慰的时候，为什么呢？因为那时候是我最放松的时候，因为大家都安全回来了，并且经过一个假期的辛苦，同学们的实践课程顺利完成了，这时候也是我最开心的时候。其实，我们每次都会派非常好的老师带学生去实习，因为这种训练工作不仅是业务的，还有生活等方方面面的。在农村艰苦的条件下生活一段时间，不仅同学之间还有同学和老师之间的友谊会大大加深。记得童小溪老师带队回来后，同学们亲切地称呼他"小溪哥"。

参加实习这个过程实际上很重要，老师在这个过程中会指导学生调查一步一步应该怎么去做，进入农村后每天晚上都有一个总结会，是比较严格和辛苦的训练。大家都经历过所以应该知道，我们的老师非常好，在乡下他们不仅是老师还是家长，当乡下生活条件比较差，没有肉吃的时候，老师就自己掏腰包给同学改善伙食。记得2001级30名学生由何慧丽（挂职兰考县副县长）和孙庆忠老师带队去兰考实习，他们坐着绿皮火车一路辗转，到村里已是傍晚。你知道他们住的地方是什么样的吗？村里特意腾出了房子，地上铺着稻草和席子，没有枕头，而且没有安排饭。当时大家情绪低落，孙老师为了鼓舞大家，集合同学后，把同学们带在路上吃的，仅剩的两根黄瓜拿出来，每人一口，一个个传下去；孙老师当时也不年轻了，与同学们一起睡在地上。听同学们说：每天早上起床前，孙老师都要摸一下每位同学的额头，鼓励大家；没有厕所，孙老师给大家垒。有些同学是农村来的，他们都说长这么大，没有吃过这样的苦。

2008级小学期实践是何慧丽、童小溪和吴惠芳三位老师带学生去的，他们每人带一组学生住在不同的村子。后来一年是吴惠芳和潘璐老师带学生下乡实践。她们都是年轻的妈妈，平时都是老人过来帮着带孩子。本来放假了，老人该回老家休息一下，可我们的老师都是默默地安排好自己的事情，毫无怨言地带同学下乡，她们都是非常好、非常敬业的老师。

另外，我们希望通过每年的农村调研积累资料，为社会学系留下一些有纪念意义的东西。所以，每一年田野回来，都要完成一本论文集，把学生的收获以文字的形式保留下来。这件事说起来容易，做起来却非常花时间和精力，老师要对学生的报告反复修改和整理。记得2001级从兰考回来，我觉得我们同学的小文章写得挺好的，就与景发书记商量在咱学院的《竞萌》杂志上出一期专刊。本想我们指导学生，让他们自己修改，可是同学们的激情和热情已经过去，又进入新的课程学习中，发下去的报告基本上没有太大变化就返回来了。同学们改不动，没有办法，我们就必须上手。整体编辑好之后，我与何慧丽老师，一个一个报告地修改，每人又整体校对了一遍，用了一个假期的时间，最后我在这期《竞萌》的开篇撰写了编者的话。我们还把学生在田野的感悟编成了一本小册子《田野来风》，看到田野体验给他们带来对社会责任、对人生的感悟，引起了我对什么是教育和如何做好一个教育者深深的思考。

5. 对社会学专业实践教学的思考

2003年以来，社会学专业实践教学工作是社会学系的重点工作之一，经过四年的工作取得了满意的教学效果。2007年初，我们对这项工作做了总结，在总结中体现了我们对实践教学的思考。

社会学是一门实践性极强的学科，社会学的理论在调查研究基础之上而又广泛应用于实践。在教学中，学生的田野实践能力与科研创新能力呈互为因果的关系。社会学专业人才不仅要有较好的理论素养，熟悉社会发展和社会管理的知识，而且要有相当的社会经验，熟练掌握社会研究的方法。几年的学生培养反映出来的问题主要表现在学生的实践能力和对社会的了解程度比较低，限制了对社会学理论的理解。我们认为：对本科生的培养，应将重点放在社会实践基础上创新能力的培养上，以使他们在应对非社会学学术领域的工作时，能借助社会学特有的思维方式、审视角度来获得一种持久的创造力。所以我们调整了教学结构，特别是在理论教学的基础上加强了社会实践环节，目的在于使学生应用所学的理论认识社会、了解社会，培养其发现问题和解决问题的能力；同时，教师也可以通过专业实践提高自己的理论水平和研究能力，不断充实教学内容、提升教学水平。

　　理论与实践结合的理念贯穿教学始终。社会学的实践性决定了田野工作是对学生进行专业训练、培养其学科意识的中心环节。我们社会学系制订的"定量研究—质性研究—小学期综合实习"三步科研训练计划，正是这一基本理念的充分体现。首先，定量研究、质性研究：结合社会学概论、社会心理学、社会调查方法、社会统计、人类学、人类学的理论与方法等专业课的教学，从定性、定量两个角度系统地对学生进行社会学科学研究步骤及研究方法的训练。其次，小学期综合实习：培养学生综合应用社会学理论和方法进行独立研究的能力，为撰写毕业论文做准备。到实习点实地调研，在教师指导下实施研究方案，撰写研究报告或论文，这种实践形式可以使老师和学生各方面能力共同提高，并为学生完成毕业论文打好基础。最后，毕业实习是对学生四年理论、方法论学习与训练的检验，也是对学生专业技能和理解、运用社会学理论方法解决社会现实问题之能力的综合考察。在整个毕业论文的完成过程中，学生要运用所学专业知识和社会经验，运用感性认识和理性思辨，融入大脑智慧和手脚之勤勉，积极主动地完成科研任务。这些是我们为巩固、增强本科生的社会学专业知识、理论方法，提高本科生实践能力而开设的实践教学课程，具有以下特点：与课堂教学结合、与科研结合、校内外互补。与课堂教学相结合是指实践教学与课堂教学相结合，把社会学理论与实践结合起来，使学生在实践中理解课堂知识。与科研相结合是指实践教学强调学术性与教学性的结合，鼓励全系教师将他们的研究场所发展成教学实践点，把学生带入他们的科研中去。在本科生阶段的实践教学中，有意识地让学生参与教师的科研项目，或有意识地培养学生独立承担科研任务的能力，从而激发学生的主观能动性和创造力。因此，我们在本科生的各类实习中，增加了科研的成分，并尽量将本科生纳入教师的科研项目中。校内外互补是指实践教学强调校外社会实践与校内科学实验相结合，使学生在实践能力和科学操作上都得到锻炼，相得益彰。为了更好地为学生田野实习提供持久的场地与机会，院里还建立了固定的实习基地并与相关业务单位建立了长期合作关系，为学生营造固定、有价值的实习点。

实践过程中，学生在成长。我们系这几年每一年的小学期都安排大三学生到校外实习基地进行综合实习。小学期一般是三周时间，第一周是研究设计与培训，第二周在田野实地调研，之后一周学生要完成一篇田野感想和一篇调查报告，实习全程由教师指导。

首先，综合实习—社会学专业训练的"成年仪式"。我们把每一次次综合实习，称为社会学专业训练的"成年仪式"，意在说明经过田野的洗礼，我们的学生在对专业的感情、对学问的理解乃至对生活的态度上已经发生了深刻的变化。英国的人类学家维克多·特纳（Victor Turner）曾以朝圣的过程解释了他的象征仪式理论。他认为这种宗教的神圣之旅，与平淡生活最不同的地方在于"过渡"，在于出去之后的种种历程，在于心灵的改造与净化。那么，短暂的乡村调查，究竟给我们的学生带来了什么？赶赴乡村去体验一种不同于大学校园的生活是同学们共同的心愿，除了这一目的之外，就是希望在接受三年社会学专业学习后在书本之外试试身手，为完成两万字的毕业论文做些前期工作。这种简单而功利的想法是同学们设计乡村社会调查的终极所在。然而，就在进入村庄放下行囊之后的几天里，这种曾经合情入理的计划竟悄然发生了变化："从来没有哪几天让我感觉到如此的真实亲切、无微不至"，"敲响了我内心深处某些未曾触及的领域"，"如果可能，现在我想成为新的自己"。孙老师总结时说："学生都是待开的瓶子，而不是待填的鸭子。只要有适当的关怀和鼓励，他们的创造力就会源源不断地倾泻下来。在田野调查中，在每一天的座谈会上，我们都感到学生们的进步。他们在倾注感情，为农村、为农民。在走访之后，他们除了兴奋地向我们汇报，就是在设想着如何改变他们贫困的生活。在临别前的座谈会上，我们中的每一位都流了泪。不是为经受了艰苦的生活，而是感慨无力改变农民的生活。"学生们说："我们吃得不够好，却是农民招待客人的美食，我们住得不够好，还有许多农民和我们住得一个样。"他们也因此在现实生活面前，反思着自己的生活。从实习归来后，我们的学生改变了许多。他们说要在这最后一年，过一种与从前不同的生活。

他们要利用我们的图书馆,要让自己真正成为一名重点大学的学生。从田野归来,他们看到了身上的光环,也知道了存在的不足。他们感到了生活的充实与快乐,我们感受到了他们的进步,他们的变化已经融入对问题的思考之中。他们要以一篇用心的毕业论文,给自己的大学生活划上圆满的句号。这是"成年仪式"带给他们的崭新生活。

实习围炕夜话

其次,是对大学教育的期盼与思考。大学教育要给学生什么?大学教育不同于职业技术教育,大学之所以是人生超越庸常的阶梯,就在于她强调的是人的全面提升。田野实践仅仅是大学教育的瞬间,但我们却发现,正是这特定的环境,激发了一种创造性的思考。让学生在别样的生活中反省他们的过去,重新定位他们的未来。在我们看来,这个时代的大学生并不缺少务实精神,而是缺乏一种信念,缺乏一种协作精神,缺乏一种关怀与热爱。走入田野之前,学生们常抱怨三年没有学到什么东西,也因此对社会学专业无所谓热爱还是讨厌。但是,从开始观察村庄的第一天开始,他们除了有些紧张间或有点茫然之外,更多的时候还是觉得他们有充足的理由,完成我们原初的设计。"在每天晚上的座谈会上,我们总是惊讶于他们新的发现。用他们自己的话来说:'在观察中，我们的头脑不再成为别人思想的跑马场。'他们始终在用自己的所学，开掘着生活现象背后的行动逻辑，从农民的生存处境到农民工外出对乡村的影响，从墙上'生男生女都一样'的口号到送子观音的香火，从乡村教育到对农民文化心理的感知，这些都是我们的专业教育赋予他们的独特思考。当我们跟随他们入户访谈的时候，在他们或'单刀直入'或'开阖自如'的相互配合中，我们知道他们已经对我们曾经讲授的访谈技巧进行了创造性的发挥。"按照要求，实习回来后，学生要完成一篇田野感想和一篇调查报告。那些感想虽琐碎、那些报告虽稚嫩，但这些纯真的字句却满饱深情、承载了他们对所学专业的理解与希望。我们觉得，是这源自田野的温馨的风，不仅荡涤了书斋教育的沉闷，也唤起了学生们对所学专业的一份深情。

实践教学中，我们硕果累累。实践教学是我系针对本科生开展的课堂教学之外最为行之有效的教学手段，是我系培养本科生综合能力、提高本科生综合素质的有效途径。总结起来有三点，第一，田野实践可以培养社会学学生的科研创新能力。"田野"是与课堂完全不同的两个天地。在课堂中，学生主要是在老师的引导下吸收书本中早已归纳、总结的专业知识，培养的是接受和理解能力；在田野中，学生需要面对真实的农村社会和社会现象，必须用在课堂中接受的理论知识来研究分析社会现象，培养的是科研创新能力。这种科研创新能力包括社会学思维方式的创造、社会问题审视角度的转化、书本知识的融会贯通，以及用社会学理论分析社会现象、解决社会问题的能力等。它使学生在应对一切问题，包括学术的和非学术的问题时，保有智慧和灵感。第二，社会实践可以增强社会学学生的团队意识和科研能力。实践提供给学生的是一块需他们独立思考、独立操作的领域。无论是定性的参与观察、深入访谈、文献整理、问卷访问，还是定量的问卷调查、测量、分析，每一环节都需要学生亲自尝试，从实践中总结经验。而完成一项科研活动紧靠一个人是不行的，团队意识、分工合作意识、组织协调能力的培养可以提高学生综合素质。第三，社会实践可以帮助社会学学生加深对专业知识的理解。每一次"田野"实习都是理论联系实际的教学过程，通过实践增强了学生对社会学基本理论的理解和感知，从而巩固和加深了学生对专业知识的掌握。几年的教学实践过程中，社会学系的老师们付出了辛勤的汗水，牺牲了自己的假期，克服各种困难；学生们也没有辜负老师们的期望，呈现出的《2004级河北兰考调查报告》《2005级妙峰山田野采风专号》《2006级大峪沟社会调查专号》《社会调查集刊·特刊-田野来风》等几本专刊让我们感到欣慰。在这些专刊中，我们看到了学生的成长，看到了社会学系的发展。我在做系主任期间努力推动实践教学工作，在担任副院长期间仍然尽力支持这项教学活动。

6. 师生情谊与人生感悟

我毕业留校后，在校团委工作，从事与学生接触最紧密的工作，之后做教师，人文学院成立后先后担任了党总支副书记、书记，一直同时承担学生管理工作，先后与张克云、高雪莲和李玉梅三位老师一起工作过。与学生的情谊主要谈两个内容，学院工作中的师生情和培养研究生中的师生情。

记得人文学院成立后，第一任学生会主席是经济法专业的张峰同学，后来是他们班的邓荣臻同学，之后是社会学专业的梅秀彬同学（之后担任过校学生会主席）、李德华同学、徐和盟同学、孙欣同学、李兴伟同学……担任过学生党支部书记的有社会学专业的张浩同学、法学专业的王勇同学、社会学专业的苟天来同学……这么多年与学生们在一起，一届届优秀的学生干部和学生给我留下了难忘的记忆，与他们共度的时光现在回忆起来都是幸福满满的。想起张峰、梅秀彬、王勇、温建昌同学为考取国家行政学院青干班而努力备考的情景；想起孙欣他们那一届院学生会班子第一次亮相时，每一位成员用颜色形容自己；想起在一年一度的迎新生工作中他们忙碌、辛苦的身影；记得有一年总结工作时，我在全院学生大会上点名表扬了当时的学生会主席李兴伟同学，他却脸红了非常不好意思，因为他们认为那些工作都是应该做好的；还记得1999级毕业时我和敖松老师与同学们一起做游戏的场景，学生们那一张张欢乐的笑脸让我至今难忘。我还有幸担任过社会学1998级的班主任，虽然只担任了大四一年，但他们每一张笑脸还存在我的记忆中，他们的毕业照还一直摆放在我办公室里。我不能忘记毕业时送别他们时的欣慰和伤心的场面，导致我从此以后再也不敢去送别学生，即使是现在毕业班的"答谢宴"我参加也是点到为止。

毕业照

那些年，他们就是我工作上的左膀右臂，许多学生活动是与他们一起完成的，我与他们既是师生亦是朋友，许多同学这么多年过去了还经常与我联系，一起分享他们的成就与喜悦，他们也都在关心着学院、社会学系的发展。

中国的研究生培养实行导师负责制，研究生被正式录取之日起，就确定了导师对他的责任。吴惠芳老师是我第一次协助朱启臻老师指导的研究生。之后，我开始独立指导研究生，我的第一个学生是崔红梅。这些年，我指导毕业的各种类型的研究生有几十个了。这些学生来自不同的学校和专业，天赋各异。作为导师，我做到了有教无类，因人施教。我认为，在指导学生时，不仅要费心思去琢磨不同学生的特点，还要以父母之心去关爱每一个学生，对他们各个方面给予具体的指导；我认为，导师应该有高度的责任感，及时给与学生全方位的关爱和指导，尤其是针对他们的特点、优势和兴趣，帮助他们理顺思路，尽快进入研究生角色，逐渐确立研究课题的方向。在指导过程中，要面对面地交流，了解他们的想法，有的放矢地给与指导。学生中蕴藏着无限的能量，我们要善于与他们平等地讨论和交流，引导学生知无不言、言无不尽，并要虚心向学生学习，取长补短，其实这也是促进我不断学习的动力。一届届学生逐渐形成了一种风气，在学术研究上认真切磋，同学间互相帮助，互相学习，共同进步。在学习期间，每一位同学都非常努力，并积极深入实地参加调研。记得在德州开发区对农民工和农户进行调研时，工作量大且比较辛苦，学生连续深入工厂和农村10天。当工作完成时，开发区领导对他们评价很高，那天同学们高兴极了。记得去甘肃调研的同学们只买到慢车而且是站票，一路站了20多个小时；记得同学们一次又一次风尘仆仆地到张北农村调研。作为导师，我不仅关心他们的学习、关心他们的生活，为他们安排助研岗位以减轻家庭负担；还常与他们讨论，使之明确自己未来的发展计划与就业方向；同时在平时还注意培养他们的日常管理能力。在我任系主任时，他们是我的助手，帮助处理系里的一些服务性工作；在我担任副院长期间，尤其是在本科生教学评估那两年，他们就是教学秘书，协助我整理全院的教学文档，应对一次次学校的评估检查，他们说"开始时听到办公室电话响就紧张"，可后来他们都能够自如地帮助我处理一些事务性工作；平时发现他们的缺点和问题时，我把他们看作自己的孩子一样直接并耐心地批评。其实这些年与学生相处，我感到很幸福，他们的成长、进步让我感到欣慰，他们之间互相帮助和为他人考虑的一件件事情仍常在我脑海中浮现，让我感动。

与学生们这样的相处既营造了学术气氛，又加深了师生情谊和同学情谊。现在许多学生走上了不同工作岗位，并且有了自己的小家庭，但不管哪位同学遇到事情，大家都会相互关心、相互帮助、相互鼓励，仍然保留着在学校时形成的习惯——相互之间用心交流。这么多年过去了，大家每一年都要聚会几次，聚会时都会带家属出席，就像一个大家庭一样。这个大家庭让我感受到了欣慰、幸福和满足。

30多年飞逝而过，因为要完成社会学系的口述史任务，我陷入深深

教学评估

的回忆中，一些久远的事情又逐渐浮现在脑海中，想到自豪的事情就想开怀大笑，想到遗憾的事情倍感内疚，想到心里的感受夜不能寐，最近全身心沉浸在兴奋之中，想到的东西实在太多，又不知道从哪里入手最好，一时间也梳理不出头绪来，落笔时又发现许多具体的时间、人物和事件已记不太清楚……这时我好羡慕有记日记习惯的老师。

30多年的教学生涯，我生活和成长在农业大学这片沃土上，没有离开过她。感谢我的老师对我的教导和栽培、我的同事对我的帮衬和包容、我的朋友给我的关爱和支持、我的学生给我的理解和亲近，他们是我兢兢业业、努力工作的动力源泉；感谢能够让我从事大学教师这个职业，作为教授站在讲台上的那份责任，让我感受到了自豪、快乐和幸福。还有几年我就要退休了，农大社会学是我们这些老师和学生心中永远的"家"，希望我们社会学系越来越好，在下一个20年取得更大的成就。

王依睿/陈楚楚/段佳颖　采访整理
张蓉 2015/03/01　校订定稿

蒋爱群

2015年是中国农业大学社会学系建系20周年。20年，对于一个机构来说并不算长，但作为亲身见证她的孕育、诞生，参与她每一步成长的"老"人，我感觉这个过程似乎更漫长、更艰辛。

就像每个孩子一定有父母，农大社会学系也不是"从天上掉下来"的。谈社会学系的系史，不能不从她的母亲——人文教研室——谈起；而说到我与人文教研室和社会学系的渊源，则是一个很长的故事。

1. 溯源：弃理从文

1978年，即"文革"后恢复高考的第二年，我考入北京农业大学兽医系。虽然生长于大城市，但我从小喜欢动物、植物，学兽医是我的第一志愿，能如愿以偿非常高兴，一心希望毕业后做一名兽医，为各种动物救死扶伤。大学毕业时，学校分配我留校任教，在系里做团总支书记，分管全系的本科生、研究生和青年教工的各项工作。本来打算工作两年后转做专业教师或继续读研,但一年后,国家教委(现教育部)为加强高校教师队伍建设,委托清华大学、北京师范学院(现首都师范大学)等几所学校建立"思想教育管理专业第二学士学位班",专门为刚刚留校的年轻教师提供继续学习的机会。第一届"二学位班"给了农大两个名额,学校推荐我和当时在团委工作的张蓉老师去学习。她在清华,我在师院。记得那时只是想,学习教育管理不仅可以扩展自己的知识,对于今后做教师工作也很有用。没想到,这个学习经历,最终让我跟社会学结缘。

"二学位班"两年的学习生活是非常充实而快乐的。在这里,我们系统学习了教育学、教育管理学、教育心理学、逻辑学、中国哲学史、西方哲学史、西方经济学等课程;有幸聆听了北大哲学系薛汉伟教授、原中共中央党校理论研究室主任孙长江教授等著名学者的课程,他们的教诲和风范让我终身受益。在这里,我结识了来自北京市10多个高校的30多位青年教师。大家风华正茂,求知若渴,课上课下总是热烈地讨论甚至激烈地辩论,充满理想主义色彩和忧国忧民的热忱(如今,这些同学中有人成为大学校长、党委书记;有人"下海",成为商界的佼佼者;也有人从政,担任政府不同部门的领导工作;当然,也有的像我这样,一直在高校教学第一线)。作为理科生的我,第一次硬着头皮大量阅读中西方学者的著作,从开始不适应、不喜欢,到后来慢慢产生兴趣、豁然开朗……现在想来,在我"阴差阳错"地成为社会学系的教师后,之所以还能较好地完成专业的教学和科研工作,很大程度上得益于这两年的学习。

人们常说,缘分天注定。1986年,我从师范学院毕业回到母校,正赶上高教改革,提出要学习国际经验,加强素质教育,拓展学生知识面。农大也开始给学生增设选修课,要求理工农科的学生要有人文社会科学的基本素养。为了适应这个形势,学校专门成立了一个新的教学部门——人文教研室。这个教研室是处级单位(与学院同级),由学校直接领导,负责给全校各系学生开文科选修课。但是农大原来并没有教人文、社会科学的师资,所以,我和张蓉一回学校就被学校调到人文教研室。校领导说:你们既有农科背景,又读了文科的专业,正适合给农大的学生上文科选修课。从此，我告别了曾非常喜爱的兽医专业，开始了全新的工作。

2. 孕育：人文教研室

1986年秋，我到人文教研室报到，见到了教研室主任程贵铭老师。程老师可以算我的老领导了，我在农大读书时，他是团委书记，而我是学生中比较活跃的，是学校摄影社、舞蹈队等好几个社团的负责人，跟团委老师接触比较多。所以，再见到他并且能与他做同事，我感觉非常高兴。

当时的人文教研室尚在初建阶段，除了程贵铭和马华老师做正副室主任，就只有朱启臻和一位负责教务及办公室工作的小赵。我和张蓉调过去后，教师人数增加到5个，教研室初具规模。程老师安排张蓉讲"社会调查研究方法"（这门课张老师一直讲到现在），然后对我说：你美学学得好，就给学生开"美学概论"吧（这个说法的出处是，程老师曾经带我们这些刚留校的年轻教师去进修，听了一个学期北大哲学系杨辛教授主讲的"美学概论"，期末考试一百分的卷子我考了98分）。于是，我这个学兽医和教育管理专业的年轻人，就开始讲授美学概论了。

不久以后（1988年），学校进一步加强人文、社会科学建设，又成立了社会科学部，由政治课的哲学、党史和政经三个教研室及人文教研室、经济法教研室（即法律系的前身）共同组成。程老师担任了社科部的领导工作，朱启臻接任人文教研室主任。教研室越来越壮大，陈立（北大心理学系毕业，教授心理学概论等）、刘爱英（来自中国人民公安大学，讲授大学语文、古典诗词欣赏等课）、黄霞（安徽师范学院音乐系毕业，开设音乐欣赏、视唱等课）等老师先后加入，我们开设的选修课越来越多（见表1）。

现在想来，人文教研室是在改革开放的大背景下应运而生的。成立这个教研室是农大从农科大学转变为"以农科为主的综合性大学"的第一步。在我到教研室之前，程贵铭、马华和朱启臻三位老师已面向全校各专业开设公选课。他们讲的"社会学概论""农村社会学""心理学概论""人才学概论""大学生择业指导"等课程，在学生中有很好的口碑，每年选修的人都很多。我到人文教研室后，先后开设了"美学概论""家政学""教育学""文秘礼仪"等课，其中"美学概论"和"家政学"是全校公选课（"教育学"是给农大农科专业师资班讲课，"文秘礼仪"是文秘辅修专业的课程），一般每次会有200人左右选修，最多的时候曾超过300人！其他老师的课程同样受到学生热烈欢迎。很多同学不仅对课程内容有浓厚的兴趣，而且会把无法跟专业老师诉说的"人生困惑"告诉我们，求得帮助。于是，我们又成立了心理咨询室，利用课余时间为有需求的学生提供心理辅导。

表1　人文教研室开设公共选修课一览

课程名称	主讲教师	授课对象	与社会学专业的关系
1. 社会学概论	程贵铭、朱启臻	全校各专业	专业课
2. 农村社会学	程贵铭、朱启臻	全校各专业	专业课
3. 心理学概论	朱启臻、陈立	全校各专业	相关课
4. 社会心理学	朱启臻、陈立	全校各专业	专业课
5. 社会调查研究方法	张蓉	全校各专业	专业课
6. 组织行为学	马华、朱启臻	全校各专业	专业课
7. 大学生择业指导	朱启臻	全校各专业	
8. 人才学概论	马华	全校各专业	
9. 美学概论	蒋爱群	全校各专业	
10. 家政学	蒋爱群、张蓉	全校各专业	相关课
11. 教育学	蒋爱群、马寅生	全校各专业	相关课
12. 文秘礼仪	蒋爱群	文秘辅修专业	
13. 秘书实务	张蓉	文秘辅修专业	
14. 办公自动化	张蓉	文秘辅修专业	
15. 档案管理	张蓉	文秘辅修专业	
16. 公共关系学	陈立	文秘辅修专业	
17. 公文写作	刘爱英	文秘辅修专业	相关课
18. 大学语文	刘爱英		
19. 古典文学欣赏	刘爱英		
20. 形势与政策	马华、教研室全体		
21. 音乐	黄霞		

注：表中信息仅为个人记忆，不一定准确，仅供参考。

可以说，20 世纪 80 年代末至 90 年代初，农大（西区）的学生大部分都选修过人文教研室的课程。我们的教学，为这些农科学子打开了一扇窗，让他们窥见了人文、社会科学的美景。同时，人文教研室的课程设置、师资力量、教育理念、科研理念等，也为农大社会学系的建立奠定了基础。为什么这么说呢？

第一，在那个国门初开的时候，人文教研室开设的这些人文、社会科学学科的课程不仅让大学生眼界大开，而且良好的教学效果让学校的各级领导初步了解到人文、社会科学教育对农科、理科学生素质提高的作用。

第二，十年"文革"后，高校教师青黄不接，但在程老师、马老师的努力下，人文教研室汇聚了一批不同专业背景的中青年教师（其中部分是跨文理两学科的）。这不仅是开设不同学科选修课的保障，也促进了教师之间的互相学习及不同学科之间的知识交融。这些人后来多成为社会学系建立阶段的主要师资力量。

第三，虽然人文教研室最初是为全校开设公选课，但其中不少课程——如"社会学概论""农村社会学""社会调查研究方法""组织行为学"等——正是社会学的专业课；而且程老师从 80 年代初就从事农村社会学领域的相关研究，曾担任中国社会学协会农村社会学分会的秘书长[①]，他编写的教材和研究成果逐渐产生影响。后来，人文教研室又引进心理学、社会学专业人才（陈立、何慧丽），逐步构建着社会学专业的课程框架。

另外，作为五六十年代毕业的大学生，程老师和马老师有强烈的社会责任感，总强调做教师要教书育人、做科研要踏实严谨，要我们年轻人多关注、研究社会问题。这不仅成为我自己的工作原则，也是人文教研室及后来的社会学教研室、社会学系的教学、科研理念。后来我在没有研究经费的情况下，带领学生在太行山区进行了历时四年的农村社区发展工作（以及朱启臻老师所做的很多研究课题），都深受这个理念的影响。

---

① 仅凭我个人记忆，名称可能不准确，以程老师口述史为准。

3. 诞生：社会学的初创岁月

时间进入20世纪90年代，学校加快了建设"综合性农业大学"的步伐。1992年11月，社科部改为"人文与社会科学学院"（下简称"人文学院"），为创立文科专业做准备。除原来社科部中的马列课各教研室、人文教研室、经济法教研室外，学校的高教研究室也并入其中。第一任人文学院院长、副院长分别是刘廷晓教授和程贵铭教授。

人文学院成立后，社科部（马列课各教研室）依然担任全校政治课教学，经济法教研室和人文教研室（在公共选修课教学的同时）开始筹建法律专业和社会学专业。当时朱启臻调到学校校办企业，我成为第三任（也是最后一任）人文教研室主任。在程老师的主持下，我主要负责制定培养方案、组织师资等具体工作。

培养方案是各专业教学的纲领性文件。通过设置课程种类、权重分配、授课和考试方式等，来实现对学生专业素质的培养。对于我这个从来没有受过系统社会学训练的年轻教师来说，这个任务难度很大。所幸我在开学术会议时认识了几位北大的老师，托他们找来了北大社会学系的培养方案（后来程老师又拿来其他学校的方案）。但是，我们也不能完全照搬别人的培养方案。首先因为我们没有那么多教师，而且老师们的专业背景也不太一样。其次因为我们是农业大学的社会学专业，从一开始我们就希望社会学专业有农大的特点，适合对农业、农村研究的需要。最后，经过多次讨论，我们制定出农大社会学专业第一份培养方案（其主要课程设置如表2）。方案尽量兼顾了专业知识体系的系统性、农业大学的培养需要和教师资源的可行性。1995年第一届招生直到以后的三四届，一直使用的是这个培养方案。

表2 社会学系建系初期专业课课程设置

课程名称	开课学期	课程种类	学时/学分
1. 法律基础	大一上	必修	36
2. 写作基础与应用文写作	大一下	专业必修	81
3. 农学概论	大一下	限选	36
4. 经济法	大二上	必修	54
5. 政治学	大二上	必修	36
6. 社会学概论	大二上	专业必修	72
7. 世界政治经济与国际关系	大二上	必修	54
8. 社会调查实践	大二上	实践	3.0
9. 中国传统文化概论	大二上	必修	36
10. 专业英语	大二上	限选	36
11. 社会统计学	大二下	专业必修	63
12. 社会学史与西方现代社会学理论	大二下	专业必修	63
13. 组织行为学	大二下	专业必修	45
14. 社会调查原理与方法	大二下	专业必修	63
15. 社会学著作选读	大二下	限选	36
16. 专业英语	大二下	限选	36
17. 民法	大三上	必修	54
18. 文化人类学	大三上	专业必修	45
19. 社会心理学	大三上	专业必修	63
20. 环境经济学	大三上	限选	45
21. 公共关系学	大三上	限选	45
22. 专业英语	大三上	限选	36
23. 社会人口学	大三下	专业必修	45
24. 社会管理与控制	大三下	专业必修	45
25. 社会学Ⅰ	大三下	专业必修	63
26. 西方经济学Ⅰ	大三下	限选	54
27. 伦理学	大三下	限选	36
28. 专业英语	大三下	限选	36
29. 比较现代化	大四上	专业必修	45
30. 专业写作	大四上	专业必修	45

续表

课程名称	开课学期	课程种类	学时/学分
31. 家庭社会学	大四上	专业必修	45
32. 科学社会学	大四上	专业必修	45
33. SPSS	大四上	限 选	27
34. 专业英语	大四上	限 选	36
35. 农村社会工作	大四下	专业必修	45
36. 发展社会学专题	大四下	专业必修	36
37. 农村社会保障概论	大四下	专业必修	36

注：根据1995级学生成绩表制作。列出的只是社会学专业的主干课程和专业相关课程，未包括全校公共课。

从表2可以看出，当时我们的课程框架还不够完善，专业必修课的"社会学味道"还不是很浓，分支社会学（二级学科）的课程也开得很少。这主要是我们受师资力量的限制，不得不"因人设课"。但另一方面，我认为这个培养计划也有其优点。第一，专业课中设置了多门跨学科的课程，如西方经济学、法律基础、农村社会工作、农学概论、伦理学等。这些都是进行社会研究特别是中国农村社会问题研究不可或缺的基础知识，对培养学生的"社会学想象力"和提高他们发现问题、研究问题的能力很有好处。第二，当时学生学习的总学时（学分）比现在要多，特别是几门重要的专业课程，像社会学概论、社会调查原理与方法、社会心理学、社会学史与西方现代社会学理论等，都要上54~63学时，学生的基础理论学得更扎实。

授课教师的组织工作量也很大。虽然人文教研室已经有老师开设过几门社会学专业的课程，但要撑起一个专业的教学工作还远远不够。所以，我们必须寻求人文学院内部乃至学校其他院系的人力资源。在社会学专业招生前后的一段时间里，寻找、联络、筛选、确定、再联络相关专业可能帮我们授课的老师，成了我这个教研室主任的主要工作。而我也因此与这些老师相识，甚至成为好朋友。在这里，要特别感谢这些老师：人文学院社科部（现思政学院）的张大勇、王新婷、王冬梅、李茜……法律系的付丽杰、金鑫……还有来自中德中心（农村发展学院前身)的林志斌、杨芳、刘林、李凡……以及经管学院讲授西方经济学的老师们。特别是原社科部的高雪莲和法律系的邹骏两位年轻老师，分别担任了社会学专业 1995 级和 1996 级的班主任。没有他们的帮助，当年初建的社会学专业不可能走到今天。

回顾社会学专业的初建时期，除了上面这些值得记住的人和事，我也情不自禁地想起最初几届的学生们。1995 年，农大社会学专业第一次招生，人文教研室正式更名为社会学教研室，我成为第一任（也是唯一一任）社会学教研室主任。当时"系"是虚设的机构，并无实际职能，社会学系下唯一的一个教研室——社会学教研室——负责所有教学管理和学生专业教育的工作（直至 1999 年取消教研室建制只保留系）。所以，我这个教研室主任不仅要安排教学、联系教师和学校各部门，也成为与学生接触最多的人。

就我个人而言，最熟悉的是 1995 级、1996 级、1997 级、1998 级这四届学生。特别是 1995 级，他们就像是家庭中的头生子——被父母寄予了太多的期望，当然，也获得了最多的关注。同时，我们这些年轻的"父母"，既沉浸在新生命诞生的喜悦中，又由于没有经验而惶恐不安；因而，就希望以加倍的努力，使自己的孩子不要被亏欠。那时，我经常抽时间旁听学生上课，到宿舍与他们交流，对 1995 级的每个学生都很熟悉。后来，我千方百计申请课题、寻找资金，用自己的课题费和社会资助来支付学生社会实践的费用，连续四年带领 1995 级、1996 级、1997 级、1998 级的同学进行社会调查和扶贫实践……至今，我还时常会想起这几个班的学生，还能记起他们很多人的名字；闭上眼睛，能看到他们稚嫩又充满朝气的脸庞、他们在课堂上认真听课的神情、他们流着汗与我走在山路上的景象……在我看来，社会学初建时期的学生不仅是我们专业最早的"成果"，而且在某种意义上，他们与老师们一起参与了专业的建设。

4. 成长：黄龙寺扶贫实践

有同学问我：老师这么多年教学过程中有没有什么难忘的事情？我

说：这个问题真是不好回答，因为我当老师已经30多年，难忘的事情太多了！但是，如果非要让我说的话，那我首先想到的是——黄龙寺。当然，黄龙寺并不是一件事，而是我和1995级、1996级、1997级、1998级四届社会学专业的同学共同经历的一段岁月，是一个长达四年的故事。

中国农业大学社会学系建系之初，所遇到的困难是各种各样的。例如，缺少师资特别是缺少社会学学科的知名专家，没有任何在国际、国内有影响力的研究成果，研究经费极度短缺（当时学校没有为社会学专业教师提供进修学习的机会，对文科类的专业也没有科研或研究基地建设经费支持）……尽管老师们明白，这些不利因素不是我们降低教学质量的借口，而是我们加倍努力、不断提高学术素质的动力，但是，我们必须对学生负责，不能让孩子们也"自己想办法提高"啊。如果说，部分专业课程还可以通过外请高水平教师的方法来保障教学质量，那么，社会学专业训练的重要内容——社会调查（田野研究）——在没有经费、没有课题、没有足够的师资也没有研究基地的情况下，又该如何实施呢？在我们一筹莫展的时候，一个来自农村最基层的女书记——刘凤英——走进了我的生活，也为初建的社会学系提供了一个契机。

1995年春，我应邀在"中国老区建设促进会"为贫困地区举办的农村妇女干部培训班上讲课。刘凤英是这个班上的学员。下课后，凤英找到我说："蒋教授您讲得真好！一听您就特别了解农村、了解农村妇女，话都说到我心里去了。"然后，她向我介绍了家乡的情况，热情邀请我们到他们村去看看，为他们发展经济、脱贫致富出点主意。一开始我没有马上答应，不是不愿意帮助他们，更不是对他们的困难漠不关心，而是觉得她对我的期望超出了我这个普通高校教师的实际能力。但在以后的三个月里，凤英多次来到北京，拜访每一个她所能找到的"专家学者"（也包括我），寻求帮助。最终，我被她的执着与热情所打动，跟她走进了那个大山里的世界。

1995年7月，我和朱启臻（以及来自北京林业大学团委和北京安氏文化教育培训中心的两位老师）一起来到凤英的村庄考察。这个叫黄龙寺的小山村位于河北满城县西南与易县交界处，全村300多户人家分成 24 个大小居住点（自然村），散落在 15 里长的山沟里。我们到的那天，刚刚下过两场雨，给黄龙寺的大山增加了几分苍翠和秀美。但是，这并没有减轻那里的贫困带给我们的震撼。这里人均耕地只有 6 分，且土质贫瘠，其中水浇地不足 2 分；大山上都是裸露的石灰岩，自然资源匮乏。当时村庄人均年收入只有 400 多元。7 月新粮未收，一些农户家里每天只喝两顿玉米面菜粥。

刘凤英是新一届的村党支部书记，也就是这个贫困村庄的当家人。在她的家里，我们受到了另一种震撼。这个曾经被满城县政府授予"优秀党员""科技致富能手"称号的女性，前些年就已经靠自己的裁缝手艺成了万元户，但在当了村干部之后，为了带动全村人致富，她率先承包荒山，把自己积攒下准备盖房的 1.5 万元全部投入到治理荒山上，还背了 1 万多元的债。一家人至今仍挤在三间窄小、破旧的房子里。那房子还是凤英姥姥留下的，年久失修，又十分低矮，即使是白天，里面也是黑洞洞的。家里除了一对板箱、一个条案和一张饭桌，再没有别的家具。刘凤英满脸的不好意思，一个劲儿地说家里埋汰（脏乱的意思），因为太忙，没时间整理。看着眼前这个利索、能干的女书记，再看看她这个过于寒酸的家，我们每个人心头涌上的只有感动……

黄龙寺之行让我改变了原来的想法，急切地想为那里的乡亲做些力所能及的事情。在 20 世纪 90 年代，消除贫困、促进落后地区发展，是中国政府和民间非常关注的主题。但是，发展需要资源，包括自然资源、人力资源和资金、设备等。像黄龙寺这样自然资源匮乏、人口素质较低而又缺少资金、交通不便的山区，怎样才能实现科学发展？这对从事社会学和发展研究的学者是一个挑战，对我们稚嫩的社会学系也是一个挑战。我首先想到，作为社会学专业的教师，我们可以带领学生到黄龙寺调研，深入了解村庄的自然条件、社会和经济状况及村民的需求，同时帮助他们分析自己社区面临的困难，共同寻找解决办法。而这些工作，正好也契合社会学专业教学和科研训练的需要。之后，我又多次到黄龙寺进行实地考察，与凤英和村干部协商合作的内容与方法。

1996 年 6 月，1995 级的孩子们结束了大一的学习，按照学校的惯例，学生入校后的第一个暑假要有为期两周的认知实习。农科专业的学

社会学系第一届学生——1995级同学在河北
太行山区黄龙寺村进行社会实践

1995级同学在黄龙寺村调研过程中组织村里的孩子开联欢会

生一般去涿州农场进行农事实习。我们社会学系则兵分两路，一半的同学由朱老师和其他老师负责，在北京郊区进行调研实习，而我带领另外半个班的学生来到了黄龙寺。

记得第一批来黄龙寺的 1995 级同学有：陈海涛、霍君萍、李建民、刘纯友、刘永波、马佳艳、马信、聂建英、王超、徐霁成、杨东亮、张艳丽、赵建平、曾祥林、朱晓晨等①。在那两周的时间里，同学们吃住在老乡家中，白天翻山爬坡、走村串户进行问卷调查和访谈，晚上还要开会总结一天的调查情况、商量次日的工作计划。这些孩子的积极、认真和热情给我留下很深的印象。至今，我眼前还经常浮现跟他们在一起的画面：烈日下，他们挥洒汗水在乱石遍布的山坡上植树；风雨后，他们陶醉于山区湛蓝的天空和带着璀璨水滴的野花；晚风中，他们教村里的孩子们唱歌、学英语，组织他们开联欢会；山路上，他们边走边认真地讨论着"社会问题""扶贫对策"……

第一次黄龙寺社会实践效果很好，同学们完成了"黄龙寺村社会—经济状况调查"和"妇女培训需求调查"，其成果后来经整理收入专著《贫困山区综合发展的理论与实践——黄龙寺村个案研究》。并且，在这次田野调查的基础上，我们初步形成了贫困山区综合发展的思路②。此后三四年的时间里，我先后 19 次带领 1995～1998 级四届学生到黄龙寺。其间，我申报国家社科基金（教育类）青年项目的课题——"应用家政推广进行农村妇女教育的理论与实践研究"——得到立项，并主持国家计生委人口基金"幸福工程"组委会委托项目"幸福工程组织实施方法和管理模式研究"，担任国家教委重大课题"扫盲后继续教育研究"的子课题"贫困地区低文化群体学习兴趣激励机制"的主持人。这四届学生成为我们科研的得力助手。每个寒暑假都有同学自愿推迟回家甚至放弃假期，跟我一起到黄龙寺村搞调查、进行妇女培训、发放贷

---

① 名单以姓氏拼音为序。仅凭记忆，可能不全或有误，请了解情况的老师、同学指正。
② 造成中国山区贫困的原因不仅在于自然资源贫瘠，更在于社会资源匮乏和人力资源质量低下。因此，山区脱贫必须对三种资源进行综合开发，扶贫必须是一项系统工程，其中人口素质的提高特别是农村妇女的发展是关键。消除贫困是一项艰巨而长期的系统工程，多学科、多部门的合作非常重要。其中高等院校的教学、科研人员可以利用自身知识与信息优势，一方面深入了解贫困地区的情况和当地群众的需求，另一方面捕捉社会上可能与贫困地区发展有关的信息和资源，将其引导到贫困地区的发展和建设中（参见《贫困山区综合发展的理论与实践——黄龙寺村个案研究》一书）。

款和开展各种活动。参与较多的同学有樊士成、郭铎、李德华、刘纯友、吴惠芳等（1995级的同学还曾经帮助我在全校招募园艺、植保、兽医、畜牧、法律等专业的学生，组成多学科的社区工作队）。有时候为了入户调查，他们一天要走10多公里路；也有的同学带病坚持为村民讲课。他们不计报酬，不怕吃苦，工作认真，受到村里大人、孩子的喜爱。可以说，如果没有同学们的参与，很多研究工作和项目活动都没有办法开展。

我想，对初建时期的农大社会学系而言，黄龙寺开创了很多个"第一"：是我们第一个社会实践基地，是第一届（及之后几届）学生初次了解贫困山区、学习田野调查的地方；在社会实践的过程中，同学们第一次感受到社会学专业的意义，第一次用自己所学知识为村民服务；在这里，年轻的社会学系开始了把学生培养与扶贫、农村社区工作相结合的尝试，第一次对贫困山区发展问题（包括贫困成因、减贫和社区综合发展对策等）进行理论探讨；第一次出版了农大社会学系师生共同编写的研究专著——《贫困山区综合发展的理论与实践——黄龙寺村个案研究》。

对于我个人而言，黄龙寺有我人生中很多"最"难忘的记忆……

有一天带1995级几个同学到一个自然村做调查，要翻过一个山头，我和凤英走山路，而几个男生（记得有李建民、赵建平、马信）跟村里的孩子要抄近路。转过一个山岩，我突然发现他们正在前方一个峭壁上攀登。那是真正的悬崖，完全没有路，直上直下，前面的人等于是站在后面人的头顶上，一失足成千古恨啊！而且，居然，他们还托举着我8岁的女儿！！我当时吓出一身冷汗，但隔着山涧，根本无法过去帮忙，也不敢对他们喊叫，生怕吓到他们出意外。只能眼巴巴看着，心中默默祷告……所幸后来他们终于攀上峰顶。当我们也到达山顶跟他们会合时，女儿一见我，眼泪一下就流出来了。过后男孩子们悄悄对我说："其实我们当时也吓得够呛，但是没有退路了，只能往上爬。"这是让我觉得最"恐怖"的场景。

1997年9月初的一天，是我生日，但我必须离开家带1996级的十几个同学（记得有蔡代鹏、金国家、李晓林、廉春凌、刘知灏、罗鑫、尚利昊、史舟花、王建华、王筱红、雍敏、曾祥明、庄涌涛等①）去黄龙寺进行认知实习。那时交通不如现在便利，从农大（西区）去黄龙寺村必须先从学校坐车到北京火车站，再坐火车到保定（或到首蓿园的长途车站坐长途车到保定），再从保定坐长途车到满城，再从满城搭上村里每天一趟的小巴，再坐40多公里才能到村里。所以，我们每次都是一早出发，下午才能到目的地，是一趟十分辛苦的旅程。那天到达后，大家安顿下来天就擦黑了，我们住在一户村民家闲置的空房里。因为没有电，凤英拿来蜡烛。就在我点起蜡烛的时候，孩子们突然向我唱起"祝你生日快乐……"然后，他们居然像变魔术一样，从一个拉杆箱中拿出一个生日蛋糕！我非常吃惊，不晓得他们是怎么知道那天是我生日的，更想不到他们竟从学校拖着这个蛋糕，坐了汽车坐火车、坐了火车坐汽车，走七八个小时，200多公里，一直带到黄龙寺！虽然这个蛋糕已经因长途颠簸而磕碰，但它带给我的甜蜜是任何东西都无法替代的。孩子们的体贴和真情更是让我深深感动！

　　各种难忘的回忆太多了。曾有一个平时少言寡语的乡村少年，在山上采集了一大捧各色野花送给我，以表达对我和农大学生的感谢。这是我收到过的最浪漫的礼物！与1996级女生同宿在老乡的空置屋里，躺在大通铺上，就着烛光讲鬼故事，是我最开心的夜晚。发现不同专业、年级原来不认识的同学因为一起参加黄龙寺社会实践而相识、相爱，是我最高兴的事情。看到我们的学生通过黄龙寺社会实践增加了见识、提高了能力，能自编教材、主讲培训课程，是我最自豪的时刻。让我最感欣慰的是，参与黄龙寺社会实践的经历对一些同学（郭峰、刘纯友、张艳丽、雍敏等）考研、求职也多有帮助；我们的本科毕业生到北大、人大继续深造，都获得了很好的口碑。这也说明，只要我们付出努力，以勤补拙，农大的社会学系也可以培养出高质量的学生！

---

① 名单以姓氏拼音为序。仅凭记忆，可能不全或有误。

带 1996 级同学社会实践正好赶上我的生日，
没想到孩子们竟然从北京带来生日蛋糕

5. 收获：成为"蒋妈"

2000 年以后，社会学系发生了很大变化，逐年有科班出身、学术素质很高的年轻老师加入；学校对教学特别是实践教学的资助力度越来越大、对教学的管理越来越规范；我们的专业培养计划也经过多次修订，越来越系统、完善；农大社会学与国内、国际社会学届的交流也在稳步增加……不过，这些有目共睹的事情，我就不想多说了。从我个人角度，最近这十多年感触最深、记忆最清晰的是从 2010 年到 2014 年担任社会 101 班班主任的经历。

2009 年，时任社会学系主任的赵旭东老师就曾动员我当班主任。虽然我很喜欢跟学生们在一起，平时上课与每个班的孩子都相处很愉快，熊春文老师做 2006 级班主任的时候，曾笑称我是他们班的副班主任，但当时我觉得毕竟自己年纪太大，跟十几岁的孩子可能会有代沟，不太适合做班主任，所以就拒绝了。到了 2010 年，赵老师再次提起此事，说系里的年轻老师因为各种原因都无法做班主任，希望我能帮忙。

他还说:"学生们都喜欢你,你来当班主任最合适。"既然是系里的工作需要,我想自己责无旁贷。同时我也想,做班主任能近距离接触、了解"90后"的年轻人,也可以用我多年的教学经验来帮助这些孩子成长,这对我自己或学生都不无益处。

虽然已经有30年的教龄,但做新生班主任,对我依然是全新的体验。所以,接受这个任务后,整个暑假我都在做准备。我重新阅读了高等教育学、大学心理学方面的书籍,还在网上寻找高校优秀班主任的工作经验,结合自己从教的体会,思考班主任工作的目标和具体工作计划。下面的文字是那个暑假我所写笔记中的片段,真实地反映出我当时的心情。

> 2010年8月12日　星期四
>
> 像年轻时初做教师,盼着开学又怕开学,心中既有憧憬又有忐忑。等待,此时的心情就像一个初次孕育胎儿的母亲,既有兴奋又有不安,会猜测着是男孩还是女儿,长得像谁?会忐忑他/她今后会不会听话,能不能有出息?只有一件事是肯定的,那就是无论自己的孩子是什么样的,都会无条件地爱他/她。

虽然这些文字我从没有给班上的同学们看过,但是,后来的某一天,我突然发现他们不再称呼我"老师",而是改成了"蒋妈"!我感到很欣慰,说明孩子们理解老师的心情、体会到老师的付出,并且能够以爱来回报!

言归正传。依我在高校工作的感受和作为家长的体会,刚进入大学的新生多受应试教育的影响。虽然文化课基础扎实、外语水平较高,但他们一直被家长、老师严格控制,缺乏自我管理、自我设计的能力。进入大学后突然"没人管",一些学生难以适应,会无所事事,放任自己。同时,由于社会学依然是个比较"冷门"的专业,新生中的一部分(甚至大部分)并不了解这个专业的特点、学习内容、学习方法等重要问题。这也容易给他们今后的学习带来困难和阻碍。所以,我把大一班主任的工作目标设定为:(1)帮助学生尽快转换角色、了解并适应大学的学习生活；（2）增进同学之间的了解，构建有凝聚力的班级；（3）建立能起表率作用的班干部队伍，初步形成良好班风。

为此，我们在新生开学的第一天就召开了以"起航—追梦"为主题的班会。我与大家分享了对"大学"的认识，也让每个同学思考自己大学四年的计划。然后，我让每个同学写下对自己大学生活的期望，并封在一个"时间胶囊"中，约定在毕业的时候拿出来，看看自己大学四年是否完成了今天的目标。这些活动促使同学在入校之初就懂得珍惜时间、做好自我规划。在那天，我们还建立了班级民主制度，并在大学四年一直严格遵守；班干部选举及班级所有决定都由全班同学共同商讨，公开透明，大家公平参与。后来，我和同学们创立了"品家乡文化、创和谐班级"的活动，让来自不同地区的学生介绍自己家乡的文化，全班同学一起交流、讨论。这个活动后来成为我们班的班级"品牌活动"，持续了三年，不仅让同学们增进了了解与友谊，也增加了他们对社会学、人类学专业的感性认识。也是从大一开始，我们班就定下一个"规矩"：因为我们是一家人，所有重要的时刻我们都要在一起度过。以后四年的每一个中秋、元旦、五一、十一等重要节日，只要班级中有同学不回家，我们一定要聚在一起过节，让孩子们感受到家的温暖。记得大一第二学期的五一节，一些孩子来到我家里聚会。每个都给我写了一封信，表示对我的感谢和对班级的热爱，让我非常感动和快乐，于是也给他们每人回了信。

2011年5月给全班同学的公开信

大家好！"五一"前同学们来我家玩，真是太愉快了！大家无拘无束地聊天，欢笑着"抢"吃的东西，围坐一起玩"杀人"游戏……我相信，就是将来我老了，万一得了老年痴呆症，也依然会记得这个美妙的下午！

而你们走后，当我翻阅着你们带来的礼物——那一张张写满爱和美好祝福的字条，感受到的就不仅是高兴，还有深深的感动！所以，我一定要写信感谢你们大家，也借此对每一个人都说两句"悄悄话"（随机抽出字条，排名不分先后哦，呵呵~）。

晓慧：第一个就拿到你的条子。每次看到你的名字，眼前就浮现出你的笑脸。因为你总是笑眯眯的，非常可爱，让人愉快。谢谢你的祝福，我也希望你永远开心，永远欢笑！另外，发现你的画画得很好呀，是机器猫？希望以后把你的才能发挥出来。

张妍：你是咱们班我第一个交谈的同学，感觉你很有自己的想法和主见，做事踏实，希望你能保持下去。你写的信不长，但你的祝愿是很"关键"的——健康、年轻、美丽……我们都最需要，哈哈~！谢谢！对了，你扮的"杀手"太出色了，绝对有才！

秀萍：真遗憾你有课没能过来，更遗憾的是我事后看了你的条子才知道，本以为你回家了，所以也没有给你带点吃的回去，抱歉，下次补吧。欢迎你来"蹂躏"我家的厨房，带同学来更好，只要你负责收拾，我没意见。你条子上的山峰和太阳也画得很有意思。

伟阳：谢谢你独特的祝福——让我像"小草充满生机"。很高兴你说感觉我"像朋友多于像老师"，就是以后上我的课了，也希望这种感觉不要消失。很遗憾你这次没有过来。愿你作为党员和团支部书记，多发挥创造力，与同学一起把咱们班建设成先进班集体。

艳祎：你没能来真是遗憾，要不我们一定会有更多的热闹和欢笑吧。喜欢你热情又细腻的性格，感谢你总是积极地参与班里的活动！希望你能一直保持愉快和激情。没给你带回点吃的去，很抱歉。你方便的时候，我们约个时间聊聊吧。

存玉：其实应该是我感谢你。作为班长，你为咱们班做了很多工作，自己的学习也很努力，还要勤工俭学，辛苦了！希望你自己多保重，也要多发动其他班干部和全班同学。我们班每个同学都有特点、长处，大家群策群力，班里工作一定会好上加好。什么时候想做饭吃就过来，只是要多做一份给我哦。

嘉易：那天你没有表演唱歌，其实还是挺遗憾的，下次一定不"放过"你。谢谢你的祝福，我也祝你学习顺利，生活愉快，身体健康。同时，也接受你的"批评"，以后要努力多和大家见面——

只要你们不烦我。我经常会在办公室（民主楼226），你方便的时候我们可以约时间聊聊。

一纹：你给我的印象是很稳重，做事踏实（虽然也知道你其实也很活跃的），班里一搞活动你总是默默地帮忙，所以这次她们又把你派过来做准备，呵呵，谢谢你！我也祝你健康、快乐，一切顺利！希望今后为你创造条件，使你能更全面地发挥自己的长处。

心陶：特别感谢你手工制作了那么漂亮的信封，里面装满同学们的问候，真棒！可是忘记给你们没来的同学带回去吃的了，很抱歉啊。

我想在我办公室里做一个我们班的展示区，就像原来你们中小学教室里的黑板报或壁报那样，可以展示咱们班活动的照片、同学的文章和其他有关的信息。你能帮我们设计一下吗？最近何时方便，我们约个时间面谈更好。

庆辉：谢谢对我的夸奖，特别是你是个很朴实很真诚的人，你这么说，让我很得意呀，呵呵~。我也希望你身体健康，天天快乐，并借你的祝福——"希望我们的家，社会学101的每个成员快乐幸福，学业有成！"

佳阳：你留给我的印象就像你名字，总是阳光灿烂。记得上学期我们第一次班会，龚聿奇变魔术，你就自告奋勇上去协助。从那以后，每次见你都是那么快乐，这份快乐也常感染我。希望和你一起"让牙齿天天晒太阳"，会晒黑么？要不要涂点防晒霜？

颖菱：你对我的评价太高了——是孙老师给你们的终极标准呀，谢谢！但我其实达不到呢，让我们一起努力吧。五一后我们班要去妙峰山，算是一次与学习有关的社会实践活动吧，我记得你做"职业委员"是负责同学社会实践的，这次活动你来总负责怎样？我和存玉交流了一下，假期过后我们找个时间一起商量一下好么？

张宇：没想到你这么一个人高马大的男孩写的字那么小巧秀气。这一张小小的便利贴，不多的几句话却很令我感动和欣慰。谢谢你！衷心希望你能拥有"美好而充实"的大学生活，天天都活得精彩！也盼望你能把自己的能力更多地发挥出来，如果需要我做什么就告诉我。

周雪：谢谢你总结了我那么多的优点啊，很惭愧（但又暗自高兴~）。其实我也感到很幸运——能有你们做我的学生，你们每一个人都那么聪明、可爱而独特，能做你们的朋友是我最大的愿望。

在大学班级里，学习委员的任务很重，感谢你为班级做的工作，五一后的妙峰山之行你有什么计划么？请征求一下同学的意见，找一天我们一起商量一下吧。祝你健康、快乐，学业顺利。

雪莹：很高兴你感觉我们的班级是温暖的。其实这不是我的功劳，而是大家共同努力的结果——班干部、每个同学、系里其他老师、辅导员等等，其中也有你做出的贡献呀。"班集体的感觉"要靠大家创造，而大家促成的这种感觉会让每个生活其中的人都觉得温暖。对么？欢迎来我家包饺子或是聊天。

唐欢：很高兴听你说，上学期我们交谈帮你解决了一些疑问、更好地适应大学生活。跟你聊天我也有收获，知道你虽外表文弱，但内心刚强，很体贴父母，很自立。愿我能创造条件使你更好地发挥自己的能力，也希望你的大学生活能丰富而精彩。

世宽：你和大家都不一样，拿了一张广告明信片给我写信。但我从中发现了你的"用意"，谢谢你！我喜欢卡片上那句话："生命是一次奇遇，用心感受，会有属于自己的惊喜！"至于你说"人与人是在'爱'的联结下构成一个整体。我们都生活在别人爱的绿荫下，坐在草坪上看阳光下的春暖花开。"我想补充，不能只坐享其成，还要给别人提供绿荫。对么？

戴丹：你选的信纸很别致，谢谢你的祝福，也感谢你在活动前帮忙准备。你说"社会101最棒"，可不是么，我们101班就是"一定第一"的意思呀！上次在家里跟你聊天很愉快，感觉你很懂事、自律。衷心希望在我们共同努力下，大学四年成为你人生中最美好的一段时光。

雯雯：谢谢你的问候，跟你们在一起我也特别快乐。最近几个月，好多同事和以前的同学见到我都说我"越来越年轻了"，我想一定是因为我做了你们的班主任吧。一个多学期以来，你和罗焰除了做团支部的工作，还承担了为我们班保存资料和对外宣传的任务，一直认真负责，付出了不少时间和精力。我和班里同学应该对你们表示感谢！不知你们是否觉得工作太多？可以请同学们帮忙吧，我想大家都愿意为班里工作尽力的。

宇萌、慕龄、盼晴：首先我要祝贺你们实现了自己的愿望，转到自己喜欢的专业学习！因为当时在国外，没有机会跟你们说。其次，你们依然关注着我们的班级、参与我们的活动，让我感到特别高兴！社会101是你们跨入大学门槛、体会大学生活的第一集体，应该就像是你们的"娘家"或"初恋"一样吧（哈哈，玩笑）。我和同学们也会一直把你们当作一家人，欢迎常回家看看。也希望你们把现在新班级的好经验介绍给我们，使社会101越来越好。

宇萌，谢谢你告诉我你自己的愿望，这份信任让我感动。有志者事竟成，努力吧，去实现自己的愿望。什么时候想跟我聊天，就联系我。

孩子们，你们的信让我感触颇多，一下就写了这么长。虽是给每位给我写信的同学都回了，但其实这些内容也都是我想告诉大家的。所以就变成"公开信"吧，把给每个人的内容加在一起，可能我的意思表达得更全面。因此，婉仪、韩萌、赛赛、朱越、黄珊、聿奇、罗焰等几个同学，没有给你们专门写，但上面的话也都可以是对你们说的。……

希望我们今后多交流。

祝大家愉快！

班主任 蒋爱群
2011 年 5 月 2 日

大学第一年圆满结束，班级的各方面情况都达到甚至好于我当初确定的目标。在学校、学院一年一次的评优活动中，社会101班获得了"优良学风班"和"优秀团支部"双重荣誉。

总结大一的工作经验，我把大二阶段定义为：是学生建立基本专业意识、培养专业兴趣的关键时期，也是学习独立观察、思考的重要时

我当班主任——社会101班学生入学的第一次班会后合影

期。所以，在大二，我重点抓了以下几方面工作。第一，对当年开设的专业课，在上课前给学生做一些基本介绍，使他们有所了解、有所准备；在课程进行过程中，及时了解他们学习情况，对他们遇到的困难给予辅导，提高大家的学习兴趣。第二，学生开始学习专业理论课后，会学着观察、分析社会现实问题，这时要"传道、解惑"，即引导他们理性思考、综合分析、正确看待。第三，要开始"放手"，让学生担负更多的工作和责任，培养他们自我管理能力、组织能力，促进孩子们全面成长。

大学的第三个年头，应该是进一步提升学生的专业素养、使之学会理论联系实际、增强其社会研究能力的时候。而且由于系里教学计划调整，社会101班在大三阶段课程非常多。因此，我工作的重点是：（1）提议班级建立不同课程的讨论小组，同学就课程难点进行研讨，互帮互学；（2）结合家庭社会等课程教学，对他们进行科研训练，从发现问题确立题目、调查研究收集资料到分析数据、写出论文，每个环节都给予指导。另外，在大三下半年，我开始提醒大家为自己未来的职业发展做出规划，也对每个同学的想法进行了摸底。

我的孩子们毕业了

目前中国高校的普遍现象是，大四的学生们忙着找工作、做兼职、考研、考外语、联系出国等各种事情，各顾各的，班级活动没有办法开展，甚至同班同学都见不到面。但我希望社会 101 班一直保持凝聚力，是每个孩子的家和后盾；而且我认为，在这个将要离开校园、走上社会的时刻，孩子们面对着很多未知和压力，更加需要老师的指导和同学的关心。一直到大四，我们班一直保持每个月要开一次班会的习惯。当然，不是为了开会而开会。我和班干部商量，根据大家的实际需求，安排有关职业生涯规划和就业求职经验的讲座，还特别邀请了社会学专业 1995 级的毕业生来跟学弟学妹座谈，讲自己多年工作的体会。

总之，做社会 101 班的班主任是我从教 30 多年的第一次，边做边思考、边总结，付出了心血，也得到了收获。在全班孩子的帮助与共同努力下，我们班成为一个健康向上、团结友爱的班集体，从大一到大三，连续三年被评为学院、学校的"优良学风班""优秀团支部"（大四要把机会让给学弟学妹，没有再申报）。写出这些，不是要自我表扬，只是为自己做一下总结。同时也想，我的一些体会和摸索的经验，也许能够为以后的年轻教师提供一些参考。

6. 结语

  2015年，我已从教32年，而其中大部分时间——20年——是在社会学系度过的。这20年间，我参与了社会学的创建，见证了她的发展。回望20年的路程，步步艰辛，又充满美好的回忆；我为她付出了人生最美好的年华，洒下了眼泪与汗水，也因此收获了喜悦与幸福，得到最真挚的师生情谊。而我自己，也伴随这个专业的成长而成长……在系庆20周年的时候，不禁会想：再过20年，农大社会学系又会有一番什么样的景象呢？

  我希望，再过20年，如今的年轻老师都是既博学厚德又术业有专攻的学术大家，成为中国社会学的领军人物。我也希望，那时农大社会学系成为国内高校中首屈一指的社会学专业，特别是在中国"三农"问题研究方面，不仅在国内领先，也在国际上享有声望。但我更希望，我们专业能真正以人为本，树立先进的教育理念，培养出有想象力、创造力，有道德，有激情的社会学研究者……

  因此，结语，不是结束，而是，新征程的开始。

柯姝琪/宋甘露/刘阿荣 采访整理
蒋爱群 2015/05/15 校订定稿

孙 津

我 1952 年生于南京市，1967 年初中毕业；1968～1978 年在江苏省宝应县插队十年，回城后在南京港务局工作；1980 年考入江苏省社会科学院文学研究所工作；1986 年考入北京师范大学中文系攻读文艺学博士学位，导师黄药眠、童庆炳，1988 年毕业，获文学博士学位。曾任中国农业大学社会学系教授、北京师范大学政治学系教授，以及北京市政协常委，北京市人大代表，海淀区政协副主席（第七、第八两届），中国致公党中央委员、中央教育委员会副主任和北京市委副主委等。在农大社会学系的八年是 1996～2004 年。由于早年研究哲学和美学，而近 20 年来主要从政治社会学角度研究比较现代化和农民问题，所以已出版的专著大致可分为这两种学科类别，比如《中国近现代政治思想史》《社会政治引论》《比较社会学引论》《中国农民与中国现代化》《美术批评学》《基督教与美学》《在哲学的极限处》等。

1. 从文学博士到农民问题专家

我在农大不当干部，自己很多事情也是糊里糊涂的，所以我就讲讲自己的情况，由此也算是了解社会学系发展的一个角度吧。

事情还要从博士毕业谈起。我考博士的时候学历是初中二年级，应该是古今中外绝无仅有。这不是因为我牛，而是特殊时候的特殊机遇，是漏网之鱼，今后也不可能再有这种事情了。读博士是为了讨学位，但是自己什么专业也不会，就会写字，所以就考文艺理论，到了中文系，专业叫文艺学。毕业后，为了找个清闲的地方供职，师傅童庆炳就介绍我到了中国作家协会鲁迅文学院，从1988年到1996年干了八年。但是，我历来不喜欢文学，也不怎么和学员谈文学。所以，除了讲课，和他们也就是偶尔一起喝酒而已，包括莫言、余华、迟子建、海南、路远等作家，加之时间长了，我觉得这个地方过于清闲，于是就想调到大学去。联系了北大、清华、人大，他们都说要去就到中文系或文学院，因为我是学中文的，其他院系专业不对口。其实，他们不知道，我并没有什么专业，尤其不想到中文系，所以我也就始终没动。

虽然对文学毫无兴趣，想另外找一个地方，但找什么地方我也不清楚。不仅如此，其实大学的学科分类啊，我也不清楚，更不知道什么社会学、政治学的，只是觉得文史哲不分家，我去了当个教授讲讲课还是绰绰有余的。事实上，人家把我往中文系放还算是瞧得起那个文学博士啦，尤其当时数量还不多。要在今天啊，面对泛滥的博士也还是不好办哦！后来，有一次在密云开会，偶然和杜刚健谈起想去大学的事。他推荐说，我可以到中国农大看看，那里有社会学系。这是我第一次听说有中国农业大学，并吃惊那里还有社会学系。说吃惊是因为之前也联系过北大的社会学系。其实，我并不知道社会学是干吗的，也没看过社会学概论，但是我想，反正有这么个系，你那个学科叫什么我不管，我去研究社会总是没错的吧。后来北大的确也同意了，但是那里的负责人却跟我讲，因为都是朋友嘛，你老孙还是不要来的好，因为不对路子，你来了会很受罪的，而且我们这一套东西你也不喜欢。他说这些话我懂，圈里圈外都说我是游击队、野狐禅，不守规矩。后来记得是北大社会学系系庆，是多少年系庆记不得了，给我也发了请帖。但是，到那天我去的时候，王思斌站在台阶上迎接，看见我劈头一句话就是："你来干什么，做你的自由战士不好吗？！"所以现在想来，当时人家劝我不去是有道理的，而我发现我确实也不喜欢那里，没有去北大更是对的。

如果不谈这些学科问题，最使我动心的是我非常喜欢农业大学这个校名，于是在听了杜刚健推荐的第二天就去了农大。杜钢建也算是名人了，你们在网上也应该很容易查到这个人。这个杜刚健那会儿在国家行政学院，他也想调动，也联系要调到农大社会学系去。可是，他最终没去成，因为他有好多条件，比如他想要房子啊、职称啊，还有其他什么东西，农大也满足不了。我到了农大，找到人文学院。程贵铭，记得是院长，还有朱启臻，记得是副院长兼社会学系主任，很热情地接待了我，谈了十来分钟就表示愿意接受我去农大工作。其实当时也没聊什么，就是问问我的经历呀，干嘛呀，然后就说，看你写了好多东西发表嘛，应该很有学识和能力啦！接着又问我有什么要求，我说什么要求都没有，一切按规矩办就行。其实，一方面我想如果有要求也许就去不成农大了，但是另一方面我真的没什么要求，因为我想反正来了以后该怎样就怎样，比如我就是签字画押说来了不要住房，等真的来了我没地方住学校总还是会解决的。那个时候不像现在，还都是单位分房呢。事实上到农大两三年后，果然还是分给我住房了。程老师和朱老师又问我单位是否放我走，我说有一句话永远是对的，就是"三条腿的蛤蟆不好找，两条腿的人满大街都是"，所以我那个单位才不会留我呢，又不是老母鸡还要留着下蛋，走了就走呗。果然，农大这边办事很利索。我走后一个星期，鲁迅文学院收到了要我去农大的商调函；同样，中国作协只是客气地说了几句挽留的话，所以也是不到一个星期，我就办好手续调到农大上班了。

上面说的是怎样来农大的，这样你就知道，如果要谈社会学系的发展，我也是从不了解社会学开始这个角度来谈的。的确，直到八年后我帮着社会学系准备申报社会学博士点的时候才发现，各高校都不知道农大还有社会学系。现在说来这话是倒过来讲的，但外界尤其是各高校的这种印象表明，并不是农大的老师不咋地，而是就社会学学科建设来讲，还是有很多事情要做的。刚才说了，我来农大的时候连社会学系是干什么的都不知道，但我不仅仅是觉得社会学系这个名称很好听，而且我也有绝对的信心，很自信。我想，不管你干什么，研究社会总没错吧，而且我已经研究了那么多年，所以不怕。至于教学，那就更没问题了，因为我最不怕的就是讲课，管你讲什么，都会有办法对付的，而且效果不会差。因此，到了农大，满心欢喜，不仅因为对"农"很有感情，而且对冠以"社会"的这个"学"觉得很亲切。事实上，由于我其实不懂社会学，尤其不知道在学科分类意义上社会学是干什么的，所以农大的经历给了我一个很好的机会，就是可以边学边教社会学，一直干了八年，收获多多。开始的时候，估计是学院的师资不足，就问我能开什么课，多多益善。于是，我也就什么都讲，包括比较现代化、社会学方法、文化人类学等。结果，有的东西可以边学边讲，但有的就不行了。比如，自己不会社会学方法，连学习都困难，甚至不想学它，所以后来索性就讲成方法论了，而且是偏哲学的多。

总的说来，农大的教学经历不仅开启了我在社会学学科或领域方面的学习，而且使我在学术研究中增加了社会学的内容，直到现在依然如此。这种情况使我更加注重通过对现实或热点问题的分析，总结提炼普遍理论，包括学科建设意义上的理论创新。比如，我对农民问题的研究虽然仍有着明显的政治学背景，但各种具体问题都可以在比较现代化的意义上相互关联。就连我本人，也不经意地有了一个身份，叫作农民问题专家。很好，很好，总算有了个职业或专业符号，就像提起齐白石人们就说那个"画虾的"、提起徐悲鸿人们就说那个"画马的"一样。

上面说的是我个人，也就是在自觉学习中和社会学系一起发展。我来的时候叫人文学院，后来和农村发展学院合并，之后大概没两年我就调走了。如果总体来看呢，当时社会学系老师的家底也是有些弱，或者说从同行们的角度来看，科班出身的不多，或者说几乎没有社会学出来的，基本上大学都是农学的。程贵铭老师是什么学术背景我不知道，但好像在全国的社会学学会里担任农村社会学的一个副职，大约是副秘书长，就连他都说农大没有搞社会学的。记得好像是要改选还是干什么，人家要他推荐人，于是他就说没有搞社会学的。像朱老师啊、张蓉老师啊，他们全是农学的。所以啊，他们大概跟我差不多，是出于爱好转到社会学来的吧，尽管各人也有不同的侧重。比如说任大鹏老师，就比较偏法律，而奉公老师不知道偏什么，如果说他有时神神叨叨的，那就是偏哲学吧。还有张法瑞老师，他教什么课以及偏什么方面，我也搞不清楚。不过我很愿意跟他喝酒，而且他家阳台对着我家。我晚上和女朋友吵架，他听得最清楚，然后第二天就挖苦我说，老孙家昨天又唱戏啦！你看，主要就是这么个班底。

当然，事情还是很积极地做，而且成果也不少。比如，除了大家写文章，好像他们都写过相应专业的教材公开出版，尤其是农村社会学。就我来讲，我在农大不当干部，但也还是关心社会学系的建设和相应的学科发展。这方面的看法当然是有的，但那些都是开会以及喝酒时说的，具体内容现在都记不清楚了。当时比较自觉的是做了两件事，而且社会学系和人文学院都很支持。

一件事是引进好的教师。其实，虽然系里的老师都比我懂社会学，但多数也都不是社会学科班出身。所以我一直跟学院说，要设法引进教师，尤其是专业背景好的青年教师。后来，我推荐引进了童小溪，而且他应该算得上是学术功底和研究能力俱佳的青年学者了。还有一件事是扩大社会学系的影响。其实这方面并不局限于某件事情，而是一个工程，当然也包括一些具体的做法。比如，我组织了几次全国性的专题研讨会，突出了社会学系的"三农"主导研究方向，尤其是农民问题的研究特点。又比如，为了申报博士点，我组织了一个系列讲座，其实就是请各名校的社会学系主任来农大讲座，以便联络感情、扩大影响、增进了解。同时，由于中国讲究论文发表的档次，其实就是行政级别，所以我虽然心里很反感这样做，但为了填报材料用，还是专门写了一篇论文在《社会学研究》上发表。就当时的情况来看，这还是很需要的，因为农大一直没有人在这个杂志上发过文章。

但是，也有一件很对不起农大的事，就是我没等到申报社会学博士点就调到北京师范大学去了。这件事情其实也很郁闷，因为当我联系那些可能的评委要他们支持农大申报社会学博士点的时候，他们都表示并不知道农大还有社会学，所以他们尽管都表示支持，却都直接劝我调到有博士点的大学去。听他们的口气，好像是在帮我个人的忙似的，而结果我也真的在申报前就调走了。其实别人并不知道，我去北师大也是碍于朋友面子在帮人家忙，就是建设政治学系，而不是奔着什么博士点去的，更不是认为北师大比农大强。但是，农大的学生为了我的调走热闹了好一阵，并在网上发帖子，有惋惜的，有趁机批评学校留不住人的，也有高高抬举我的为人和学问的。社会学系的学生还专门做了一本留言册送给我。所有这些都很让我感动，想到现在调动工作包括辞职都已成寻常事，学生们能有这些举动，我觉得当个教师尤其是在农大的八年，值了！

2. 农大社会学的学科建设与人才培养

先讲如何突出农大社会学系的特色吧。就我的理解，不管师资的班底如何，既然是农大社会学系，当然以"农"字为特征比较合适，所以说它的方向就是农村社会学。这样，尽管还是自己在搞，但经过一段时间努力，自己的特色在全国各个高校里也还是能有所区分的。因此，我去了以后呢，就成立了一个中国农民问题研究所。这个所现在还在，所长是朱启臻。当时所长是我，实际上就是一个虚体啦。大学里很多中心都是虚体嘛，我现在在北师大的中国农民问题研究中心也是这个样子。不过，直到今天，全国各种各样叫"农"的研究机构，虚的实的都算上，好像都没有叫"农民"问题的，有叫三农问题的，有叫农村问题的，有叫农业发展的，就是没有叫农民问题的。其实这并不全是为了和其他地方区别开，更是我的一个看法，即中国的问题也好，"三农"的问题也罢，关键还是人的问题，也就是农民问题。朱启臻也很同意我这样看问题。所以2004年我调到北师大的时候，要学校也给我搞一个中心，也是虚体，但要叫农民问题。我直到现在也是北师大那个中心的主任。

刚才说到社会学系以后就连着张罗主办全国性研讨会，用的就是农民问题研究所这个牌子。当然，朱老师现在把这个所经营得有声有色，比我那个时候强太多啦！同样，对于我本人来讲，也得到一个巨大的好处，就是前面说的，成了农民问题专家。不然就很麻烦，因为你这个人又搞美学，又搞哲学，还搞文艺学，然后你说你又搞社会问题，还研究政治，弄得人家不知道你是干什么的。不信你今天上网去查，你看我写的那一二十本书，也不知道我干什么的，什么都有。就是因为有了农民问题呢，出去开会也好，干嘛也好，基本上人家见到你就会说，老孙是搞农民问题的，所以我就成了农民问题专家了，这样子就好吃饭了嘛。那么对社会学系来讲，这也是一个巨大的好处，其实也就是学科建设意义上的发展了，因为这就是说你的农村社会学也好，农民问题也好，就农大搞社会学这一块，是以农民问题为符号的，或者说是为侧重的。这就等于是在学界里边打出影响来了。应该说，这可以算是一个比较重要的东西，也算是朱老师现在成就的早期历史吧。

再说开课吧，因为学科建设、培养人才等归根到底是要有好的课程和好的教师。我是半路出家的，也搞不定开什么课才好。首先，概论课我肯定不会讲，或者说即使我学会了，也用不着我来讲。但是，当时很重要的课，就是社会学方法，好像没人讲呢，或者说讲了也感到力不从心，否则也不会问我能不能讲。我当时也是不知天高地厚，自己完全不懂社会学方法，居然答应下来了！我把袁方写的有关社会学理论和方法的教材拿来看。那是一本绿皮子的大厚书，开始好像还很容易看，但是越看就越糊涂。其实现在回想起来，也不是真的糊涂，主要是自己不感兴趣，就是当时读懂了也记不住，到课堂上还要翻书。这种翻书的课我最不会讲了，因为我自己就从不写教案，甚至也不备课，到今天仍是如此。我的教学大纲或方案是写给学校看的，因为那是规范动作，是报课的要求，实际讲课的时候我什么都不看，更厌恶所谓的 PPT，就算做了课件、备了课，到课堂上也全忘了。后来呢，我干脆就把这门课变成方法论了，具体的方法叫学生自己去看书。其实啊，这并不是我不负责任、瞎忽悠，而是在当时情况下最现实的选择，因为方法论也很重要，不仅我比较熟悉，至少从哲学角度讲我很熟悉，而且学生很欢迎。于是，这门课就这样讲过来了。记得后来是张蓉接过去讲了，她比我懂社会学方法。

由于缺老师，记得我开的课还有文化人类学，但讲得最好的课还是比较现代化，而这方面也是我的研究兴趣，很有些心得。但总这样也不行，后来就积极引进教师，尤其是青年教师。就我来讲，重点推荐的就是童小溪。童小溪比较全面，因为他在美国读的就是社会学，外语也很好。他在美国读来读去，结果由于种种原因，跟导师的意见搞不定。而他也挺犟的，不肯妥协，后来干脆不要那个学位了。这样耽误了好几年，我跟他说可以到农大来，但还是要有个学位，于是他就跑到社科院，读了社会学的博士学位。童小溪是正经科班，方法论尤其强，而且知识面广，能讲的课程有很多，自己的学问做得也很不错。所以应该说，他来了，至少基础课这一块就算建立起来了。同时也进了一些年轻教师，比如孙庆忠等，也都比较专业，不过我接触不多，而且后来我走了，所以社会学系的发展也就不清楚了。

要说发展，最明显的组织变化就是人文学院和发展学院的合并，叫现在的人文与发展学院。我走得早，但顶着人发学院的牌子大概也有两年吧，记不准确了，反正差不多。合并后的院长就是李小云，好像一直到现在还是他。这两个学院其实到今天都有各自的特点。因为我走后，人发学院几乎每年的博士答辩，我都去参加，做评委，记得也去评审过其他东西，甚至有几次是评职称，所以我能感到这种特点上的差异。简单地说，发展这边更着重实地调研，也就是田野吧。另外，也许是发展这边的导师课题多，也有钱，就总是要学生干活儿，结果硕士生、博士生的毕业论文几乎全是跟着导师做的课题。我不知道这算不算发展，反正我在的时候就有这种特点了。发展那边有一个明显的优势，就是课题多，包括国外的，所以经费也多。我们现在的大学呢，不光是农大了，谁钱多谁就是老大，就完全比这个。就是学校对你的重视程度也是这样的，你有钱，它就重视，你没钱，就歇菜，什么也没有，所以全部是比这个。不过，学校不管怎么重视钱，总之又不想搞一个独立的发展学院，所以就说跟人文合起来，直到今天。发展自己原来有个小白楼，直到现在，我认为还是农大最漂亮的楼，而且是"建筑"，有美学价值，不仅仅是实用的"房子"。原来发展的人还在这个白楼里办公，我去评审也是去这里，而原来人文的系、室好像都搬到东区去了，我应邀去过一次，记不得参加什么活动了。总之从硬件来讲，人发学院比我在的时候是发展得好多了。

再讲一个故事，就是学科建设或者说整体发展的问题，也就是申报社会学专业的博士学位点。发展这边的博士点是什么我也不很清楚，其实也来参加过评估之类的事情，但记不住了。总之，农大应该还是没有社会学的博士点。这个问题我在农大的时候，学院就很重视，而且记得还要我在这方面多做些工作。这样，大概是2003年吧，我想了一个办法，就是让可能的评委到时候投农大的票。怎么做呢？这个评博点，硬碰硬地瞎撞是不行的，肯定得把那些评委摆平才行。我倒不是说其他大学的博士点都是搞关系批下来的，但你是用钱买还是用什么关系这个不谈，总之你一定要让那些评委认可吧，所以叫作摆平，或者码齐。自身材料过硬是一回事，但人家不知道你，材料再过硬也没戏，因为知名度本来就是所谓"过硬"的一个尺度，况且僧多粥少，那么多大学排队等着批博士点，谁家的材料不是做得很漂亮啊！于是，我数了一下，那时候我国的大学，包括中国社科院在内，大概有30个左右有社会学系。现在多了，而且现在更多的是社工嘛，社会工作对吧。那个专业比这个社会学更好弄一点。那时候还没有社工，就只好硬搞这个社会学的博士点。我想，这个评委尽管可能有其他专业或部门的，但肯定是社会学的为主，而且很可能就从这30个社会学系的系主任里出人。因此，我的办法就是找个由头，把有头有脸的大学的社会学系主任都请到农大来，让他们知道我们的社会学系。这个办法，就是开一个系列的专家讲座。其实我知道，现在人发学院也还是办这种讲座，比如叶敬忠的那个系列讲座。不过我当时搞系列讲座是有目的的，老实说，不是为了学术交流，就是为了认识人。那会儿还不像现在，没有网，也没法知道张三李四的情况，就是全凭朋友圈子，找认识的人打电话邀请。

说来也有意思，你看我不是社会学圈子里的人吧，但认识的人还真不少，而且一联系大多还很买账，很给面子。其实我在学术界一直就这样，从不入流，别人也从不认真把我当成行内的人，真的就是个自由的游击战士，跟各路人马的交往基本上只限于喝酒聊天。但正因为如此，大家关系都很好，而且人家还说我很仗义，就是说我很有思想，很有见解，但从不自以为是，也不争论，所以叫作讲义气，尤其酒品好。具体来了多少人，也就是开了多少次讲座我记不住了，反正有十几讲吧。除了社科院，各大学来讲的都是每个社会学系的系主任，或者不是系主任但很有名气的，比如中山大学的蔡禾、南京大学的周晓虹、复旦大学的谢遐龄、北京大学的王思斌和马戎、中国人民大学的李强和李路路，以及社科院社会学所的景天魁等等。应该还有天津的和东北的，人都有些记不清了，反正尽量把可能做博士点审批评委的人框进来就是了。比如谢遐龄，他那时不仅是复旦社会学系的系主任，还是教育部高等学校社会学教学指导委员会的副主任，十有八九是要做评委的。

不过，这样做的时候，我也很有些感慨，甚至是尴尬，因为好几个人跟我说，老孙你吃饱了撑的啊？搞什么博士点，那可是累死人吃力不讨好的差事。你自己找个有博士点的地方调过去不就完了，别待在这里了。我说你别管那么多，知道我请你来干什么就好了。我们社会学系建立就快有十年了，你们知道不知道我就不管了，是你们孤陋寡闻还是我们做的成绩不够，我也不跟你理论这种东西，到时候尽量帮忙就好了。他们见我这样讲，也就不说什么了，基本上都表态支持，还很认真地分析行情给我听。所谓行情，就是排队，因为想要申报博士点的高校除了在实力上是不一样的，更重要的是他们也都在活动。所以后来他们说争取把农大排在第二，因为上次没评上的必须排在你农大前面。我记得那个大学好像是华东的，具体忘了在哪里。其实，现在回想起来，当时这样做工作是很必要的，甚至是必须的。不过真到下一轮报博士点的时候，还不知道出现什么新情况呢。根据我的记忆，先不说我离不离开农大又怎么样，好像后来真的是情况也变了、规矩也改了，要申报的高校比预想的多出好多，但教育部又是压缩博士点数量，又是延长申报周期，甚至连什么时候再进行申报都说不准啦。

既然准备申报，就要凑材料。这个也没什么新鲜的，各高校都一样，叫作举全校之力，其他院系的专家教授及其研究成果，能用的都填进来。但是，毕竟还是要社会学系自己来打头，而且要有硬货。所谓硬货，一个是课题，一个是论文，而且都要有相当的级别，最好都是国家级的。在我看来，这些都是胡扯，跟学术水平和质量什么关系也没有。

但是没有办法，到处都是用这个标准来卡的，你没有就不行。于是，好不容易，我从北京市科委弄了个软课题，记得钱还不少，好像是20万元。这在那时文科的纵向课题里就是大数字了，国家社科基金的重大项目也才这么多钱。另外就是发文章。原来我写文章一直就是胡乱写，自己想干嘛就干嘛，发表在什么杂志也不讲究。但是这次要报博士点了，要有领头的人，填表的时候就要拼你的文章发表在什么什么地方了，也就是多高级别了。按照规矩，文科类最高级别的就是《中国社会科学》了，其实我是看不起那个杂志的，但是我说了不算。还有一个最高级别的杂志，叫《新华文摘》，这更是狗屁不通，那就是个文摘嘛，而且杂七杂八、五花八门，什么都有。不过这个倒是不怕，因为我还真有几篇论文被《新华文摘》全文转载呢。尤其是有一次我组织了几篇文章在一家杂志发表，杂志名字记不住了，反正后来被关掉了，结果都被《新华文摘》全文转载了。农大的就三个作者，另两个是朱启臻和于素云，而且中央财经领导小组办公室农村组组长段应碧还因此请我和朱启臻去座谈了一次。现在这个主任是陈锡文。对于去那里谈话，坊间叫作"进海子"，就是进中南海了，好像很牛的样子。就社会学来讲，所谓最高级别的就是《社会学研究》呗。所以，我就按照圈子里的所谓学术规范，写了一篇大文章，引用了一大堆中文和英文的文献资料，终于让景天魁给我发在他的《社会学研究》上了。应该是2004年第一期发的，好像是写人类的社会变化及知识境况的。那时农大没有人在这个杂志上面发过文章，我不知道现在有没有人发过，但是我估计我以后也不会再发了，因为我写东西不是那个路数，也懒得跟这些自以为很牛而且教授甚至大学本身都争着巴结的杂志打交道。当时真的完全是为了评博点，就做了这样一件事情。

　　最后还得说一个故事，就是我对不起农大的地方，也就是扔下申报博士点的事情跑到北师大去了。为什么说对不起呢，就是大家信心满满准备第二年报博点嘛。这倒不是说社会学系离了我不行，完全不是，因为农大比我强的老师大有人在，而是从我主观上讲，事情做了一半就走了，叫作不负责任。再说，本来是拉开架子请那么多朋友帮忙，结果自己先溜了，人家会因此误解为农大的社会学果然不咋地的。其实，北师大当时是要我帮着建立政治学系，因为这个系刚成立，没有人。那会儿是北师大的常务副校长叫我去的，他是搞地理遥感的，但读博士时跟我门对门，所以了解我。我说天下这么多人你干嘛叫我去，我又不是搞政治学的，行内都知道，所以人家会很奇怪的，说你老孙怎么又搞起政治来了。他说，你不知道，首先，我们要是找别人，一般只能是去北大、人大、清华、社科院这些地方挖人，那我丢不起这个人，人家又没有那个意思主动要来，我干嘛去求他们。其次，而且在我看来更重要的是，如果说人家不知道你搞什么，但我知道，你比他们厉害。于是，我就说那你试试看吧，不过又不是你一个人说了算，说不定到了校长办公会那里你就过不去，到了那个学术委员会你就更加过不去了。因为首先，我的家底不是这个，不是搞政治学的；其次，我都好一把年纪了，你那个人才引进是要45岁以下才算的。谁知道我这个校长朋友硬是厉害，他在会上跟人家讲我的历史，什么初中二年级的学历考博士啦、刚进学校就出了专著啦、我们在这里磨磨蹭蹭做博士论文而人家是提前一年就把一本书放这里做博士论文啦，所以提前一年毕业了，等等。然后说，这种人你都不要，你要谁，啊，是不是。其实他说得也不错，他说我当时出版的书，叫《西方文艺理论史》，也是第一本由中国人写的西方文艺理论史呢。后来啊，他把学校说服了，说服以后我就去呗。过去了，名义上是人才引进，其实没什么好引进的，年龄也过了，什么也不算，我又没什么头衔，又不是什么知名学者，更不是海外回来的，都不是。事情做到这个份上，我只好走啦，也是帮朋友忙呗。

也是，跟我来农大一样，手续办得很快，没几天就走人了。我也没有跟任何人解释，就怕提起申报博士点的事。其实，我也是存了心眼儿的。当时已经是陈章良当校长了，我就故意不跟他说，免得他挖苦我也好、不当回事也好，都是自讨没趣。于是我就只跟党委书记说了我要走，让他理解等等，还说请他尽快同意我调走就行了。书记不错，说你想好了就好，剩下的工作我来做，悄悄放你走就是。因此，我的调离在农大这边多少有些感到突然。主要是学生，他们在网上吵吵嚷嚷有半个月，大意是说我多么有学问、会讲课、关心学生之类。其实我看是借机向校方发牢骚，因为学生总是对学校有各种意见嘛，所以这会儿就说，你看，这么好的老师学校就是留不住哦！不知是谁提议，要我再做一次演讲。我去了，记不得出的什么题目，也许就没有题目，只见黑板上学生已经用彩色粉笔写着"吾爱吾师"几个大字。那天讲完后，我还请学生们都去喝啤酒呢。说这些也许算不上社会学系发展的主题了，就当表达一下师生情谊吧。直到现在，我的学生中在北京工作的，连同北师大的估计有五六十个吧。我们经常聚会喝酒，不过其中的大多数并且已经明显有了亲人情感的，还是农大社会学系的毕业生。

3. 比较现代化研究的思路与视野

记得我在农大社会学系开过四门课，社会学方法、文化人类学、政治学以及比较现代化。其实，我觉得自己能够讲的也就是后面两门。我以为，大学教育虽然也有传授知识的一面，也就是应试教育，告诉学生分门别类的知识，但是，解惑的功能恐怕更重要，因为应试的授业内容学生可以自己去看，至少在文科来讲是这样。那么，老师拿什么来解惑呢？这并不是学生有什么疑问，然后老师来回答，而是要老师指出问题在哪儿，什么是真问题，并加以回答。当然，答案不会是一个，而且包括和学生一起讨论，所以解惑才是做学问的正道。要想解惑，不仅仅要求老师了解相关的知识和研究状况，也不仅仅要求老师有发现和指出问题的能力，更重要的是老师必须有自己的研究成果。这倒不一定指出版的东西，其实就是自己的看法、心得等等。因此，我讲政治学和比较现代化，其实是因为我熟悉这些方面，有比较多的研究成果，能够给学生讲最新的情况。当然，就社会学系来讲，离得最近的学科或领域也是政治学嘛，而比较现代化所研究的东西，既是当前最大的政治，也是最重要的社会问题。

政治学的重要性比较好理解，只是当时好像人文学院没有人开这门课，所以我就开了。当然，我不是讲概论。我觉得概论让学生自己看就行了，不过可以做些有针对性的指导或启发。记得当时我就是这样对学生讲的，说随便找一本概论来看就行，主要是知道政治学在学科分类意义上是什么，也就是知道学术界把政治问题分在哪个条条框框里，免得说话写文章的时候出错，也就是别讲所谓外行话呗。事实上，我对政治学有自己的看法，完全不是概论里面讲的那样。在农大上课的时候怎么讲的我忘记了，但肯定讲了理解政治的两个前提。一个是不要相信政治学可以价值中立，那是外国人骗你的，或者说是自欺欺人的。另一个是现行政治学不能解释中国政治，因为它就是西方的一套理论。这样子，我想大概我就是结合中国实际，讲我对政治的看法吧。也是在农大讲了政治学的课，促使了我的系统思考，所以后来到了北师大，我给研究生开课就不叫政治学了，叫作"社会政治"。那是我对政治学的理解，跟现行的政治学很不一样，然后又出了书，就叫《社会政治引论》。

其实，比较现代化主要也是讲政治，而且在国外，主要是欧美的大学，比较现代化一般就是放在政治学系里头的。政治学和社会学的界限到底在哪里，很难说的。你就看现在的情况吧，世界上我们数得过来的大牌社会学家，仔细读来都是讲的政治问题，什么哈贝马斯、沃勒斯坦，包括也讲经济问题的比如熊彼特，也都是这样大谈政治问题。之所以很难分得清，一个极为重要的原因，就是现代化。不管各国的现代化情况有多么不同，总之你都说要搞现代化，因此搞现代化已经成了一种文明伦理，一种普世价值，没人敢反对，或者说反对也没用。老实讲，我就是坚决反对现代化的，而且是彻底反对，不搞一分为二。但是有什么用呢，或者人家说老孙疯了，但更多的情况是人家只当我在放屁！对此我都习惯了。比如我的硕士生、博士生的毕业论文就有过写现代化问题的，但他们的参考文献中从来就没有我的著述，更不要说正文中的引用了。于是我就叫他们在参考文献中添上我的东西，说这并不是我写得多么好，更不是要你们同意我的观点，而是说，你参考文献中没有我的东西，人家其他评审的老师就会说你研究综述都没做好，连你的导师写了那么多现代化的东西你竟然都没看见！其实呢，学术界的朋友看了我写的东西，一般都会说，嗯，老孙有见解，有创新，但到了正经时候，比如开学术会议、写文章引用等等，他们也是完全不理我的。所以我说我写了那么多东西，其实一点儿影响也没有。

对于这些啊，我早已习惯了，也许正是比较现代化的问题很重要，所以搞研究的反而绕着走呢。反正在我们国内，我看大概除了我还没有哪个在学校开过比较现代化这门课呢。在我们的学科区分里面，比较现代化也列不到传统的科目里面去。现在的科目越来越莫名其妙，必须套到教育部认可的统一类别，甚至是固定名称里去，否则就不行。尤其是现在填写的各种考核表，研究生课程名称写得不对，电脑程序根本就不认，就过不去。这就是毛主席批评过的八股，不管是老八股还是新八股，都像开中药铺那样，甲乙丙丁，划了好多小格子，分出好多科目，其中就是没有你这个比较现代化。不过还好，农大也好师大也好，学院都很支持我，所以比较现代化也都是作为基础课或必修课的。本科是这样，研究生也是这样。

我讲比较现代化不仅介绍全球的大背景，而且指出并结合前沿问题来分析。这就是说，现代化已经成为一场持续并没有尽头的运动。当今我们这个世界已经全部和充分地现代化了，各个国家、地区甚至任何角落都卷到这个运动里面来了。那么，由于发展不平衡，它就有一个比较在里面，这个比较不是说我怎么样，你怎么样，是为什么能够比较，为什么必然发展不平衡，那不平衡又为什么要搞现代化，不能不搞吗？这些问题构成的学术领域就叫作比较现代化，所以我说，社会学是干嘛的，社会学就是干比较现代化的，而且看不到尽头。它这个运动是不可逆的，永远干这个事情，你讲后现代还是在讲现代化，你要全球化，也还是在搞现代化，只不过换个说法而已。比较的中心含义，就是你追我赶，穷的国家赶富的国家。

如果说追赶就是比较，那么这样一来总是有一小群要做垫底的，同时还有排在最前面和处于中间位置的。最富的你是赶不上的，比如说原来是两个超级大国，后来我们讲八个国家，我们叫富人俱乐部，现在富国可以扩大一点了，我们叫G20，大不了再到G30就不得了吧。中间的国家数量最多，我计算有一百二三十个，其中一些就有可能往前面递进一点，比如中国，就从倒数一百多个上升到G20里了，而且说是世界最大的经济体。也正因为如此，最有希望和可能往前排的国家，也就最起劲地搞现代化，而第一起劲且成果最为显著的就是中国！但是从世界来讲，就算最穷的爬到中间位置来了，那还是有一些通过这种比较掉了下去啊！所以，世界就像一个粪坑，各种蛆虫你推我挤地往上爬，也就是永远都是富的压制穷的，穷的追赶富的。当今世界的一切问题，都是由这种富国压制穷国、穷国追赶富国弄出来的。反过来也一样，这个问题的解决也必然体现为穷国追赶富国的真实境况。这个问题，大概就是社会学专门研究的东西。我不能说别的东西社会学不研究，但比较现代化应该就是社会学专门研究的最重要的东西，只是学术界还没自觉认识到这一点。这些观点都是在农大时期得出来的，包括比较重要的几本书，也是在农大时写成的，比如《比较社会学引论》《中国农民与中国现代化》《打开视域：比较现代化研究》等，全是在农大写成的，尽管是2004年到北师大以后才出版的。

出于写作兴趣，所以著述较多，思考的问题更多且杂，不过《中国农民与中国现代化》可以算作在农大期间形成的较为重要的著述。所以我就以此为例，谈谈自己的一点研究心得。最主要的心得，就是要学会找出或发现有意义的或者说具有价值的问题，从而使理论联系实际的做法本身具有范畴适用的普遍性。这种功夫说来有点儿玄，好像很难有一个规范的或普遍适用的训练方法。就其在《中国农民与中国现代化》中的体现来讲，主要是提出并说明了四个有意义的问题：其一，无论是作为自然的群体还是特定的阶级，农民本来都不是问题，是新民主主义革命的需要使中国农民本身成了"问题"，其根本含义在于"农民"必须作为革命主体从"地主"这一经济和政治系统中剥离出来。因为从生产资料占有的情况来看，农民其实也是地主，不过土地少一些罢了。你看啊，判定阶级的主要标准或依据就是生产资料的占有形式和关系，那么土地私有就是地主嘛，再穷的农民，有一分地他也是地主。但是，根据地多地少，就把同一经济和政治结构中实际上剥削和被剥削的关系搞清楚了，把阶级阵营分清楚了。从此，农民问题就以革命的方式，表明了中国由传统向现代转变的性质和基本途径。其二，农民被赋予革命性质排除了农民再次成为地主也就是历来农民起义成功即做皇帝的可能。这个比较好理解，也就是说，历史上有很多农民起义，结果朝代是更换了，皇帝是换人了，但阶级关系没有变，社会制度没有变。因此，农民本身继续成为问题的含义就在于，新民主主义革命不允许再出现历次农民起义那种轮回，而向社会主义的过渡也就意味着农民由革命主体向现代化建设主体转变。就这种转变一直延续到今天来讲，从新中国成立到人民公社，再到"文革"，以及直到改革开放这三个大的历史阶段，其实并没有实质性的制度变化。因此，所谓责任制不过是一种权宜的过渡，就算真的一百年不变，那也不过是把问题"悬置"起来的一种做法罢了。其三，不过，农民问题在改革开放中的延续有其自己的原因和内容特点，即农民一方面自负其责地寻求发展，另一方面这种发展本身支撑着中国的现代化转型。这种情况的真实含义，在于土地仍是农民基本的生产资料、生存环境和生活手段；而学术界把这种情况叫作城乡"二元结构"是不对的，因为这其实正体现了城市对农村的一元化统辖和领导，包括各种城乡一体化、城镇化等等。其四，在这个世界上，农民问题是中国特有的。其主要特点在于，它是作为一种历史范畴而生成和起作用的，它也将随着中国特色社会主义现代化发展失去意义，即农民仍然存在，但已都不成其为"问题"了。在这个意义上讲，把农民、农村、农业并列的说法是不对的，因为不仅"农民"才是主体，农村和农业只是主体的运作对象，而且只有农民才可能成为问题，农村和农业可能有其具体的困难事情或工作，但永远不会成为问题。后来，我就"农民问题"的这种变化专门写了文章，就发表在今年农大学报的第二期上，叫作《后"三农"阶段的新问题》。

　　关注农民问题并没有什么原因，就是因为到了农大，有了个"农"字，否则我可能会研究别的问题。但是，一旦接触农民问题了，发现其实跟我一直关心的问题关系密切，甚至就是同一个问题，也就是中国革命和现代化建设的性质和特征。即使是后三农时代的新问题，就是说现在这个三农不是原来的三农了，但反正问题还是有的，就是新问题嘛。这样，中国问题仍然是农民问题，关键是你要把这个问题想明白。我觉得，有关这一点直到目前为止，我没有看到很深刻、很自觉的文章，我还是独一家。其实，《中国农民与中国现代化》严格说并不是一个专著，也是论文集，大多数也是发表过的东西，但它们是一条线贯穿下来的，就是说为什么中国农民问题是中国现代化的核心问题。这些话说来就很复杂了。

　　另外，也许还可以说一点，就是研究农民问题跟我加入致公党以后的工作有关，也就是搞调研、提建议、开协商会议，主要都围绕"三农"，而人家也是把你作为这方面专家来对待的。比如，我在北京市人大当代表的时候，担任的就是人大常委会的农委副主任。还有，每年的调研中，有一种是作为对我党中央的建议提交的，所以总书记是必须看的。这样一来，就跟一般的做课题不一样了，不仅有任务，而且有结果，也好像很有成就感，说自己的东西总能得到国家主要甚至最高领导人的批示。确实，我这几年写的这种专题报告和建议，温家宝、马凯、刘延东以及现在的习近平都曾批示过，而且不是泛泛的"已阅"，而是有肯定性的具体要求的。就在我调到北师大的时候，农大的党委书记还开玩笑说，幸亏北师大还在海淀区，不然你到了那怎么继续做海淀的政协副主席啊。就是这些，弄得我很像是个农民问题专家了。其实这只是我总体研究的一部分，而且总的说来还是从政治角度来研究的。所以到北师大以后，尽管农民问题仍在研究，但更多的已经是政党政治研究了。

  我不知道别人怎么讲课，我喜欢把我研究的最前沿的成果拿来讲课，然后顺带着涉及已有定论的和大家都知道的知识传承。这样一来，很多东西是要学生自己去看书的，否则我讲的很多东西会听不懂。比如，我讲的某个问题涉及相关知识面的时候，我可以给你讲一讲，但如果总是要这样停下来介绍知识，课就没法讲了，也就不吸引人了，因为气场就破坏掉了。所以啊，不仅在农大，在北师大也一样，学生对我的课的评论一般都是讲得很好，但是听不懂。每年的学生都这样，然后有些学生呢，就听两遍，结果就说，哎呀，懂了懂了，很好。所以我想呢，讲这些话是想表明，这种讲课方式其实基本上也是在农大养成的，因为之前我没讲过什么课，在鲁迅文学院给那些搞文学的讲课本来就不多，而且几乎都是瞎扯，尽管也是在扯学术问题。还有一点，就是学术观点的争论不关我的事情，我也不说哪个对哪个错，有必要的时候就把不同观点说一下，但一般情况是连这些也不说。我一直跟学生讲，而且一再提醒，我说我的，你们不要认为我讲的是对的，你听着就好了，就当作一种说法就可以了，这样我就达到目的了。其实我有信心，只要你认真听，总能有所收效，尤其可以帮助你开拓思路，变得稍微聪明一点，多一点自己找出问题和分析问题的能力。事实证明，我的这种目的是达到了。

4. 实证研究或田野调查的真相

高校社会学的课程内容都有实地调研这个要求，这对我来讲也是完全新鲜的事情。调研本身效果如何是一回事，困难的是去哪里调研啊！因为并没有什么地方或单位欢迎学生去调研或实习，全靠熟人关系。所幸，恰好我有一个国务院三峡工程建设委员会的课题，是关于三峡库区移民的，需要做一些实地调研，包括问卷和访谈。说实在的，一方面是我对这些调研的方法确实不大懂，另一方面我也不太相信这些做法有什么用，甚至是否合乎"科学"也很难说。因此，尽管我带了近30个学生（记得那一届社会学本科是两个班）去三峡调研，但我并不指望他们能做什么，甚至也不严格要求什么规范动作。其实直到今天我依然认为，到农村调研，关键是要理解农村并能够和农民交朋友，而不是靠技术性的方法，包括问卷调查。看起来，初到一个地方谁也不认识，三两天就又离开了，好像没法交朋友。其实不然，因为这里有一个感情问题，见了面的言谈举止一下子就决定了农民是否拿你当朋友、对你讲真话，否则在农村耗得时间再长、田野调查再怎么规范也是白费功夫。由此，我对学生们说，问卷你们认真去做，但主要是看我怎么跟农民交朋友，另外就是乘此机会好好游览三峡。

严格说来，调查这个事情我认为是一种技能训练，所以也应该是一门很专业的课。但是，最明显的困难是没有地方和没有经费。要是倒退多少年还好，比如倒退20年，乡下还有人买你的账，至少还有计划体制下的那种心态，所以你来学农也好，调查也好，我就帮你弄吧。现在呀，鬼都不理你，谁也不想管你，他才懒得花那个经历来管你呢。对吧。当然，我们也还是去过一些地方调研，尽量想办法呗。比如在北京郊县，去过韩村河，看那里的集体经济；还去过延庆的小丰营，看那里的蔬菜大棚。比较大的一次，也就是距离远、时间较长、问卷样本数较多的一次，就是上面提到的三峡，去做库区移民方面的调研。

那次调研,一方面是我自己不大懂方法,所以不规范;另一方面是我并没有把问卷调查太当回事,所以前期准备完全不是课程所要求的那一套。当然,还是设计了问卷,预定了样本数,一个人负责10个,也就是300份吧。然后,按照所谓的学术规范,给学生们做了一些必要的培训,也就是如何做好访问员之类的交待。其实我心里想,先不管学术规范如何,要想按照书本规定的去做根本就做不到,不是因为样本多太麻烦,而是经费有限,时间也不允许。你总不能带着30多个人在那儿耗一个月吧!但是,也不能走过场。怎么办呢?当时我给自己定了两点要求。第一,让学生们知道什么叫田野调查,以及问卷怎么做;第二,结果如何无所谓,回来我来处理,学生们只当跟我去玩一趟,旅游一把就行。为什么这样讲呢?不是我不负责任乱来,是我觉得田野调查的真实性跟所谓学术规范什么关系也没有,说归说,做归做,学生们知道怎么做就行了,其他的就是我来解决了。

到了地方,果然如此。首先是被访对象根本不认真,或者不理你,或者嘻嘻哈哈随便乱说。其次,学生根本不知道怎么做,就是公事公办地问人家问题,所以即使人家填了问卷,是否真实也是完全说不好的。这样一来,有的学生就问我,孙老师,我们觉得好难办,而且就像走过场一样。我说,能走过场就不错了,因为关键是交朋友,不要说你们不会交朋友,即使会,你们三四个撒开去还不吓着人家啊!所以我就说,你们只当旅游,看看风土人情,也比强做调研好多了,而且也能有收获。另外,就是看我怎么做。我这样讲是有准备的,因为我自己能知道问题在哪儿,而且几乎不用调研我就知道。认真说来,如果没有预定的主观要求和看法,任何调研都是胡扯,因为根本没有什么能够依靠调研的统计结果得出,真正有意义的只是对真实情况的了解、把握、分析,以及从中得出结论。当然,这个结论可能跟预期的设想不一致,但是如果没有预设的方向,任何结论都是随机的,也就是机会主义。顺便说一下,这也是我不认为实证啊、田野啊有什么普适性用处的原因。不管是问卷也好,访谈也好,你怎么判断才是最重要的。如果说大家都很严谨地按照某个方法去做,然后按照那一套方式计算出来,我不说那个不好,但是那就等于大家都在批量生产一个杯子嘛,那还搞什么学问!这个杯子可能没有问题，或者说肯定没有问题，但如果不是批量成产，全都用手工来做，那就有问题啦，而且问题很多。别的地方姑且不说，至少在农村，生产线或流水线式的问卷或田野调查一定跟现实不符，因为它就等于电脑程序，而农村的事情主要是情感。

因此，我就让学生们跟着我看。看什么呢？看我怎么说话，怎么跟农民抽烟，怎么蹲在街边上跟农民喝酒。这个可不是形式，更不是装出来的，而是自然而然的境况。境况这个东西不是你能够刻意造出来的，主要是情感，是那种说不明白也教不会的一种交流。毛主席说要跟农民交朋友，我看哪，这个有人天生就会，有人通过锻炼，比如所谓同吃同住同劳动也能达到，但有些人一辈子都不会！方法是有科学性的，但人的交往根本就不是科学。这就是现在社会学一直没有弄明白的致命伤。这点都不懂，还搞社会学？我看要么是糟蹋了这门学科，要么这门学科本来就有问题。社会学方法，看起来很科学，但是一用到人身上就歇菜，否则人就都是猪了，就可以分圈饲养、按时吃食、统一配料啦！我不否认方法的科学性和有用性，但那不过是一种做学问的套路。你不要以为那个就是对的，这个不好说，你只能说你是按照那个套路做出来的结果。同样，我也只能说我是按照另一个套路做出来的。这两者共同的地方，就是前提，就是参照系。没有这个，任何调研都是胡扯，而且越是貌似科学的越是大胡扯。

所以我就跟学生们说，你要把这个任务完成，不许偷懒，但回去怎么分析更加重要，你们有兴趣就跟着我做分析，没兴趣就算了。事实上，有些问卷他瞎填写我也知道，问题是他为什么瞎填写啊？问题出在哪里？要紧的是抓住两点。第一，如果大家都胡乱填写，那它就是真实的，你还要再问什么是真实的就表明你是笨蛋；第二，你要能够从这些真真假假中看出状况，找出问题。没有这两点功夫，什么实证研究和田野调查都是瞎掰，浪费功夫嘛。可惜，直到今天，社会学界都不明白这个道理。比如，有的人就喜欢说，国家的统计数字不能看，是假的。我就问他，你统计给我看看，到底能不能真实？事实上，都是假的就等于都是真的。你以为美国的数字就能看吗？那是一个最能欺骗人的国家，而且一直都在欺骗全世界！

所以，我在农大社会学系的科研和教学一直强调一个道理，就是自己肩膀上要长一颗脑袋，这本身就是社会学的根本问题。这样，不管是实证还是分析，也无论从田野弄来经验还是用头脑演绎出道理，都各有自己的前提，各有适用对象。没有哪个方法绝对正确，也没有什么理论可以解释一切。如果是人类学，情况可以有所不同，因为那是死学问，到一个地方去看看，猴子是怎么干的，以前的部落怎么干的。但是，那个无所谓，反正你说说拉倒，你就说人是从蚂蚁变过来的，我们也一样吃饭。现在要搞的田野调查，是要为决策提供依据的，首先必须有主观目标。比如说，就算人是从蚂蚁变来的，那它跟我们要解决的问题有什么关系？所以我就讲，对于田野这一门课程，训练是一定要有的，但是不必太当回事，知道怎么做就行了，而且有两天时间足矣，关键就看这个事你怎么做，以及你能做就做，不能做拉倒。结果好像我们前后待了四天，本来说要待一周的。我说根本待不下去，赶紧走，而且又是夏天，蚊虫多，万一哪个再生病我就麻烦大了。后来我就说，不调研了，都跟我玩去。于是就在附近游三峡，看风俗，不亦乐乎。其实，这些我都是跟毛主席学的，毛主席的宁冈调查也好，井冈山调查也好，还有他的《湖南农民运动考察报告》，哪里有什么问卷，但就是没有人超过他那个调查，现在的社会学家也做不过他。他讲的话很简单，很简单，就是一定要跟农民交朋友。那些调查靠住靠不住？关键就看你跟被调查对象怎么处啦。这可不是表面文章，什么抽根烟，喝个酒，不怕你鞋子脏，也不嫌你身上臭。这些都不是装出来的，人家知道你是真是假。这个东西我觉得学不来，你天生是就是。有的人在农村长大，结果还是个城市人，也不像个农村人，还是格格不入。其实不光是农民，比如工人、士兵也一样。哪怕你调查白领，也是各有各的交朋友的方式，只不过跟农民交朋友尤其特殊罢了。

所以我说，不是田野调查不重要，是一不要迷信什么科学方法，二要知道研究的针对性。这两点其实就是局限，任何事情都是有局限性的。尤其是作为课程的调研，无非就是要知道怎么操作。即使是写论文，尤其是毕业论文，也别真的把你那个实地调研当回事。田野做得再好、资料再真实详尽，也要看你怎么对待，包括目标和分析。在这个意义上讲，论文的好坏跟你实地调研了多少并无多大关系，至少没有直接关系，甚至如果陷入盲目性反而更糟糕，因为你会把局限当成道理！到农村去做问卷调查，做访谈，最重要的是让被访人感兴趣，相信这些东西与他有关。至于你找老太婆谈话还是找书记谈，那都无所谓。就像同学们今天访谈我一样，我说的都是事实，都是真话，但其实在各人听来得出的结论可能不一样，包括误解。

不过我还是很感谢农大，因为如果不是社会学系要给学生做这个训练，我是没有兴趣去做什么田野调查的。就我那个课题来讲，都是我自己完成的，不要学生动手写。顺便说一下，我特别不理解导师要学生干活儿。做实验，包括种地、喂猪可以拿学生当劳力，我们文科都是要嘴动脑子的，怎么能叫别人代劳呢？还有什么合作啦、集体分工啦，我也无法理解，我只会自己写。如果别人写了要我改，肯定比我自己写更费劲。后来，直到前不久，我做课题一直就是带学生出去玩，并不让他们干活儿。原因很简单，如果我不搞调研，课题报告缺了这一部分，人家就说你不严谨，那么要出去调研呢，不带几个人去，人家又说你不像个研究团队。所以就让学生跟着玩去，然后看我是怎么调研的，也算是收获嘛。我讲得很清楚，你愿意学你就看我怎么做，你不愿意学就拉倒，我绝不要你写一个字。当然这些都只是我的主张。现在有好些书，一看就是老师叫一群学生写的，浪费资源和精力，估计也不会吸引读者。研究问题、摆弄人文、创新思想，这些都是无法合作的，就是要自己想，自己写。

5. 大学教育的本质内涵是精神自主

在农大的时候，我就常向学生讲，大文科类的专业都是相通的，而大学教育更应该是精神自主的。直到今天，我还是持这种看法，也还是这样告诉学生。为什么要说这些呢？因为在我看来，改革开放以来，中国高等教育的方向是错的，所以教育质量每况愈下，而对专业的庸俗误解和有关大学的工具主义就是这种错误的两大具体体现。

所谓专业，就是分门别类，原本是为了做事情方便，包括做学问，不然胡子眉毛一把抓，自己太累别人也弄不清楚。但是，学术界所谓的专业意识其实是用来维护特权的，也就是弄出很多框框，以便对人家说，其中的事情我懂你不懂，于是才好以此为吃饭的家伙。理工科我的确不懂，所以不敢乱说，而且很佩服搞理工科的人，因为他们有手艺。至于文科，尤其是中国历来说的文、史、哲这种大文科，原本就是相通的，而且既没有专业，更不是手艺，所以可以自学，基本用不着通过上大学来学它们。举两个例子。一次是法学专业的博士生答辩，一个考官总是批评学生，说他不讲"法言法语"。我看出来了，其实并不是用别的方式表述真的就不能把事情讲清楚，而是这个考官自己没有学问，用专业框框来维持特权。还有一次是党史专业的博士生答辩，考官说学生写的不是党史。我当场就为那个学生辩护，说考官的看法不对，因为只要中共领导仍是真实的，中国所有的事情都可以属于党史！关键只在于怎么写，而不是专业局限。

至于大学的工具主义问题就更多了，最为诟病的就是行政化。其实，我认为现在有两个做法直接阉割了大学教育的自主精神。一个就是所谓为社会或市场服务，或者说适应它们的需要。大学的功能就是传承、延续知识和发现、创新道理。这里的知识和道理本身都包括相应的技术，但是它不为任何东西服务，也无须适应任何东西。恰恰相反，所有东西也就是文明和文化都从大学的成果中找导向和工具。自从有了大学尤其是现代大学这种教育形式，大学精神的自主性就在于它为社会需要提供导向、诱因和手段，而不是反过来适应社会需要。事实上，大学为什么服务或适应什么是一种结果性的表象，但是，如果把它当成原因性的功能，就失去了办大学的意义，而且怎么办也办不好。

另一个工具主义就是操心毕业生就业，居然还对每年的毕业搞什么就业率要求。根据前一个道理，上大学就是上大学，与能否以及怎样就业全无关系。这并不是说政府、社会、企业、家长、学生都可以不管就业，恰恰相反，只有就业与读书彻底脱开，上大学对于就业的作用才能够体现。换句话说，上大学对就业的助益在于增加了求业者的本领，而不是具有了学历或学位。与此相一致，必须在就业问题上全部废止对高等学历所有层级的规范或法定要求，否则将一律视为歧视。再说，以学历做就业门槛根本就是一大浪费，比如公务员，应该规定 18 岁高中毕业就能考，而只要读了大学就不准考，因为从最低级别的公务员干起根本不需要读大学。

你不要以为我说得很绝对，其实现状就是如此。我在农大的时候，同事环境很好，也就是在我们这个人文学院里所谓的科班不多，所以也就少了许多门户之见，学科贯通，思想也都放得很开。我刚才说的那个党史专业的博士答辩，就是思想僵化的典型例子。在宪法讲的四项基本原则里，打头的就是共产党领导，所以说中国所有的东西都是跟党史有关，不一定非要写瞿秋白哪天干嘛了、十一届三中全会如何斗争了才是党史。再说我吧，原来就不喜欢文学，却偏偏被当成搞中文的。这个"搞"字很奇怪，当人家问你是"搞"什么的时候，其实是在问你大学学的什么，尤其是本科学的什么。我没有这个经历，即使读了个博士也还是个"土鳖"，所以真的没有专业。但是，到了农大，学科分类就是社会学了，学术面孔也成了农民问题专家，而到了北师大又成了政治学家。实际上这些都是符号，是用来吃饭的，跟专业本身没什么关系。有一段时间，我甚至带过经济学的课，是给北师大的硕士生讲风险管理，奇怪吧？如果按照所谓的专业意识，还真是奇怪，但是在我看来也没什么好奇怪的。

至于大学，它的质量不在于为社会服务，也不在于适应了什么需求，而在于提出了新思想、发明了新技术、产生了各方面的"大师"级人物。因此，国家不能给大学排三六九等的级别，大学也不必考虑学生出来咋办、去哪里就业。这样，各个大学的质量就完全在于学术本身，久而久之，高质量大学的学生就会有比一般大学毕业生更高的水平，自然也就容易就业，容易成为各方面的精英和领袖人物。相反，如果把学历、学位当成硬杠子，当成就业和升迁的门槛，不仅学生都只为了混学历、混学位，大学本身的质量也无从保证。再极端一点说吧，现在的研究生，不管博士还是硕士，就是来混学历、混学位的。这倒不是说他们当中没有做学问的，而是体制已经如此，某些人做不做学问跟这个大学教育没关系。顺便说一下，我讲的这些都已经写成专题报告准备报给党中央和国务院了。我党，也就是致公党，每年都有规定任务，就是做调研，写报告给中共中央和国务院。2015年我做的就是关于大学研究生教育的，因为《中华人民共和国学位条例》自1983年实施以来一直没修改过，很多已经不适用了，国家要修改。当然，到时候我的建议有多少能够被国家采纳很难说，但我说的问题是现实的，国家也意识到了。另外，现在修改条例比以前麻烦，因为要想列入全国人大的法律程序很难，不仅大家意见不统一，而且排队等着要修改的法律法规太多了。我的建议中就有一条，叫作废止就业对学历的要求，除了进大学教书，其他方面包括考公务员对学历的要求都必须废止，因为那都是歧视。

所以说，你讲的那个学习心态全看你对大学教育怎么看了。在我看来，上大学最重要的是学会更加聪明一些。我还是那句话，别的学科我不管，就传统的文、史、哲来讲，上大学就一个目的，使自己变得比以前聪明就行了。因为文史哲这类的所有东西都不需要学，你是那块料，你回家看书就可以了，又不像工科要做实验，或者你不懂的公式一定要别人告诉你。反正我现在教学、科研用的那些知识或学问，都不需要人告诉你，小学上完就可以了，足矣。之所以要上大学，从学习来讲主要是因为自己在家里肯定没那个自觉性，就逼着你上学来读书；从社会层面来讲，就是要有学历，不上大学不行。要说学问，我看最大的学问是字典，你比不过它。但是字典是死的，一点儿也不聪明。应该怎样看问题、做事情，字典教不了你。高等教育就是让你变聪明一点，可惜现在的情况恰恰相反，大学非得让你们都变成傻子才罢休！所以我对改革开放以来的高等教育是彻底否定的。还有什么教育产业化，按照我们以前的体制，大学就不挣钱，都是国家给的。

总之，大学根本不是给什么人培养人的，大学是自己做起来的。大学自己坐得高高的，社会想干什么不用管，它会跟着大学走的，只是你感觉不到罢了。所以，越是高学历教育，越应该导师说了算，废止统一考试，废止毕业论文评审。现在搞盲审，那是对教授的极大不信任。我们又不是评先进，又不是杂志审核稿件，而是师傅带出来的徒弟，你管得着吗？如果研究生毕业论文需要别人评审，尤其是盲审，那还要导师干什么？而且，还不知道论文转到谁手里，怎么能由他打分说了算呢？

于是又有人会说，这样导师就可以搞腐败啦。你让他搞嘛，他今年腐败明年腐败，第三年他就不腐败了。不仅因为这里有行规，人是要脸面的，还因为这是个综合工程。如果按照我前面说的，大学自主管质量，学校首先就不允许你腐败，就会开了你。这就像自己办企业一样，搞腐败是自己倒霉。相反，今天的教授不负责，所以才搞腐败，而且很严重。所以若真的想让大学不腐败，就必须回到我上面讲的大学教育的本质。如果大学有了自主权，再把其他行业对学历门槛的要求废掉，你爱读不读，那才真的是自由竞争，包括学术上的和市场上的自由竞争。否则，都是糟蹋粮食。

沿着刚才那个话来讲，如果说对后辈学生还有什么期望的话，那就是你们抓紧这些时间，多多思考，多多看书。先别管有没有用，也别管这个教育体制怎么样，你还是多看书好，因为既然上学了，你以后不会有这样整块儿的时间，所以千万不要在大学混时间。

至于怎么读书，人家说活到老学到老，但要看怎么学。小时候老师就跟我们讲，不要死读书、读死书，结果读书死。我的建议是，首先要多看书，其次要快看书。多看，就是读杂书，读专门史，思想、政治、经济甚至邮票、瓷器等，各种专门史。快读，就是囫囵吞枣，看不懂就跳过去，不感兴趣也跳过去。这样，久而久之，你就知道什么书该读，知道什么书写的是什么了。现在这么多书，看不过来的。还有就是看二手书，也就是二手资料，除非必要，基本不看原著，因为费时间，也不系统。比如我们要读经典著作，但原则上我是反对读经典的，主要是反对读经典的原著。除非你研究某个人或思想流派之类，否则读二手的就行，就是人家写的关于经典的东西。这样，你可以很快有一个全面的、宏观的把握，然后你再根据需要挑选一些来仔细读，没必要就不用读了。

有些老师开的课叫原著导读，于是就布置一大堆书要学生读。我很不赞成这样，导读嘛，就是你告诉学生那个书都写了什么，如何理解。尤其是不应该让学生讨论，自己在那里闲着。还有一种说法就是要求看外文原著，说翻译的不可靠。这纯属胡扯！翻译得再不好，也比你自己翻译的强。除了外语系的，读翻译的就行了，就算翻译有问题，你书读多了就能看出来，尤其是主要观点，至于语言上的翻译错误你别管它就好了。所以，话又回到大学教育。我认为应该废止考外语，专门研究外语的除外，再增加一个翻译系，就管翻译，出书，给大家看。这样，他洋文再不好也比你我好嘛！你翻给我看就行，我凭什么自己看？吭哧吭哧地累死了，根本不必要。当然你有本事，能看原文那是更好了，但那也是多多益善，对于广大的人不是这样子的，也做不到。读其他的书也一样，除了有直接用处，比如写文章要看文献资料，否则就乱七八糟地什么都读，读得多了，自然而然就有学问了，不懂的东西会在某个时候突然懂了。这就像我们传统教育从小就背古文、背诗词一样，小孩什么也不懂，但由于记住了，长大后不仅渐渐懂了，而且潜移默化地成为自己的文化和修养。

另外，读书是为了用的，当然提高自己也是一种用，不过我这里讲的是直接作用。比如我们做学问，不能一辈子老是读书，要往外产出，就像蚕到了时候就该吐丝一样。在这个过程中，要学会的不仅是读什么书，更重要的是会打发书。什么叫作"打发"呢？首先是选择。我到新华书店，不用仔细看，眼睛扫一下就知道哪些书值得翻一下。其次是阅读。打开书，看目录或者参考文献就知道它讲了什么，是否需要仔细阅读。这两个方面加在一起就叫作"打发"，否则信息爆炸，那么多书，你根本无所适从，而且也看不过来。如果以后不做学问了，读书也还是一件有益的事情，只不过要求更加随意，读什么都行，想读了、有时间了就读，没兴趣、没时间就不读。

杨月舻/罗茜文　采访整理
孙津 2014/11/30　修订定稿

何慧丽

1. 在武汉：两粒种子播种在一名年轻学子的心田

首先是综合知识积累的种子。1990～1997年是我的本科与硕士求学阶段。综合而非专业的知识积累、文史理工等的混杂与整合，使我对学科化的专业知识天生有一种反思精神，并对后现代思想与中国文化有一定的积淀。

其次是实践与行动的种子。本科时代的社会实践与研究生阶段参与"新农村建设促进会"的初步体验，埋下了我日后十余年参与"新乡村建设"的种子，以及"启发式教学"的种子。

正是基于这两粒种子，我对洋为中用的"中国主位"、古为今用的"当下意识"的社会学理论之开拓，充满了自信；对在一定理论的粗略指导下的微许试验，如社会试验、教学试验，均充满了兴趣，均怀着一颗勇敢开试的心。

我相信：社会学的成长与发展，本源于现实的需要。

曹锦清老师说过："学科日益分化，本以为可以分工协作来'摸象'，然而我们只见学术概念飞舞，真实的大象却不知逸向何处丛林。"① 当前并不缺专业的技术与知识，也不缺科学家与专家，实际上是缺乏对这个社会的本质性的整体认知。

我于1990年9月进入武汉水利电力大学（2000年已并入武汉大学）。我的本科专业是思想政治教育，这不是一个很专业的专业。当时的武汉水利电力大学之所以要设置此专业，其目的是为全国的水利电力系统培养具有政治素养的综合性人才。所以，我们的课程设得很杂，有以普及中国文化为目的的大学语文，也有马克思主义社会学、政治经济学，还有西方政治思想史、能源经济、水利电力等方面的通识性课程。其最大特点是与现实需要密切关联，涉及的知识面比较广，比较杂。我在1993年暑假期间跟从团校委老师去湖北巴东县做社会实践，领略了长江三峡的山河之壮美，当时撰写的实践报告的主要观点还在《光明日报》上发表。这些，都鼓舞了我的调研实践热情。总之，我没有专业的学科背景和基础，有的只是杂的知识积累以及初试调研实践的甜头。

1993年秋季，我想去考社会学方向的研究生。20世纪90年代初的中国社会处在改革开放大发展的阶段，什么事情都在发展、都在变化，中国已经被拉进以美国为主导的全球化大潮之中。对于一个发展变动的社会，实际上任何专业学科都很难解释它在发生什么。如何从整体出发而不是抽象或者专业层面出发，去认识社会的总体本质和发生过程，是社会学的任务。正是基于认识社会和改造社会的需要，社会学才会有发展的时代动力。当时对社会学的想象就是，觉得它应该是研究全局性的问题或者是本质性的问题，感觉其本质上并不是一个派生物或者剩余物，不是说经济学、政治学不研究的它就去研究。当时中国的社会学脱胎于哲学，主要是马克思主义哲学。这样，我在硕士阶段，除了必修社会心理学、社会学调查研究统计课程外，还选修了中哲、西哲等，学的还是比较杂的课程。同时，我在武汉大学被熏陶了很多影响我人生价值取向的东西。

在杂的知识积累之中，有两个种子种下了。

一是关于思想理论积累方面的种子。这包含对不平等的全球资本主

---

① 参见曹锦清《如何研究中国》，上海人民出版社，2010，前言。

义世界体系的认知，以及对中国历史和文化的知识积淀。

在世界不平等体系的思想启蒙上，对我影响较大的，包括我的硕士研究生导师罗萍教授、周运清教授，以及当时教农村社会学的吴怀连教授，等等。罗萍教授、周运清教授致力于对妇女、儿童地位与权益的研究，给予我关注弱者以及将弱者与强者相关联的思想启蒙；吴怀连教授当时的研究观点是工业化不能救农业，甚至在信息化时代也不能救中国。中国不可能成为第二个美国。中国农村也不可能从普遍意义上变成城市。从武汉大学的书摊上，我买了一些非新自由主义的书，接受了大卫·格里芬的后现代思想，以及沃勒斯坦、撒米尔·阿明等人的世界体系论思想。许多年轻人都去发达的东南沿海工作，怎么看这个现象呢？当时我初步形成的观点是：世界是由核心、半核心、边缘地带组成的；如果说世界是一个圆的话，美国和欧洲的西方七国集团就是全世界的核心，而亚洲四小龙类似于半边缘国家和地区。中国当时的大部分地区，以及亚非拉的很多地区和国家，则属于边缘地区。中国改革开放之后，广大的中西部农村地区则渐渐成为一个圆圈的边缘地带，其围绕的核心就是城市，小城镇又围绕着大中城市，像北京、上海、深圳这样的，或者是每省的省会城市，以及中国的东南沿海发达地区。

在武汉大学，我还积淀了一些关于中国历史和文化的认知。说来真是幸运，作为历史悠久的综合性高校，武汉大学有深厚的学术文化氛围。历史学系一代名师吴于廑教授对农耕世界与游牧世界、农本与重商关系、农耕文明在工业化冲击下的反应、中华民族特点和其他民族的区别性特点等的著名研究，深深影响了我。同时，在近现代史上中华民族遇到危难的时候，在武汉大学任教的闻一多先生、李达先生，都以身作则对推动社会发展做出了重大贡献。此外，武汉大学校园面积广阔，自然环境极其优美，学校里面有三个山头（以珞珈山为主体）、四个园（樱园、枫园、梅园、桂园），无论春夏秋冬，都有绮丽景色，一些依山傍水的古典建筑，也令人叹为观止。在里面求学与生活，委实能开发出人的深层智慧和灵感。在武汉大学读书期间，这些"大象"的东西对我影响甚大（我也在此结识了与我志同道合的爱人陈小波先生）。当时，我有几个要好的韩国朋友，他们来武汉大学读中国传统文化方面的硕士和博士。我要当家教谋生,任务是帮助他们学习《道德经》《论语》及中国古典文学名著的一些重要章节。虽然我在这方面几乎没有什么专业功底,但是要给他们讲啊,所以就得准备点什么,在干中学、学中干。这对我也是一种历练,让我积累了一点传统文化思想观点。据我所知,韩国的国旗图就是中国易经的阴阳图(后来我才知道,当中国借着改革开放要学欧美的时候,日本和韩国从文化上就掉头想学中国了)。我无意之中与传统文化的智慧接了一次茬口,没想到这些历练竟成为我以后的行动宗旨和科研目标之一。其实我的老家——河南省灵宝市,是老子写《道德经》所在的函谷关所在县级市。我从小就多少受到地方传统和乡土文化的熏陶,只是被埋着而已。

二是行动或者实践方面的种子。我加入以年轻人为主的华中乡村建设促进会,同时对农村这一边缘化地区改造进行了初步研究,为我的学术人生志向奠定了基础。

1995年春季,我认识了当时在华中师范大学社会科学研究所读硕士的贺雪峰。那时的他27岁,年轻、有理想。他联系了武汉大学、华中农业大学、华中师范大学等几个高校的十多位年轻人,牵头成立了"乡村建设促进会"(类似于现在的跨校学生志缘性组织)。我是其中一名重要成员。几个年轻人每月聚一次,轮流来编一些相关简报。我还编过一两期,其中一期的主题是"新重农主义"。我们这群人,有着对乡土的眷恋,愿意把自己的生命和智慧奉献给广大农村的建设。那时候,大家就已经认清农村不可能都变为城市,农村就是农村,要把农村变得更是农村。当时,贺雪峰高声疾呼道——

> 在任何历史的关键时刻,总会涌现出一大批富于历史使命感的人。乡村建设所代表的是一条以城市和乡村共同繁荣为手段,以经济合理性为起点,又以建设人类精神家园为终点的中国现代化之路。我们相信,乡村建设会成为一股洪流,一股能够带给我们生命以价值和意义的历史洪流。我们也相信,乡村建设的队伍,会越来越庞大。就让乡村建设在我们共同的合流中实现它所担负的责任与使命吧!

1995年乡村建设促进会纲领（征求意见稿）

我与贺雪峰等人从相识、相知到相互鼓励。直到现在，我们在工作和事业上，都是非常密切的朋友。

1997年，我硕士毕业了。硕士毕业论文——《农村边缘化改造》是用"核心—边缘"理论，分析湖南涟源市的一个村庄——石门村的发展变化，提出应将城乡单向流动方式改为双向流动方式，只有这样，才是良性的，才会把农村趋向边缘的方向拐过来。当时到那个村庄调研了一段时间，结合所学理论，以及石门村人外出打工挣得第一桶金后回到村庄，兴办工商业，促进石门经济及其他各方面全面发展的例子，我认为，传统农村基层组织作为独立的法人行动者发挥自治的集体统筹功能，"筑巢引凤"，再加上外出创业人员在"乡土情结""理性思考"等动力下从城市回流到农村，把有劳动力附加值的商品卖到城市，进行区域内的工农互补运动，是农村边缘化改造的开端，是摆脱有利于城市和东南沿海经济循环机制市场体系的关键步骤。当时结合日本学者渡边野夫等人的观点,我提出的主要观点是:在世界体系中,中国属于发展中国家,处于发达国家美国、日本等的外围。美国、日本等已将势力扩张到东亚一带,而东亚为了把"从属地"变为"支配地",又将势力扩张到中国东南沿海一带,形成自我循环机制。而今,东南沿海也在谋求第二次、第三次创业,力争使自己从东亚的"从属地"变为中国内地的"支配地"。可见世界体系的"核心—边缘"关系与中国城乡的"核心—边缘"关系不仅有异曲同工之妙,而且在目前几乎是同出一辙。所以,农村边缘化改造的问题,是城乡关系改造的问题,也是中西部和东南沿海关系改造的问题,同时是世界体系中中国这个发展中国家边缘化改造的问题。

在这篇论文中,我的理论志趣延续的是世界体系论对资本文明的批判,并寄望于在中国文化中寻找出路的传统;对象志趣则是在广大的中西部农村建设和城乡良性互动关系上;方法志趣上则已经扎下了调研、参与、建设性研究的根。或者说,直面现实,从问题意识出发,古为今用,洋为中用,以综合的、参与的、实践的方法,来做研究、做学术。这是我的学术底色。

那么,为什么会来到中国农业大学任教呢?1996年秋季,华中师范大学社会科学研究所主办了一个在湖北松滋县召开的全国三农学术会议。在那个会议上,我提出了从松滋模式到新重农主义,认为中国的农民占绝大多数,虽然在西方的参照下,中国的农民是包袱、是落后、是要消灭掉的,然而,从信息化社会来看,中国农民不是包袱,而是动力,是优势。在那次会议上,我认识了代表中国农业大学人文学院社会学系的程贵铭教授(当时是人文学院院长)。当时,我们是一个讨论小组。程教授作为小组组长,肯定了我当时的学术纯真及创劲,破格让我代表小组在大会上总结发言。与程教授的结缘,促成了后面的事情:我于1997年春季来到农大试讲,当年7月来到农大教书。

1996 年与程贵铭教授合影

2. 任教初期与读博期间教学科研思想的萌芽与成长

初上讲台与博士深造的磨合：对如何当老师、如何当学生的反思，对学问的初步反思

1997 年 7 月，我来到农大人文学院社会学系任教。一开始，为本科生开的主要课程是社会学概论。当时，我认为社会学是研究社会的。而一个社会是一个复杂的不断变动着的结构体。静态地来看，这个社会结构体分地理区位结构、社会群体结构、组织制度结构和文化心理结构；动态地来看，这个社会结构体的变迁过程包括城市化过程、社会分层分化过程、制度化变迁和社会思潮变迁。讲课时，我感觉除了讲内容，还得师生互动，因为体验多的东西才是真的属于学生自己成长的东西。可是，区区一小课堂，如何做到呢？记得前几年上课时，每每第一讲时，我会在黑板上写上"读书+生活=新知"；也会在结课的时候，来个结业报告，报告期间有个小演出、小节目之类的，让同学们一一上台讲讲自己一学期的收获或者结业论文的主要观点。总之，除了要考核基本知识点之外，都会来点别开生面的结业汇报会。当时感觉这样做，旨在使学生汲取知识之精华，培养其提出问题、思考问题的习惯，以及动脑、动手解决问题的能力。当时我每每在结业汇报时，要请朱启臻老师和孙津老师等参与点评。1999年6月25日，学生柴立写了《学生眼里的教改——人文学院何慧丽老师的课堂教学》，文中谈及——

何慧丽老师讲授的《社会学概论》给我们大家留下了很深的印象，何老师的教学改革无疑是成功的。作为何老师的学生我们也是很幸运的……正如朱教授讲的："这是对同学多种能力的综合培养，通过讨论锻炼了同学分析问题的能力，写论文可以锻炼写作能力，演讲又锻炼了表演能力，的确使同学受益匪浅。"

发表在《中国农大报》上的教改文章

在 1999 年第 4 期的《中国农大报》（社会科学版）上，我总结了从教两年的教学经验，写了《教与学：合作式互动关系》一文。在文中，我提出教学目标的"三层次"说，即知识层次为基础，方法层次、能力和素质层次为主干，能力和素质层次更重要的观点；认为在实践中构建教与学的合作式互动关系，强调教与学的相辅相成与教学相长，是极其有价值的。

2001 年 9 月，我考入北京大学社会学系读在职博士，师从马戎教授。

到北大读博士，实是想把一件事情的学问本质搞清楚。北京大学，是学术思想云集的大学，我所求学的是社会学系，导师马戎从美国布朗大学博士毕业，其他教授也大都有留学海外的背景。老师们大都知识储备丰厚，学术技能（理论分析力、模型设计力）很高，思想也相对多元、包容。这次我以"教师和学生"的双重身份来学习。当我坐在下面听老师讲课的时候，我经常想，作为学生，打算从老师那儿学什么？打算怎么学？什么时候学生也能具有老师那样的学识、那样的风采？是把他的话背过，借用其观点来分析，就会变成他那样的水平了吗？或者是通过借鉴老师成才的经验，在属于自己的历练中继承老师们的学术精神和宗旨目标？学生如何学老师，什么时候才能从坐在教室里变成站在讲台上讲？这里面有道道，即在老师的指导下经历过事，掌握了第一话语权，其他的观点、方法均会水到渠成，是不是？我的博士学位读了 6 年，是因为我在第一年和第二年的时候，觉得必须掌握第一话语权，因为每个人都很会说话，一个人恨不得有十条理论，凭什么你的理论就是对的，他的理论就是错的？在北大求学，一个强烈的冲动就是：我必须有感觉，必须有体验和经验，我不能从知识到知识，从理论到理论，从概念到概念。这种看法，笼统地，与北京大学兼容并包的学术氛围有关；直接地，与导师马戎在社会学人类学所主持的一场讲座有关。2001 年 10 月，时任《中国改革》杂志社主编的温铁军先生来到所里，同行的还有当时的新闻人物李昌平老师。他们为社会学人类学所师生讲了一场关于《中国的城乡关系与农村发展》的讲座。当时感到这个讲座的立场、观点与方法，很是契合我当时的学术旨趣。从此，我自觉地请温铁军老师来到农大做讲座,也开始了我从新乡村建设的层次上师从温铁军、李昌平老师等人的经验历程。

当时,刚好,贺雪峰写了一本《新乡土中国》。我读后很是会意,遂写了个书评——《另类的声音,另类的路》,表示,应走一条回归常识、回归个案、回归国情的学问之路。说是书评,其实是个人在读书过程中心声的真实表达。

关于社会科学研究立场的萌芽和成长

在北京大学读书,读社会学博士,就不得不提费孝通。我见过费孝通他老人家,他的言语平实,文章大白话。他说,学问可以作为"沙发上的学问""茶杯里的风波";学问也可以作为食粮,也可以"志在富民"、作用于实践的。费孝通对社会学的中国化,结合时代问题背景,有着深刻的认知。他也认为,把复杂的事讲简单,这是做学问的一种本事。我打心里乐意做知行合一的学问,不但能揭示事物发展规律,而且能对我所生活的当下社会改善有着建设性作用的学问。

2003年春季开学后,我在网上看到了中国农业大学与河南省开封市要进行市校共建。当时我很兴奋,就报了名。很幸运,我当时就被选中了。我真正找到做学问、写文章的感觉的,是2003~2005年写的小文章,至今期刊网上还能查到发表在《中国改革》(农村版)等上的文章,有《大学生来到了兰考》《尴尬的农业现代化》《汪四和他的鞋垫生意》《陈寨村建起了腰鼓队》《对焦裕禄的新解读》。那段与社会的亲密接触,促生了这些从实践中的现象、事件出发的、干干净净的清新小文章,只需要把一个事说完整就行。所有的小文章均是我亲自调研并且参与他们的事件有感而发的。我承认,那些事件,那些因参与而滋生的真实感觉,成为我日后分析任何问题的一块块极有价值的沃土肥源。我想清了一个学问的路数,就是说,现实中的问题意识以及真实体验是基础,是出发点。这样,我安心了许多,踏实了许多。

教学改革的萌芽与成长

因为2003年、2004年挂职期间体验的感性东西多了,我就结合实际力所能及地进行课堂教学改革。那时候觉得讲什么不能归纳条条框框，没有多大意思。2004年、2005年以后，我就真正地进行了教学改革，直到现在都很难说这个教学改革令人认可，可以说是一点教学改革的萌芽吧。在2003年、2004年已经感到：在课堂教学中，缺少情志意的教学，即引发大学生情感、志向和心意的教学。相对于情志意的引发和培养，大学生从课堂上所学的知识和技能，反而是不那么重要的。课堂之学，不能只是知识和技能的学习，还要是人生情感、志向和心意锻造的学习。所以，在2004年冬季，我的社会学概论的教学，就在平时教学中加入了唱歌形式的部分。同时，我在结业汇报课上，有意识地请当时一些社会思潮的代表人物来讲。我隐约地感到，一定要有意识地探索开放式、综合式、互动式教学，这是教学方式的探索；同时，还要进行内容方面的探索，比如社会学方面的中国立场、观点和方法；以及培养大学生情、志、意方面的探索。

2005年，我在八年教学经验的基础上写了《教学的参与性、开放性、综合性探索》（发表在《教育教学改革实践与探索》第3集），总结出了三个教学探索：在学生的多种参与中贯彻教学的"参与性"特点；课堂教学在形式、内容上具有接纳社会现实的"开放性"特色；在教学中追求一种"综合性"效果。我认为这样的探索意味着学科在特定的教学实践中实现自觉检讨和调适的可能。为什么要学生参与呢？因为学生在老师适当引导下主动、互相交流的过程，贯彻了"学生为主体、老师为引导"的大学教育宗旨。为什么要搞开放式教学呢？因为在我们这个后发的发展中的东方大国，其社会变迁既为全球视野下发达国家主导的价值和事实所牵引，又为自身的资源状况、国情实际以及历史传统所局限。通过开放式教学，会使学生在专业学科的形式化与具体的事实处境的磨合中进行反省，在反省中提高自己。为什么要在教学中追求一种"综合性"效果呢？实际上是想体现参与和开放的教学所达到的一种整体性境界，多样化的合作性统一的境界。在教学头尾的呼应性、教学方法的综合性、考核形式的综合性之中，借此达到知、行、情、意教育效果的整合和统一。

2005~2006年，新闻媒体对我所参与的新乡村建设运动进行了大量的报道。比如"教授卖大米"事件、"购米包地"事件,等等,其中,有大量的学生,比如中国农业大学农研会的同学义工大量地进行参与。我认为,这都是参与性体验性教学的探索。

关于在职读博并挂职期间的一些成长,我得深深感谢我的博士生导师马戎教授。马戎教授知识广博,治学严谨,为人包容而通达。对于我的想法和做法,他都是鼓励和肯定的。正是在他的包容下,我得以在读博期间加进了许多与其他博士生相比较为特立独行的东西。

3. 教学科研的开拓性探索阶段:为了中国社会学的新生和发展

2008年之后,我一边在中国农大教书,一边继续挂职从事所谓的当代中国的新乡村建设,一边在中国人民大学从事博士后研究工作。当时的我已经36岁了,有了一定的教学经验,也有了一定的基层建设经验和实践基地,并且,在北京乃至全国,有了一定的所谓的志同道合的朋友圈。

这时候,我对什么是教、什么是育有相对成熟的想法了。我想,"老师"这个称呼,首先指的是"老师和学生"这对矛盾体里的"老师"。孔子曾经说过一个名句——"不愤不启,不悱不发。举一隅不以三隅反,则不复也",就是指没有学生的问题就没有老师的教授。比如说成千上万的大学生,愿意到基层去,乡下去,去接地气。以中国农业大学为例,一年要招5000名学生,如果百分之一去乡下,那还有50人呢。这些实践的尝试,有两大动力,第一个是确实中国的"三农"问题越来越严重,大学生是最为敏感的社会群体,必会有所反应;第二个,有很多学生对课程不感兴趣,对课堂教学有厌学情绪。大家就在那儿坐着,没人告诉你们如何从坐着变成站着。记得每年都有学生愿意写"论大学生为什么要逃课"之类的毕业论文,这说明他心里很苦恼,这是他的一个结,他一定要写这个东西,不写不舒服,心里憋得慌。

此时,继承中国优秀文化的萌芽渐渐发展了。中国当前的社会科学与自然科学,本质上脱胎于近现代以来工业化对产业的劳动力需要。近现代以来，中国的教育是没有道的教育，也是没有德的教育。现在的大学教育，有点变成了一个产业化的生意：学生们冀望于通过大学教育找到一个好工作，许多大学则越来越具有冀望于资本运作来增殖的特征。现代性大学给了同学们现代技术的教育、知识的教育，但还缺一项教育，关于乡土知识、人文情怀和实践能力的教育，根的教育，道德的教育和灵感的教育，人文的教育，而这些教育来自书本之外——我们的乡土。比如你出生在西藏，那西藏人当然得有关于西藏的本土历史地理文化，关于从哪里来、要到哪里去的历史地理文化教育，这是根的教育；再比如，出生于贵州的人，其实首先会对贵州土地上生育的人民的历史地理资源感兴趣，这是责任，也是使命。这时候，我硕士阶段的那些关于传统文化的意识储备就发生作用了。我对"百善孝为先"产生认同和敬畏之感，是因为这是老祖宗几千年在生活生产经验中总结出来的。它回答了一个根本脉络的问题，即我们自身的生命和慧命是从哪儿来的、欲到哪儿去的问题。这种"推己及人"的接茬法，能使我们安身立命、踏实从容。我坚信，大的教育，从根本上而言是实践教育、综合教育，教育是融渗进日常生活、生产之中的。当前高等教育中所广泛存在的技术型、知识型、概念型教育，给了年轻人一扇窗户；但同时年轻人还需要另外一扇窗户，那就是人文教育、乡土教育、理想教育、道德教育。假如缺乏这些，老一辈的教授——钱理群先生已经说了，大学只能培养出精致的利己主义者。

此外，从行动或实践中获得和产生知识的萌芽也发展了。我们自信地提出"到田野做学问，向社会学知识"的大学生乡建口号。既然在挂职的这个位置上有帮助大学生们下乡搞社会实践的优势，那么，我觉得有责任有义务推己及人，不会顾及院校、省份、专业、年级区别。只要年轻人有需求，有意愿，我就联系有条件的村庄，把他们带到村里去。十多年来，无论是挂职任副县长、副区长、县委常委，还是市长助理，我都很欣赏那些心系热土的大学生。他们愿意到乡下去，去独立地做个事儿，锻炼自己的组织力、吃苦力，以及对这个社会的自主性认知。这十多年，我只是把他们引领到豫东兰考县、开封县、杞县、尉氏县、通许县的成十上百个村庄里去，告诉孩子们到村庄怎么做事儿，怎么和农民打交道，怎么调研。我与他们一起，从长期的实践探索中总结出一个口号——到田野做学问，向社会学知识。多年来，为了协助年轻人开发出身上那个"大我"的潜质，我们在探索过程中创造了很多有价值的经验，比如在田间地头、老建筑前、树林间、古迹上做朝话，晚上用来提升总结一天收获的理论夜话，还有吃在当季当村的伙食革命、集体生活，等等一系列活生生的实践。此外，我还总结了知识分子在村庄里进行调查研究的主要经验——"三位一体"法：所谓"三位"，是指外来者的调查研究、乡建行动和自身建设缺一不可；所谓"一体"，是指这三种行动任务统一于发掘村庄价值、践行乡建大道的事业之中。比如，你要调查村庄治理、生态资源环境、经济发展机制、社会伦理结构和文化信仰特点，就得尽可能地通过真诚的态度、力所能及的建设性行动，至少使他们产生亲近感和信任感，这样你的调查才能相对顺利地进行。而这些道理，又与调研者怀着一颗谦虚好学的心不断地调适自己、进行自身建设有关。这些，都是在大学教育体系里所缺的。我希望通过这样的努力来弥补。

同时，反思现代化理论的萌芽也不断发展了。我提出：当今，社会学作为一门学科，其使命是既要批判既有的社会机制，也要建设新社会。

现在的这个世界是个不稳定的世界。如果作为老师的我们不负责任，就会告诉同学们这是最好的、习以为常的生活。然而，实际上，改革开放之后直到当前大家所体验到的这个社会，有许多逻辑是脆弱的，难以成为可持续的常态。它只是人类历史上或者中国历史上发展进程中一个阶段上的表现而已。假如我们对年轻人说，这就是进步，就是美好，就是我们的不二追求，那么是有违于人类常识的。难道人们天天在食堂吃饭，边吃饭边看电视，每天都要吃上肉，就是最好的吃饭方式？难道天天挤着地铁去上班，在飞速的车厢里每个人都在看手机信息而无暇顾及周围的情景，是天然的正常吗？我们真的没有必要知道吃的东西是从哪儿来的？当前这种分离式的、碎片化的生活，与以前的相比，真的意味着进步？你说传统农业社会意味着落后，可是那个在现代化的探照灯下被视为落后的农业文明社会曾经辉煌了几千年，而现在这种高能耗的、高污染的、大破坏的生活法和生产法，到底能持续多少年？

其实人类社会的生活是有基本的要素和非基本的要素之分的。假如基本的生命维持要素，比如吃的饭、喝的水和呼吸的空气都难以保证安全，同时却拥有更多其他的光怪陆离的满足欲望的东西，那么，这不是本末倒置吗？假如食堂的本质是资本控制下的利益最大化，假如每天吃饭时大放电视是传媒资本控制的结果，假如上班路上在地铁里从众式地看手机信息是因为上瘾了而不是生命之必需，假如社会的发展偏离了我们大部分人的幸福和健康，那么，这个社会需要什么样的社会学？这样的社会学持什么样的立场、方法和观点？那么，我们又为什么要学社会学？难道只是为了适应这种基本生活系统被支解的现代社会吗？……中国人讲格物致良知，社会学这门学科的建设，应该是以能以知识力参与建构人类社会的美好前景为最终目标的吧。

在重新建构一门社会学学问之前，实际上需要先解构既有的社会。就是解构这个人多地少的农业国家，在近现代以来以现代制度变迁形式所产生的资源资本化的规律。先行解构，此之谓批判；再行建构，此之谓建设。人们创造一门叫学问或者学科的东西，总得用以指导人们通向真善美的地方是不是？这个建构的过程，其实就是以新的世界观和方法论产生新的知识系统的过程。建构新学问需要装上新的芯片和知识产生程序。这个过程，至少当前没有别的途径，只有通过实践教学或者整体教学方法。比如，一个20多岁的年轻人，下过乡，脚踩着大地，知道这个社会的基础有着什么样的苦难，或者有着什么样的乡土知识；然后手撑青天，具有明白的、设身处地的问题意识和行动策略，以及知识产出机制。只有这样，或许未来的中国才能渡过将要面临的难关……留给未来的难关太多了。关于建设性的学问，从老祖宗那儿，他叫"内圣外王"，就是能够称得上老师的人们，要用行动去做，去"知行合一"。后来我把它称为"知行心合一"，真正的老师，可能应是这样的引领者和感召者，而不是外求别人的灌输者和说教者。

关于科研，虽然还在路上，也相对地形成了一点特色。就是希望在理解近现代以来中国现代化结构性困局的基础上，形成一点关于社会学、农村社会学、政治社会学的中国化与本土化经验，以及"为国家重大决策服务"、以"中华民族伟大复兴"为导向的学术取向。多年以来,我在 *Monthly Review*、*Chinese Sociology & Anthropology*、《国家行政学院学报》、《人民论坛》、《开放时代》、《中国农业大学学报》(社会科学版)等学术期刊上发表相关科研文章近 50 篇。真正打下学理基础的文章有四篇:《另类的声音,另类的路》(《读书》2003 年第 8 期)——评贺雪峰《新乡土中国》;《回归中国,回归农民》(《读书》2005 年第 5 期)——评温铁军《中国农村基本经济制度研究》;《解读"小城镇,大问题"》(收录于赵旭东主编《中国农村社会学的省思与发展》,中国农业大学出版社 2006 年版);《留守群体,留守学术》(《开放时代》2010 年第 7 期)——兼评叶敬忠等著《阡陌独舞》《静寞夕阳》《别样童年》。

4. 课堂教学内容改革个案:社会学概论与中国社会学名著导读

以社会学概论为例

在长期从事社会学概论教学的经验基础上,我希望同学们所学的社会学学科概念和理论,能够落地、落史,并指向未来。同学们如何能够辩证地对待所学概念和理论的出源、功用及其局限?概念是用来帮助人认识社会的,而不是使人多一副有色眼镜禁锢人的思维。如何让先人总结抽象出来的概念具有认识世界和指导行为的生命力?在教授社会学基本概念和理论的过程中,如何使概念和理论落地并与学生们的感觉接茬呢?从必要讲授的内容任务上,我一直坚持做着社会学中国化的探索。

在教授基本知识时,每一章都会有一节,专门来谈所学知识点与国情现实基础的张力及其关系。比如:讲授社区一章,除了既有的社区特征、社区发展和社区建设理论之外,我加上了中国实践中主要的社区类型和城市化道路,并且重点讲述了以费孝通为例的社区研究的中国学派;而在社会制度一章,则重点加了一节内容——从中国社会的历史发展过程中寻找制度变迁的依据,强调制度变迁的历史成因和基础动力;

在讲述社会生活方式一章中，加了一节"一种生活方式的理念：小的是美好的"，强调这种生活生产方式在环境污染、资源短缺、能源危机的当下社会，对于发展中国家以及全球人类可持续生存的意义；在讲述社会变迁和社会现代化一章时，重点加上了一节"中国现代化的困惑"。

此外，几乎所有的社会学概论教材在最后都是归于有关现代化的远景话语、大话语和理论话语，但作为讲授者的任务，则应补充一些使学生们从客观实际出发，从常识、国情出发的现实基础。这样，经过一学期的学习，使同学们明白：当前流行的现代化理论，包括我们使用的社会学概论教材的指导方向，大都是在借鉴西方国家的经验过程中提升出来的。如果这些理论只是一种学术探讨则罢，如果要起到"指导"本国实际现代化进程的作用，则一定要慎言"指导"。理论与实践相结合，将实践作为检验真理的唯一标准，多搞些社会调查、多些切合本土现实的"问题意识"，这在任何时候都显得必要。学了社会学概论的必要知识点，这只是个入门；中国的知识分子，新一代社会学人，应从国人的实践中、近现代史的发展经验中，总结提炼出适合国情的有利于解读并指导大多数人的社会发展变迁之路，这是对自己、对国家、对民族前途负责的表现。

以中国社会学名著导读为例

严格说来，中国社会学名著导读，是在孙庆忠教授、张蓉教授主导下，再加上我，三人共同努力，于2006年开设的一门课程，旨在使同学们认识到中国社会学学科的发展其实在近现代以来是有着中国内在的发展脉络的。合上了两年后，两位老师就将此门课程交给我单独上。在孙老师和张老师的指导性建议下，我又上了四年，现在这门课由年轻人潘璐老师来上。作为系里老师合上的课程，这门课在讲授内容上的创新有以下几点。

第一，以《中国社会学调查研究方法和方法论发展的三个里程碑》（韩明谟）为讲授起点，阐述中国社会学学科史的发展脉络。

第二，根据"理想型"划分法，把近现代以来有代表性的社会学界学者或行动者大致分为五类：一是革命派，包括伍锐麟（《广州市六百人力车夫生活状况之调查》，1940）、陈翰笙（《中国的农村研究》，1931）、毛泽东（《中国社会各阶层分析》，1926）、毛泽东（《关于农业互助合作的两次谈话》，1953），等等；二是改良派或者乡建派，包括李景汉（《定县社会概况调查·中华平民教育促进会定县实验区》，1933）、梁漱溟（《乡村建设顶要紧的是什么》，1934）、晏阳初（《乡村改造运动十大信条》，1988）；三是学院派，包括潘光旦（《民族的根本问题》，1936）、潘光旦（《优生与民族健康》，1937）、吴文藻（《现代社区实地研究的意义和功用》，1935）、林耀华（《金翼——中国家族制度的社会学研究·前言》，1947）、杨懋春（《一个中国村庄：山东台头·前言》，1945）；四是西化派，代表是陈序经（《中国文化的出路·全盘西化的理由》，1934）；五是综合家，包括费孝通（《江村经济 前言》，1938）、费孝通（《云南三村 序言》，1987）、费孝通（《乡土中国》，1947）、费孝通（《人的研究在中国》，1990）、费孝通（《农村小城镇区域发展》，1995），等等。

第三，在讲授过程中，不只讲五大派的区别，更讲解他们之间的关联和历史演变；不只讲作品，更要讨论其学术风格和价值取向；不只讲社会学者的研究成果，更要追溯这些社会学者及其研究成果的中国社会历史动力及其条件。

5. 课堂教学综合改革个案：经济社会学

关于教材中国化的努力

这门课程放弃使用国内已有的经济社会学教材，而是希望从基本经验出发来建构新经济社会学。在所选教材的扉页上，编者提及：经济社会学研究中国本土经济社会现象之规律、世界经济社会发展现象之规律、生态文明背景下的新农村建设与城乡一体化发展的经济社会之发展规律。编者希望，同学们通过学习这门跨学科的社会学分支课程，能够从历史的视角、全球的视角、现实的视角这三个立体的不同视角编选材料，来理解正在形成之中的新经济社会学，在建立中国的当代经济社学学术的道路上，在"依据中国，走向世界"的学术立场、方法和观点上，进行些许有价值的探索。从这个基本点出发，教材挑选了中国近现代经济社会史上的本土经济社会研究文集（包括民国时期、延安时期、集体化时期等等），挑选了全球性的从20世纪末到本世纪初的世界经济社会发展规律文集（包括印度发展、拉美发展等文章），挑选了中国改革开放以来企业改革及其现状、农村经济社会现状研究方面的文集，并最后挑选了一些建设性的对中国的新农村建设与城乡一体化发展有利的经验性文集。这本教材在相关领域学者的经典论文中挑选了一部分，根据研究的问题进行分类整理。其时间跨度之深，内容之丰富，空间跨度之宽，均达到了一定程度。然而，这些文章都有一个共同点，那就是立足当下，关注中国和世界正在面临的经济社会问题，关注中国正在面临的经济社会危机与挑战，而这正是很多传统教科书所缺乏的。这样的教材不仅让学生在学习的过程中对中国国情有更加深入全面的了解，同时，也赋予了知识以时代和社会价值，并使本土化的方式更具有国际性。

当然，使用这样一种教材也有其弊端。由于属于探索中的首创阶段，所以课程讲解以及学生在把握学科知识过程中很难做到整体性和系统性，这其实是对老师提出了更高的要求。

关于课程方式的设计原则与表现

设计原则是老师起引导作用，传授自己的专长；学生积极参与，尽可能成为教学中的主体。

具体表现：在整个经济社会学的课程之中，采用了包括辩论赛、舞台剧、小品、视频、实地调研等在内的多样化的教学模式。它鼓励"参与"，以学生为教学本位，鼓励学生全面参与课程的教与学；注重"开放"，在课程教学形式和内容上，跳出课本教材，接纳当前社会现实；追求"综合"，借助综合的教授方法和多样的考核形式，以此达到知、行、情、意教育效果的整合与统一。每一堂课都由师生在课前根据要学习的内容共同讨论设计，在一定的空间内充分给予了学生自主性以及课堂上的主体地位。也正是在这样一种宽松又充满浓郁学术气息的氛围中，所有同学都能积极参与到课堂中，发挥自己的创造力，展现自己的主观能动性，而不再是被动地接受"知识"和"真理"。

以授课过程中的两个通讯稿①为例，可对经济社会学从内容到形式的综合改革窥出一斑。

通讯一：

土地财政利大于弊，还是弊大于利？
——一场经济社会学课堂上的辩论赛

经济社会学辩论赛现场

2014年11月4日下午2：30，社会121班和社会111班的同学组成两支队伍在民主楼240举行辩论赛，围绕"土地财政利大于弊，还是弊大于利"展开精彩辩论。由人文与发展学院社会学系副教授何慧丽老师担任指导，并由到场的除参赛同学外的全体同学进行民主投票来选出冠军，社会121的姚会美和社会111的刘远东负责统计结果。最后于当日下午4时许圆满结束，辩论反方"土地财

---

① 这两则通讯均由中国农业大学人文与发展学院社会学系2011级学习委员王皎玉同学等提供稿件，一并致谢。

政弊大于利"获胜,社会121的王皎玉同学获得最佳辩手称号,由何慧丽老师为获奖队伍和个人颁发奖品和奖状。

首先,社会111的雷俊成和陆昱蓉同学,就土地财政问题相关资料向同学和老师进行汇报说明。主要针对2010年9月2日发表在《第一财经日报》由资深记者邵芳卿撰写的文章《赵燕菁:放弃财政就是自毁长城》进行探讨。土地财政,是指一些地方政府依靠出让土地使用权的收入来维持地方财政支出。中国的"土地财政"主要是依靠增量土地创造财政收入,也就是说通过卖地的土地出让金来满足财政需求。在社会都对土地财政进行抨击的情况下,厦门市规划局局长赵燕菁却认为,土地财政模式需要改进/改善,而非坚决放弃,更非转型。社会学的同学就此事进行探讨。

介绍结束后,社会121的陆昱蓉担任本场比赛的主持人,双方围绕土地财政利弊的辩论正式开始。正方的论点是"土地财政利大于弊",反方的论点是"土地财政弊大于利"。在开篇立论环节,正方认为:中国应坚持土地财政,与土地相关的财政比如招商引资、房地产相关发展,为地方积聚了大量资金,促进了城市经济的发展,也吸收了来自农村的劳动力。农民本身不具有与大资本对抗的能力,应将土地交给政府处理。反方则认为:地方政府的短视性,可能会对土地造成大量破坏,不利于中国经济的可持续发展;再说,政府在土地中处于支配地位,导致政府本身滋生腐败。双方条理清晰,论点明确,特别是在自由辩论环节以及辩论陈辞环节,争论激烈,高潮迭出,精彩观点不断。

在比赛结束的观众提问环节,社会121的陈泉龙同学与反方进行尖锐的讨论。评审团中社会121的刘远东对双方进行总结——"中间辩论有点偏题,但马上就纠正回来,总体感觉是反方在控制局面,正方的同学不够'进击'"。

最后,社会学系副教授何慧丽老师点评道:"辩论主要在辩。我自身实际上更倾向于正方的观点,但是反方在气势上、准备上、配合上略胜一筹。很高兴大家能以这种喜闻乐见的方式来理解和把握这一现实中的经济社会学命题。无论形式怎样,重要的是培养大家的思维力,以及理论联系实际的好习惯。"

通讯二:

寓教于乐,乐中求知
——记社会学系经济社会学结课汇演

经济社会学结课汇演合影

寓教于乐　百家竞相道理

乐中求知　八仙各显神通

这幅来自社会学系大四师兄的对联恰到好处地说明了经济社会学的教学特色。为突破"老师支配一切"的"填鸭式"传统教学模式,社会学系何慧丽老师一直致力于教学改革和创新。将老师的启发式教授与学生的参与式学习相结合,从而达到教学的良性互动与高效优质,本学期经济社会学课程便是高校课堂改革的一个鲜活案例。

2014年12月12日上午,社会学系经济社会学结课汇演在公三团培室进行。结课汇演由何慧丽老师总策划,王皎玉、曹玉泽等人执行策划和组织,社会学大三、大四选修经济社会学的学生全体参与,另外邀请传媒系谭英老师和两位研究生到场助兴。

这次汇演的主题为"重金属嘉年华",具体分为"经社串串烧""食堂面面观""历史大杂烩"等三大模块,通过小品、相声、情景剧、老师点评、同学感言等具体的、生动活泼的表现形式,将经济社会学的理论知识与中国近现代经济社会发展史、全球化背景下中国的经济社会发展现实结合起来。这是一种在教师引导下体现学生参与性与主体性的教学模式。经过大三、大四两个年级数周紧锣密鼓的筹备,整个汇演最终呈现了令人满意的结果。同学们将理论知识与实践相结合,把课堂知识转化为自己的语言,用小品、舞台剧、历史剧、相声等多种形式展现出来。其中李明馨和陈泉龙表演的暖场相声以课堂上老师和学生的互动为素材,短短十几分钟包袱不断;而最后由全体同学参演的历史剧《三司会审涨姿势》巧妙地以审判形式将百年中国重大历史阶段重要人物以及事件重现,将教材和实践相结合,使同学们在愉快的体验中重新温习了经济社会学课程的主要内容。

结课汇演结束,同学们还是有些意犹未尽。有的同学说:"课程虽然结束,理论也可能会忘记,但何老师以及这门课给我的感觉不会忘。我享受到了吸纳知识的愉悦旅程,在课堂上,我展现了完全的自己,并重新发现了实践的意义。""这是我入学以来最用心,也是感到最快乐、最包容的一门课,老师与同学讨论各种上课形式,排相声、演话剧,大家从头到尾都用心投入,一路'折腾'下来,我们成长了很多。"

6. 关于社会实践教学改革的探索:
发现乡土性,感悟农村美

乡土性,就是指以土为本的百谷草木与人类生命之间的生生不息关系,也包括自己和别人之间的有机关系。发现乡土性,就是展开、亮开"以土为本"的动植物生命本质与生命之间的关系。这种发现,本质上是一种感受乡土性之"玉"的光彩的意思,也就是说玉本身有光彩,我们只是去走近它、打开它，帮助它发出自身的亮光，让亮光本色地显现出来；但是我们并没有能力代替它发出亮光，亮光是人家自有的。发现乡土性，包含了寻找、感受、体悟以乡土之道和价值做支撑的、生生之"理"的意思。

我们下乡的一大任务，就是培养发现乡土性的能力和功夫。

需强调的是：我们当前的教育现象及其大量表述，并不缺乏丰富的经验、理论、办法；但是，极度缺乏有心田滋养的、五官丰富感受下的、从粗到精、从伪到真、从此到彼、从表到里的必然过程。在自我的认知过程中，产业化现代教育的齐一性、霸道性、专业性、竞争性、碎片性深深影响了我们。有的人都已经博士阶段了，但是五官感受力严重退化，眼睛近视，耳朵听觉退化，嗅觉迟钝，触觉不灵敏了，脑子成了各种想法的跑马场，身体健康也完蛋了。大家忙乱在框定的生活、知识和信息中，却迷失了生命、智慧和价值。这样的教育机制造就了生命力萎缩的"理性人"——

> 这些理性人，心肠刚硬，想象力匮乏，同情心萎缩；他们受过良好的理性教育，就像用模子刻出来的一样，他们具有显微镜般精细的特点，然而一遇到大事，就变得呆若木鸡。[①]

这样的知识及其学习机制，学了害己，用了害人、害社会；假如这样的知识是正确的，但大家只是简单地拿来，不用"心思"、用行动去深化其精髓，去明白其产生的机理，并上道而行之，那么，充其量只是个皮毛；皮毛性的知识，在变动的辩证的社会和自然世界中，是不够用甚至是不能用的，它使人们很容易犯"刻舟求剑"的错误。

所以，发现乡土性，不在于乡土性本身，而在于一种遵循发现之道的实事求是的展开过程，是从浅感觉到深感觉，从部分感觉到整体经验，再到一定思维的"心思"过程的践履；它是乡土自然和社会践履

---

① 此为甘地语，摘自王治河、樊美筠《第二次启蒙》，北京大学出版社，2011，第440页。

过程不断反复和丰富化的必然结果，是以感性为起点的、关联的、开放的、踏实的动态有机理性的践履过程；不是自作聪明的工具理性、纯粹理性和科学理性的践履过程。这样的过程，是身心结合之道、知行统一之道的关键。我们力图在一种做减法的、"尚清"的深刻体悟之中，培养生成有机理性的当代新人。

所以，到乡下去，想帮老乡做点儿什么，一个极其重要的前提，就是我们要尽可能地去了解他们的世界，了解促发他们做什么或者想什么的"正题"、了解阻碍他们做什么或者想什么的"反题"，了解乡村到底是什么。只有这样，我们才能够拥有一个健全的、丰富的有所凭借和出发点的正心；凭借这样的心，我们才能够形成有凭借的实事求是的思考。现在大量的人都在无所凭借地思考，那叫胡思乱想。古人造的"思"字，从"心"从"田"，有"心"的"田"才叫思，心田里长出的庄稼才叫观点和理念，因此要善于养"心田"。谁去养这些心田了呢？我们天天读书，我们就胡思乱想了很多东西，但是我们没有"心"了，没有"地"了，那么，不了解农田之大理，没有心，又怎么能思呢？现在社会上到处存在的，是大量没有心的思，不从做人出发的思，无情感、无志向、无责任的思！！

道理需要在一定实际状况下的行动去支撑，去踏实。所谓"道不行，不为道；德不做，没有德"。常言也说得好，"不怕慢，就怕站"。在当前的下乡潮流中，当更多的大学生仍然采用客观理性思维进行证实或者证伪调研的时候，当有些大学生满怀热情以清苦之志朝向"解民生之多艰"而奋斗的时候，我们从2011年春天起，就开始了把"感觉、理解和欣赏乡土性"作为一大任务的下乡行动。这是一个新启动的方向，它意味着以大学生为主体的外发力量"走进乡村"理念的某种开拓。

从2011年起，我借用挂职基层的优势条件，一直在大三社会学的小学期实习指导中践行"发现乡土性，感悟生态美""知行合一，发掘实习大道"的精神，愿意和社会学系其他老师，包括朱启臻老师、张蓉老师、孙庆忠老师、吴惠芳老师、童小溪老师、潘璐老师等人一起，在小学期实习方面做点有价值的探索。同学们分成小组，在紧张的支农支教和调研任务之中,结合实际情况,进行了发现乡土性的各种具体尝试。这些尝试主要包括团体生活体验行动、参与式调研行动、乡村情景分享行动等等。对于这些尝试,同学们大都很受其益。

2011 年、2012 年小学期实习合集

孙庆忠教授曾经给出了鼓舞人心的评价——

小何:你好!

清晨醒来,阅读你发送的《朝话》,感触颇多,仿佛与你们一同置身袁楼,听自然之声,冥心灵之想。

感慨你为乡村建设付出的心血,感谢你培养学生的良苦用心!无论是玉米地随想,还是杨树林遐思,在你清晰的叙述和跃动的文字间,浸透了你对生活的理解和对支农支教的深切关怀。唯愿这种"发现传统村庄价值的活动"能够成为我们社会学系培养学生的有力支撑,能够将诸如"农村人的痛苦就是城里人的痛苦"这样的人文理念,转换成学生服务社会、奉献人生的责任意识。此时,2004 年的兰考之行历历在目,乡村实践不仅成为学生们追忆大学生活的难忘瞬间，也定格了他们对乡土社会的基本判断。而我们也在田野实践中渐趋成熟，带学生下乡的焦灼变成了对年轻人亲近乡土的欣赏，曾经对农村问题的忧虑转变成了继续沉潜民间的动力。可以说，大学教育和乡土实践带给我们太多的灵感。正因为其内在灵魂的维系，我们的生命体验才没有在年复一年的循环中凋敝干瘪，我们的精神世界才在意义的赋予中、在哀怨的荡涤中获得新生。从这个意义上说，迈向田野的学问与人生的确"遗憾会越来越少，而经验会越来越丰富，步伐也会越来越踏实有力"。

先以只言片语简短回应，期待开学后细细分享你们团队河南之行的心灵感受。

顺颂暑安！

2011 年 8 月 9 日

江沛/王露露/韦晶/贡秋郎加　采访整理

何慧丽 2015/02/26　校订定稿

叶敬忠

1. 个人经历与学业转型

我来自苏北的一个普通村庄。30年前我在北京上大学的时候，每次假期回家都非常不易。我需要坐火车先到徐州，再从徐州转至新沂，然后坐汽车到沭阳县城，最后再转一趟汽车到家。那个时候，学校每年都会早早为学生订火车票，而那时的火车都是慢慢悠悠的绿皮车。火车从徐州开往新沂的那段路途经苏北的平原，清晨能看到两边绿油油的冬小麦和家家户户的渺渺炊烟，那是农村的感觉。现在回家乡变得异常容易，这是现代化给我们生活所带来的快速和便捷。然而，这种快速、便捷并不一定能使人对生活有更深刻的体会。

我是在自己的村里上的小学，在邻村上的初一和初二，在乡里的中学上的初三。那时初中刚刚开始实行三年制，村里的初中还只有初一和初二两个年级。因此，在村里完成初一、初二之后，要参加升初三的考试，通过了才能到乡里中学继续初三年级的学习。后来参加中考，我考取了沭阳县县中学。那时的沭阳县就有180万人左右，而沭阳县中学是全县唯一的省属重点中学，高中只有六个班级，五个理科班和一个文科班。当然，现在就不一样了，沭阳县中学高中的每个年级都有四五十个班，县城还新建了多所高中。30多年来，教育发生了翻天覆地的变化。1984年，我参加高考，当时全国的所有高校只录取30余万人。我考上了第一志愿——北京农业大学①，那年学校一共招收300余名本科生。

为什么第一志愿要报考农业大学呢？20世纪80年代的中国社会与现在大不一样，城乡二元对立结构非常明显，农村就是农村，城市就是城市。大家非常向往城市户口。对于我们农村学生来说，很多上了大学的人，尤其是上了农业大学的，毕业后被分配回地方做一名乡里或者县里的干部，是一件令人好生羡慕的事情。当时的农村学生没有太多出路，很多学习成绩好的学生，初中毕业后并没有继续上高中考大学，而是在中考的时候考取了"小中专"②，也就是现在的职业高校。为什么要上"小中专"呢？因为上了"小中专"，毕业后就会有个"铁饭碗"。那时"小中专"的毕业生也是由国家分配正式工作，当然也就有了城市户口。而对于我们这些上了高中的苏北学生，大家首选的是南京和上海的高校，如复旦大学、南京大学、南京农业大学等，尤其是南京农业大学。很多在1981年之前上了南京农业大学的学生，在1984年之前被分配到很多乡镇或县城的政府部门工作。这对祖辈囿于农门的农家子弟来说，是梦寐以求的事。因此很多同学报考了南京农业大学，包括县里的高考状元。而我选择了北京农业大学，因为我觉得这应该是全国最好的农业大学。所以，我考大学、报考农业大学的目的非常直接，就是打算回到家乡农村当干部。

我学的是土壤农业化学专业。当时大学里的社团和社会实践活动很少，绝非现在新生入学时那样要经历"百团大战"。1987年暑假，北京团市委组织了在京大学生的"百乡挂职"活动。近500名学生干部在团市委的组织下，深入京郊11个区、县的158个乡，分别担任乡团委副书记、团委书记助理等职务。我被分配在北京市延庆县刘斌堡乡团委做

---

① 1995年，北京农业大学和北京农业工程大学合并为中国农业大学。
② 20世纪80年代，初中毕业考取的专科学校称为"小中专"，高中毕业考取的专科学校称为"大专"。

了一个月的书记助理工作，主要内容就是组织乡村青年开展文艺活动，其中还包括交谊舞活动。因为在 20 世纪 80 年代，交谊舞在青年人中十分流行。围绕此次活动，北京团市委组织了征文比赛。我撰写了一篇长文——《论农村团的建设》，3 万字左右，获得了一等奖，奖品是一本厚厚的《辞海》，我珍藏至今。那个年代，奖励很少发钱，奖品一般都是学习用品。这次暑期社会实践活动对我影响很大，也许正是因为我在这次活动中的突出表现，系里在我大三时，就考虑把我留在系里工作[①]。

1988 年本科毕业后，我就留在了学校的黄淮海办公室工作。这个临时性办公室，主要是为了配合当时国家粮食生产战略的需要而设立的，目的是鼓励高校参与粮食主产区——黄淮海地区的中低产田改造和粮食高产开发工作。对中国来说，粮食安全是我们必须面对的长期性问题。当时的中国政府希望通过科技手段来提高农业产量，以解决粮食安全问题。学校的这个黄淮海办公室就是要将学校的科研成果转化到基层的农业生产中去，也称农业技术推广。毕业后的几年时间里，我的主要任务就是下农村，因为去的是黄淮海地区，因此俗称"下海"，也就是到黄淮海地区的农村和农民中去推广农业大学的科研成果。每年一般有半年以上的时间在基层（县农业局或乡、村）度过。那时学校还有一项制度，即新入校的青年教师均需要到黄淮海地区实践锻炼半年以上。我们开展技术推广的主要方法就是进行田间的试验示范，包括很多项技术，如秸秆免耕覆盖、增产菌、缩节胺、种衣剂等。令我记忆尤为深刻的是种衣剂技术，形象地说，就是在种子上包一层药，如同穿上一件衣服，以达到防虫防病的效果。这样的工作持续到 1992 年，我长期工作过的地区包括江苏省的盐城市、河北省的东光县和武安市。对于一名刚刚走出校门的本科毕业生来说，在农村的这段时间我常常感到迷茫无助。尤其是，农业大学的科技成果用在大田上，即使增产 20% 左右，农民也很难用肉眼看出来。因此，推广效果并不显著，农民对这些新技术成果的需求也远非我们想象的那样迫切。另外，虽然有许多时间驻扎

---

① 当时大学里尚无"学院"的设置，校级之下的就是系。

在基层，但因没有指导，也缺乏必要的社会科学知识，因此我们并未能够真正带着社会科学的视角，以社会科学的方法开展系统的农村社会研究。但是，长时间的农村实践所积累的感性认识是丰富而深入的，对农村社会的体验和感悟是直接而自然的。在此期间，我与同事合作开展的唯一一项社会调查是关于河北省武安市的农村妇女劳动分工状况，但非常不成熟、不系统。

20 世纪 80 年代，中国政府和联邦德国政府之间开展了一项技术合作项目（1984~1994），具体执行方是中国的北京农业大学和德国的霍恩海姆大学。此项目的主要内容是两所大学相关教授之间的结对合作研究。除此之外，项目还期望将中德科学家的合作研究成果在中国的农业生产中加以推广和应用。因此，项目专门成立了中德综合农业发展中心（Centre for Integrated Agricultural Development，简称 CIAD 中心），建设了 CIAD 小楼。CIAD 小楼的外观是白色的，里面的所有家具、设备均为联邦德国原装进口，且一直使用至今。虽然楼层不高，但在 20 世纪 80 年代，CIAD 小楼在校内非常醒目，也非常现代，因此大家均称之为农大的"小白楼"。这就是今天人文与发展学院在西校区的办公场所。为了推广中德合作科研成果，CIAD 中心专门设立了开发部。这与学校此前成立的黄淮海办公室职能相近，因此学校将黄淮海办公室的所有业务人员转到了 CIAD 中心的开发部。这个开发部就是 1998 年成立的国内第一所农村发展学院的前身。

1992 年前后，我们这些一直"下海"的老师开始总结和反思大学老师参与农村科技推广和农业开发工作的经验和教训。大家形成的一致看法是，大学老师应该深入实践，可以参与农业科技推广和农业开发工作，但若将自己的工作全部定位在农村科技推广和农业开发上，似乎既不现实，也未必有前途。其一，仅仅从事农村推广工作，不可能履行大学老师的教学和研究职责；其二，中国自国家层面一直到乡镇均设立了农业推广机构和推广体系，数以百万的农业技术推广人员长期从事专业的农业推广工作，大学老师开展此项工作并非完全必要，也未必能做得更好。在此情况下，CIAD 中心的领导和德方协调员决定对开发部长期"下海"的年轻老师实行专业和工作上的转型，具体措施是，将年轻教师逐年送派到德国、荷兰、英国、美国等国家的高校，进行发展研究（Development Studies）领域的高级培训或学位学习。我有幸于1992~1993年在德国多特蒙德大学参加了"区域发展规划与管理"专业的研究生班学习；1994~1996年参加了荷兰劳伦斯坦国际农学院与英国里丁大学联合开设的"国际发展"方向硕士培养项目，获得理学硕士学位；1997~2002年在荷兰瓦赫宁根大学继续学习"发展社会学"专业，获得社会学博士学位。

接受转型培训或学位教育的老师自1993年开始陆续回到国内。这批经过西方"发展研究"培训的人在当时的中国立刻找到了用武之地——发展咨询工作。自20世纪90年代，世界上几乎所有的多边和双边发展援助组织开始在中国开展农村发展项目，如联合国系统的很多组织、世界银行、国际货币基金组织、亚洲开发银行、欧盟、德国技术合作公司、德国复兴开发银行、加拿大国际开发署、英国国际发展部等。而开展这些项目需要很多国内专家，以帮助这些组织开展项目的可行性研究、基线调查、实施培训、监测评估等等。对这些国内专家的要求是，一要熟悉中国农村的情况，二要掌握有关项目规划和项目实施的一系列知识。而我们这批在西方学习了"发展研究"的人，大多学习了有关国际发展项目运作的一整套理论和实践操作方法，掌握了很多实用技能。我们很多人出生在农村且有几年的长期"下海"经历，因此成为众多国际发展援助组织在中国不可多得的"抢手"专家。邀请我们参与执行国际发展项目的工作应接不暇。正是因为那几年我们参与了大量的国际发展项目咨询工作，CIAD中心才在国际发展组织中开始声名远扬。我们这些曾经每年要有半年时间"下海"跑农村的"土"老师，也在短短几年之间实现了超越，突然变得"高大上"起来：与国际组织讨论项目、与地方官员谈项目实施、与国际专家一起工作、频繁参加常常在星级宾馆组织的项目会议……我们也因此变成了大学里的"先富群体"。

然而，发展项目咨询到底是什么呢？说到底，就是一种"生意"（business），即我们给发展组织提供项目咨询服务（consultancy service），发展组织则支付我们咨询费。在做了一些项目咨询工作之后，我有这样一种感受，即参与农村发展项目咨询的时间很长，但对中国农村的了解却不见深入。为什么会这样呢？国际发展项目咨询工作一般按天或月计算一位专家的投入，若某次咨询任务的投入是一个月，其实这一个月的时间很多用在了阅读项目资料以及与省、市、县的项目执行机构座谈讨论上，而一个农村发展项目，往往涉及几个县，那么真正到村庄进行实地调研的时间极其短暂。尤其是，这样的村庄调研往往与国际专家一起开展，用餐一般不在村庄，且在去村庄之前一般还需要经过管辖的乡镇，再将交通时间考虑在内，发展项目咨询专家到一个村庄考察调研的时间往往不会超过 2 个小时①。与项目咨询一个月的时间投入相比，一两个小时的村庄调研显然无法深入了解中国农村的现实，只能是形式上的实地考察而已。这被英国学者罗伯特·钱伯斯（Robert Chambers）形象地讽刺为发展旅游（development tourism）。我的亲身体会就是：越做咨询项目，越不了解中国农村。

自 1999 年，我开始为自己的博士论文研究选择村庄。我想，要真正了解乡村，一定要有自己的、可以开展长期研究的农村"社区"，就如费孝通的开弦弓村和禄村、张子毅的易村、梁漱溟的邹平县、晏阳初的定县、于建嵘的岳村等那样。只有这样，才能真正了解农村的鲜活现实和复杂内涵。开始我想选择北京市延庆县的一个村庄，但在那里住了三个星期后，感觉不太合适，因为北京市周边的村庄，情况过于特殊，享受北京市政府的大量生态补贴，村庄中的大多数年轻人那时就已经在北京工作。后来就换了河北省易县坡仓乡的桑岗、南杜岗、苑岗和宝石四个村庄。最终选择这四个村庄的过程也很复杂，我在自己的博士论文中有详细描述。直到今天，我和很多老师、学生都以这四个村庄为研究社区，以此来观察和理解中国的社会变迁和发展过程。在这四个研究社区完成的博士学位论文已近 20 篇，硕士学位论文近 30 篇。自从选择了自己的"社区"之后，我个人也开始了再一次的转型，即从发展项目咨询逐渐转到农村社会研究上来。

人们在憧憬未来时，常常高唱"主动选择，把握人生"的豪言壮

---

① 少数性质特殊的项目咨询工作在村庄停留时间或较长些。

语；而在回首往事时，却又每每发出"人在江湖，身不由己"的感慨叹息，因为很多时候个人其实没有多少选择的余地。我原本学习自然科学，几经辗转，又入了社会科学之门。小学时的每篇作文都以"为实现四个现代化而奋斗终生"结尾；在"学好数理化，走遍全天下"的科学至上主义指导下，大学进入自然科学领域学习土壤化学，也为的是以实际行动投入国家的现代化建设；硕士阶段学习的是发展经济学的孪生兄弟——发展规划，即如何制定和实施发展政策和发展项目，随后便投身于在中国实施的大量国际发展合作援助项目。而博士期间学习的发展社会学，虽然没有脱离发展干预这个主题，但在以往关于发展的线性思维中加入了冲突的视角，认识到不同的社会行动者在发展干预过程中的不连续性。当然，回首40余年的人生历程，我对社会科学的兴趣早现端倪：1987年作为土壤化学专业的在校本科生，斗胆撰写长文——《论农村团的建设》；大学毕业后开展农村技术推广期间，"不务正业"地调研农村性别分工；在收入不菲的发展咨询工作如火如荼之际，长期驻守河北省的四个村庄开展农村社会观察。

　　然而，我自己非常清楚的是，虽然获得了社会学博士学位，但教育经历显然杂乱无章，与很多接受了社会科学系统训练的同行不可同日而语。虽然从严格的行政隶属关系来说，我不在社会学系，但与社会学系结缘很早。我自2001年连续几年为社会学专业的学生开设农村发展概论课程，多年来招收社会学专业的硕士研究生，并一直努力开展社会科学研究。我无法回顾社会学系的建设历程，但可以介绍自己从事的几项社会研究，并略表对社会科学研究的感悟和拙见。社会学是人文与发展学院需要重点发展的学科之一。在国内一流的综合性大学主导下的社会学界，我们学院的社会学专业有潜力争得一席之地。学院很多老师从事的都是社会学方向的研究。通过介绍我和我团队的社会研究历程，我十分希望传递的是，虽然中国农业大学不是全国社会学的中心，但我们完全可以做出带有鲜明特色的社会研究来。

2. 农村留守人口研究

　　在我和我的团队已经开展的稍具代表性的研究中，其中之一就是

"农村留守人口研究"。我们最先开始的是 2004~2005 年对农村留守儿童的研究。我们在陕西、宁夏、河北、北京四省（自治区、直辖市）共 10 个县的 10 个村调查了 161 名留守儿童、140 名非留守儿童，还有很多留守儿童的监护人、学校的老师、社区的组织者等。在深入调研的基础上，我们出版了国内第一本留守儿童方面的研究专著——《关注留守儿童》（中英文版）。该研究在社会意识的建立方面起到了非常重要的作用。对这项研究，新华社做了多篇专题报道。国内的其他媒体，包括网络、电视、报纸，也都做了很多相关报道，比如《21 世纪经济报道》《北京青年报》《农民日报》《中国青年报》《光明日报》《文汇报》《广州日报》《中国日报》《人民日报》等。一些国外媒体也做了报道，如路透社、《华尔街日报》。很多电视台也对这项研究做了深入的报道，包括中央一台、二台、十二台、少儿频道、新闻频道，以及中国教育电视台、凤凰卫视，等等。凤凰卫视的《社会能见度》节目还做了一期关于此研究的专访。

对农村留守儿童的访谈

关于留守儿童的讨论在社会上有很多学说，或者叫有很多学派。我们这个研究的成果发布以后，创立了其中最重要的一个学说——即

对农村留守妇女的访谈

对农村留守老人的访谈

人民网报道中列为首个的"关爱说"。国内有很多专门研究人口的研究机构,包括一些高校的"人口研究所""人口学系",它们也针对留守儿童提出了各种学说，如"政府责任说""三农根源说""国民教育体系说"等。在全国范围开展的针对留守儿童的行动，大多采用了我们的"关爱说"。我们在四川省青神县开展的针对留守儿童的行动，被称为"青神模式"。这个模式的具体内容，也就是他们的具体做法，按照县妇联主席袁晓霞的说法，全部是按照《关注留守儿童》这本书中提出的建议来开展的，如建立"托管家庭"、建立留守儿童档案、设立亲情电话、建设社区活动室和心理咨询室等，都是我们的研究所提出的关爱留守儿童的建议。

在2004~2005年的留守儿童研究基础上，我们于2006~2008年将研究对象扩展到农村所有的留守人口，即留守儿童、留守妇女和留守老人。研究地点选择在农村劳动力输出最为集中的江西、湖南、四川、安徽和河南五个省。在每个省选取1个县，每个县选取2个乡（镇），每个乡（镇）选取1个行政村，共计10个行政村作为调研社区。分别调查了400名留守儿童、400名留守妇女和400名留守老人，以及200名非留守儿童、200名非留守妇女和200名非留守老人作为对比。其他访谈对象包括普通村民、村干部、县级相关政府部门、城市务工人员等。

该研究于2008年出版了留守系列三部曲：《别样童年：中国农村留守儿童》《阡陌独舞：中国农村留守妇女》《静寞夕阳：中国农村留守老人》。该研究成果的发布又将有关留守人口的社会认识推入一个更高的层次，并在政策倡导上发挥影响和作用。网络、报刊、电视等媒体平台进行了两个多月的集中跟踪报道，其媒体影响和社会影响一直持续至今。其中，人民网在其"中国政府新闻"版面以《〈别样童年〉：留守儿童面临九个问题》《〈阡陌独舞〉：中国农村留守妇女亟待关注》《〈静寞夕阳〉：中国农村留守老人面临九个问题》为题，全文转载了研究建议报告。《新京报》2008年12月20日的《书评周刊》栏目以《伤村：关注那些留守农村的人们》为题对研究成果进行了评介，认为本研究"能给当下的决策层提供扎扎实实的参考，研究展示的事实和数字足以让整个社会意识到，'留守人口'，是一件大事"。2008年第93期《南都周刊》根据本研究成果提出，在城乡二元割裂的背景下，丈夫进城务工,妇女不能跟随,农村留守妇女的生活困境和性压抑是体制性原因所导致的,留守妇女性压抑的生理感觉背后实质上是一种体制缺陷,并因此称之为"体制性寡妇"。此外,《人民日报》《农民日报》《南方日报》《中国青年报》《人民政协报》《中国妇女报》《北京科技报》《中国劳动保障报》《北京晨报》《中国教育报》《21世纪周刊》《中国日报》,以及中国政府网、新华网、中新网、搜狐网、新浪网、凤凰网等众多媒体对我们的研究做了深入报道。阳光卫视《立言者》栏目2009年8月30日特别节目《叶敬忠——关爱农村留守人口》、中央电视台一频道2009年3月7日"三八"特别节目《我们的田野》、中央电视台七频道《聚焦三农》栏目2009年4月25日《关注农村留守妇女现状》节目、中央电视台新闻频道2009年1月10日《朝闻天下》等均报道了研究的成果。

本研究成果被《国内动态清样》(2010年第3013期)报道,并得到中共中央政治局委员、全国人大常委会副委员长王兆国和全国人大常委会副委员长、全国妇联主席陈至立等领导的重要批示。中国人民大学人口与发展研究中心段成荣教授、杜鹏教授和中华全国妇联妇女研究所蒋永萍研究员在为研究成果撰写的书评中,认为本研究既规范严谨,又有创新和突破;既有很高的政策含义,也有很高的实践价值;是中国农村留守人口研究领域的标志性研究成果。据李艺敏、李永鑫2014年发表的《留守儿童研究:基于CiteSpace的可视化分析》一文,中国农业大学人文与发展学院为国内留守儿童研究高产机构,我本人为高被引学者,学院多篇相关研究文章为高被引文献。这对于农业大学的研究团队来说,是来之不易的成绩。

《别样童年》《阡陌独舞》《静寞夕阳》三本专著先后获得第六届高等学校科学研究优秀成果奖(人文社会科学)一等奖、北京市第十一届哲学社会科学优秀成果奖二等奖、第四届中国农村发展研究奖,其中《阡陌独舞》还入选第五届"国家图书馆文津图书奖"推荐图书。尤其是第六届高等学校科学研究优秀成果奖(人文社会科学)一等奖,是那一届社会学学科唯一的一等奖,这对中国农业大学来说是史无前例的。

2013 年第六届高等学校科学研究优秀成果奖（人文社会科学）一等奖证书

3. 农民视角的新农村建设研究

我们开展的第二项稍具代表性的研究是"农民视角的新农村建设"。我们团队 2006 年在甘肃、河北、湖南、江西四个省的 8 个县 8 个村，调研了 480 个农户，还访谈了很多村干部和县、乡干部等。我们出版了一本专著——《农民视角的新农村建设》，发表了 20 余篇研究论文。这个研究在政策制定方面起到了重要的作用，它为新农村建设中的农民参与以及倾听农民的声音做了非常有力的论述。我们提出了"农民集体失语说"。现在很多机构会引用这一话语，正是我们在这个研究里提出来的。

我们认为："在轰轰烈烈的新农村建设讨论与行动中，我们听到的主张和建议几乎都是来自两个群体，首先是官员，从高官到村官；其次是专家，从著名学者到普通研究人员；而农民作为新农村建设的主体和最终受益者，却在这场关乎自己家乡建设和自身利益的新农村建设中集体失语了。虽然农民在理论上被一直认为是新农村建设的主体，但现状

与甘肃省会宁县郭城驿镇八百户村民座谈

是专家学者和政府官员成了他们建设家乡的代言人。我们认为，丧失话语权的农民是不可能真正参加新农村建设的，而没有农民声音的新农村建设一定也是纸上谈兵。"这就是我们所发出的声音。每每回忆起这样一种声音的时候，我自己都觉得是那么富有力量！这是我们的研究团队在对480个农户进行调研之后发现的真实社会状况，是灌注了我们的情感而发出的一种声音，一种呼吁。

我们这个研究还给中央政府提供了《关于新农村建设的九大问题、九大建议》的报告。2006年11月1日，我们把报告递交给了国务院，11月11日我们就得到了时任国务院总理温家宝的重要批示。温总理指出，"农大教授的来信和研究成果反映了社会主义新农村建设需要关注的一些问题，这些问题是根据深入调查研究得出来的，关系到党的方针政策的正确理解和贯彻，也关系到农村经济、社会发展和农民的切身利益，值得重视"。我记得在党的十七大报告电视直播结束以后，四川的一位官员给我发来短信说"你们的研究被中央采纳了"，因为他看到了报告中有"发挥亿万农民建设新农村的主体作用"。当然，十七大报告中的这一内容不一定是因为我们这个研究才写进去的，但无论怎样，作为提出这样建议的研究者，我们还是挺欣慰的。这也是我们人文与发展学院的一个重要成果。

很多媒体对此研究进行了深入报道。新华社有六篇报道，每一篇都涉及我们这个研究的成果，如《新农村建设中的九个问题亟待关注》《一项调查显示：六成二农民单纯从事农业》《男耕女织已成往事？女性正成为农业生产的主体》《农业专家指出：中国新农村建设面临挑战》《目前江苏湖南等地试点村的做法不利于新农村建设》《新农村建设不能"嫌贫爱富"》。《南方周末》推出了整个版面的报道。另外还有《中国青年报》《中国经济时报》《中国经济导报》《农民日报》《文汇报》《中国日报》的报道等。

在我们这个研究之前，新农村建设中是没有"农民视角的新农村建设"这样的提法的。2006年《南风窗》的"为了公共利益年度榜"授予中国农业大学人文与发展学院"最佳年度组织奖"，上榜理由是"做农民的传声筒"。

《农民视角的新农村建设》还获得了北京市哲学社会科学优秀成果一等奖，是近20年来我们学校获得的北京市哲学社会科学优秀成果的第一个一等奖。

4. 社会科学研究的责任感

我认为，取得上述研究成果没有任何捷径，更不可能靠投机取巧或某个人的天资聪明。我的体会是，关键在三个方面：一是责任，即社会责任感；二是态度；三是勤奋。

对于一名研究者来说，什么是社会责任感呢？也许大家会说每个人都有社会责任感，那么对于研究者来说，社会责任感主要体现在哪些方面呢？我是这样考虑的，我们每天都会面对各种社会现象、社会行为、社会问题、社会实践，很多人对此可能是司空见惯，孰视无睹，见惯不怪。我觉得社会科学研究者一定要善于问"为什么"。作为一名社会科学研究者，假如你对周围的事件和问题司空见惯、熟视无睹的话，那将是一种灾难，因为那样的话，你不可能选出任何一个研究题目来。

所以，一名社会科学研究者的社会责任感主要体现在，面对社会问题和社会现象时一定要多问"为什么"。比如说，有一张照片，一位卖红薯老人的三轮车链条被城管剪断了，他自己蹲在墙边流泪。看到这张照片，作为社会科学研究者，作为学习社会科学的学生，我们会怎么想呢？我们是否可以研究卖红薯的老人对城市人的生活起到了怎样的作用？假如通过我们的研究向人们展示：原来城市人的生活根本离不开他们这样的农民工，这难道不是很令人欣慰的事吗？再如"瓜农进城"现象在很多地方引起了热烈的讨论，一些地方甚至出台了很多措施限制种植西瓜的老百姓进城卖瓜。媒体报道的几张照片显示，南京市禁止瓜农进城，近40辆运瓜车被堵在南京长江大桥北关卡过不了江，瓜农女儿小菁菁（13岁）苦等12小时，被蚊子叮10处。这就是我们经常会遇到的现象。遇到这样的现象，我们如何想，如何做？在有的城市，瓜农们东躲西藏，夜晚便在僻静的城市街头露宿。有的城市采取了在进城的入口处设瓜市的办法，集中交费统一管理，但收效甚微，没人为了买个西瓜跑那么远的路。这样的政策其实十分荒唐可笑，正如郑州某市民所说，"在往年，哪年不吃千把斤西瓜？！可今年，提起西瓜我就伤心。为买一个瓜吃，我花了仨钟头，走了三公里路。过一把瓜瘾成了奢望"。我们想一想，不论谁，能为了一个西瓜开车几个小时去那个所谓的"瓜市"买个西瓜回家吗？但有的地方政府就这么做了。面对这样的社会问题或社会现象，作为一名社会科学研究者，我们是不是可以做一点研究，去说明瓜农对城市人生活所起的作用，去发出我们的声音？有一次接受媒体采访时，我说围堵不如搞好服务，瓜农进城为什么就影响市容、影响交通了呢？这些瓜农看到警察就跑，那能不影响交通吗？假如瓜农见到警察就像我们小时候接受的教育那样，有什么困难就找警察，那也许不会出现如此多的问题。用这样的例子，我是想给大家展示，作为社会科学研究者，要对周围的社会现象、社会问题多提为什么。

另一个例子是关于农村寄宿制小学。我初中的一个同学，现在是某个小学的副校长，有一次跟我谈起他所在的地方搞寄宿制小学。我说似乎很多地方都在推广寄宿制学校，而他却说，寄宿制小学在农村其实不行，学生在学校里就跟在集中营一样，为什么呢？城市的寄宿制小学，有钢琴老师教钢琴，还有很多公园可以带学生去游玩，等等；而农村的寄宿制小学，大多没有音乐老师。对于管理者来说，学生的安全是最为重要的，所以他们不允许学生走出校园。在这种情况下，学生每天的生活就是上课—自习—上课—自习—上课—自习，这样谁能受得了呢？何况是八九岁的儿童？据说某省教育厅领导去某县考察，县里向他汇报说农村搞寄宿制学校好，因为可以把师资力量集中起来，有利于教育资源的整合。该领导回去后就下发了一个大力推广农村寄宿制学校的文件。作为社会科学研究者，我们要多问问题，对于这样的事情，为什么学生会有坐集中营的感觉？针对这一现象，我们做了一些研究，也发表了一些文章。2008年2月的《中国教育学刊》首篇刊发了我们对农村寄宿制小学有关政策的分析。我们发现，"农村寄宿制学校在学生管理中功利性、目的性强，忽视教育的细节和过程，对教师的考核和激励不足，中央和地方的政策设计和执行存在偏差"。这就是我们社会科学研究者可以发挥的作用。

我们经常会遇到这样的媒体报道，如2007年新华社的一篇报道指出，"甘肃114万扶贫项目通过验收 只见三牛棚一头猪"；2004年新华社记者的一项调查表明，财政支农两千亿元，农民受益"毛毛雨"；2004年《北京青年报》的一篇报道说，"亿元救灾款竟成'唐僧肉'"。2004年《北京青年报》还曾报道了发生在石家庄的事情，即"鲜牛奶为何倒进臭水沟？"——2004年阜阳奶粉事件发生以后，市场对奶粉的需求降低，与奶农签订了合同的公司不需要那么多的鲜牛奶了，怎么办呢？企业所采取的对策是提高检测标准。一位农民怎么也弄不明白："一样的养殖场，一样的牛奶，怎么今天是一级奶，明天就变成了四级奶？"而一家奶站的工作人员说出了原委："关键是奶多了！企业用不完，检测标准就严了。企业不收购，只好倒掉……是不是质量不合格，这个不太好说。如果企业需要鲜奶100吨，奶农只能提供80吨，那怎么检验都合格；如果你交来了150吨，那最后总要有几十吨不合格。"2008年，石家庄又出现了三鹿奶粉的三聚氰胺事件。据说，三聚氰胺事件发生后，最高兴的是国外提供检测三聚氰胺设备的厂商，每套设备是100多万元，而且大有全民检测三聚氰胺的态势。我们的电视媒体在报道三聚氰胺事件时，总会向观众呈现这样的画面——检测员在实验室里拿着试管和滴管进行检测。这是我们的一种定势思维，认为问题就是出在检测环节，因此大家都去做检测工作。其实，这个事件的重点不是在检测的环节上，而是在生产与组织等整个供应链中不同群体、不同团体的利益与权力关系问题上。我认为三聚氰胺这个事件不应该只靠那些自然科学工作者的检测来解决，而应该靠我们社会科学工作者去分析——在生产与销售的链条中，有哪些相关群体，以及在这些群体之间有什么利益冲突？怎样去协调这些利益冲突？我认为在我们这个社会里，很多事情是需要靠社会科学工作者去做的。

还有一个报道，大家读了可能会觉得更可笑。《北京青年报》报道，2004年7月14日民政部有关负责人强调，民政部、财政部将对各地中央救灾资金管理使用情况进行监督检查，不及时下拨和违规使用中央救灾资金的省份，如再发生特大自然灾害要求中央补助时，民政部、财政部将不予补助或减少补助数额，并予以通报批评。这是官方的消息，是新华社的报道。我想，只要是我们社会科学的毕业生，肯定不会起草出这样的文件来。

在面对上述这些现象的时候，我们应该怎么思考？我也做了些思考，写了文章，我提出了有关"发展干预中的权力滴流误区与农民组织"的观点，指的是，我们社会里有不同的社会行动者，包括一些群体、组织与个人，他们之间的互动关系包括冲突、竞争与谈判，使得他们之间存在显著的不连续性，其中一个群体的利益与权利难以由另外一个群体来保证。但现实生活中经常存在这样的认识误区，如农民的利益可以由"公司+农户"模式中的"公司"来保障。这就像经济学里的滴流效应误区，即认为落后地区的发展可以由发达地区来带动。比如，人们观念上认为上海的发展可以带动陕西的发展，但现实是上海发展了以后，陕西更多的人才与资本都去了上海，反而制约了陕西的发展。回到前面的例子，"公司+农户"的模式能保证农民的利益吗？我觉得不太可能！因此出现了石家庄的"鲜牛奶倒进臭水沟"的现象。所以说，在发展干预过程当中，在相关群体之间存在着这么一种叫权力滴流的认识误区。那么，农民的利益应该靠谁保证？我认为只有靠农民自己，因此应该有农民自己的组织。

前面谈的是在面对这样一些社会现象时，我们应该怎么思考。我在四川省青神县读过一名小学生写的一篇作文，题目是：《一个人》，内容是："一个人就是一个家。一个人想，一个人笑，一个人哭。我很小的时候父母就出去打工了，不知道什么是父爱、母爱，就连他们的样子都记不清了。我考试从来都不及格，自信心有多差就不用说了。上学期我考了最后一名，这学期我不想考最后一名了。"在看了这样一封信后，我们又会怎么想呢？作为社会科学研究者或学习社会科学的学生，应该怎么想呢？面对这样一篇作文，假如社会科学研究者都不去想该做些什么，那就是缺乏社会责任感。

所以说，社会责任感对于社会科学研究者来说可以促进思考。对于我们阅读了的文献、观察到的社会现象和我们经历的事，我们要多问为什么，这样就可以提出研究选题。我们在开展留守儿童研究实地调研的过程中，经常发现很多儿童在家，而父母外出了，儿童与老人留在农村，相依为命。于是我们思考，父母外出对留守儿童会造成什么样的影响？这就是我们研究的缘起。我认为要带着社会责任感去思考，这样就可以提出研究的真问题来。我们的新农村建设研究也是同样的情况。2005年底，党的十六届五中全会提出了新农村建设的目标，并且把它作为现代化进程中的重要任务。在2005年底和2006年初，我们发现北京每天都举办很多研讨会，参加的都是学者和官员，讨论的是千里之外的农村建设问题。当时我们就思考，这么多人在讨论农村的建设，那么农民是怎么想的？农民有什么需求，农民对中央的新农村建设有什么期待？由此，我们提出了研究选题，即"农民视角的新农村建设"研究。

我们的研究成果，都是通过对社会现象的观察和分析，并加以思考和调研而完成的，没有一个是苦思冥想、闭门造车而来。美国社会学家劳伦斯·纽曼在其编著的《社会研究方法》里说："如果社会研究者不能在社会实践中应用社会研究，无法与日常的实践保持协调，他们就只能玩一种'象牙塔'游戏。不久，公众和社会就会对其失去信任、理解和支持。"我们的研究一定要基于我们日常的生活和日常的实践，带着一种社会责任感去思考各种社会现象、社会行为、社会事件。这样，我们就会发现处处留心皆"研究问题"。

5. 社会科学研究的态度与精神

在社会责任感的基础上，社会科学研究者一定要有一个真诚的态度。这种真诚的态度是指对待研究本身、对待研究成果，特别是对待我们的研究对象——农民。对于研究本身，我们做研究的出发点不能是为了某些功利的目标，而应该是自己在实践中出于一种责任和兴趣而开展研究。对于研究成果，我们不能仅仅是为了文章而写文章，不能仅仅是为了评奖、评职称等。研究需要遵循客观的规律，不能说因为需要几篇文章来晋升教授，才准备做研究，准备写文章。

关于态度方面，最重要的是研究者对农民的态度。对待农民，我们一定要有发自内心的真诚态度。这种态度一定是由衷的，而不是装出来的。其实"群众的眼睛是雪亮的"，你是否真心地尊重农民，大家都很清楚的。

在河北省易县的四个村庄工作这么多年，我们一直住在农户家，吃在农户家。易县的老百姓怎样评价我们的老师和学生？我可以充满自信地说，他们真的高度赞赏，倍加肯定，非常喜爱我们农业大学的老师和学生，因为我们学院的研究人员在易县这么多年都发自内心地、非常真诚地对待和尊重我们的农民兄弟。一位村民告诉我说，"农大的学生特别有'知识'"。这个有"知识"是什么意思呢？原来他觉得他自己的儿子没"知识"。他儿子也在一所高校读书，"五一"回家时带了五个同学回去。每次吃完饭，他们就躲到他自己的屋里。在县城工作的姐姐专门回来看他，他也不和姐姐多说话，也不和父母聊天。而我们中国农业大学的学生，到村里见到人就打招呼，"叔叔""阿姨"的，让村里人感到很温暖；吃饭时，总是帮着端饭，收拾碟盘碗筷，还总是与农民一起吃饭。村里人说自从我们农大师生去了村里，村里人见面也说"你好"了，也许我们的行为产生了一些潜移默化的影响。我想特别说明，我们在称呼村民、吃、住等方面的真诚态度真的做到了十几年如一日，因为这样的态度是我们发自内心的表现，是我们为人处世的价值体现。

我也发现，有的研究者在出差的时候，县里请吃饭，县长还没有说话，他们就开始动筷子，还蛮有道理地说不用讲究那么多，并宣称"要自由一些"。不少人学过人类学，知道应该尊重当地的文化。县领导在邀请你吃饭时，一般会在吃饭之前说几句话，举杯欢迎外来者。而有人标榜研究文化，却在自己的日常生活中不去了解别人的文化，不去尊重别人的文化，这是典型的文化沙文主义。这也是我们平时与我们的研究对象进行互动时应该注意的细节问题。我们在做留守儿童研究时，学院的张克云老师利用空余时间帮孩子们缝补衣服、洗头剪发，这些都不是装出来的。我们团队的女同学、女老师在农村调研时还会带着烟，不是她们抽烟，而是为了给别人敬烟。

研究社区的农民有时候会来北京，多为看病等，我们应该怎样对待他们呢？我们一定会把他们当作我们最优先接待的客人。农村人到北京是挺不容易的事，对他们自己是特别大的事。我们在村里时，他们不顾农忙，可以说是随时随地与我们交谈。他们来了北京，我们就是有再多的事，也应该去看望他们。我们都提倡人人平等，在我们社会里人人平等吗？有一位德国老人多年前对我说，"有人生在城市，有人生在农村；有人生在平原，有人生在大山深处，人与人是不可能平等的"。他说人本应该平等，但却不平等。作为我们的研究对象——这些农民、儿童，他们与很多人相比在很多方面是不平等的，与我们在很多方面也是不平等的。但他们到了北京，我们应该以最真诚的态度对待他们，就像他们在村里对待我们一样。我认为，这是作为社会科学研究者应该做的事，也算是追求人人平等的一点行动吧！

曾经有个研究人员到某地出差，可能调研不是很顺利，回来后说那里的农民都是刁民。另一个研究人员在某省农村调研时可能吃得不太好，回来后说那个省的农民吃的饭像猪食一样。我觉得这样的态度绝对不是社会科学研究者应有的态度。

除了社会责任感和真诚的态度之外，我觉得从事农村研究一定需要勤奋和一种精神。我们在做新农村建设研究以及留守儿童研究时，去了很多地方，其中有一个是湖南省岳阳县长湖乡三友村。他们的支书曾旺金对我们学生是这样评价的，"你们就是'钢铁学院机械系'的学生"。为什么会这样说呢？因为我们在每个村里都有大量的调研任务，特别是问卷调查和入户访谈，每一份问卷调查都要从头到尾仔仔细细地与农民讨论完，填答完，访谈农户也需要很长时间。我们的学生对待每一份问卷都那么一丝不苟，每天起早贪黑，走村串户，不论炎炎烈日，还是梅雨绵绵，每完成一份问卷都能给他们带来无比的愉悦。曾旺金支书深为我们的工作精神所感动，他觉得现代社会里很少有像我们这样工作的，说我们十几天干的活和他们做了一年的活差不多。其实我很了解，我们的团队以及到每个村的研究小组都承受了巨大的工作压力，特别是每个组的组长。一位组长告诉我，她在村里每天夜里脑子里浮现的都是完成了多少份问卷，进行了多少次访谈。

我们在湖南省岳阳县张谷英镇长坪村调研时，正是5月底。每天烈日当空，实在太晒了，我们就把文件袋放在头顶上；路上只要一过车辆，便尘土飞扬，我们个个又都大汗淋漓，那种狼狈样子大家可想而知了。在河南省固始县调研的小组里，有很多女同学、女老师。当时正逢麦收季节，她们十几天不能洗澡，但她们都坚持下来了。在河北省易县苑岗村有一个大众浴室，非常简陋，进去基本上脚都没地方放，但这就是我们研究团队多年来洗澡的地方，开始几年连这个浴室都没有。对于在城市里生活习惯了的人，做到这些是很不容易的。我们社会科学研究一定要选择到农村社区深入开展长期的观察、调查、记录和分析。只有这样，我们的研究结果才能言之有物。我的研究团队每年都会花很多时间住到村里，去观察，去体验。在这方面，社会科学家前辈们为我们做出了非常好的榜样，十分值得我们学习。

多少年来，我的研究团队一直坚持这样的一个学术传统，即只要开展实地研究，每天晚饭后必进行小组讨论，讨论每个成员当天的发现、感受和思考，无论怎样劳累。这是雷打不动的，这样的讨论往往持续到凌晨。而我们开展的大型调查研究的问卷设计每每需要修改几十个版本。如留守人口研究，2006年底的寒假，我的团队对问卷的每一个细节进行了两个星期的闭门讨论，当时大家也许感到了枯燥；2007年我们在四川省的两个村对问卷进行为期两周的试调查，每天晚上都要讨论至凌晨一两点钟；2007 年的暑假，我们团队的 26 名成员，没有休假，几乎天天加班，其间大家体会了压力，也感到了乐趣。在安徽省的调研过程中，梁振华同学被狗咬了。在四川省的调研中，赵勇同学被访谈的老人往脸上吐了唾沫，因为那位老人精神有点问题。起先并不知道，经过一个多小时访谈后，老人开始烦躁，就往他脸上吐了唾沫。出了这件事后，赵勇很难过，闷闷不乐的。我告诉他，这是他难得的收获，因为他一辈子也忘不了这件事情，这就是社会科学研究的经历。但要与费孝通老先生相比，这不可同日而语啊！费孝通先生在新婚燕尔之际，携夫人王同惠女士赴广西大瑶山进行有关少数民族的实地调查。王同惠误踏虎阱，费老痛失贤妻。之后，他一边在家乡吴江开弦弓村养伤，一边仍坚持实地调查，这直接促成了《江村经济》一书的写作。听了我的一番话后，赵勇同学似乎突然之间悟出了道理，马上又满怀兴致地投入了实地调研工作。我为我们学院有这样一些学生感到非常骄傲，非常自豪！

6. 社会科学研究的价值

如前所述，做社会研究一定要有社会责任感，要满怀真诚的态度，要有勤奋的品质。这些其实都是再简单不过的道理，即"一份耕耘，一份收获"。需要说明的是，这里的收获一定不是为了收获而收获。这就涉及我们研究的基本价值取向：一定是从我们自己的社会责任感和兴趣出发，去选题，去做研究，而不是为了出名，不是为了热点。不能因为大家都认为热点是什么，你就去做什么；不能因为大家都在做哪一方面的研究，你也做那方面的研究；其实越是那样，越不可能成名。另外，我们的研究也一定不是为了迎合某个领导，或者某一部门的兴趣。其实，社会行动者之间的不连续性必然导致某个领导、某个部门的兴趣一般难以成为研究者真正的研究兴趣，而且领导或一些部门的研究一般要求的都是"快餐式的研究"！而快餐式的研究往往是没有价值的，没有文化的。

我们做研究也不是为了收入，更不能纯粹为了获得课题的资助而做某一研究。被誉为"当代美国文明最重要的批评家之一"的著名社会学家米尔斯指出:"对于一位社会科学家来说,最糟糕的事情之一就是:仅仅在为了某个研究课题而申请经费时,才制定研究计划。大多数研究计划的制定仅仅是为了申请到资金。这是最糟糕的,是十足的推销术。所谓课题,纯属虚构而已,目标只是为了某种隐秘的意图——获取资金,却不论这个研究有无价值。"在现实生活中做到这一点似乎很不容易,但是我坚持认为,从长远来看,真正好的研究一定不愁资金的问题,若存在资金困难一般是不恰当的研究价值使然。我自己的研究很多是从没有课题开始的,但重要的是你坚持你的选题与研究价值,永不放弃。事实证明,课题资助会源源不断而来,我们的新农村建设研究和留守人口研究都是这样的结果。

所以说,我们的研究一定不能是为了某种短期的、纯粹的功利目的而开展。这就如同我们的专业学习一样,假如从一开始你就冲着就业,我认为不一定妥当!也许很多学生会说学习专业就是为了考虑将来的就业问题,这是天经地义的事。我不太同意这个观点,我认为这正是当今物欲横流的功利社会所造成的。现在很多专业的设计都围绕市场的需求,围绕就业的需求,这是一个非常错误的做法。要知道,你学的专业和你从事的职业是两回事,职业一定是以客户为导向的,而专业一定不能以客户为导向。你学的专业一定是有精神的,有价值的,是一套知识体系。无论我们选择了哪一个专业,都要带着一种精神,一种追求。假如不带着这种精神、这种追求,只为将来就业而考虑、只以客户为导向,那何不把考古、历史、人类学等专业都改为计算机、国际金融、国际贸易专业呢?我认为,假如你带着一种精神、一种追求去学习,也许学成以后没能马上找到一份称心的工作,但随着时间的推移,你会慢慢找到一个能真正发挥作用的工作。有一个关于古希腊著名数学家阿基米德的故事,据说一位青年问阿基米德学习几何有什么用处,阿基米德听了随即吩咐仆人说:"给他点钱,让他走吧,他想靠几何学发财呢!"爱因斯坦也指出,教育学生不是要使他成为一种有用的机器,而是要使学生对价值有所理解并且产生热诚的感情,学生必须获得对美和道德上的善的鲜明的辨别力,要使学生成为一个和谐发展的人。因此,专业是具有一整套知识体系的，是有精神和价值取向的。我也很理解现在学生面临的就业难题，但我认为很多问题不是由专业知识导致的，而是社会不公平的结果，如"父母就业""朋友就业"现象等。光凭市场需求来调节专业设置以满足社会的功利性需求，能有用处吗？某人考的不是好的大学，但就业也许比你好；有的人没考上大学，但因为家里有钱到国外读了名校，还有现成的岗位等待着，等等，这些是专业造成的吗？

我始终坚信，物有本末，事有终始，事情总是有其规律的。米尔斯说过："选择做一名学者，既是选择了一种职业，同时也是选择了一种生活方式。"他的这番话，非常值得我们社会科学研究者仔细思考。

王依睿/陈楚楚/段佳颖　采访整理

叶敬忠 2015/05/10　校订定稿

吴惠芳

在农大社会学系建系 20 年中，我是与其渊源最深的人之一，也是历程变化最多的人。我的老师、同事和学生，我的学习、工作和研究都在这里。我常常被称为"系里年轻的元老"，所以愈发难言。这是一种类似于"近乡情悚"的感受。我常常在脑海中回溯过往经历，方方面面、林林总总，都觉得应该诉诸笔端，却又因担忧个人视角偏颇而迟迟不得动笔。暂且还是谈谈我自己这 20 年的学习与工作以及自我发现的历程与思考吧，希望能从中看到我们社会学系发展的些许剪影。

1. 误打误撞初入门

我是一个农村长大的孩子，在上大学之前去的最远、最大的城市是我们县所隶属的邢台市。那时候，并没有现在信息发达丰富的互联网，报纸都很少看到。我们所有的信息都来自亲朋好友及老师。1995 年 7 月，高考结束后，我的预估成绩还算理想，却在选择学校时犯了难——因为我对所有这些大学和专业几乎一无所知。北大、清华这样的学校，名气很大，当然知道是好大学，但是我的分数却达不到。前几年，我们村有人考取了北京农业大学，据说他毕业分配得很好。有前人趟路，我也选中了北京农业大学。学校选定后，选专业又成了一个难题。我是一个理科生，看了看农大的专业，也是一片混沌，只能"望名猜义"。除了应用物理、应用化学专业，我也选了"社会学"。当时，我并没有将高考看作一件天大的事。按我们县的教育情况，绝大多数人是要通过复读才能考上好一点的大学。我的理想是做一名医生，穿白大褂、拿手术刀那一类型的。所以我当时还扬言，若考不上重点大学，我一定要复读！我要考医科大学！高考成绩下来之后，很快就来了录取通知书。我被北京农业大学社会学专业录取了！考上大学当然是一件大喜事，尤其是考上了首都北京的大学。可是"农大"对于农村的学生来说，却将这喜气略略削弱了一些（后来在学校参加演讲比赛时，我还将这个故事添油加醋演说了一番）。去学校拿录取通知书时，老师问我为什么选社会学专业。我答曰，不知道，只是看这个专业名称很有意思。就这样，1995年，我成为北京农业大学社会学专业第一届的31名学生之一。

入学之初，系里就对我们进行了专业介绍和教育。20年过去，如今忆起当初，究竟当时老师们讲了哪些内容，已经全无记忆，只记得地点是在土化楼一层的一个教室，人物是程贵铭老师和朱启臻老师。与现在的一年级新生相比，我们当时是很单纯的一群年轻学生。大家并不困惑于这个专业会给我们设定怎样的就业方向，也没想过四年以后做什么，只是愉快地开始了上大学这件美好的事情。

拿到大学的第一张课程表时，我第一眼就感觉它有很多空缺。经历过紧张的高中学习、习惯了满当当的课程表之后，我很不喜欢课程表上的很多空档，于是开始寻求"上课"之外的活动。新生入学之后一段时间，校园里到处是各种学生社团招新的广告和活动，热情洋溢的高年级同学总是在一张桌子后面招呼你去报名，道路两旁也总是贴满了各种花花绿绿的海报，树与树中间也被挂满了写满各种标语的红色条幅。这是很多青春题材电影里出现过的经典桥段。一个农村出来的孩子，并没有什么文艺或体育特长，只有一腔热血和丰沛的精力。无所选择的我，最后加入了院级学生会和校级学生会，期望通过学生会的活动将大学生活丰富、充实起来。没有特长，还有一个限制，就是在学生会里的选择有限，什么文艺部、体育部、公关部、宣传部统统没门，只能加入"学习部"。我在学习部里参与组织了英语角、辩论大赛、演讲大赛等等，虽然没有什么走出校门参加"社会实践"的机会，但是校园里的这些活动，却成为我认识大学、适应大学的重要方式。我的大学生活不再局限于一个班级，也不再局限于一个年级，不再局限于课堂之中。例如，参加英语角的时候，我认识了很多人，其中大多是其他学院或专业的学生，有些人像我一样毕业后在农大工作，所以今天在校园里也会偶尔碰到。个别在英语角偶遇的人和我一直保持深厚的友谊，直到如今。

  丰富大学生活的另一种方式，就是读书。上大学之前，"图书馆"仅存于我的想象之中，没有见过，更没有进过。20世纪90年代中期，一个小县城的高中学校，虽有图书室，但都是给老师使用的，我没进去过，但可以想象藏书量及种类是极其有限的。我读过的最多的课外书是高中英语老师订阅的英语学习刊。因为我是英语课代表，老师格外偏爱给我看，对我的英语学习当然也大有帮助。临近毕业时，琼瑶小说突然风靡，我也跟着流行趋势阅读过几本。至于语文课堂上老师提到过的那些名著，我们统统没有机会接触。第一次踏进的中国农业大学图书馆虽与想象有一些差距，但也令我足够开心了。大学一、二年级学习不紧张的时候，我常常在图书馆里看"杂书"——《安娜·卡列尼娜》《基督山伯爵》《飘》《汤姆叔叔的小屋》等，把那些我在高中时期听过但没看过的书读了个遍。当时，图书馆里那浩浩荡荡两层几十排藏书中，只有一排书架的半面是社会学类书籍。我不记得老师有没有强调阅读社会学经典或知名著作，但有限的这点资源我也利用了，多次阅读过的是两本《农村社会学》。后来，社会学类书籍一点一点增多。三年级时，我无意识地放弃了"杂书"，转而试着阅读、理解一些学术著作，如《乡土中国》《江村经济》《人的现代化》《比较现代化》《改造传统农业》等。很多书没有印象了，但有一本书无法忘记。我从图书馆借了秦晖的著作《田园诗与狂想曲》，但是书还未读，却放在书包里被盗走了。小偷并非看中了那本书，而是看中了我鼓鼓的书包。其实书包里除了书本，什么都没有。我最惨的损失除了重要的学习笔记，便是那本书。我得赔书！按图书馆的要求，还得原原本本赔一本一模一样的。还好，我在海淀图书城幸运地买到一本。送还图书馆时，管理员还说我好幸运，竟然能买到，因为很多藏书已经绝版了。我还了书，却再也没有借阅那本书。直到2013年冬，秦晖先生在我们学院的"农政与发展"系列讲座开讲。他的思想引发我极浓厚的兴趣，于是买来改版后的《田园诗与狂想曲》细细阅读，对其提出"农民中国"思想和中国现代化面临的困境赞服不已。不过，我也庆幸大三时没有读这本书，以我当时的思想境界和学识积累，恐怕很难理解秦晖先生在书中所言之意。四年级时，在当时农村发展学院林志斌老师的引导和指导下，我开始接触女性主义思想，并阅读了几本女性主义著作。但当时我并没有想到，这些阅读和交流对我后来的学术道路产生了重要影响。

我在大家眼中是一个好学生，认真上课，好好学习，积极参加学校的各种活动。但是，20年过去，当我今天试图回忆都上过哪些课程、学过哪些东西时，只想到每一门课中自己印象最深刻的知识内容或者学习感受，有的课则已经全无印象。程贵铭老先生给我们讲"农村社会学"课程，他要求我们每人从课程中选择印象最深刻的东西写课程论文。当时，我仍有中学时期作文课上"憋作文"的后遗症，一向对写作不太有信心。我读了几篇文章，同时有感于自己记忆中童年至上大学期间家乡的变化，写了一篇《中国农村农业经营制度创新与农民利益问题》，得到程老师的好评，让我信心倍增。这篇文章后来还发表在《中国农业大学学报》（哲学社会科学版）上，这是我的文字第一次见诸期刊之上。陆银初老先生给我们讲"社会学概论"，在课上请同学们做演讲，主题是"我心中的社会学"。我以初生牛犊不怕虎的精神，表达了我对社会学的学习感受。我当时用"万金油"来形容社会学，似乎她无所不包、无所不容，处处都有用武之地。今天若让我讲社会学是什么，绝不可能如当年一样淡定自若地进行表达。知识愈多，愈觉无知的感受便在于此。陆银初老师是外聘来的。我记忆中，最初两年系里只有程贵铭、朱启臻、张大勇、张蓉和蒋爱群几位老师。还有一位陈立老师，她在教了我们一门课之后，好像出国去了。后来，系里陆续来了其他老师。1996年，孙津老师来到农大。孙津是一位很奇特的老师，他当时给我们讲"比较现代化"这门课。他每次进了教室，都是泰然自若地走到讲台上，表情淡然，点燃一支烟，边吞云吐雾边讲，一门课从西欧大陆的现代化，讲到中国当下的现代化困境。1997年，何慧丽老师加入我们系，但当时她并未开始授课。只是因为她指导我们宿舍老大的毕业论文，我才从老大的口中陆续得知她的一些情况。1998年，潘进老师入校，给我们开设了"文化人类学"课程。2000年，徐琦老师入校，当时我已经开始读硕士研究生，也未能有机会加入他的课堂。

大学期间，除了校园活动、课堂学习，记忆最深刻的莫过于下乡实习了。我们是社会学系的第一届学生，就仿佛是家庭里第一个出生的孩子得到家长无限宠爱一般，我们也得到老师们在学习方面无微不至、尽心尽力的指导。一年级暑假，第一次下乡的指导老师就是高级配置。我记得全班分成了2组，一个小组是由蒋爱群老师和张蓉老师带队。我已经不记得他们去了什么地方，只记得我所在的小组由朱启臻老师和张大勇老师带队，到北京市房山区霞云岭乡开展农村调研。从三年级开始，我们几个同学跟着蒋爱群老师到河北省保定市满城县黄龙寺村做一个项目。我们在村委会办公室住着，在那儿和村里的妇女一起做饭、吃饭。白天，我们在那个位于山沟沟里的村庄调研，探访农民的生活情况；到了晚上，有时候一起讨论白天的调研信息，有时候几个同学就坐在村委会的院子里，面对着黑魆魆的大山"侃大山"。我们和蒋老师一起做农村妇女小额信贷的项目，帮助村干部组织妇女小组，签订贷款合同。在那期间，我第一次给农村妇女"讲课"，普及妇女生殖健康知识。想想看，一个刚刚20岁的姑娘，对着一群已经结婚、生过三四个甚至五六个孩子的农村妇女讲妇女生殖健康知识，场面有点可笑。但是，当时她们都没取笑我，反而很尊重我。我也尽了最大努力搜集资料，给她们讲妇女的日常健康常识。黄龙寺村也成就了我的本科毕业论文，我在那儿完成了关于农村老年人生活状况的调研。时过多年，在黄龙寺调研和做项目的场景仍然历历在目，是我大学期间最深刻的田野记忆。

1999年，我大学毕业并以优异的学习成绩，被顺利保送在系里接

黄龙寺调研照片

着读硕士研究生。我们社会学专业 1997 年开始招收硕士研究生。第一届研究生有 2 个，第二届研究生只有 1 个。到了 1999 年，新成立的农村发展学院开始招收社会学专业的硕士研究生，研究生人数增加到 4 个。我和张艳丽在人文与发展学院，我们的同班同学陆继霞在农村发展学院，还有一个是当时在人事处工作的张树川。学位课是必须上的，但这几个学生放到教学楼最小的教室里都显得空荡荡。于是，我们很多课程就在老师的办公室里进行。程贵铭老师在科研楼二层的一间办公室里给我和张艳丽两个人讲"农村社会学"。于素云老师在她的办公室给我们同一届的法学、社会学的几个研究生讲"科学社会学"。李小云老师在他的办公室给我们社会学和农村发展专业的几个硕士研究生讲"农村发展概论"。叶敬忠老师在 CIAD004 会议室给我们几个学生上第一堂课时，则应我们几个学生的要求，用英文开讲了。孙津老师更是在天气好时，开着他的老式桑塔纳直接把我们和课堂一起搬到运河边上。在杨柳风的吹拂下，我们几个人一起探讨现代社会学的发展……如此这般，我们又像是被宠爱的孩子一般，一直"吃小灶"。教学不再是教室里规规矩矩站在讲台上的老师与台下的听众，少了许多"灌输"的成分，带来更多的自由讨论与多元启发。

研究生学习期间，我们到农村进行调研的机会更多。我的导师是朱启臻老师。听别的老师说，他是在恢复高考后，放弃老家的生产队队长工作，参加了高考。张蓉老师也总是赞赏他思路开阔，对农村社会问题认识深刻。他的课题较多，农村调研经验也非常丰富，在学术界也建立了广泛的联系，也因此给我们创造了多次下乡调研的机会。2000年的冬季，朱老师推荐我参加农业政策研究中心（当时设在中国农科院，后改设在中国科学院）的一项课题调研。这是一个由经济学家主持的调研课题，Scott Rozelle和张林秀是课题主持人，他们两位在国内外经济学界都颇有影响。张林秀老师流利的英文以及学者气度让我非常羡慕。Rozelle教授是美国人，却说一口极其流利的中文。两位老师都非常和蔼，令我们这些参加调研的学生感到无比亲切。调研有培训、试调查、正式调查。正式调查时，又有人负责每天完成当天的问卷检查，有问题的，须当天解决问题，或直接作废。问卷很长，12页，是我做过的最长的问卷，当时非常感叹其问题设计的细致与逻辑的严密。调研抽样的地点在中国的一南一北两个区域，南部是浙江省丽水市，北部是辽宁省朝阳市。我在北方长大，第一次去南方，风土人情均对我有许多冲击。我还记得，当我在丽水远远看到那粗壮的竹子时，感叹这些"树"怎么长得如此之直呢！一起调研的小队队员里，有美国教授和博士生、中国的博士生和硕士生，还有少数几个本科生。这样拥有多元结构的队伍使我在调研工作之外受益良多。调研的过程很辛苦，但一群年轻人在一个良师的指导下走南闯北，并不觉得多么艰难，反而有许多快乐。如今想起来，那些人、那些事都仿佛如昨日一样清晰。2001年研究生二年级时，朱老师和国务院农村发展研究中心的一位老师合作农村义务教育发展的研究课题。我和师弟两个人就带着问卷、访谈提纲踏上了前往河南的列车，在两个县开展调研。当时为了唬住地方政府的官员，还向他们谎称我是老师，师弟是学生。如今想起来也是觉得尴尬，那样稚嫩的面孔如何能够冒充大学老师呢？

后来，朱老师受农业部科教司的委托，做一项关于农民职业教育的课题。课题启动时，恰逢我的硕士学位论文要开题。我并无特别强烈的意愿或兴趣自选研究主题，就随此课题开展论文研究，以农民职业技术

2001 年与师弟师妹一起在承德农村调研

教育为研究主题。为了完成这个课题，我们几个师兄弟姐妹随朱老师陆续去山东、河南、湖北做了很长时间的社会调查。那段时间，很多地方在开展农业产业结构调整工作。我们所到之处，地方官员都会谈到这一政策。河南传统的产粮地区要"调整结构"，发展葡萄等水果产业；山东寿光的蔬菜生产那时已见规模化影响，蔬菜专业化生产方式正在向周边不断扩展；湖北调研地也正在进行农业产业园和"布朗李"的推广工作。成功者如山东以寿光为中心辐射而出建立了区域性蔬菜生产与物流基地，剩下大多是失败的案例了，例如湖北那个调研地当时引以为傲的布朗李早已不再生产，河南那个替代粮食生产的葡萄也很快就寿终正寝了。一边是难产的农业产业结构调整，另一边则是我进展艰难的硕士学位论文。农民职业技术教育问题是一个政策性很强的研究命题，对于当时作为硕士研究生、拥有非常有限的学识和阅历的我，是一个很大的挑战。当论文初稿写出来交给朱老师时，遭到他的严厉批判。批判并不是结束，他仍然提出很多修改意见。论文最终成稿并不是我理想的质量，答辩时评委老师们也提出了许多问题。这是我硕士研究生三年学习的最后考量，但我始终觉得是人生一个遗憾。

2. 跌跌撞撞进取路

2002年的夏天，在各位前辈老师的提携之下，我顺利留在中国农业大学，成为社会学系的一名教师。那是中国农业大学最后一年留硕士生做教研岗位工作。这是我人生中第二个里程碑式的转变。正是在这一年的年底，按照学校的改革政策，社会学系所在的人文与社会科学学院与刚刚成立四年的农村发展学院合并，成立"人文与发展学院"。

教师生涯的最初三年几乎是在一片彷徨和紧张之中度过的。彷徨是因为突然从学生"就地变为"老师，面对的同事就是昨日的老师们，自己都来不及适应这样的身份转变。但系里和学院的各位老师与我都比较熟悉，在很多方面给予我帮助和支持，对我也很和气。帮助我完成角色转换的，还有我们可爱的本科生。2002级社会学专业的本科生入学时，我作为新教师承担了他们班主任的工作。我是新教师，他们是新同学，我们怀着不同的新鲜感一起体验大学生活。虽是班主任，但我更多以大师姐的心情与他们交往，希望能给他们的大学生活增加一点轻松愉快的体验，少一些陌生、紧张与压力。入学那天，我记得李正旺同学一个人来西区报到，不像别的同学都有家长陪伴。当得知他还未吃午饭，我让他把行李放到宿舍，带他到学一餐厅（这个食堂已经拆掉了，如今成为一片绿地）吃了饭。正旺同学很憨厚，竟然一直记得这顿饭，上学期间多次跟我提起。一件不能再小的事情，学生却记忆如此深刻，我也非常感恩。我最终没有做成自己理想中的班主任，虽然尽自己心意和能力为他们提供帮助和支持，但没有做到和班里每个同学一一交流、谈心，只是和前两个学年的班委王瑾鹏、杨青青、何蕊、张弛、魏东方、苗大雷、左田文、刘胜文等几个同学交流较多。2005年，系里进行十周年庆典时，这届学生是系庆工作的主力支持人员。最遗憾的是，2004年，我申请到出国留学，不得不放弃班主任工作。他们毕业那年拍毕业照时，我怀孕已近临盆，仍然挺着大肚子到学校与他们合影。虽然只是做了两年的班主任工作，却也使我对这些可爱的同学怀有一份特殊的感情。

王瑾鹏现在陕西省宜川县工作，年年给我寄明信片，让我记得我有一个学生在西北地区工作。恰好，今年暑期我准备在西北地区选点做农村调研，想到王瑾鹏，请他帮忙联系了两个村庄。刘胜文在学校曾是挚友社的社长，如今拥有自己的企业。今年是社会学系系庆20周年，我作为一个"年轻的元老"，与每一个年级的学生都有交流、交集和交往，所以责无旁贷要联系系友来与在读师弟师妹进行一些交流，使他们了解更多社会学人的人生道路和故事，也算是自己求学、就业和人生道路的参考。我第一期就邀请了刘胜文和1997级的师弟毛修炳（他毕业后经历丰富多彩，现在是道略管理咨询公司创始人和总经理）。苗大雷在中国人民大学获得博士学位，现在是华中科技大学社会学系的老师。杨青青在英国获得博士学位后曾到我们系求职，因研究方向与我们系的长期建设方向不契合，没有被聘用，后来她成功应聘中央民族大学，已经在该校任教。左田文成为我大学同学郭锋的同事，在全国工商联工作。听说魏东方、李海滨都成为很成功的企业家，宋扬在乐施会工作，李正旺在家乡工作……今年系庆时节，希望同学们都能够抽空回到母校相聚，再叙师生深厚情谊、重温同窗美好时光。

再来说我初为教师的教学工作，这也是当时工作压力的主要来源。由于系里师资紧张，我第一年就被分配承担了"组织行为学"、"管理心理学"和"发展社会学"的教学工作。凡是有教学经历的老师都知道，新开一门课的准备工作有多么辛苦，更何况我一个初入教门的年轻教师。我没有任何管理方面的经验，全靠搜罗各种教材和管理类书籍完成前两门的授课工作，因此购买了许多诸如《态度管理》《100种管理的游戏》等图书，也读了不少，但总是囫囵吞枣、半生不熟、照本宣科地对同学们完成了课堂教学。如今回忆此事，只有万分羞愧的感觉，对不住当年课堂里热情的同学们。这是情非得已。第一个学期讲管理心理学。第二个学期讲组织行为学时，课讲到一半，遇到"非典"疫情大暴发，学校全面停课，另一半课程就通过阅读资料和课程论文结束了。我当时一边教，一边心怀忐忑。第二年，我就向相关领导提出不再承担这两门课的教学。领导很快同意了我的请求，也使我放下了心里的一个负担。对于这两门课，我并非畏难退却，只是受自身学识经验限制。缺少那把"金刚钻",就得把揽下的"瓷器活儿"退掉。

另一门入职之初就开始承担的课程是"发展社会学",这是我十分用心,也感觉力所能及、可以讲得越来越好的课程。虽然本科和研究生期间,我并未接触过这门课,但毕竟有社会学的功底。讲好一节课容易,讲好一门课却需要数十倍的努力。我常常在课堂上跟同学们讲,"我们这个学期一起来学习发展社会学"。当时国内的发展社会学教材只有三四种。我根据这几种教材找来其他相关的著作,社会学的、人类学的甚至历史学的,阅读之后便将其充实到课堂教学中。我坚持每一年的课堂应该比上一年更好的原则,所以每年都在不断地备课、积累,不断调整和改变。有时候,为了第二天的课程讲得更丰满一些,备课可能持续到深夜。也因此,我设计了自己的授课体系,同时一直没有给同学们指定教材,只是根据课程内容和进度给他们布置相应的阅读材料。对于课程考核方式,我也在不断尝试不同的方式。而每次考核时,我都给同学们布置一项额外的任务,请他们对这门课的任何方面提出意见和建议,以帮助我不断改善这门课的教学效果。绝大多数同学会根据自己的体会,提出建设性意见,但也有个别同学比较消极。曾经有一个同学写道:社会学是很好,发展社会学也不错,但是讨论的东西与我的生活距离遥远,我也不想坐在教室里忧国忧民。看到此条,我哑然失笑。社会学是要揭示社会变迁的本质,同时揭开社会生活的假面,揭示藏在"社会大舞台"阴暗角落的社会生活片段。这是社会学的批判本质所决定的。发展社会学则关注二战之后第三世界国家的社会变迁进程,以宏大理论叙述为主。这位同学的留言虽然消极,却深刻印在我的心里。后来在逐渐阅读积累的过程中,我开始注重补充一些微观研究的文献和资料,使宏观、抽象理论和微观研究成果相结合,这样不至于使学生感到课程内容与社会现实距离遥远而乏味。我很感恩在那些年间,同学们给我提出的大小建议,使我能够不断改善教学效果,也不断提升了我的课堂授课信心。

2003年秋季起,随着组织行为学和管理心理学两门课教学任务的取消,我又开始承担社会心理学的教学工作。这是一门基础性很强、趣味性更强的课程。几乎每年上课,同学们都表现出极大的兴趣。但是,我总是开堂就告诉他们：不要期待修完社会心理学，就能够随意猜测或推理他人所思所想，它不会给你一面照见人心的魔镜；社会心理学是我们专业的基础课，是我们开展社会调查、理解社会行动者行动的基础。为了增强同学们对"社会心理"的理解力，培养起研究兴趣，第二年开始，我就设计了课程实践环节，让同学们以小组工作方式，从自己的知识和生活经验中自拟主题，开展"迷你社会心理学研究"。之所以将其称为"迷你"研究，是因为它并不是规范的研究，调查对象的样本往往很少，很难用于说明整个社会的问题，却又有主题、方法、计划、研究和报告等所有环节，正所谓"麻雀虽小，五脏俱全"。同学们的热情很高，我们通常会进行三个环节的讨论和交流，分别是研究选题和设计、初步研究发现和最终调研报告。这个过程中出现了很多精彩的研究成果，如2007级薛莉娟小组所做的校园研究之"手机中的师生关系"；2010级钟庆辉、吴存玉、史秀萍、朱越和2012级朱玲玲、宋辉斐、刘子圣、胡佳琪、陈学文两个小组，时隔两年，都选择对"校园同性恋"问题进行深入的描述研究；2011级李妍、刘博、张莹、裴颖颖、雷俊成、黄峥峥小组对"孔庆东事件舆论"进行了深入挖掘，段立思、项颖倩、周林柯、郑思远、刘远冬、孙广阳通过观察、购买体验、访谈等方式对小月河流动摊贩进行了调查。课程实践不仅使同学们对社会心理学有了更深的理解，也使我对他们有了更多的了解。

一个有趣的插曲是，2003年春，由于社会学系办公室所在的主楼装修，我们暂时移到老图书馆（现老校门所在处）的一间大办公室里办公。当时，孙庆忠老师到系里递交求职材料，只有我一人在办公室。我印象里，孙老师是很文气的书生样子。他后来进行试讲，我也作为评委会秘书参与了。后来的很多年里，孙老师屡次提起他第一次到系里办公室见到我，以为我是学生，原来我是一个"年轻的元老"。其实，我也是刚毕业不久，只比他早来了一年而已。

在学生生涯与教师生涯相交之际，有一件事对我影响很大。2002年春季，我还未及毕业之时，朱启臻老师和经管学院的田维明教授（已经退休）、何秀荣教授（现为图书馆馆长）、王秀清教授、辛贤教授等一起承接了FAO的一个项目"Roles of Agriculture"，译成中文即"农业的角色"研究。这个项目同时在全世界几个国家展开。朱老师负责的是农业的"文化角色"子课题研究，需要对不同利益相关者群体进行访谈，又需要对一些文学作品和史料进行文献研究，分析其文化角色。我和徐琦老师加入了课题组。这个课题，从我是学生时做起，在我留校任教之后才完成。如今回忆起来，一幕一幕清晰如昨。那是我第三次参与"国际合作项目"，却是第一次写英文报告。第一稿收到评阅人反馈时，满屏飘红，惨不忍睹，我又开始一点一点按照评阅人的意见进行修改。仿若小牛初次犁田，缺了农民的牵引，一下子就把好田犁乱了；如今得到指点，重新犁出来的便是规整的好田。2003年秋，FAO组织各国项目组到罗马开课题研讨会，汇报和交流研究成果。中国课题组共有三个交流名额，朱老师课题组有一个，他将这个机会给了我。我负责做小组汇报，也总算不负朱老师所望，报告展示获得小组会议主席的高度评价。同行的田维明教授和何秀荣教授也都给予我一些指导。成长路上，一直不断地获得不同长者的帮助和引导，我真的非常幸运。

3. 峰回路转再上路

2004年，人文与发展学院在"管理科学与工程"博士授权点设置"农村发展与管理"方向，开始招收博士生。当时，我意识到硕士学历的局限性，必须攻读博士学位。朱启臻老师也在第一年入选博导，在过去七年学习和两年工作期间，我非常感恩朱老师给予我的指导、帮助与提携，但是我决定博士学习阶段换一位导师。因此，当年我报考博士时，选择了叶敬忠教授为我的导师。命运之神总是非常眷顾我，我如愿以偿被录取。录取之后未及开读，叶老师与我商量，问我是否想到国外学习。他推荐我到德国多特蒙德大学 SPRING（Spatial Planning for Regions in Growing Economies）中心的"区域发展与规划"研究生项目学习一年。我很高兴，因为出国学习是我当时梦寐以求的机会！我很快开始准备申请出国的各种手续，也顺利申请到德国 DAAD 奖学金。于是，博士入学第一年，我暂未修习课程，而是在德国进修一年。第二年回来和2005级的博士生一起修读相关的学位课程。

我在国外学习期间，叶老师和他的学生一起做了"农村留守儿童研究"。2005年7月我回国时，研究成果《关注留守儿童》一书正好发布，在媒体和学术界都产生了重要影响。随后，叶老师和他的学生又一起开展了"农民视角的新农村建设"研究，而我因为怀孕产子又错过参与机会。这个研究的成果《农民视角的新农村建设》后来形成了一份政策建议，获得国务院总理和副总理的批复，影响也很大。2007年，叶团队计划开展"农村留守人口研究"，关注留守儿童、留守妇女和留守老人三个群体。当时恰逢我要进行博士学位论文选题，因此我主动提出承担留守妇女群体研究的主要协调工作，同时将农村留守妇女问题作为我博士论文的选题。参与这个课题的研究是非常特别的一个经历。一方面，研究的设计、讨论、实施、数据整理、研究报告写作与讨论，以及著作命名过程，均是团队作战方式。对参与研究的诸人来说，既启发和推动思考训练，又锻炼和提升研究能力，同时大家在此过程中贡献于研究。一个研究小组整整一个暑假奋战在CIAD楼，完成问卷录入、数据整理分析和报告初稿。另一方面，这是一个真正关注"人"的研究。当学术界长期热衷于讨论轰轰烈烈的农村劳动力向城市转移的过程时，留在农村的人却被忽略了。"留守人口研究"恰恰弥补了这一空缺，关注并揭示了中国社会现代化进程中农村家庭和人的变化。这样的研究关怀无形中影响了我们每一个参与者的价值观和人生观。

对于我个人来说，这个研究有里程碑意义，是我独立研究历程的起点。首先，完成数十万字研究报告的统筹和修改工作，对我是一个挑战——一方面是考验我的学识积累和逻辑思维，另一方面则是检验我的文字功底和书面语言能力。应对挑战的过程，实质是个人的磨砺与成长。至今犹记，临近2008年春节的某一天，叶敬忠老师拿着我修改过的报告，一一指出其中的各种问题，大小均有，让我感到无比羞愧，却也使我常以进取之心激励自己，努力改掉这些问题。

完成留守妇女研究报告的修改工作后，我便紧接着进入博士论文的研究工作。虽然有留守妇女400份问卷调查、非留守妇女200份问卷调查的大本数据和大量案例，但除了描述现象，我仍然无法从更深层次理解她们的生活，不能从中提炼出"丈夫流动、妻子留守"这种乡村家庭生活的本质意义。于是，2007年10月，我决定重返四川省胡村（化名），继续开展实地调研，以完成学位论文研究。

胡村位于成都市西南方向，是西南地区一个典型的"386199"部队①为人口主体的村庄。初返村庄，我像个闲人一样东游西荡，与路遇的村民闲散地搭着话。由于前一年4月问卷调查期间课题组成员与当地村民建立了友好关系以及我们调研工作的影响，村民并不把我当陌生人，我与他们之间有着很好的信任基础。渐渐地，凭借第一次调查时的一些记忆，我找到几位典型的留守妇女，并与她们熟稔起来。其中，胡青花②的留守经历给我印象最深。她的丈夫长期在四川省西昌市做建筑工人，儿子2007年初中毕业后开始在成都打工。胡青花一个人在家管理两个香菇大棚，喂养8簸箕桑蚕，耕种的2亩水田还是油菜和水稻轮作。这样，农忙的时候，人家忙，她也在忙；农闲的时候，别的妇女打牌、看电视、聊天，她却依然忙碌，忙着管理香菇大棚、采桑养蚕。初到她家时，我的第一感觉就是"空"。两层楼的房子，上上下下就她一个人，冷清清地没有人气，似乎连那些简单的家具都透着一股寂寞的气息。第二天，我又在路上碰到胡青花。她刚买了中药回来，顺口邀请我去家里坐坐。在农村社区，这种邀请只是一种客气、礼貌。我却"厚着脸皮"顺水推舟地跟着她进了家门。有时候，做农村研究的人就需要一点"厚脸皮精神"。带着"厚脸皮"，我不断地造访几户留守妇女家庭，和她们一起吃饭、劳动。

当我在村里身体力行地参与留守妇女的农业劳动时，她们时常开玩笑说我是"新时代知识青年上山下乡"。幸运的是，在胡村进行半参与式观察与访谈的这一段时间里，我逐渐理清了留守妇女的生活脉络，真正理解了她们的婚姻关系和家庭功能的本质，并尝试从女性主义理论视角对此进行解释。传统性别角色规范赋予农村妇女的照料义务，使她们在一生中被固化于"留守"的位置。年轻时照料年幼的子女，中年时

---

① "386199"部队指的是农村的留守儿童、留守妇女和留守老人群体，因国际妇女节（3月8日）、国际儿童节（6月1日）和中国重阳节（农历九月九日）的日期缩写而得名。
② 为保护个人隐私，文中留守妇女的姓名均为化名。

做留守妇女访谈

照料年迈的父母，（中）老年时又代替子女照料孙辈。待到年老时，丈夫在外失去了就业（打工）机会，子女却取而代之成为新的务工人员，她们又转而成为留守乡村的老人。此外，我联想到，"参与式发展"思想的创立人钱伯斯曾经批评发展实践是一种"城乡发展旅游"。反思当下的乡村研究，其实也很容易陷入"城乡研究旅游"的误区。匆匆而来、匆匆而去的调查如何能够深入农民的生活世界？我也体会到，在需要对问题进行深入解释时，社会学研究中的定性研究工具似乎比定量研究工具更胜一筹。它使我们在深入研究对象生活的基础上，理解并对其生活进行"深描"，发现现象或问题的本质所在。因此，反思我曾经将自己埋头于标准化的数据中，试图通过对其进行回归、相关等统计分析建构出留守妇女生活的"模型化"解释方法，似乎是入了歧途。这样的研究过程也充分体现了定量研究方法和定性研究方法互为补充及其巧妙的结合。

农村留守妇女研究报告的写作、修订，再次实地调查，以及博士学位论文的写作，几乎是2007年4月至2008年6月间一连串的工作。同时，我还要完成三门课的教学工作。工作节奏和任务对我来说，都是

"空前"紧张的。因为选择从一个新的理论视角审视一个久被忽视的老问题,我的论文思路不断出现起伏曲折,几度被抛入情绪低谷,所以有种"涅槃"的痛苦感。高强度写作论文那段时间,我通常九点起床,锻炼身体,阅读,午饭后午睡,之后仍然是阅读,晚上八九点钟开始写作,直至凌晨三四点钟睡觉。然而,痛则痛矣,我也幸福地享受了整个研究过程。发现问题、描述和分析问题、与导师和其他同学进行讨论等过程,都让我觉得愉快——它推动我学习。在每一次投入工作时,我都觉得精神百倍;每当有一点突破和进展,我就倍感愉悦和鼓舞!几年过去,我仍然怀念那样潜心读书与研究的日子,平和、淡然、宁静。

对博士学位论文研究工作的感受,有人用"扒一层皮""掉十斤肉""白一把头发"等形容其辛苦。我虽未经历这样的体肤之苦,但有其他因素使我的研究过程亦显艰难。这是一个蜕变的过程,既然有变化,则必然经历变化之痛。2009年6月,阳光卫视来学院采访拍摄留守人口研究团队。我们特意组织了一次非正式的内部研讨,交流研究期间的学术思考与个人感受。当时,我写了一张条:从 Ms. 到 Dr.。因为,我获得博士学位之前,在外国来访者面前,常常被介绍为"Ms. Wu"。作为一名大学老师,我略略为此感到羞愧。2008年获得博士学位,再被介绍则变成了"Dr. Wu"。由于博士期间研究的对象是农村妇女,我基本上就被标签为女性主义研究者或性别研究者。我在本科时即接触过女性主义著作,如《第二性》。同时,作为女性,几乎是本能地对女性主义理论和研究感兴趣,但我并不想成为一个女性主义学者。在有些研讨会中,我看到女性主义研究者在中国学者眼中是另类,是"不上道"的研究者,因此我也有些抗拒走上这样的道路。然而,个人学术生涯和路径的发展,往往是出乎意料的。

此外,做社会科学研究是一件很奇妙的事情,因为你会和你的研究对象成为朋友。这是自然科学研究甚至经济学研究都无法实现的。在结束实地调查之后,我全心投入论文写作期间,几次收到我的留守妇女朋友给我打来的电话和发来的短信问候,内心十分感动。2008年5月汶川地震发生时,我正忙于论文写作,没有特别关注,也认为胡村不会受到影响,所以没有想起问候她们。隔了几天,通信恢复,她们倒是给我打来电话问候，令我感动不已。非常感谢她们在被"研究"过程中与我真诚相对，让我能够理解农村夫妻流动与留守的生活。胡村所在的县成为我们研究的固定地点，后有多篇研究生论文在此地产生。每次出差去那里，不管是否在胡村调研，我都抽空去胡村看望这些朋友。她们中有些人的丈夫回乡创业，算是由此结束了留守状态；有的人仍然独自留守，却已成为准留守老人，代替打工的子女照顾他们的孩子。

我2005年从德国回来，系里多了两位新同事：赵旭东老师和熊春文老师。第一次和赵旭东老师见面，是在参加"关注农村留守儿童"研讨会的班车上。他以人才引进的方式加盟社会学系，时任系副主任。他留给我的第一印象是憨厚少语的样子，但很快发现他的个性与外表大相径庭。当年是社会学系建系10周年，系里组织了很隆重的庆祝活动以及学术研讨会。我已记不太确切研讨会的具体主题，但与乡土社会研究有关。这也非常契合我们社会学系自建系以来一直主张的研究方向。2006年，赵旭东老师开始担任社会学系系主任，熊春文老师担任系副主任。赵老师开始组织"乡土社会研究系列讲座"，陆续邀请社会学和人类学界的国内外学者开讲，一时间在系里乃至学院形成了很好的学术氛围。他和孙庆忠老师一起，系统地将人类学的理论与方法介绍入社会学系，并为本科生开设了乡土社会研究方法、人类学理论与方法、民俗学等课程，为研究生开设了人类学理论与方法研究课程，同时在硕士研究生招生专业中增设了人类学。熊春文老师则将教育社会学研究引入社会学系，为本科生开设了教育社会学课程，并逐步开拓了城市流动儿童教育问题和农村教育问题的社会学研究。

4. 步履维艰"八爪鱼"

"八爪鱼"是我对自己工作状态的戏称。我自2007年起担任学院的科研秘书。2011年张蓉老师开始兼任社会学系主任不久，我又开始兼任系副主任。与此同时，我自己有科研课题要做，也负责协调团队中一个重要项目的工作。此外，我和其他职业女性一样，不断被家庭角色和工作角色之间的冲突所包裹。因此，我常在顾此失彼的多重使命中努力地寻找平衡感。

我虽然2002年就走上教师岗位，但学术研究的正轨是从博士论文研究开始的。其间，我也逐渐体会到科研与教学之间的"相长"影响。虽然我进行"发展社会学"课程教学已有六年，但重点总是按照多本教材所指示的方向，讲授此学科内的三大经典理论：现代化理论、依附理论和世界体系理论。其次，则针对中国发展过程中所出现的一些现象和问题与学生进行讨论和交流，自我感觉则是视野较为狭窄。农村留守人口这一研究对象和研究问题，从根本上说，是中国社会发展路径在农村所产生的反应之一。当我们往更广大的范围和视野去看，这又涉及中国的发展研究、国际发展研究及发展社会学的思想演变。因此，研究过程中，我不断从对农村留守妇女现象进行"深描"的描述性研究中，反思这一问题的本质。2009年，学院聘请了五位国际兼职教授，他们均是在社会学或发展研究领域享有很高学术声誉的学者。与他们的交流和讨论，使我开始跳出农村、跳出中国，从全球发展的视野思考这一问题。在这样的过程中，我开始摸索和寻找自己的学术道路。与此同时，我开始阅读西方发展研究著作，接触社会学和人类学关于发展的多元化思潮，并不断将其丰富、充实入"发展社会学"的课程设计中。同时，我大量增加阅读作业，引导学生结合经典作品反思当下中国的发展。2013年秋季开始，我与荷兰瓦赫宁根大学的 Jan Douwe van der Ploeg 教授一起为研究生开设"农业社会学"，每年秋季开课，进一步加深了我对中国农村和农业发展的认知。

2015年2月，网上有一篇"博士春节返乡记"，引起较大社会反响。文章感叹故乡人与人之间联系的失落、青年打工者受到物质压迫的婚姻、知识在乡村的苍白无力。事实上，我们社会学的本科生，在两到三年的专业学习之后，有了一定的理论与学识积累，大多在返回农村的故乡时有类似的感叹。2014年12月，2012级同学朱玲玲在上了一堂发展社会学课之后，给我写了这样一封邮件，可以算是同一类型的"返乡记"（节选）。

这封邮件算是酝酿比较久了吧，本来是想跟您当面交流一下

2014 年农业社会学结课

的，不过没有协商好时间，就只能暂以这种方式了。

首先，谈谈这学期的发展社会学课程。对于我来说，您的课程是对我而言比较有冲击力的课程之一，不但有一些比较新颖的理论，我觉得更重要的就是您所放的视频和讲的案例。关于种子工程在印度农村推广的视频，让我对农村的忧虑又加深了。

在人类学课上，看了《天真的人类学家》作者巴利在书中也提及不少对西方文化霸权的抨击，比如他写到"教会摧毁传统文化与土著自尊，将全世界原住民矮化成仰赖布施、无助困惑的白痴，让他们成为西方经济与文化的奴隶。此中最大的谎言是传教士灌输给第三世界的思想体系，在西方世界早就大半被放弃了"。现代西方国家仍然在进行着这样的活动，我觉得不只是原住民，其实每个国家都在这样被继续灌输着，各国都在资本主义的带领下，走着一条唯经济是从的单线型发展道路（起码，我现在的感觉是这样的）。似乎只要在经济上占据高地，就可以占领文化、道德高地。这种观念在现在的社会中几乎具有普遍性。不过，对于发达国家——发展中国家、全球化这些问题而言，更多的是无奈。相对于它们，我关注更多的是农村、农民。

我个人对农村、农民总是有一种关怀，似乎无论走到哪，这都是我的一个牵挂。有时候会想想，其实，家乡的农民也并不是文学作品中描述的那样淳朴、厚道，他们也算计、争吵，而且现在很多关系都用金钱来衡量了，但是对家乡对农民的关怀、对中国农村的忧虑依旧不会有所减少。记得高中时，放假在家里，看见一位年龄估计在75岁以上的老人佝偻着背，那弯度就像是有千斤重的石头压着，我想那应该是他劳动过程中背背篓压得。他一个人拄着拐杖，听说是去供销社买化肥。看着他从我面前走过的样子，我觉得特别心凉。

在课程阅读资料中，有一篇文章《农民工：未完成的无产阶级化》。其中，严海蓉用"破败"这个词来形容农村的当下境遇是比较合适的。一次假期回家，我做了一个关于农田利用状况的问卷调查。令我惊诧的是，很多一直住在农村的人，已经没有心思种地了。大水冲毁了地，他们觉得毁了就毁了，还有很多抛荒。虽然他们有人也觉得做农民、踏踏实实在地里劳动，也是一种非常好的生活方式，但现实逼迫他们离开土地，因为种地再也不能维持一家人的生计了。发展时，不能数典忘祖，像现在这样讲农村和城市二元对立，就是一种很极端的方式，似乎，我们的社会在教导大家一起鄙视那群养活了自己的人与土地。去年春节回家，在北京西站仍然看见一群打工者，当时细数了一下，20个左右，15岁以下的小孩大概就占了一半，而这些孩子本应该是农村存活的生命之源。没有了年轻的生命，农村真的就没有了活力。回家之后，我也发现农民工回家过春节的人不像以前那么多了。被掏空之后，农村怎能不破败？

报农大，其实是因为的确想着能为家乡的发展做些什么。高中毕业时，想的是能像电视节目比如央视《致富经》里的一些节目一样，最好能抓住一个机会，带动家乡农民经济发展。大概在大二期间，我放弃了这个想法，一方面渐渐感觉资本进入农村带去的更多的是伤痕，我也不能改变什么；另一方面习惯了城市的生活，回到家之后，家里的那情那景时刻提醒我毕业后直接工作，所以大二暑假就去了曾祥霞师姐所在的银行实习。本以为可能就会在毕业之后走上银行工作的道路，然而，这学期学了这些课，还有何老师在乡建中的实践带给我的感动与震撼，对之前的决定又开始犹豫，心里总还是放不下自己的学习与那些牵挂。老师，中国农村真的有太多的问题了！

祝老师身体健康，阖家幸福，工作愉快！

朱玲玲

2014年12月10日

学生，还有我自己，对中国农村发展的困惑，正是国内外很多学者关注的问题。如果一个人走进中西部地区的农村，看到的总是这些让人担心的现实。东部的农村，经济发展程度较好，但对于人的关怀，并没有好到哪里。我们在农村调研时，曾经开玩笑说，以前农民嫁女儿，都是要找一个老实可靠的，现在都要找"有本事"的、"会赚钱"的。这反映了农村社会文化和价值观的变迁。如果你内心有强烈的人文关怀，一定会对当下中国农村的社会现实感到悲戚。商品化的大潮，已经将商品和金钱的价值观以一种无孔不入的方式浸入人们的头脑，城市如斯，农村也逃不过。伴随商品化、经济至上主义的，往往是对农村资源的控制和对农村人的控制。另一面是，无论是作为观察者的我们，还是生活在农村的人们，切切实实感受到这些年生活质量的提高，或曰物质生活质量的提高。因此，人们就暂时忽略了精神的困扰和情感的空缺。这是我们面临的矛盾现实。有一天，我和朋友交流这些问题，也感叹说，"我们的上一代人面对的更多是物质匮乏的压力，而我们这一代人，面对的更多是精神空虚的压力"。

2009年春季，我在四川做田野调查，给孙庆忠老师写了一封邮件。当时，他正在日本访学，回信时，鼓励我做一个"优雅而从容的女学者"。孙老师的言语，总是鼓励年轻教师对未来充满希望和信心。非常感谢他这句话，让我后来在"八爪鱼"状态中遇到诸多挫折与苦恼时，总是想起这句鼓励的话，帮助我重拾工作的信心。

前面我曾提到，学生时期最难忘的是老师和学生一起下乡开展各种研究实践。当老师亦是如此。我曾在学习期间独自带领研究生师弟师妹在湖北调研，最初做教师的两年，也曾多次带本科生下乡开展调研。但其中，最深刻的下乡记忆要属2011年夏天在河南省尉氏县窝沈村，与10名2009级本科生一起调研7天的经历。在我们系的小学期实践教学中，一年级的定性研究方法实践和二年级的定量研究方法实践都是由任课教师负责安排。由于经费限制，这两个小学期的组织方式，通常是给同学们布置任务，经过讨论设计，由同学们自行择地开展，开学后再进行展示与总结、评价。三年级设计为"小学期综合实习"，意在敦促学生综合运用所学的定性与定量研究方法，到乡村的"现场"去发现问题和分析问题，因此每年是由系里统一安排。实习经费一直十分有限，但我们总是努力让同学们有机会去实践田野研究的整个过程。赵旭东老师做系主任时，曾有几次在小学期组织学生重访知名的研究实地，如重访张庄。孙庆忠老师也曾带学生到河南兰考县进行小学期实习。最近几年，找到合适的、愿意接待学生去做调研的村庄越来越难。何慧丽老师充分发动了她多年在河南挂职的资源，为社会学系的小学期实习工作提供支持。我们在窝沈村的小学期实践，不知道是何老师第几次联系的调研点。

　　那年是何老师刚刚就任河南省开封市市长助理，因此她建议适当调整，去开封市的其他县开展调研。她根据经济发展水平、地理位置、人口多少等标准，在尉氏县选定了3个村，窝沈村是其中一个。带队的老师有她、童小溪老师和我。她考虑到，她早已习惯了河南的农村生活，童老师是位男士，所以特地选了她认为条件最好的窝沈村给我。谁知道，她记错了，窝沈是条件最差的村。我们一行12人，10个本科生、1个研究生和我一个老师。住宿是早就拟定在村里，村干部没有安排农户提供住宿（或是没有农户愿意提供住宿），只是安排我们在村委会小院住。他们临时为我们购买了一些简易的床、褥子、枕头和凉席，同时添置了锅碗瓢盆和灶具。这个院子看起来已经荒废了很长时间，大概村干部也很少在这里办公，但因为我们的到访，临时收拾了一下。我和8个女生挤在一个大点的房间里。靠街的一面墙上，窗户是用砖封死的，砖中间透着一点点缝隙；面对院子的另一面窗户，玻璃则是近乎破烂状态。房间里，左右两边各横着 4 张床，中间一个空隙，竖着摆了 1 张床。我就睡在中间那张床上。我们在这个小院里开始了 7 天的农村生活，自己从井里打水、做饭、洗碗，偶尔去农户家里蹭太阳能洗澡。何老师知道我们这个村条件最差后，还很过意不去。其实，我是农村长大的人，也多次下乡调研、住宿农家，一点也不在意。实践研究方面，我并不主张学生在下乡之前就拟定好研究主题，因为大多同学对乡村的了解极为有限。为此，调研的第一天，我们的主要目的是探索村庄，发现村庄，寻找并拟定合适的研究主题。夜晚，女生在床上盘腿而坐，男生在椅子凳子上就座，拍打着蚊子，挥赶着苍蝇，传递着花露水和清凉油，热诚论道。第二天，三个小组就确定了自己的选题，分别是当地的樱桃生产与劳动力组织、村庄商品物物交易与现金交易的变化、神秘的"梅花教"。今天看来，这三个主题分别属于农业社会学、商品化研究和宗教社会学研究，都很有价值。实习的条件虽然艰苦，但同学们找到了合适可行的研究主题，调研顺利，所以无论是做饭还是与苍蝇蚊虫斗争，都变得很有乐趣。对同学们来说，小学期实习一方面是一种研究的实践，另一方面也是一群人一起下乡的趣味生活和共同"战斗"的情谊。我当时随口诌了一首打油诗，真实地记述了窝沈村的小学期实习生活：

> 午与苍蝇同卧，
> 夜和蚊虫共眠。
> 既悟研究所乐，
> 何道田野之难？

同年，我开始承担系副主任工作，也使我得以了解系里的很多情况。2008 年时，农大曾组织了一次本科生培养方案调整工作。但后来，因为系里师资变动较大，赵旭东老师辞职、潘进老师病休、熊春文老师因行政工作繁忙而无暇开课等原因，课程变动较大，使得 2009 级、2010 级、2011 级三个班的学生很难修满专业选修板块规定的最低学分。

为此，我多次和系里其他教师、教务处、发展系协商，后来从发展系培养方案中挑选了三门课程，增设为社会学专业的选修课。我给每个班都细细讲解了培养方案的构成，希望他们在毕业之前一定检查自己是否按规定修足了学分，尤其是2010级。到2012级这个班，这些问题才基本理顺。

中国人民大学社会学系每年组织"京津大学生社会学知识竞赛"。2012年秋季，2010级的3位同学代表我们系参加了竞赛。同学们并未获奖，但因为有北京和天津共8所学校参加，他们对其他学校学生的社会学知识结构有所了解。李世宽、杨伟阳和史秀萍3位同学跟我交流了他们的感受。作为刚刚进入三年级学习阶段的优秀学生，我认为他们谈得非常中肯，对我们专业培养方案的问题也有非常到位的认知。他们的看法，总结起来有这样几点。第一，对新生的专业教育仍然需要加强，以强化学生对专业的认知和认同；第二，现当代社会学理论更加切合当下时代的问题，更应该成为课堂教学和课后经典阅读的重点；第三，明确学生培养的定位，既要培养学术型人才，也要培养应用型人才；第四，基础理论和研究方法课程应该加大课时量、提高要求，让学生学扎实，分支学科可以多设为选修课，让同学们根据兴趣选修；第五，加强课外的研究实践和研究训练，使学生更好地理解和应用研究方法。这些评论和建议，可以作为2015年我们启动新一轮培养方案修订工作的重要参考。2013年秋季，我和2011级的3位同学一起去人大参加了知识竞赛，重新认识到这几条建议的重要性。

当时，为了更好地营造学术研究的氛围，我跟何慧丽老师商议，请她出面组织研究生每周一次的读书会。我参加了第三次读书会。2012年10月21日，何老师出差，我作为唯一的教师参加了研究生的读书会。大家一起交流了《妇女在经济发展中的角色》、《1978：历史不再徘徊》、《潜能的力量》、《资本论》2~3页内容。第一本书我已经通读，要求我的研究生何明慧同学进行精读，希望引导她选择一个合适的学位论文研究主题。第三本书是一位记者写的，我印象最深的是：国家和农民争地、争粮的结果是人民公社制度和家庭联产承包责任制的出现。我当时与薛莉娟同学讨论了记者的著作对论文写作的参考作用。我个人认为，记者著述，能够帮助我们了解一些社会历史或社会现实，或提供一些思路启发，但其论述观点并不能作为学术讨论的依据。《潜能的力量》是一本纯商业运作的书，市面上这类书很多。宗世法同学阅读《资本论》的精神让我十分赞叹，之前已经听说他一直研读马克思的著作等等，当日亲身领会。恐怕在我们学生中，还没有人能够做到。许多学者强调重读《资本论》的必要性，但他们自己也未必亲读。我曾经在三年前阅读了《资本论》缩写本的第一章，非常感叹其逻辑严密与论证严谨，也真正理解了多年前在不同的课堂上反复学到的一些经济学和政治经济学知识的要旨。

虽还未到冬天，但那天的天气异常冷，有人穿上了羽绒服。到了会议室，让我意想不到的是，只有3个研究生出席，后来有1个研究生迟到。这4人中，3人是何老师的学生，1人是我的学生。尽管人很少，尽管我很享受这样小范围的交流，但内心仍有掩饰不住的失望。读书，应是一件惬意之事；读书交流，也应是一件欢欣、愉快、享受的事。对于从事研究工作的人，对于学生，更应是如此。为什么同学们不愿意一起交流自己读书的感受？组织者和参与者都应该思考一下这个问题。我梦想的读书交流会场景是这样的：一个人以精准到位的方式重述了一本书；同时又能以尖锐、独到的看法点评该书的论述；最后，大家围绕该书主题进行了一场各抒己见的热烈讨论——讨论无关乎观点的正确与否，只关乎能否引起大家的思考、刺激大家的意见表达。但是，很遗憾，这样的读书会始终未在我们的研究生群体中出现，读书会也很快无疾而终。2012年，梁永佳老师以人才引进方式入职。2014年，他开始与我共同承担系副主任工作，也曾经组织研究生的社会学理论读书会和学术分享会，但最后也是无奈地不了了之。出现这种情况，原因不得而知，或许是我们的组织方式不得当，或许是我们研究生的学术热情不高，但终究值得我们每一位社会学系的教师思考。

2012年，教育部开展第三轮学科评估。虽然我们没有博士点，但仍然决定参加学科评估。评估的师资力量和科研工作等，是按照经常在社会学专业招收硕士研究生的教师计算的。即，包括李小云、叶敬忠和王伊欢三位老师在内。我承担了主要的评估材料整理、填写和申报工作，请孙庆忠老师拟了一段简介。评估结果出乎我们的意料。在参评的39所高校社会学专业中，我们位列第15名；在参评的北京高校中，我们位列第五。在所有指标评价中，我们的科研水平较为突出，人均科研经费位列所有参评高校社会学专业第二名。这个评估结果给了我们很大的鼓舞。建系以来，社会学博士点由于各种原因迟迟得不到批准，大家都略有受挫。学科评估的结果让我们发现这些年的专业建设成效，以及我们和其他高校社会学专业建设之间的差距所在。如今，建系20周年之际，学校正在进行学科调整规划工作，我们学院则拟将社会学作为重点发展学科。在学校和学院关于学科工作的会议上，社会学专业2012年评估结果被反复提及，成为学科发展决策的重要依据。

"八爪鱼"的工作状态和生活状态是不可持续的。我在担任系副主任的第一年，万般苦恼，承受了巨大的压力。学校行政管理工作几乎全面下沉至系层面，导致系副主任的工作内容繁复琐碎，个人时间和精力着实难以兼顾。尽管我曾经提出不再承担此工作，但作为"老农大人理应承担的责任"，终究还是一直坚持做到2015年春季学期结束。

5. 不是结束的结语

20年，每当回首，总是不胜惶恐。岁月仿若抓不住的流水，转瞬间哗哗而去。有时，感慨学术进展步履维艰；有时，感叹孩子在不经意间已经长大；也突然发现自己已不再是教师队伍中的青年。也许，为学路途漫漫，步履维艰或焦灼无措都是常态，坚持走下去就会别有洞天（孙庆忠老师语）！这也是我对自己未来的期许。

数日前，我见到朋友的台湾朋友。相互介绍中，他得知我是学社会学的。他说，在台湾，社会学家都是积极的社会运动倡导者。这让我联想起近期读到的一本书《社会学有什么用？》。作者是法国的社会学学者弗朗索瓦·迪贝。他提到，社会学应该有三个方面的作用：揭露资本控制的运行机制，掀开各种形式的权力面具；提高社会的合理性；而社会学家既该介入对社会行动者的教育之中，也该及时介入社会生活。入行社会学20年，我仍然很难确切地回答"社会学是什么"的问题。这本书虽是一家之言，但回顾过往的社会学发展，对我们的学科发展和人才培养方向仍然有很强的借鉴意义。唯愿：

  百尺竿头，更进一步！

李明馨/孙弋帏/李雅昕/刘思远　采访整理

吴惠芳 2015/07/31　校订定稿

孙庆忠

1. 学业背景与学术志趣

当小学老师是我儿童时代的梦想，当大学老师却是不曾奢望的结局。1984年初中毕业时歆慕中师，却因成绩不佳升入高中，最终与高师结缘。1991年从沈阳师范大学中文系毕业后，我如愿地成为一名中学老师。那时候根本没想到自己还能读博士，更不知社会学为何物。在我的心中，优秀的老师应该有出口成章之功、妙笔生花之能。这是在中文系读书让我对老师素质和能力的明确定位，也是我毕业之后常念于心的为师方向。今天想来，无论是民俗学硕士、人类学博士，还是两年社会心理学博士后的经历，不过是向此靠近的一次次努力而已。

我四个阶段的学习，虽专业不同，却有内在的联系，每一次选择都有其特别的机缘。考研究生时，首先想到的是师从乌丙安先生学习民间文学。究其前缘，那是1988年冬天的事，我和同学去辽宁大学旁听他的课，虽然只是两节，但我至今记忆犹新。他的课堂鲜活灵动，说唱就唱、说跳就跳。在我的生活里，他就是演讲的天才。他讲的是文学，也是最为真切的民俗生活。后来在老师身边读书的三年，我感受最深的是我已从对文学艺术的欣赏，转向了对现实生活、对民间文化的关注。作为中国第二代最富有声望的民俗学家，乌先生的学术视野以及对学科的深度洞察，时至今日依然直接影响着我的教学和对民间文化的思考。这里需要说明的是，在我国研究生培养的学科和专业目录中，民俗学方向始终设在"中国民间文学"专业之下，学科的大本营在北京师范大学，从业者多为中文专业出身。直到1997年6月，"民俗学"才成为独立的二级学科，隶属于法学门类的一级学科社会学，才有了名正言顺的学科地位。因此，尽管辽宁大学从1982年开始招收民俗学方向硕士生，但我毕业时获得的仍然是文学硕士学位。

从1995年开始，我回到母校工作，在中文系讲授"中国民间文学"和"中国民俗学"两门课程。虽然1992级的学生依然记得我在阶梯教室的讲课，1995级的学生总是说因我而了解了民俗学，但回想起在那里听过我课的4届学生，我都觉得很愧对他们，因为从对专业的理解到讲授的水平，都让我显得捉襟见肘，缺乏底气。幸运的是，在中文系工作的日子里，我的同事大部分是教过我的老师。他们给了我很多支持和爱护，使我有相对充裕的时间备课、读书。赵慧平老师给予的"练中精之气为根本"的鼓励，多年来我始终铭记在心。

1998年，我考入中山大学人类学系攻读博士学位。可以说，假如我不学民俗学，就不可能转向人类学。正是民俗学对自身文化的认知，才让我知道对异域、对他者文化理解的重要价值。在黄淑娉先生门下的三年，让我每每想起都心存感激。作为一名学者，她最大的特点是勤奋、严谨，做事一丝不苟。她的为人、为学对我的影响太大了。观其行，信其言，她对自己的要求就是对学生无声的教育。

2001年7月告别康乐园之后，我进入中国人民大学社会学博士后流动站，师从沙莲香教授，从事社会心理学研究。之所以又从人类学转向社会心理学，当时只有一个想法，就是希望我的田野工作以及人类学研究能因心理学的视角而更有深度。在流动站的两年，沙先生给了我许多学术上的指导和精神上的鼓励。她骨子里的率直与真纯，是其最鲜明的个性品质。在她的为学中，我读懂了一位社会心理学家对中国社会的深切关怀和知识分子的社会责任意识。

从中文专业起步,最终与社会学结缘,尽管每一个阶段都让我耳目一新,但实在地讲,哪一个专业我都没有学好,也因此觉得辜负了老师的培养。幸好今天的教学与科研工作都在不同的程度上延续着曾经的专业训练,但愿日后能有令自己满意的研究成果,也好对几位导师、对自己与书为伴的日子都有一份交代。

我相信人生走过的每一个足迹都会留有印记,而且都会在不自觉中影响到我的生活。中文专业筑基性的学习,虽不同于民俗学、人类学和社会心理学的专业训练,但汉语言文学的熏陶早已深植于心。每一届学生对我授课风格的评价,对我所学背景的猜测,都与中文相关。细细想来,大学期间马国权老师的"红楼梦研究"、鲁洪生老师的"先秦文学"、张振忠老师的"小说创作"、王太顺老师的"审美诗学",不仅让我在美中沉醉,更让我对美的课堂、对人文教育有了自己的理解。应该讲,本科阶段接受的中文教育,影响的不只是我对社会学的研究,而是影响了我一生的生活质量,我描述、感知世界的方式也因此而有所不同。在我的生活世界里,美的事物与情愫一直存留在心底,这是我快乐读书、快乐工作的底色。我将我的课堂定位成"纯美的空间",实际上是中文专业和师范教育赋予我的一种教育自觉。

2. 与农大社会学系结缘

2003 年 4 月底,我博士后出站在即。此前,沙老师一直希望我留在中国人民大学,但情况有变,我不得不重新选择我的归宿。当时我曾给导师黄淑娉先生打电话询问此事,她说:"小孙呐,你适合当老师,能把问题讲得清楚明白,你的个性也决定了你会成为一个好老师,我觉得你不要考虑去研究所,还是留在高校吧。"可巧的是,这一年的年初我曾给《中国农业大学学报》(社会科学版)投过一篇稿子《都市化与农民的终结——广州南景村经济变迁研究》,并得到用稿通知。如果没有这份机缘,我还不知道农大有社会学系。于是我就投了份简历,结果第二天就收到系主任张蓉老师的回复,约定了见面的时间。5 月 8 日,在张老师的引荐下，我在西区 CIAD 004 见到了系里的朱启臻老师和孙津老师。他们三位都是社会学系的元老，朱老师当时是学院主管教学的副院长，孙老师是系里唯一具有博士学位且教学深得学生喜爱的教授（很遗憾，他不久便调离了社会学系）。当年博士毕业和博士后出站求职的人不多，若没有这个条件，我是没有机会来到农大的。他们让我讲讲代表性的研究论文，前后也就半小时，面试就算通过了。但凭我的直觉，他们几位没怎么看好我，我说话的声音文弱，显得底气不足，幸好有博士后的名头，他们认为我搞科研还是可以胜任的。我入职后，张蓉老师讲给我的一件事也印证了我的直觉。事情是这样的，9月3日，在我第一次登讲台为2000级和2001级学生讲授"中国民俗学"时，她在我的教室门外观察了很长时间，担心我掌控不了课堂。在后来的日子里，我的同事才发现，那个初相识时看起来不善言谈、讷于言辞的内向之人，和登上讲台的孙庆忠相比简直判若两人。当然，这些都是后话。在三位老师面试后不到一周，我记得是5月13日，我拿到了人事处的接收证明。就这样，人大博士后出站之后，我就成为农大社会学系的一员。当年，童小溪老师从芝加哥大学回国，盛荣老师从社科部回归本专业，因此我们三位同时加盟了社会学系。

到系里工作以后，张蓉老师给了我很多支持和关照，她相信我这个科班出身的博士能为系里做点贡献。在我的建议下，2003年和2005年秋学期，系里的课程计划里增设了"中国民俗学"、"人类学理论与方法研究"和"科研训练：质性研究"三门课程。我们社会学系的特色领域是农村社会学，但要深度研究中国乡土社会，就必须有民俗学的学科视野。如果我们对百姓的日常生活缺乏基本的学术判断，又何谈乡村社会研究呢。到目前为止，从2000级到2013级，十几届的学生听过我的民俗学课，他们对司空见惯的民俗生活从此有了理论上的认识。

2005年9月，我第一次为2003级学生开设了"人类学理论与方法研究"。此前，潘进老师已为学生讲授"文化人类学"概论课程。为什么要考虑增设一门人类学理论方法课呢？其实，想法很简单，就是要提高学生理论学习的水平，强化质性研究方法在社会学专业训练中的重要地位，仅仅有SPSS、有定量的设计与分析是远远不够的。怎么走进老百姓的生活，走进乡土世界，人类学的方法是可行的，但再好的方法都需要理论支撑。正是出于这样的考虑，从 2005 年到 2014 年，已先后有十届社会学系和发展管理系的本科生学习了这门课程。让我欣慰的是，他们下乡归来之后对课程的回馈是，不仅学到了理论、懂得了参与观察的方法，也从中体会到人类学关注民间社会的独特魅力。实际上，专业训练的目的就是培养学生的专业意识，背起行囊赶赴田野，就是让学生拥有在老百姓的生活中提取本土知识的能力。我曾将人类学田野工作的要求总结为六句话——用你的眼睛观察村民的日常生活；用你的学识把握文化背后的逻辑；用你的真诚开启心灵之间的交流；用你的感动记录尘封已久的故事；用你的良知回应亲历的田野之声；用你的智慧抒写浓抹的专业真情。这六句话确实成为引导学生乡土实践的工作理念。

除了这三门课程，2005 年春学期我又力主增设了一门课程"中国社会学名著导读"。为啥要设这门课呢？在和学生下乡交流的过程中，我发现他们对中国社会学史了解太少，提到涂尔干、马克思和韦伯大家都知道，但对陶孟和、李景汉、杨开道等中国的社会学家却几乎一无所知，提及民国时期的社会学好像只是听说过乡村建设运动，言及社会学家只知有费孝通。基于这种情况，我联手张蓉和何慧丽两位老师编了一本文选，并共同为 2003 级学生开设了这门 40 学时的课程。这是专门为咱们本科生量身定做的专业基础课。

2007～2010 年的秋学期，在赵旭东老师的主持下，系里老师共同为大四的学生开设了"中国社会学研究专题"。这门课让系里的老师在学生毕业这一年再度出场，讲自己当下的学术思考，其目的是"通过讲座和阅读，让学生充分了解社会学具体的一项研究的实际开展和实施"。因为我在读博期间曾在广州追踪调查了杨庆堃先生 1948～1950 年对南景村的研究，来到农大之后又曾带领研究生追踪调查了 1926～1927 年李景汉先生对京郊四村的研究，因此，我为 2004 级和 2005 级学生讲授的专题是"社会学再研究的理论与方法"。又因为设置这门课的时候，我一直带学生进行妙峰山香会组织的普查工作，所以为 2006 级和 2007 级学生讲的专题为"民间社会组织研究：视角与策略"。2011 年，社会学专业的课程大纲调整，这门持续了四年的课程就此终结。当时赵老师要求学生将我们的讲课录音整理成文字，因此，我的所思所想都以文字的形式记录在案，重新翻阅时感触良多，为课程的存废，为课堂的记忆，为系里那段不乏欢乐的日子。

来社会学系的最初几年，我在教学上倾注的心力很多，除了本科生的4门课，研究生还有2门课，那时候真的太累了，备课几乎占去了我所有的时间。每年的课程要有新意，学生下乡后的调查报告要跟踪修改。每天都在忙碌中度过，年终总结之时，却又觉得两手空空。看着那些记录了学生"学步"的专刊我很欣慰，但想到自己未完成的论文和专著又心急火燎。今年有一首比较流行的歌叫《时间都去哪儿了？》，想想自己的欣慰与焦灼、满足与失落，十年就这样倏忽而过啦！

如何把每一门课讲得让学生留有印记，这是我每学期都反复思考的问题。系里有老师曾含蓄地批评过我的授课内容甚至讲课风格，认为文学色彩太浓，研究生的专题课缺乏按部就班的知识传授。对此，我虽没做任何回应，但我当过老师，更当过20多年学生，我知道什么样的老师为我所敬重，什么样的知识我多年后仍然不忍忘记。我为学生上课传授的知识虽各不相同，但无论是本科生课程还是研究生教学，都有一个共同的名号，那就是人文教育。在我们这样以农为特色的大学里，缺少的正是人文素养的培育与熏习。我希望通过我的几门课程，学生在感知为学之美的同时，更能拥有热爱生活的能力。

3. 课堂教学的高峰体验

在讲我的课堂之前，我想先讲讲今天（2014年6月20日）上午2010级本科生的毕业典礼。我提前一小时坐在体育馆里，静静地享受着同学们告别母校的仪式过程。日子就这么快，一届又一届学生好像刚刚入学，转眼间就告别了农大，做老师的对此体会尤深。面对姑娘和小伙子们四年间的变化，欢喜与感动之情总会自然萌生，而想到再开学时他们将不在眼前，共同拥有的课堂感受只能被定格成记忆时，那份莫名的伤感便会不招自来。

与这个毕业仪式同等重要的是学生的论文答辩仪式。这是他们专业意识与研究能力的综合展演,也是老师欣赏学生研究成果的最后一个环节。自从到社会学系工作以来,我共经历了11届学生的毕业答辩,印象最深的是与2003级学生共度的那个下午。2007年6月15日,在郭慧玲、李怡婷等9名学生顺利答辩之后,张蓉老师、何慧丽老师和我共同分享了他们的毕业感言。我记得在场的每一名学生都泪流满面,感谢社会学系老师对他们的培养,感谢农大四年让他们拥有了难忘的青春岁月。在他们哽咽的讲述中,我已泪眼模糊。当时若没有张老师镇定地平复了大家的情绪,我就根本讲不出话了。那一刻间,我的头脑中突然间萌生了一个意象——风筝。我说:"答辩之后,毕业的钟声就已敲响,你们今天精彩的表现就是对农大最真情的告白。在老师的世界里,从现在起你们就像风筝一样放飞、远行。无论我能否看到你们,我都坚信在你我之间永远会有一根剪不断的线,不论你飘到哪里,在我们的心中始终都有牵挂!"而今,七年已逝,每一届学生毕业的时候,我都会想起"风筝"带给我的想象。这样的故事之所以每年都上演,就在于农大、社会学系珍藏了他们的青春履历,以及与此相伴的一份记忆。其实我们是活在记忆里的,对于个人来说,如果我们没有记忆,我们真的不知道我们当下是谁,我们不知道我们明天该怎样活着。一个家庭如果没有记忆,这个家庭很快就会崩溃瓦解。正是在对祖辈故事的不断叙述中,家庭记忆才得以传递。一个民族也一样,如果没有了记忆,就是一个无根的民族。从这个意义上来说,无论是学校还是老师,都应该给学生存留一份铭心的记忆。只有这样,在他们离校之后,在他们孤助无援之时,在春风得意之日,他们与农大相伴的年轻岁月才会成为值得追忆的温暖瞬间。

  我一直在读书又教书,校园是我生命的一部分。我时常庆幸拥有这样的生活,在我的生活里,每迎接一届学生我都会觉得,原来青春可以如是重过,原来岁月可以这般倒流。也就是在这个过程中,幸福总是洋溢心头。那么,到底农大社会学系能给学生留下什么样的记忆?作为系里的一员,我又能为他们四年的生活增添点什么呢?这是一直在思考的问题。我要让他们觉得大学是一片净土,尤其在市场化的今天,这份纯净的记忆更显重要,我也因此对自己的角色有了明确的定位。从2000

级到 2013 级，在为这十几届学生上课的日子里，我一直秉持着自己做教师的原则，那就是一定要传递一份美好的感受给学生。为什么要这样在意我的课堂？因为我知道这里有师生共同的期待。

2011 年 11 月 3 日，在我的"社会心理学专题"结课之后，我收到了雍佩佩同学的 Email。这封信让我感动，也让我备感幸福，因为我的课堂在一个层面上满足了她对大学教育的"期待"。应该说，在农大工作的日子里，正因为一届又一届学生的期待，我才更愿意把自己的课堂定位成纯美的教育空间，在这里我和学生一起品读生活的美好，分享学问的清醇与力量。

孙老师：

非常荣幸这学期选修您的课程，让我不仅仅学到课内知识，更拓展了自己的思维方式，更加感受到生活的意义。真心谢谢您教会我们那么多。

我很喜欢谢烨写给小木耳中的句子，"有一天我要带你回家，给你尝一百岁的外婆做的白酒瓜丁，带你看灯影湿润的江南水乡，看捉蟹的小灯在湖面闪烁，划一只小船。在那，北方古老的院落里停立着春天。"最后一个周三下午，北京已经是初冬，寒冷，窗外的柿子树已变得光秃，可是在那一刻您讲述的"心灵环保"真的让我们感受到"北方古老的院落里停立着春天"。您行云流水般的课堂讲解让我恍然大悟，原来，生活可以是这样。

…………

学生：雍佩佩

佩佩：

今早阅读你的来信，一种无以名状的感动洋溢心头。感谢你用谢烨写给小木耳中的句子，为那个平淡的周三下午赋予了一种特别的温度和色彩！

我是校园中普普通通的一个教书者，幸运的是，每个学期的课堂都能和优秀的年轻人如期相遇。惟愿你生命中的"美好愿景"总能在生活中高悬，有朝一日也用女学者的从容与优雅为后来者圆梦。

孙庆忠

在大学教育中，老师对学生的期待是不可或缺的。我期待我的学生把大学视为"人生超越庸常的阶梯"，期待我的学生"活在当下，赋予生活以意义"。老师对学生有了期待，学生才会像老师期待的那样，在大学里重新塑造自己的人格，实现成长中的一次次转型。如果在我的生活里，一届届学生仅仅是大学校园里的无名氏，学生自然也不会对我有什么期待，其结果就是师生在双向失望中了却今日，蹉跎明天。

上过我课的学生都知道，我能记住每一个人的名字。他们常常问我，这之中有什么特殊的秘诀。其实仅仅是用心而已，哪里有什么妙方？大学不同于中学，师生之间除了课堂之外，没有太多的机会交流。因此，记住每一位的名字是我回报学生的一份特殊情感表达，我只想以此表明我尊重每一个年轻生命的存在，我在意我们的相遇与相投！我们系有很多学生在课堂上与我初次见面就问："老师，您知道我叫什么名字吗？""老师，您的人类学课什么时候开啊？"每每听到这样的问题，我总是很满足，我知道我的学生在没跟我接触的时候，对我和我的课堂就已经有了期待。

每届学生都很惊讶我能记住他们的名字，其实这种做法来自我的大学经历和感受。我上大学时，我的老师张家鹏教授、鲁洪生教授在课堂上叫出我的名字，我感到特别亲切。他们现在也不知道，正是这份不经意的关怀，让我温暖了20多年！我从登讲台的那天起，就在努力传递着我老师曾经带给我的这份温暖。我要让我的学生知道，他不是大多数之中的一个，是被老师遗忘的，而是大多数中的这一个，始终被老师记得。在学生的记忆中，我的课堂也因此有了些独特的意味。

从2003年9月到今年的春学期，回首时我的内心特别充盈，也格外满足。作为社会学系的一员，我没有愧对讲台，也没有辱没我的职业。可以肯定的是，绝不是我的每一节课都很精彩，但是每一节课都是我的用心之作。十几年间，难忘的课堂有很多，但是如果只让我谈高峰体验的话，我就说说给 2004 级学生讲"人类学理论与方法研究"的一个瞬间吧。

2006 年秋学期，我给社会学 2004 级学生上这门课，当时发展系的学生选修（从 2005 级学生开始成为必修课），总共有 68 名学生。11 月 2 日，我讲授英国人类学家维克多·特纳的象征理论。他的著作《仪式过程》引发了我的一些想法，并以大学和大学精神为核心，讲了"朝圣"的意义与价值。一个穆斯林一辈子要努力积累财富，目的是赶往圣城麦加。他坚信从麦加回来之后，他的灵魂经过了净化，生命得到了提升。所以，我们把穆斯林的麦加之行称为"朝圣之旅"。那么，朝圣又如何与大学联系在一起呢？2000 年 11 月 14 日，《人民日报》（海外版）发表了我的一篇文章，题为《也谈大学之精神》。在这里，我提出"大学是人生超越庸常的阶梯"。2007 年 9 月 5 日，在人文与发展学院开学典礼上，我做了题为《大学滋味》的讲话，强调"大学是一次悉心体悟生活的朝圣之旅"。之所以将"超越庸常"和"朝圣之旅"与大学联系在一起，就在于大学可以增进智慧，净化心灵。如果我们把大学当作一个圣城，那么在这里求学的过程就是朝圣。我在讲完之后，下课的铃声已经响了。但是当我转身的瞬间，突然间听到满屋的掌声，学生集体起立，久久地为我鼓掌。学生带给我的这份惊喜，是我教学生活中的一次高峰体验。当时我家住在德胜门附近，骑车回家需要 40 分钟，但那天我却用了一个半钟头。在路上，我情不自禁地回忆起自己的过往，从给沈阳师大中文系 1992 级和 1993 级学生讲授"中国民间文学"一直到给农大 2004 级学生上"人类学理论与方法研究"的诸多瞬间。在这种时间的跨度中，我深切地感受到了教师职业的神圣感。可以说，那一刻我被幸福包围着。在我自己的教学记忆中，几乎每个学期都会在学生的掌声中告别讲台，这也是我感到特别满足的地方。

我曾细致地追问，我的学生到底从我的课堂上获得了什么？我想除了专业知识之外，他们更看重的是社会责任意识的传递和老师对每一个年轻生命的深切关怀。从 2003 年 9 月给 2003 级硕士生上课，一直到去年给 2013 级研究生讲授"社会心理学专题"，每一年学生都留给我很多故事。尤其是最初的几年，全校可供选择的人文社科课程比较少，所以生院、动医、动科的研究生每年都有选课者，他们中的好多位现在还与我保持联系。去年6月13日，毕业后到河南农科院工作的一位小伙子高彬文还专程来北京看我。他说，虽然离校多年，但在"社会心理学专题"最后一节课后，他想为我送一束鲜花，想过来和我拥抱的冲动，依然记忆犹新，想到农大就会想起与我在课堂上的相遇。在我的教学生活中，像这样温暖的瞬间总能带给我许多力量。我想有一天，当把所有的这些旧事重提的时候，我走过的日子就会清晰可辨，我和学生之间情感上的交流，可能是一个眼神，可能是相见时的那一次握手，可能是重逢时的一个拥抱，那里边满满承载的是学生对大学教育的特别期待。

2010年11月8日，我收到了发展系2008级学生杨承霖的来信。他以《人类学的心弦，C大调，作品第67号》为题，用文字传达了人类学课程带给他的收获。他文章的题记是"谨此纪念，大学生涯的第67门课程，一段奇幻旅程，我温馨的人类学"。

....

直到这个秋天上课时，天空的颜色都变了，我想，也许，只有真正懂得人、真正懂得生命的人才能知道，对这些羽翼初成而内心还有些胆怯的大孩子，温和的语言，淡泊的心态，负责任的态度能给他们多少收获、放心和快乐。更重要的是，从未有过的理解和包容，充实我的心胸。现在总是觉得，身边那些自己曾经看不惯，听不进的东西都是可以接受的，无论有多么的不同，淡定而理解的心态，让我的心灵变得温和而平静，每当看到身边的人，率先想到的，就是包容。我想，这是除了人类学教给我的知识之外，我所获得的最最重要的财富。征程依然漫漫，但这一段旅程却很不平凡。我想，有了这份宝贵的收获，我将能够更加开朗快乐地前行，努力拼搏，一路放歌。

——杨承霖

承霖：

　　今天你的 C 大调第 67 号作品又重新走入我的视野，让我突然间想起了曾经的承诺，把我阅读你作品时的心里感受告诉你。

　　每年与发展班学生的相遇都会带给我许多惊喜，学生们对新知的渴望，对大学的期待，总能让我有些疲倦的心再度振作起来。你的作品满溢着才情，在你的旋律中我听出了年轻生命的睿智音符，无论是轻声耳语还是放声歌唱，无论是对理论的洞察还是对田野的理解，都和我的生命情致有着某种程度的契合！你知道吗，这种快乐的感受驱走了我全天工作的劳顿，虽然此时已夜色正浓，但你的文字却让老师的心里尚存一束正午的阳光！

　　记得一次课上，我提到与熊春文老师的对话，他说如果我们想在当下的教育处境下尽心工作，那是需要理由和勇气的，这叫做"大学教师的自我救赎"。我曾相信这样的判断，但看到你的作品，想想那些如你般在大学里苦苦寻找生活理想的孩子，老师改变了认识。你们一次又一次火辣辣的等待，在塑造着大学老师的形象——他们不仅要懂得教育的智慧与真情，更应该坚守教育的理想与信念！

　　感谢承霖，你对每一门课程的珍视与记录，都会在老师这里转化成为一种特殊的"教育叙事"，幻化成一种自觉的教育自律。

　　　　　　　　　　　　　　　　　　　　　　　——孙庆忠

我总想，在我最终告别讲台的那一天，一定写一本记录我自己教学的教育人类学著作，将多年来我与学生的短信和 Email 汇聚其中，将年轻人对大学的希望与梦想从为师者的生活感悟中呈现出来。

4. 兰考之行的田野记忆

在系里工作除了课堂教学之外，就是要带学生下田野深度地感知民间社会与文化。田野调查是社会学、人类学研究的基本方法，我将其视为对学生进行专业训练的"成年仪式"。也就是说，只有经过田野的洗礼，我们的学生才能对社会学有自己的理解，才能热爱所学专业，才能强化自己的社会责任。

回首带学生的田野调查工作，最难忘的是兰考之行。2004年6月29日至7月5日，在系里的安排下，我和何慧丽老师带领2001级30名学生在沆砦村和大李西村进行了为期一周的社会调查。前者以做鞋垫为生计来源，后者以泡桐加工为经济支柱。当时，何老师在兰考县挂职做副县长，这方便了我们的调查，我也因此目睹了她乡村建设的行动路径。我带学生出行有一个习惯，一定要留有文字，记录下调查发现和生活感受。那时，张蓉老师与学院分团委景发书记联系后，2005年4月《竞萌》为此次调研出了一期"田野来风——乡村社会调查专刊"。这本期刊虽然是内部出版物，但是我们都特别珍惜，因为这里面记录了我的学生在乡村的点点滴滴，既有他们对乡村生活的独特感受，也有他们对于大学生活的反思。可以说，正是在兰考的这一段特殊经历，激发了我一年又一年带学生下乡的热情。

我的学生到底在那里做了什么、想了什么？翻阅这本专刊，十年前的往事好像一下子又再现眼前，昔日重来的感受顿袭心头。50块钱的绿皮火车、闷热漏雨的临时住所、没有枕头只有一层软纸壳的席地而卧、最初无处下脚的厕所，当然还有大队部周围茂密的青纱帐以及静谧夜晚里与我们相伴的满天星斗。

我们在村里的每一天过得都非常感动，傍晚时分的头脑风暴直至深夜仍不忍散去。那些泪流满面的瞬间，承载了年轻人对改变乡村形貌的冲动与激情。此次乡村之行有几个学生我要特殊讲一下。张战广是2001级的诗人，我们都称他"小广子"。在一天晚上的讨论中，他说，我们下乡村后不仅重新思考了在文献上看到的那么多学者的研究，也让我觉得从今天起，"我们的头脑不再成为别人思想的跑马场"。听了他的讲话，那一夜的我简直难以入睡。他们或者为乡村的贫困感到悲伤，或者为乡民的纯朴感动得流泪。在我看来，这就是学生在乡土实践中最大的收获。我一直认为，大学教育不论是课堂还是下乡，学生获得的不能仅仅是知识，还应有透视生活现象的能力，是心灵经历冲击和洗礼之后的感悟。这才是我们实践教学的意义所在。

学生中还有一个来自宁夏的回族小伙子——杨明礼。正因为此次田野调查，我们有了许多后续性的故事。他说他是一个很孤独的孩子，他是家里孩子中唯一的儿子。正如他所说，下乡根本没有别的同学那么兴奋，上车的时候车顶上只有一个小电扇，嗡嗡作响，晃来晃去，始终做着单调的机械运动。但是等回来的时候，车顶风扇虽在简单中做着一如既往的机械运动，却似乎凉爽了不少。因为在乡村"太多的开始向我迈进，非但如此还敲醒了我内心深处某些未曾触及过的领域"。这大概就是年轻的心在经过田野之后所发生的微妙变化吧。因为有了这样的前缘，我成为他毕业论文的导师。在小学期实习回来不到一年的时间里，他经常与研究生一起读书，定期向我汇报。那段日子虽寂寞、艰苦，有时甚至难以忍受，但在学位论文《宗教观念的变迁与民俗生活的重构》完成之日，洋溢在他脸上的幸福表情却让我难以忘怀。答辩之后，他跟我说："老师，在四年的大学生活里，我是一个非常在意付出的人，因为每一项付出都有太多的收获的不确定性。但是和您接触的这一年时间里，我觉得每一项付出都是有意义的。"他离开学校后先在石家庄工作，后去了甘肃。一开始经常给我打电话，半年之后就杳无音信了。2006年9月11日，在他毕业的第二个教师节过后，我忍不住拨通了他的电话。他在电话的另一头说："老师，每年到这个时候我最怕的是听到您的声音。昨天我还一遍遍地写了问候短信，而后又一遍遍地删掉，没有勇气发出。"我说："听说你从甘肃去了深圳，到了无锡，后来还在北京待了两个月，就住在农大，为什么不来看看我呢？"他说："那时，我不知道在西区的主楼下边站了多少次，既希望看到您，但是又怕看到您。"我说："听说你在甘肃还砍断了自己的手指。"他说："是这样子，具体的过程我不想告诉您，我只想跟您说，当我砍断手指的那一刻，我一滴眼泪都没有掉。但是当我自己到医院包扎好后，输液的时候，我满脸流泪，不是疼痛，那时候我的心里只想着一个人，那就是您和您告诉我的生活的美好。"他在电话那一端讲这些的时候，我的眼前几次模糊。我知道在生活境遇最痛苦之时，我的学生依然心存善意与美好！

田野之后的故事远非如此，兰考记忆依然续写着。2011年5月24日，潘文铭在电话中说："老师，我已经离开学校六年，六年间我总是很想念您,如果您周末在家,我和家瑶要回北京去看您。"两天后,他们真的从海南专程而来,在我家住了3天。已是而立之年的学生,每天早上起来像小孩子一样坐在我身旁,一遍又一遍地讲着我们共同的兰考之行,讲述毕业论文带给他的收获与感动。在当年的总结文字中,他说:"这次实习自始至终让我感受至深的是老师的疼爱和关怀,聊天中孙老师认真、宽容的眼神,清晨在我未醒之前在头上摸上一下,一句亲切的话都可以让我感到无穷无尽的温暖。那一瞬间的感受,也许会成为以后某时失落的我,怀念往事时的一份温馨。"我想,这六年后的相聚正是对年轻岁月的追忆。我清晰地记得我说出其论文题目《地域文化与生育抉择》时,他脸上划过的惊喜;与其重温河南汴砦村与海南港头村农民生育观差异时,小伙子眉宇之间传递的欢悦之情。这些旧事虽然仅仅是生活中短短的一瞬,但对于我们师生而言,被关怀和爱意充盈的田野,早已内化为他们对农大的特别记忆。就如苏柏菁在《永远鲜艳的朝花》一文中所说,"即使到了年老,这次下乡的实习经历也无需夕拾,因为这一切将永远存在我的记忆中,并且是永远鲜艳的朝花"。

5. 八载妙峰山庙会追踪研究

与兰考之行接踵而至的是,与2002级至2011级本科生持续八年的妙峰山研究。这之中,2002级至2006级学生的调查重点是在山上进行庙会观察和记录进香仪式,2007级至2011级学生则集中在山下调查各档香会组织。

为什么要做妙峰山研究呢?这要追溯到我在辽宁大学读研究生了。1995年,乌丙安先生在妙峰山开会,当时听说那是一次民俗学界的盛会,钟敬文先生也亲自上了山。第二年,我们看到了刘锡诚先生主编的会议文集《妙峰山·世纪之交的中国民俗流变》,我也因此更多地了解了"北京第一仙山",了解了70年前顾颉刚先生妙峰山调查的基本情况。从那时起,我就希望自己有朝一日也能前往妙峰山,亲自领略一下老娘娘(碧霞元君)的灵验与神奇。后来,我在中山大学读人类学博士的时候,每每提及民间宗教和民间信仰,我都会想起妙峰山。2001

2006年5月与2004级学生进行妙峰山庙会调查

年,我到北京工作之后,每次在书架上看到《妙峰山》时,都有一种想去看看的冲动。这地处京畿之地的"金顶"是否还有互道"虔诚"的香会?是否还有一路磕头而来的善男和信女?

2005年5月20日,也就是我到农大工作的第三年,因给2002级学生加开一门"质性研究"课,在侯玉峰博士的协助下,我有机会以带学生采风实践之名,走进了涧沟村,登上了妙峰山,并在娘娘庙里欣赏了精彩绝伦的香会表演。其间,所见所闻令我惊诧不已。我曾经固执地认为,在今天快速都市化、现代化的背景下,传统文化已经所剩无几了,但是在妙峰山,在香烟氤氲的灵感宫前,穿越时空之感常袭心头,我甚至已经忘却自己是在北京还是在遥远的他乡。那一刻间,我特别激动,好像了却了一桩心事,昔日的妙峰山在我的印念中已经不再是一个民俗学的符号,它带给我许多奇思妙想,不论是教学还是科研。当时根本没有想到,这简单的圆梦之旅,竟然在接下来的八年里,续写了那么多不曾预期的故事。

妙峰山研究还有一个明确的指向,就是服务于我的"中国民俗学"教学,让学生能在这样一个历史传承悠久的文化空间里亲身感受民间文化的魅力。我始终认为,学习社会学的人不能不懂民俗学,只有这样社会学研究才会有根。如果对乡土社会里的民俗生活根本不了解,社会学研究就是纸上谈兵。而今,已经出版的三卷文集《妙峰山:民间文化的记忆与传承》、《妙峰山:香会组织的传承与处境》和《妙峰山:香会志与人生史》,承载了我带学生采风的过程,也记录了我自己对于庙会研究的思路和心路。回首与学生在涧沟村度过的那些夜晚,品读调研期间的点点滴滴,我们不仅对民间文化又多了一份了解,也为自己的研究打开了一扇窗。从这个意义上说,妙峰山不仅是训练学生的沃土,也是我自己真正亲近民间文化、研究乡土社会最好的场域。

带学生上山的几年,难以忘记的是在所住农家院里的围炕座谈,后来冠以一个好听的名字——"妙峰山夜话",这也是每年都不变更的主题。学生将我的讲话都整理成了文字,重新翻阅时山上山下的一幕幕就会重现眼前。2006年4月29日,在与2003级的座谈中,我讲了这样一段话——"在这个周遭静寂的农家小院,在这个可以听到山风的夜晚,虔诚的香客可能不知道我们年轻的大学生也如期而至,可金顶的'娘娘'却一定能听到我们每一位心中快乐的音符。于我而言,今夜不会有朝顶进香的悸动,却一定会有因你们而难眠的幸福!"今天重读这些口述的字句,虽表意不够周详,却真切地记录了一个又一个难眠之夜带给我的心里感受。正是那个特定的情境,让我和同学们都拥有了别样的人生体验。我特别感谢我的学生,他们录音并将我的讲话整理成文字,才使那些转瞬即逝的想法文字化,成为回溯这段研究历程时一份重要的史料。

持续多年的妙峰山追踪研究,也让我有机会与门头沟的文化学者相识相知。自2006年4月29日与刘德泉、侯秀丽老师在山上相遇,北京永定河文化研究会便为我们的调查工作提供了鼎力支持。他们是熟知地方文化的学者,每次想到他们对家乡文化的热爱之情都令我心存敬意。他们曾多次走入我的课堂,先后为五届学生讲授"永定河流域的村落民俗文化",不仅唤起了他们赶赴田野的冲动,也指引了我们深入研究的方向。尤为让我们难忘的是,侯秀丽老师2008年5月10日还专程带我们上山,参与我们的夜话。她对我们师生充满深情的鼓励,多年后依然存留耳际。与校外的支持同步，系里的熊春文老师、张蓉老师都曾与学生一起上山，我们的研究生徐启飞、李敏、王立全、李胜波、王敏等先后与我们同行，他们细心而周到的安排不仅分担了我的工作，也为庙会与村落调查提供了宝贵的智力资源。

为了更准确地讲述我和学生的妙峰山研究，前几天我重翻了三卷文集，往事并非如烟，那里的文字及其背后的故事就像电影一样，一幕又一幕在眼前流动。左田文 2005 年的采风旁白，林骁 2006 年的观察纪实，齐钊 2008 年的田野思考，全面地讲述了我们在山上的调查经过与行动流程。《碧霞元君的玫瑰园》倾注了韩雪和吴昕颖的写作热情，全面地概述了第 13 至 18 届妙峰山春季庙会香客与香会的总体情况。她们整理的历届朝顶进香之香会名录和香客捐赠"结缘"榜，是庙会承续历史传统的最好见证。

在我安排的妙峰山采风活动中，每年都有一个重要的环节，那就是对妙峰山下涧沟村进行村落调查。王念和郭慧玲的《玫瑰花·娘娘庙·涧沟村》，郝培和刘辉的《庙会文化与村落发展》，杨秀丽的《庙会、地方经济与村庄生活》等调查报告，勾勒出了一个以民俗旅游为支柱产业的山村图景，也凝注了她们对民俗旅游与乡村发展的深层思考。

在我们对娘娘庙、对香客、对香会朝顶仪式的调查中，无论是同学们雨中观察的坚守，还是访谈受挫时的沮丧，在我的世界里就好像是听闻青春的音符在跃动，演绎出的是他们对采风的倾情和对田野的创造性发挥。如今，再度阅读学生对田野的理解、对周遭世界的想象、对生命的感悟，一股股热流就会重袭心头，让我备感欣慰。蔡家瑶这位 2002 级的才子，在他的文章最后有这样一段独白——"在这种特定的时空中，人从所有角色属性中抽离，人与神之间没有了距离，人的身份只是神明怀中的婴孩。怡人悦神是庙会的最大特点，透过一系列的民间信仰仪式我们看到人性的真实回归。在聆听香客祈福请愿的过程中，我们感受到生命的热情与渴望，生活的明朗与动力。……时近日落，庙中空无一人，一种空旷的沉静震撼心灵，我们不敢高声言语，生怕惊动神明。我独自叩倒在神明脚下，无声中，只有我在与神明对话，只有我独自叩倒于神明的目光中。没有旁人的目光，没有吵闹的喧哗，无声中，就这样放任自己于神明脚下长跪，就放任自己尽情地渺小，渺小成毫无保护能力的羔羊，渴望神的眷顾。"也许，这样的瞬间很快就从他们的生活中消散了，但这份对大自然、对文化传统的敬畏、对生命的关切，却一直珍藏在我的记忆之中！

与庙会观察自然相续的，是对香会组织的追踪研究。从2002级苗大雷、王瑾鹏开始，经2004级黄晓行、张明等7位，到2006级路瑶、马腾宇、蒲妍如，再到2007级张星晨、刘潇，他们对散布于京城的香会组织的扎根式调查，不仅拓展了妙峰山庙会研究的视野，也为2009级、2010级、2011级三届学生的调查和写作确立了基本的参照文本。尤其是苗大雷对京西古城村秉心圣会的研究，已经展现出了年轻学者的专业素养和科研能力。

那么，我们农大社会学师生对妙峰山的研究有着怎样的学术贡献呢？我们知道，妙峰山是京津冀地区民间宗教的圣地，从清康熙帝敕封金顶庙会开始，香火甚盛，绵延不绝。其"香火亟盛无间断，昼夜不停庙不关"的历史盛况，正得益于文会的周到服务和武会的献艺表演。如果说，1925年顾颉刚等学者考察妙峰山庙会民俗活动，开启了中国现代民俗学有组织的田野调查的先河，那么，我们的调查就是在延续前辈学者的生命，不仅记录了属于我们时代的庙会的历史瞬间，更呈现了都市化背景下地缘性香会组织的基本形态和生存处境。这些文字对于认识转型时期的民间社会、把握庙会文化变迁的脉动，具有重要的学术意义和史料价值。除此之外，我们在研究路径上与以往学者最大的不同在于，前辈学者所做的研究都在山上，香会朝顶进香的仪式过程是其调查的重点。那么，这些在庙会期间替老娘娘当差撒福的文会与竞相献艺表演的武会，在山下的日常生活中又呈现出怎样的形态？正是基于这样的思考，以村落为依托的香会走入了我们的视野，会首的生存处境和生命感悟成为我们关注的主题。这种研究路径的选择，让我们在日常生活中目睹了香会的兴衰与玩角儿的人生起落。八年间，我们曾先后调查了32档香会。与山上庙会期间重复上演的故事不同，日常生活中的香会表现出了各异的文化形态。通过走访会首和主要传承人，我们全面地记录了每一档香会的历史渊源、传承谱系、表演技艺、组织管理、传承现状与保护价值。在这些信息中,香会尘封的历史得以重现,祖辈风光的轶事被重新唤起。我们的研究记录了一档又一档香会的组织形态,也记录了在香会中被湮没的人生故事。这种研究关注点的转向,呈现了我们对于妙峰山研究不断深入的过程——从庙到村,由村到会,由会到人。这种探访的路径让我们发现,因为有了村落纪事,庙会不再是无名氏麇集的祈福空间,因为有了玩角儿的生命叙事,一档又一档香会才有了活的灵魂。可以说,这种研究视角的转换、这种研究主题的接续与拓展,正是我们师生对妙峰山研究的作为所在。

这项研究先后有十届学生参与其中,我觉得三本文集能够代表我们社会学系本科生培养的整体水平。我希望年轻的社会学者能够在从事这项研究中获得一种精神的感召,能把他们对民间文化的仰止之情存留心底。这是我的构想,也是我们从事此项研究更深层的意义所在。虽然是带本科生做研究,但我对他们的研究能力是信心十足的。时间将会证明,我们对北京香会文化的抢救与记录,就是对非物质文化遗产保护工程的重要贡献。因此,再过一百年,只要妙峰山还在,只要北京城还在,它就会被提起,被尘封的往事就会在我们的文字中唤起曾经的记忆。

2013年1月20日,在《妙峰山:香会志与人生史》定稿的那一天,兴奋的心情总是催促我重新打开电脑。正是这份冲动,促成了这本文集的后记——"把种子埋进土里"。那么,这"种子"意味着什么呢?对妙峰山的研究让我认识到,尽管香会组织在现代化和城市化的冲击下渐已失去往日容颜,但一辈又一辈玩角儿对传统的遵循、对过往生活的守望,使民间文化之魂并没有远去,收徒仪式、行香走会没有成为被删除的民间记忆。因为这传承久远的文化之"种",不仅生长在村落,还埋在心田。因此,当村落消失在城市街区之日,当香会失去其地缘土壤之时,原有的文化形态就会幻化成一种新的组织形式,只因这文化之根还有心田的滋养!这是民间文化之"种",是民间社会辈辈相续的内生力量。

当然,作为学术研究的"种子",妙峰山研究更为重要的价值在于培养了学生对为学和对生活的想象力。无论是对田野调查的谨慎态度,还是对报告的细致打磨，在这些年轻学者的心里已经埋下了一颗纯正的种子，这就是生活的态度和为学的精神。他年之后，当我的学生都成为祖爷爷祖奶奶的时候，后辈子孙不仅能够在这些文字中重现妙峰山庙会今日之图景，看到这个时代里北京民间社会的组织形态，更能够看到这一代年轻学者成长的历程。我坚信我的学生中会有一批优秀的学者，妙峰山的研究就是他们学术之路的起点。换句话说，作为一种特殊的文化符号，妙峰山研究如实地记录了他们学步时的足迹和梦想。从这个意义上说，金翼老人的话"把种子埋进土里"，充分地表达了妙峰山研究带给我的心灵感动和心理期待！

6. 十年本科生科研训练计划

当然，在历数妙峰山研究的贡献时，我更加看重的是八年间以此为主题的学术训练对社会学年轻一辈的培养。与学生共同走过的 URP 之路，是与庙会和香会组织调查相伴的主旋律。这是农大全面而系统地培养本科生科研能力的一个创举，不仅使学生的学习经验获得了总结和提升，同时也丰富了我们当老师的对教育教学内涵的理解。

从 2005 年开启的中国农业大学本科生科研训练计划（Undergraduate Research Program）缘起于国内外研究型大学"重建本科教育"的成功经验，以及"创建世界一流农业大学"的现实要求。以此为机缘，十年间，我共指导 38 位学生围绕"中国民间信仰的组织形态"和"香会组织与民间文化的传承"等专题进行了系列研究。2012 年起，"农业文化遗产保护与乡土重建"正式纳入研究视野。我希望这项极具现实价值的工作，也能像妙峰山研究一样，不仅能在农业文化遗产的领域有农大年轻学子的声音，也能在培育他们拥有社会责任意识的同时获得学术起步阶段的高峰体验。

应该讲，培养学生是一个既艰苦又快乐的过程。在研究工作中，有的学生住在城中村调查一个月，有的在山里调查幡会住上一周，有的行走于南城与北城。在炎热的酷暑、在寒冷的冬天，这些经历都是实实在在的考验。调查回来之后，又要没完没了地汇总文字资料、整理口述抄

2006 年 8 月在河北白洋淀进行田野调查

本,这样的日子当然是苦的。但是,等他们顺利地完成论文写作,目睹自己进步的历程时,作为老师,我分享了他们喜极而泣的心灵体验。正是通过这样的实践活动,让培养学生的精神理念回归到了生活本身。那些与被采访者一起流泪的瞬间,让尘封的往事呈现,也使我们平淡的生活一下子增添了历史的厚重,富有了鲜活的生命情调。而今,重拾学生在 URP 之后的感言文字,流溢心头的不只是温暖,更是学生的青春记忆。

我一直坚信社会学可以赋予我们一种特殊的气质,那是一种独立而又宽容的个性品格。学科所独有的想象力让理解、包容、体悟与关怀,转换成为我们对原本平淡生活的深层思考。大学时光送给了我两份至为珍贵的礼物,一个是专业知识,另一个是心灵教育。回首往事,正是那些读不完的书和说不尽的田野,让我们专业素养得到提升的同时,也对研究、对生活增添了许多特别的感悟。感谢孙庆忠老师,这段青春岁月因为有他的陪伴而充满了收获与感动,在求学的路上,当我如婴儿般跌跌撞撞地学步时,却不怕摔倒、不会灰心，因为我知道前面有一双张开的大手和一双期待的眼睛在等着我。我最喜欢的生活片断是我们围在他周围，听他时而深刻、时而幽默的谈话，虚心、耐心、恒心、信心是他对我们的要求与期待。在这种人文关怀的浇灌下，我们更懂得如何投注感情于自己的专业、周围的人和一件值得的事情。我们曾对他说："四十年后，当我们成为一群老头老太的时候，还和您做 URP！"虽是笑谈，但我知道，他与我们的人生从此有了一种抹不掉的关联，我们也因此对农大，对社会学系心存感激。

——滕菲

如果不是我们跟随孙老师去妙峰山做田野调查，又如果不是我们偶然打翻了前世柜、重拾了香会的历史，我们不会知道那些生龙活虎的民间组织，以及老百姓充实而丰富的文化生活。回想起追踪调查香会的日子，就好像是翻开了老北京的社会生活史。我们经历着田野给我们的一波又一波的冲击，思考着社会学视野里的乡土社会和人类学关注的庙会空间。可以说，社会调查带给我们一种做研究的感觉。在一次次的采访中我真切地感到我对于自身社会了解的匮乏，感觉到远方好像有无尽的秘密等着我去发现。感谢孙庆忠老师，他花在本科生身上的精力是局外人难以想象的。他总是以他特有的魅力感召着我们，期待我们在学会做具体的事情中，体会到做人的道理，其次才是学做学问本身。因此，我总觉得他对我们倾注的不只是做好一篇论文的功夫，他对大学生的人文关怀，更是过来人对后来者的慈悲。

——孙静文

一年 URP 的洗礼和磨炼，无论是下田野去访谈，跟着孙老师读文献，还是跟着中国艺术研究院的王馗老师学拓碑，每一次做这些事情的时候，绝对不是带着一颗冷冰冰的心，背着我沉重的躯干，而是投入了情感在其中。大学伊始，我便开始寻觅这样的机会，让自己在大学的生活中，既能在智性方面有所提高，又能在德性方面有所修养。很幸运我来到咱们农大社会学系，又很幸运跟着孙老师来学习、读书和进步。孙老师让我们在品性的修养上有提高，同时也没有忽略对我们每个人学术能力的培养，我发现他恰恰是把既有的德性教育与智性教育之间特别强大的张力消解掉了。如果要具体地来谈我的感受，我觉得我不能忘记的是，他对学生非常执着的爱，他独特的传递知识的方式——诗歌散文式美丽语言的表达，以及他对我们可能千万次叮嘱过的一句话，那就是一定要对学问有一颗崇敬之心，对民间文化要多一份敬仰、理解和热爱。

——齐钊

作为一名从事人类学教学与研究的教师，下村调查本是稀松平常之事，但每每想到与学生共同的调查经历，我都会觉得自己在做一件有意义的工作。不仅如此，URP还让我们收获了师生间真挚的情感。2006年4月2日，我与王瑾鹏前往大兴区旧宫镇采访小车会会首孙忠喜。途中我问及王怀的近况，听说他已从贵州老家调查归来。瑾鹏对我说："王怀这家伙特别怪，从家里回来还带了几棵兰花，去市场反复挑盆不算，最不能忍受的是，平时他自己都舍不得喝矿泉水，竟然买来浇花，真不知他是怎么想的！"两个月后，就在他们毕业之际，两盆朴素而幽雅的兰花放在了我的案前。他说，那是在老家特地为我挑选的。那一刻间，他腼腆的神情连同寥寥几语，让我深深感动。这一年的冬天，两盆花都静静地开放了，紫色的花朵让我的屋子里不时会有一股股淡淡的清香。此时，兰花虽已不在，但一想到这段往事，它们就会开放在我的心里。

2007年，我曾写过一篇文章《本科生研究性教学的教育关怀》，梳理了学生进步与教师成长的心路历程，讲述了URP带给我的对大学教育的思考。在这个过程中，我目睹了学生因学做科研而焕发的生命能量，感受到了教师的幸福和教育生活的创造性品质。我也因此对杜威（John Dewey）提出的"从做中学"多了一份理解，对诺丁斯（Nel Noddings）所说的教育的另一种模式"学会关心"多了一点体悟。因此，当回首这段师生共同的实践历程时，我的心中漫溢着难以言表的感激之情。只因URP计划不仅让我的学生感受到了一份深切的教育关怀，在训练中拥有了自尊与自信,也让我这为师者不断重温了职业的神圣与事业的庄严。应该讲,十年不曾间断的 URP 训练,表面上是我领着学生去做几个村落的调研,追踪一档又一档的香会,但是在我的心里却始终把它当作一个追逐完美的教育过程。我相信,这么多美妙的往事和那些我们品味不尽的教育趣事,都会成为我热爱教育事业并愉快生活的重要力量。

7. 研究生教育的精神与理念

我到社会学系工作之初,朱启臻老师便把他主讲的学位课"社会心理学专题"转给了我。2003 年秋学期,我在西区神内给 2003 级研究生讲授了这门课程。当时全院只有社会学一个硕士点,因此学生很多,加上其他学院选课的学生,我的课堂里有 34 人。这门课持续了 11 年,其间发生了很多变化,从学位课变成了选修课,从 60 学时缩减至如今的 32 学时。选课人数最多的 2005 年有 54 人。从 2004 年春学期开始,我又开设了"人类学与中国社会研究",希望引导学生从人类学的视角,认识和研究中国社会,也希望通过这门课程的设置为人类学专业的招生做些铺垫。2006 年,赵旭东老师来系里工作之后,又开设了两门人类学课程。那时候,系里的老师开玩笑地说,"农大社会学系要变成人类学系了"。2011 年后,人类学专业没有再招学生,加上老师们纷纷开设了新的课程,我的这门课也便暂时没有接续。

2004 年和 2011 年,我分别获准成为硕士生和博士生导师,但到目前为止总共才招收 10 人。之所以如此,一来是自己的能力有限,唯恐不能给予学生充分的指导;二来是希望自己多倾注点心力培养本科生。在农大工作的日子里,我目睹了他们的优秀,尤其是 URP 的指导工作,让我从中获得了莫大的快乐。当然,这之中还有一个原因,那就是从 2009 年起导师要为研究生出一部分助研经费。学校出台的这个政策,我觉得对我们的学科来说很不适宜,没有照顾到自然科学与人文社会科学的差异。就目前招收的学生情况来看,不论是博士生还是硕士生,都很难承担导师研究助手的任务,能在老师的指导下顺利地完成学业已经很不容易了。关键问题是，以课题作为导师招生的条件，继而强化导师的"老板"角色，我觉得这是对为学和为师者的亵渎。当然，话要说回来，老师们积极争取课题，这没有错，申请课题为的是多做事。但是教育机构把它当作一个硬性的指标，作为衡量老师工作能力和成绩的制度化工具就必然会出问题。自然科学我一窍不通，不敢妄加评论。我们所从事的人文社会科学研究，更多的是一种精神上的传承，如果非得有课题才能晋职，才能带研究生，把人文教育全盘进行产业化的管理，在我看来就是把纯正的学术研究引入歧途。

在学校里，研究生习惯把导师叫"老板"。我读博士的时候，听到有人这样称呼自己的老师，就觉得特别别扭，甚至无法忍受。因为在我的心里，老师不是老板，是学者、智者。我在中大读书的时候，可以申请课题，我的老师说："为什么要在这个时候申请课题，申请课题你就要为它所累。你在学校读书的时间很有限，读书就要心静，就要潜心地专注你自己要做的事情，这样才会有研究心得。"我一直认为，没有课题资助，自我的提高也不会受影响，我的学生也不会因为老师没钱，就做不出像样的论文。我没有资格痛斥"包工头"的做法，但是如果老师专注经营于此，我会很鄙视。我觉得，学生不应该管老师叫"老板"，就像我刚才提到的，我们是在朝圣。只是因为年龄的缘故，我比你们多读了一些书，多了一份年龄赋予我的生活阅历。作为老师，我们肩负着把前辈教给我们的精神传递下去的使命，所以我们要在人格上、学问上与学生一同提高。这个神圣的过程，怎么可以是一个老板带学生做课题赚钱所能比拟的呢？我坚信，孔老夫子坐着大木轱辘车到各国去宣扬他的政治理想的时候，他的学生对他们的老师有的只能是心存敬意。他所开启的心灵教育同样是今天的大学教育所期待的。

我给学生上课时经常会讲到苏格拉底。1999年我读他的传记时，幸福得忘却了睡觉。记得看完书之后，我从两边都是王棕树的中大英东体育馆经过时，快乐的心情无以言表。我觉得我凭借着今天的一点点积累，就能听懂两千五百年前智者的声音，还有什么比这种心灵的愉悦更令人心醉呢。读书的时候，宛如我就在苏格拉底的身边，他在为我讲述着美和智慧的思想，我则跟从他一起感受着雅典街头的日出和日落。当太阳升起的时候,我就好像是雅典的公民,目睹着他向太阳鞠躬,听他宣讲着重塑心灵的美慧思想。

2007年9月23日,我的三位研究生曾经对我做过一次专访。他们问我的核心问题是社会学系的研究生最应该具备怎样的素质?作为导师,又该怎么引导和教育学生具备这些能力?我说,研究生的能力和素养,至少表现在三个方面:第一是要对社会学和人类学专业有基本的认知,也就是总被提及的学科意识;第二是要拥有严谨的为学态度;第三是要有一定的口头和文字表达能力。如果说这三点是外显的,是看得见摸得着的,与之并行的一个人良好的修养则是隐性的。我始终认为,一个人品性的修养是最重要的,是一辈子都不能间断的。研究生学习期间,就是要着意去改变自己的气质,让自己的心灵时时洋溢着人文之气。一个学社会学、人类学的人,关注的就是社会生活和人的精神世界。在这个过程中,要懂得一份关怀,一份理解,这是人之为人的底线伦理,也是最为宝贵的人性修养。

那么,作为导师怎么做才能让学生具备这种能力呢?对此,我还是围绕上述的两条线来说。先从表层的来说,第一点就是学科意识的培养。就像我在《大学滋味》里所说,从加入研究生行列这天起,你们就是思考者,是一个学者。思考者和学者是怎么来的?是在读书中来的,要在读书中思考。书读得多,对问题才有发言权,学科的感觉才能出来。此外,就是要在田野中提升自己对生活的认识,这是从事学术研究的基本条件。第二是严谨的为学精神的训练。这是需要从小处着手的,一个注释、一句话、一种思想,我们都要追问它的来龙去脉。论述问题要言之有物,陈述观点要自圆其说。第三是文字和口语表达能力怎么培养?读书是需要时间的慢慢的体悟过程,教育是一个慢慢熏习的过程。文字上的能力哪来,路径只有一条,那就是反复思考,反复地写,反复地改。我从1997年在《辽宁大学学报》发表第一篇文章以来,一直抱着这样的态度,每篇文章改五六遍才投出去。人家不用,我拿回来继续改。虽然所著不多,但每一篇都是自己的用心之作,从没有关系稿,更没有一篇是专为晋升职称而作。

几年来,我有个经验之谈,学生还是像孩子一样,是需要耳提面命的。对待本科生、硕士生和博士生应该有不同的培养方式。我有一个不大准确却很形象的说法，那就是带本科生要背着或抱着他走，研究生是扶着或拉着他走，博士生则是看着他走，要让他始终在你的视线之内，这就要求导师的水平要高。从这个角度来说，当一名合格的导师是不容易的。作为老师，一定要保持非常好的状态，千万不能靠学生，不靠学生写文章，不靠学生去思维，一定要站得比学生高。这种要求之下的老师，虽然每天都有如坐针毡、如履薄冰、如临深渊之感，但进步一定会持久。老师要风雨兼程，坚持学习，要让自己像研究生一样去读书，这辈子就会在学生面前始终有发言权。只有这样，在马拉松赛中，才可以保持思考的活力。我要向我的几位导师学习，75岁还下田野，80岁还写文章，85岁还出新著，做学问的确是永远不能停歇的事情。

那么，内在的品性又如何培养？与前面所说的能力相比，这个培养过程是一个以自律为前提的修习过程。我曾写过一篇文章，是有关民俗学教学与生活教育方面的，我也因此有机会阅读了苏霍姆林斯基的一些作品。这位苏联大教育家的书影响了一辈又一辈人。他说："人只能由人来建树，能力只能由能力来培养，志向只能由志向来培养，才干只能由才干来培养。"什么意思啊？作为老师，要想培养学生有良好的人格，首先自己要有非常好的人格。如果自己没有能力却想要学生非常有能力，那行吗？所以当我的学生没有把他们分内的事情做好时，我就会觉得很惭愧，不为他们惭愧，而是为我自己。我认为如果老师有教育能力，学生就会有收获。要想培养学生的修养，依苏霍姆林斯基的说法，修养也是由修养熏习出来的。因此，老师的言行是学生的表率才行。缺此，就没有资格要求学生有优秀的个性品质和良好的为人修养。

8. 农业推广硕士的培养与感悟

除了在校学生之外，农业推广硕士的培养也是我们系培养研究生重要的任务之一。在我的记忆中，从2007年起社会学系首次承办了内蒙古乌兰察布的一个研究生班，有15名学生，他们都是乌兰察布职业学院的老师。而后到2012年为止，又先后在山东潍坊录取了三届学员，多为政府公务员。我为这些在职研究生讲授过两门课程"社会心理学专题"和"农村经济组织与管理",共指导学位论文18篇。

对于这些研究生的培养,无论是授课还是指导论文,我都获益颇多。面对今天普遍存在的混文凭现象,如何让中国农业大学的名声、让大学老师的形象不为人所轻,是我每一次出行、每一次登讲台都常念于心的事情。就像对待在校学生一样,虽然每次只是三天的课程,但我一定要记住每一位学员的名字。他们也因此认真对待我的每一节课,仔细阅读我讲授的每一篇文献。在改变他们自身对在职研究生的原初设计的同时,也使他们对农大拥有了一份情感上的认同。一个学员在给我的信中写道:"我本来对在职研究生学习不抱太大希望,在阔别学校14年后,在社会大学经历风风雨雨,已过而立之年,也不指望在学校能学多少知识。但听到您的课后,我一下子就震撼了,多少萦绕在心头的苦闷和彷徨一下子吹散了。就算只听一节课,我的研究生之旅也是满载而归。"我给了学生什么让他们如此不忘?细细想来,是一种对待教育与教学工作的端正态度,一种珍爱生活的人生态度,这是他们重返校园最热切的心理期待!在我指导论文的学生中,每一年都有沉淀于心的故事发生。一位学员在论文后记中说:"写作过程的艰辛让我不断看到希望和成功并不遥远的喜悦,让我在离开学校15年之后,重温学生时代的笔耕气息,体会到了我周围经济主流社会中难见的严谨治学之风。"我珍藏着他们生命瞬间里的感慨,也固执地相信那是他们日后拥有美好生活的精神动力。

每一届学生都有短信及Email让我心生感动,在他们对农大、对自己的研究生学习重新定位之时,我都觉得自己的心灵同样受到了冲击。我们的确不应该降低我们自己的学校,降低在职研究生教育的水准,我们应该高看他们,因为他们回归学校是有梦想的,对研究生教育是有期待的。我有一个学生叫唐晓萍,在山东高密工作。她为了如期答辩,将做股骨头的手术推迟了一年。在论文写作的一年里,她多次受到我的批评,最后的一遍稿子是我们对着电脑通过电话修改完成的。那时候,我只知她的腿有毛病,却不知她在写作中不得不忍受的痛苦。2010年6月3日,在她答辩之后,我们有这样的短信记录了那一刻的心绪:

孙老师，我们快要到家了，外面阳光很好，清澈的喜悦与淡淡的忧伤交结，清澈来自您真切慈严的教导，忧伤源于远行身体带来的懊恼。回想论文写作过程中的心燥，在见到您的那一刻，于我深深的愧疚之情无法言说，请孙老师原谅与心知一个学生无心的拙笨吧。愿老师少一些劳累！

——晓萍在回家的列车上 8：18

晓萍：你走得匆忙，未能举杯为你庆贺，实在有些遗憾！你的喜悦与忧伤我能理解，也分享了此时你的感受。请原谅论文写作中我严厉的批评，你的身体已为此付出了沉重的代价。惟愿你早日恢复健康。祝贺晓萍此行荣归故里！

——老师 8：55

孙老师，看到您的短信我已在家中，泪满双颊，为老师的谅解。远行的病痛几乎封住了我所有的梦想，感谢孙老师，感谢农大在人生的低谷期带给我的信心和力量，足够我受用余生。毕业典礼再与老师相逢。

——晓萍 9：33

这几条短信我时常想起，它让我爱惜每一颗为圆梦而来的求学之心。如今，她来学校答辩时为我带来的两个泥塑小老虎还在我的书架上，那是非物质文化遗产高密四宝中的一宝。她说那是她家乡的宝，也是她的心意。想想她沉重的腿，再想想那两只会叫的沉沉的玩具，我不仅读懂了她的欢悦与悲伤，也分享了她将美好的期待转换成现实之后那份超越自我的快慰。每每想到这些，我都觉得自己很幸福，我站在重点大学的讲台上，传递了大学的理念，我们的学生因我的存在感受到了大学的神圣和大学教育带给她的温暖和力量，还有怎样的幸福能超越于此呢！

9. 心灵告白与社会学系的愿景

我今天是从2010级学生的毕业仪式开始谈起的，其实每年的6月和 9 月都有两种不变更的心情交替。6 月与我们培养了四年的学生挥泪道别,9 月又欢喜一场把新生接到身边。这就是大学里的生活常态。每一年的新生研讨课,虽讲授题目有所变更,但无论是"大学教育的理念与情怀",还是"大学教育与精神自治",我要谈的主题都是怎样定位自己的大学生活,怎样让这里的每一天过得有意义。如果你把大学定位成一个特别神圣的地方,把人生当作一段旅程,那么我们就是在朝圣的路上相遇。在这里,不仅要延续你们曾经的优秀,更要培育一种良好的心灵品性,一种坚定的信念——笃信生活的美好!我在民俗学课上给大家讲,这个学科就是让我们在平淡而琐碎的日常生活中看清生活的本质。如果我们把由生到死的人生看清楚了,那么大学四年应该怎么过不就更明白了嘛。从你们来的那天开始就已注定要离开,而且离开的日子已做了准确的标志。这四年的朝圣之旅充满了想象和挑战,而这恰恰是我们心灵成长最好的契机。我们的生活里有一种平凡的英雄主义者,他们能够在看清生活的本质之后,依然热爱生活,热爱生命。如果我们的大学教育能够培育出这样一种心性,在我看来,这就是人生教育的核心要义。无论是本科、硕士还是博士,当我们的学生拥有了如是这般的人生态度,他就会珍惜当下的生活,热爱自己的专业。同时,还会把朝圣的心念延伸到更远的人生之路。2010 年 10 月 24 日,2007 级硕士生王为径在给我的短信中写道:"……借寒冷的夜这条小小短信,表达对您的想念与曾经不足的抱歉。不过,我想,您会祝福每一种生活方式的,只要饱含认真、梦想与朝圣之心!"每每想到这些,我都会为学生在告别一个学习阶段之后仍然不忘"朝圣"而备感欣慰。这么多年的教学实践证明,学生专业意识的培养和积极心态的培育,得益于每一节课、每一次田野之行,得益于老师的言行,得益于我们每一名学生对大学的理解和自我约束。

在 2007 年 7 月 4 日的系会上,熊春文老师曾经提出这样一个说法——我们已经到了大学教师自我救赎的时代。学生无心向学,上课的时候玩手机、看外语,认为那才是最重要的事情。四年制的大学,大四却无法安排课程,学生或考研或实习或忙于找工作,其结果就是大学变成三年,几乎沦为职业技术学院。他的看法很深刻,我有同样的感触,

2012 年 9 月于北京德胜门外寓所

也常常玩味其中的深意。2009 年 12 月 29 日,我曾与院里的青年教师座谈,并以"高等教育的期待与大学教师的使命"为题,做了一个多小时的发言。在这里我曾由此引申说,学生总愿意责备他们的老师,其实他们不知道,正是他们那些可能看似无意的言行,正在摧毁着老师的教书热情。一个老师可能投入一周甚至更长的时间准备一节课,但当他走到课堂的时候,看到的不是学生期待的眼神,而是那些默默无语,甚至是眼睛都不往上一瞭的学生,他还有多少心情去讲他的备课心得呢?当然,学生的状态可能如此,教师的状态更需要自我调适。我们必须明白,在这个时代里教育是需要我们灌注创造性灵魂的。只有这样,教育过程才能成为自我教育的契机。我一直很欣赏星云大和尚的开示,他说他年轻的时候人家就叫他"大师",于是他就想大师应该什么样子,并从年轻的时候按大师的标准来要求自己,就这样等到年老之时,自己真的成为了大师。我经常用这个故事来鼓励自己,如果我能够以一个优秀大学老师的角色来要求自己,等到我告别讲台的时候,我坚信我也会成为一个我心中满意的大学教授。

明年社会学系就创办 20 年了,我很荣幸与她同行 12 年。我刚来工作的时候,我们系的力量相对薄弱。2005 年 1 月 12 日,在筹办社会学系十周年、农大百年校庆之际，我曾在系里的座谈会上做了一个发言。李小云院长在场，听后还很激动地起身与我握手。在那次会上，我主要谈了三点感想：第一，我来农大工作，被陈章良校长的办学目标所感动，他说要把中国农业大学建成"中国的康奈尔"。在我看来，这种壮志豪情更需要人文与发展学院的同仁付诸努力，因为农大缺少人文内涵，而我们学院恰恰是这种精神的策源地。第二，小云院长在2004年9月23日给新生的讲座中说，"农大是培养科学家的地方，这决定了她与技术学院不同的办学方针"。那么在这培养科学家的摇篮中，教师的精神品质和研究能力的提升是担此重任的关键所在。因此，作为这里的教育工作者，就应该始终不忘自己是科学精神和社会良知的承载者和宣扬者。第三，在农大的社会学史上，如果说程贵铭、朱启臻、蒋爱群、张蓉等老师，对社会学系的第一个十年有开创之功的话，那么再过十年，我们是否敢拍胸脯说，我已用学者的真诚和良知全心地对待了这份神圣的事业，是否敢不存愧意地说，我已为社会学系第二个十年的发展尽心尽力了。

而今，第二个十年业已成为历史，我们又该如何评判自己与社会学系一同走过的十年呢？2005年之后，熊春文、赵旭东、郑红娥、谢元媛、梁永佳、潘璐等老师的先后加盟，给我们系带来了生机与活力。每个人的学术专长都在这里得到了发挥。这十年间，我们的课程越来越完善，老师的研究水平逐步提升，对外交流的视野越来越宽。社会学系20年意味着什么？如果拿人生作比，20岁正是风华正茂之时。系里有朱启臻老师这样的"50后"资深学者，有潘璐老师这样的"80后"青年才俊，有童小溪老师这样理论功底深厚的"60后"海归，有何慧丽老师这样扎根于乡土的"70后"中间力量，农大社会学怎能不值得期待呢！

刚刚讲到农大的目标是"中国的康奈尔"，若真有这般的国际声望，那将是多么美妙的事情。但遗憾的是，无论是社会大环境还是学校小环境，都决定了人文社会科学发展滞后的现状，我们距离目标定位还有相当漫长的路要走。对一所大学来说，人文学院所传递的气质以及对大学精神的传播，是大学之所以为大学的魂魄。一个人没魂还能活吗？

一所大学没魂还有生存的必要吗？大学教育的秘密就是要使年轻的生命始终对超越性、对终极关怀充满希望。因此，衡量大学管理者的远见卓识，一个重要的标准是能否有气魄去培植这些短期难见成效却影响深远的人文传统。在这个急功近利的时代，大学如何能够成为一方净土，作为一种精神存在，不为世俗浸染，却能引领社会方向，这应该是每一位大学中人深植于心的价值判断和精神操守。

柯姝琪/宋甘露/刘阿荣　采访整理

孙庆忠 2015/03/01　校订定稿

童小溪

1. 关于大学教育和社会科学

我在美国依阿华大学得到的是文学硕士学位。美国的体系跟中国不一样。在美国，如果你学的是数学，得到的也是文学硕士学位；你学的是科学，比如物理、化学，你得到的也是文学硕士学位。这只是一个名称，比如他们的博士叫作 PhD。PhD 的意思是哲学博士，所以说无论你学文学、数学还是物理，还是学社会学，最后你拿的都是 PhD，我们不能望文生义。

至于说两国高等教育的很多不同，有一点，也许这是最大的区别，他们没有班级的概念，你上大学就是上大学，比如说你们是 2013 年入学，那你们就是 "2013 届"，或者 "2013 班"，所有这一年入学的学生算一个大 "班"，可能数百人甚至上千人。

美国的本科教学一开始是没有专业的，可能开始时你有个兴趣，就自己去挑，但是上课呢，你可以和任何人一起上，可以和研究生一起上。学数学的和学化学的可以一起上课，而且你今天上这个课是和这些人一起上，明天和另外一些人一起上，你去做社团活动时又是另外一群人。不像我们，我感觉农大同学，保留了好多中学习惯，比如说，一个班里上课，甚至每个人坐的位置都是固定的。也许这是优点吧，我说不清楚，我只是觉得差别很大。

大学教育，我觉得其实它就是对能力的培养，可以宽进严出。其次我觉得教育应该有释放人们潜能的作用，就是让人的潜能得到全面的发挥，而且这种潜能是各方面的，就是说，除了你的智力，还包括你的体能，包括你的劳动能力，体力劳动和脑力劳动能力，包括你解决问题的能力，综合的能力。所以我觉得，也许大学教育应该分成两块，一块就是这种人的潜能，即人格的养成。另一块可能就是职业，其实职业那块也并不着急，找到工作以后再去学习也可以。好像现在有这样的大学，好多公司都开自己的大学，就是一些职业的培训，那些也很重要。因为这是每个人谋生都需要的。

关于中外教学差异，我只能说，与美国大学本科的教学比起来，我们大学本科的教学非常容易。美国大学教学管理得非常严，提出的教学要求也非常高。它的知识水平不一定很高，但是它在教学上的要求规定比较严格一些。当然，我们现在也开始变得严一些了，但还都是些形式主义的东西。所以我觉得，整体来讲，我们的大学教育跟我所知道的美国是非常不同的。那美国教育严在哪里？应该是说对老师严，对学生并不严。

它管理得非常细致，比如说，每一门课都要有"syllabus"，就是对这门课有一个介绍，大概有两页纸或三页纸，将这门课每星期要做什么写得很清楚，每星期要读什么，而且要读的东西非常多，比我们要多很多。有多少个测验，每个测验占多少分。然后规定：如果有一次你没有来上课，那该怎么处理；两次没上课会怎么处理，而且所有这些都要在第一次上课的时候向所有的学生交待清楚。就是说，所有的规定都非常严肃。

我们说社会学是一门科学，这可能是同学们还需要学习的事情，可能还没有老师告诉你们，社会学不是文学，社会学是科学。至于我当时第一次接触它是什么时候，我不记得了，我只能说那是一个文化热时代。文化热就是所有的人都在谈论类似的问题，大家都在关心社会，而且把社会问题归纳为文化问题，所有的人都关心，学数学的人也会关心，当然包括我在内。但是我想社会学这门学科，有一个特点，就是说，你一定要去学习它，你才知道它具体是什么。很多人，不了解社会学的人，基本有两类。一类就是，他们说社会学是什么很奇怪，他们会说，居然还有社会学这门学科，他们从来不知道是什么；还有另一类人会马上说，社会学我非常懂，社会学非常有意思，社会学就是搞社会关系，我非常在行，等等。

所以同学们问我为什么"弃理转文"。我认为并不存在所谓的"弃理转文"的说法（指从北大取得理科学士后，在美国依阿华大学读取了社会学硕士），这里面既没有弃，也没有转，因为这表面上一个是自然科学，一个是社会科学。如果今天我们要谈这件事的话，应该说，它们是统一的。可能同学们还没有学会这样的思维方式，同学们的思维方式还是中学的思维方式，文啊理啊。其实在大学里面，社会科学和自然科学应该是统一的。读过沃勒斯坦的《否思社会科学》吗？也可以读普利高津的《确定性的终结》，他是同学们所说的"理科"。还可以知道一下法国社会学家拉图尔的行动者网络理论（Actor-Network Theory，ANT），在他那儿别说什么"理科""文科"区别了，连主客观区别都没有了。

2. 在农大教书和调研的经历

关于选择回国和在农大教书，这里面有一些偶然的和个人的原因。通过一些人的介绍，我开始了解农大。在这之前，我都分不清"北农大"和"中农大"。因为那个时候 BAU 刚刚变成 CAU，而 BAU 其实有很多注册专利，比如小麦化学杀雄剂，非常有名的。现在还是叫做 BAU，可 BAU 已经是北农大了。

我记得当时第一次教学的内容是统计学。可能是与别人认为我之前学的是数学有关吧，其实我的统计学很浅，这并不是我的兴趣，只是可能觉得我的统计学要比别的老师好很多。我后来又教了很多别的课。按照熊老师的说法，我是在咱们系教得和懂得跨度最多的。很多课我都教过,我教过方法,教过理论,教过法律社会学,教过西方社会学理论。

先说我来农大的一些趣事儿。那个时候,咱们系有位老师叫孙津,他现在是北京市的人大代表吧,那会儿他是海淀区人大代表。孙津老师是一位非常有本事的老师。我第一次来是孙津老师开车带着我去西校区,还带着我见了朱老师。第二次去农大正好遇到孙老师在上课,在哪上课呢?就在西区办公楼咱们系办公室里上课。大概是上研究生的课,孙老师言论非常开放,非常自由。我对农大有了一个好的印象,就是言论还比较自由。这个对我很重要。

关于在农大难忘的经历,怎么说呢,都是比较平淡的,没有什么。即使是一些我人生中第一次的东西,对我来说也比较平淡。比如说我以前从来没有讲过课,我在很大的学术会议上宣读过论文,但是我没真正讲过课。有一次教师节上课前,学生给我送花,这个对我来说是第一次,难忘经历啊。我只能说这方面我是比较差的一个人,我不喜欢讲自己。

关于第一堂课讲的内容,我记不清了,一般有老师去听课,我也不会感到紧张,我什么时候都不会紧张。我这个人就是这样,包括美国的一些主流媒体采访我也不紧张,我就是一个不紧张的人。但是我也没什么印象,我也不记得什么第一次,就像你问我第一次吃苹果有什么深刻印象一样,我没有印象,我也不记得什么时候第一次吃苹果。

至于具体的哪次下乡调研,都比较平淡,就是说出来都是鸡毛蒜皮的事,不好玩。我觉得,咱们系有的老师自己出去做的调研是做得很好的,好的调研还应该有什么呢,就是应该做得比较细致吧。你了解一个问题应该了解得比较深入。我感觉这些年来我们系真的是在进步,而且,整个中国也在进步,我也希望今后会有更多一些进步。

这些进步首先体现在,起码我们认识到我们的问题了,比如我们认识到我们本科生、研究生的论文都很差;其次呢,我们的教学理念更全面了,就是说,能够有一些比较新的、跟上时代的东西了;还有我们的要求也在提高,教学的要求,论文的要求;还有一个,最重要的,就是我们同学,我们的生源,新入学的欢迎会上,我能感觉到每年的同学都比上一年的更能够独立思考,更有见识,更有见解,而且更有批评意识，总之，更现代化。不过，不是指开着车进学校啊。反正就是说，视野更广一些。所以，这些就是好的。

3. 对教育和改革的看法

关于课程改革，我觉得很有必要。我不知道问题的根源在哪里，我可以列出一个很长很长的问题的单子。我给同学们说一个现象，你们就知道问题有多严重了。我在和同学们接触当中，感觉到：最好的学生，最聪明的，最好学的，最好奇的学生，是大一的学生，就是你们；比你们差一些的，就是大二的学生；比他们更差的，是大三的；比大三更差的，是大四的；比大四更差的，是研一的；如此类推。

这里，我指的"差"体现在我刚刚说的不好奇，就是没有智识上的好奇心。还有就是养成一些坏的毛病，其实，就是真才实学没有学到多少，也许学了一些，学了一些术语，但是实际上，思想认识上，或者是去写文章的一些习惯上变差了，或者接受了一些很错的东西。

那问题出在哪里？我们学生自身和教育方式上都有。当然如果你找到根儿上，那是体制的问题，而且不光是大学体制，是我们更大的体制的问题，而且甚至不是我们国家体制的问题，是我们这个时代体制的问题，是世界体制的问题。怎么样？这个真的是找到根儿了。这样吧，我们不用走太远，就说这是我们国家的问题，关键就是教育为什么。就是说，你们为什么上大学？我认为应该是以人为本的，但我们的教育不是以人为本的。我们的教育体制要把人训练成工具，而且是训服的工具，为一些更大的事情服务。可能是为了名利、为了金钱，也可能是为了其他更大的目标。这是我们训练人的目的。其实我讲的都是一些教育学的ABC啊，一句话就是教育要充分发挥人的潜能。这句话你去找任何一本教育学课本，都会找到的。这句话是什么意思，我也不想讲了，我们的教育摧毁了这种潜能，所以我说你们一年级这种潜能最多，以后慢慢就没了。

你们问我是否会在自己的课堂上向学生灌输一些思想，我认为问题就出在灌输。我上课总是说，别相信体制给你们的灌输，要有独立思考能力，要有批评能力。

你们问我怎么解决这些问题？解决问题不是我的事儿，我的事儿是指出这件事儿。我就像皇帝的新衣那个故事里的那个小孩，我说这个皇帝光着屁股。

对这个事，我不觉得一定要解决什么，比如说，在皇帝的新衣故事里面，小孩子说："唉呀，皇帝没穿衣服，皇帝光着屁股！"那，可能谁来解决这个问题？小孩不会问这个问题吧？他不觉得这是个问题，只是觉得挺好笑的，就是"你看，皇帝光着屁股"。谁会觉得这是个问题？大臣可能会觉得这是个问题，但是大臣不会认识到问题，"没问题啊，皇帝穿着新衣很好啊，鼓掌，继续往前走"。他们不会说这有问题，对吧？反正我是小孩，我也不会觉得有问题，你看看，他没穿衣服。

社会科学中有一个理论派别叫作"批评理论"，但是它首先有自己的立场，它才去批评。这种批评理论不是为了像你们想象的其他社会科学那样，而是为了给体制、给政府出谋划策。我的立场就是批评，我的立场就是反对，也就是指出和揭露黑暗面。至于说，这个问题怎么解决，那不是我提问的方式，不是我的问题性。我的问题性是，我在人们都认为皇帝穿着华丽衣服的时候，我来说一句真话。可以说，这就是批评理论的一个特点吧。

4. 对"三农"问题的看法

农大特色就是：我们对农村比较了解，还有就是我们比较朴实。这应该是优点，没有太多浮夸的东西，比如说一些很讨厌的人其实不懂理论，但就是学了一些词。咱们系确实有一些真才实学的老师，对农村问题比较了解。或者说"三农"吧，你光说农村还不一定，而是农村、农业、农民，它是各方面的关于"农"的问题。

我最近关注比较集中的点是土地，就是土地流转、城镇化、农民上楼，还有农村的环境、农村的人口外流，还有资本进入农业。我现在最关注的，还是农村的人口流动。

而关于农村"人口流动"，我只能说，这是好现象。人口外流，首先，它能够使经济变得更有效率；其次，它能使我们社会变得更进步；再次，它能够使我们社会变得更平等，但是现在这个没有实现。流动以后使社会变得更有效率，已经实现了。但使社会变得更平等还没有达到，就是农民出来进城以后，把我们的不平等给揭示出来了，给展现开了。原来是一个伤口，被盖着的，现在把它打开了，能看到，哇，这么大的不平等。这并不是说进城以后造成了不平等，我觉得不是这样，而是说进城以后，把原有的不平等展现给大家看了。

在这个问题上，我和很多学者的看法不一样。我关注的不是一个叫作农村的地方，消失不消失又怎么样。我关注的是人，这些出生在农村的农民，他们的公民权利是不是得到保障，公民权利是不是均等的，他们是不是还是一天生活一个美元两个美元，他们的平均寿命是否比城里人要短 10 岁，他们到了养老年龄是不是能够养老。至于他们将来是生活在城里，是种地还是做工，这个不重要，只要他们自己满意就行。就是说，农村消失并不是一个真问题。在我看来，只有公民权得到均等化，所有公民权得到保证，农村才会真正成为农村。世界上没有任何一个国家或地区，它的农村是消失的，除非本来就没农村，像新加坡，是没有农村的，但是香港是有农村的，香港农村至今还种地。美国的农村就更厉害了，欧洲的农村就更更厉害了。这些农村没有消失啊，农民也没有消失啊。这些不是最实质的问题。

我尊重其他学者的观点，其实我觉得他们最终的用意、出发点跟我是一样的，只是我们说话的方式不一样。所以，他们的研究应该去发表，就是各有各的说法。我主张学术自由，学术就是谁都能说话，而且我有我的观点，我的观点跟别的学者不一样。

迄今为止，我的研究活动大部分是有关理论的，有关城中村还有流动打工者的研究是最近才开始做的。我更早是做集体行动的研究，主要是"文革"历史。URP 的话，2014 年和 2015 年是以城中村为主题的。

我们系里早些年有"离土中国"这么一个项目，然后搞来搞去最后没搞下去。"离土中国"这个词，是我在那次项目规划会上提出来的。当时我是说用一句话来概括中国农村农民的问题，就是叫离土，而不是乡土，然后熊老师马上就赞同了。后来，整个项目就停下来了。其实很多人，在这个问题上搞得更深入一些。在"三农"问题上，学者分三派。一派叫什么呢，乡土派，或者是"回归乡土派"，就是像贺雪峰。另一派就是"乡建"派，他们说有一些农村可以消失，一些是可以保护得住的，应该在保得住的农村搞乡村建设。第三派，是我的看法，还没有太多人像我一样，就是觉得，问题不在于农村消失不消失，就是农村消失也没事儿，我们要关注的是人，是人的平等。没见过哪个国家的农村是消失的，有一些比我们更残酷的资本主义国家，或者比我们更人道的资本主义国家，它们的乡村都比我们好，那你说为什么？比如说我们看拉美的一些国家，阿根廷、巴西，这些国家都是贫民窟极广大的，好多农民都出来了，它们的农村也没那么差，比我们强多了。它们农村的环境没有遭到那么大的破坏。给你讲个故事，温铁军老师到巴西，然后和一个组织交谈，这个组织叫作"无地农民运动"。无地农民，就是这些农民，他们没有土地。然后，温老师就问，你们无地的标准是什么，地多少才叫无地，最后一换算，标准大概人均十来亩吧。结果，温老师笑着说，按你们这个标准，我们中国农民全都是无地农民。

　　至于土地流转的问题，这问题就比较大，简单说，流转是好事吧。我不反对流转，只是说流转过程中会发生很多不公平的事情。按照流转的定义，它是一种经济活动，是一种交易。开发商想要地，农民想要钱，交换以后各自都受益。但这里面有很多不公平的事情。我觉得应该可以允许更有效率的流转，但问题是要保证交易是公平的，不是暴力的，而且特别要保护弱者，保护公民权益。如果这些权利和福利能满足的话，那么我们中国这些底层的受苦受难的大众的生活可以提升一大截。

5. 关于学生、学习和读书

　　在我看来，每个人都是同样优秀的，他们也各有特点和个性。我当班主任的第一年，是2012年。那年秋天新生报到，我就坐在那儿迎新。有的同学是两个家长一起送，有的同学没有家长送，有个女生让我印象比较深刻。她就是一个人来了，很干练。还有一位同学，他来了以后就开始问问题，开始问社会学的问题，然后他就干脆坐在我旁边，像跟我一起迎新生一样。这位同学，过了几个星期，就当了班长。他给我印象比较深。新生每年都不一样，每一年的新生都要比以前更让人印象深刻。

有一次开迎新会，有两位同学是用英语介绍自己的，一个男生，一个女生。遗憾的是这两位同学，后来都转走了，一个出国了，一个转专业了。我当班主任这一年，正好我的孩子不到一岁，我很忙，经常是我抱着孩子去参加班里的活动。我有我的一些教育理念，我是希望他们的思想更自由一些，更解放一些，见识多一些。我会跟他们讲一些事情，但是我从来不会说，你们应该怎么怎么样，你们要这样那样。我会说，你们可以听我这样讲，也可以听别的老师那样讲。要学会听不同的意见，学会让不同的意见共存。在社会学里，没有唯一正确的答案。许多答案里会有好的和更好的。还有，我比较提倡所谓的通识教育，就是比较自由的教育。

"理想"的课堂形式？我不爱用"理想"这个词。这个词非常狭隘。一是狭隘，一是让我感到压抑。这恰恰是我说的主流教育的问题。你们上中学时，老师肯定教你们这个理想那个理想。我反对的就是这些东西，我的关键词是自由。我不主张有一个预先给定的东西，一个理想的、美好的、终极的东西让人去追求。不是这样的，应该要你自己去探索，你要什么，人应该要什么，什么可以得到，这些全都是开放的，要自己去探索的。

接着回答刚才的问题，说说什么是最"有用"的。我不去谈什么理想的东西。"理想"是一个很虚伪、很坏的东西。好吧？说得好像太严重啦。我只能说，在特定的条件下，我会怎么讲课。我绝不认为美国的体制或者西方的体制是理想的，绝对不是。因为我的这种批评精神、与体制作对的精神恰恰就是在西方体制里学到的，所以我反对的首先就是西方的体制。只是说西方体制比我们的体制更成熟，它允许人们反对，甚至你反对也反不掉它，它能够包容这些反对的声音。但是，即使它包容，我还是要反对它，并不是说它包容我我就不反对它了，还要说它好话。如果说一个体制不那么包容，不太允许别人说反对的话，那么我就偷偷摸摸地、悄悄地反对它。这个在社会学里叫作"每日每时的抗争",有关文献有很多,可以首先参考葛兰西、斯科特,德勒兹也行。所以问题不在于包容不包容,关键是你的东西我要反对,我的批评是超越的、无条件的,不取决于你包容不包容。我记得鲁迅说过一段话,你们听说过吗?鲁迅说,他就是夜,他就是黑夜,但他诅咒黑暗。如果将来没有黑暗了,那么他也不存在了。大概是这个意思,你们可以去查一查。毛泽东也说过类似的话,说他就是个泥菩萨,将来人们如果不需要他了,是可以把他打碎的。鲁迅和毛泽东是我比较喜欢的两个人,但是,后人对他们的崇拜也是他们所批判的,我觉得。也就是说,他们都是针对当时特定的一种体制,他们反对体制的东西,但是他们不要求自己永垂不朽。我只能说,我希望学生有这样的批评精神,也包括他们能够批评我,所以如果哪个学生老是提出与我不一样的意见,那么这个学生给我留的就是好印象。

至于具体怎么做,我不会和同学们说,我指定你,你要怎么做,你要看这个书,而且,我要告诉你什么什么。通常学生会过来问我,说:"我们想看书,特别想看。"我会问他们:首先你们看书是为了什么?我不会先告诉你们应该看什么书,因为,首先你要告诉我,你想要看书是为了什么。通常很多同学回答不了这个问题,其实他们就是觉得书就是好。那么,我告诉他们:这个想法是错的。如果这样想,那么最好什么都不要看了,我也没法告诉你该看什么。

看书像什么呢,我打个比喻,我曾经将这个比喻讲给读书会的同学听。有一个"恰同学少年读书会",你们听说过吗?我跟他们这么讲过,这个读书呀,有点像什么呢,有点像上厕所,就是说你真的憋不住了,憋得受不了了,有需求了,才去上厕所。有了需求,才去读书。如果你没有想大便,你就不会去厕所蹲着。读书就是因为你有需求,然后去读。你可以看孔子的书,可以看毛泽东的书,或者你根本不看这些死人的书,你看今天活着的人的书。我一般是这样建议大家看,首先看活着的人的书,其次再看死了的人的书,要看最近死的啊,像毛泽东啊,看完毛泽东再看马克思,马克思看完再看黑格尔,一般是这样告诉大家的。如果说还有什么别的建议,就是要读得多。所以我主张同学们没事儿不要看书，但是如果你真的要看，那么你们看的那几本是根本不够的，要多看几本拿来互相对照，这样才有点意思。我基本会说这些东西。不同老师说的会非常不一样的，你对他们每一个人都可以同意或者不同意，甚至你都不同意也可以。但是重要的是你要从他们那儿学到东西，错的坏的都可以学到东西，所以我主张看坏人的书，其实现在也说不清楚谁是坏人。比如说我认为蒋介石是坏人，那么他写的书，我就可以从中学到东西。

对我上课的评价都很高的，我从来没有想过那么高。带班主任这个，怎么说呢，并不是特别适合我。因为有许多按照体制去做的东西，比如说开会，他们都要我讲话，我一般都不讲，要我讲我就讲笑话，而且我一般不会给他们集体讲话，或者说训话，我一般让两三个学生过来，都是自愿的，我喜欢这样。

一般和学生聊些什么？他们会和我谈一些自己的看法。怎么说呢，我不太像知心大姐，因为我有我的看法，像人生、人心、做人，这几件事儿我从来不谈的。可能很多同学愿意谈这些事儿。我为什么不谈呢？因为我觉得这些不是谈的，这些都很重要，但是这是一些实践的东西。如果你要暑假骑车去西藏，我会支持，而且你要想好你为什么要这样做，你的代价是什么，结果会是什么。这里面绝对包括了人生、人心，还有做人是吧？还有人性！那么对于这些，我不会直接谈。可能有些老师喜欢谈这些，而且这些老师受学生欢迎，但我一般不谈这些。我对于谈这些事情有一些反感，这些东西不是我们所能决定的，是社会决定的。这些东西在那儿，你以为你可以谈，决定这些东西的不是你，而是一些社会关系、社会结构、历史条件，我相信这是阶级的力量、国家的力量、时代的力量，人在这些力量面前很渺小的。（不谈这些）不是因为客观，可能恰恰是因为太主观了，就是说，可能很个人。比如说你就谈人生，你觉得人生应该怎么怎么样，我不知道该怎么说。这样吧，就谈哲学，就谈死亡吧，每个人都会死，而且人在某个时刻会感受到死亡的恐惧，可能有人感觉到了，有的人从来没有感觉到。我喜欢谈死亡、对死亡的恐惧。这些是哲学的东西。我只是说，我们的同学特别爱谈人生、谈人生规划。对于这些同学，我会说，你们要去开心地玩儿啊，就是要去多了解人生之乐、生活之乐。其实这些规划是没什么用的，过了十年你再看你自己，再看今天的规划，你会觉得很可笑的。我就和同学们讲这个话。

至于是不是享受和青年学生一起出去玩，怎么说呢，谈不上享受，但是我很愉快，这也是我很个人的东西。其实我很讨厌一些描述老师的话语，什么辛勤的园丁啊，人类的工程师啊，非常讨厌。我认为我就是一个挣钱的人，我是一个脑力工人，我干的是一个力气活儿，当然是脑子的力气活儿。我讲的课每一门一模一样，当然我要备课，我要备到10点才能睡觉，我就是一个劳动工人，我们系的课时费一小时30元，就是说，有时候，你要去西区上课的话，赶不上校车就要打车，打车来回是课时费的两倍，课时费就抵销掉了，心里打着算盘觉得很亏。所以，我特别不喜欢那种高大感，我其实和同学们一样，你们将来挣钱肯定比我多，我不把教师这个职业看得特别神秘，它跟其他的职业都一样。而且我还发现一个有趣儿的现象，在中国，师生在一起比如说搞活动，开会或者是怎么样，学生坐旁边，老师坐中间主座，主座面前摆着一些茶水、水果，学生不准拿，是吧？老师来晚了照样坐中间；学生来晚了，就站在后面，坐在地上。这在美国是相反的，在美国的话，无论是上课、开会还是搞什么活动，师生完全是平等的，就是说，老师来晚了就坐地下，如果是有吃的、有水，不会只让老师吃的，谁都可以吃。但是，他们的阶级差别其实是非常大的，老师住的房子非常大，家里有座独栋，四五个卧室，两三个客厅。学生则住小小的宿舍里。这些，在咱们国家是相反的，就是说，我们的阶层差别没那么大，你们家可能比我家还阔，你们一毕业一定比我阔。

6. 关于个人和体制

你们（年轻学生）一点儿问题都没有，你们一个个的都很好，问题是我们的体制，我们的体制很多问题啊。当然人是可以改变体制的，人能改变体制，人改变体制有两种办法。你们学过默顿吗？默顿的那个越轨理论，是很经典的。你们上社会学概论了吗？人们改变体制有两种方法，一种是考试作弊，也就是把这个体制给涮了，是战胜这个体制了。另一种呢，没有好的例子，就是抗议，当然有很多更好的方法，这样体制就变好了，所以这叫社会进步，社会变革靠两种办法。当然，我不是鼓励你们作弊。就是说，做人还是应该诚实。我觉得，大家都是完人，都是好的，是体制不好，体制不好会把人变成魔鬼。如果体制好的话，你们马上就能变成特别好的人。

不好的体制会让人不舒服，比如说我最近发现了一个规律，如果一个体制不好，它会让人把气撒在同伴身上，而不把气撒在体制上。就在前天，我带孩子去医院，就和一个排队的人吵起来了。其实吵架的原因很简单，那队非常非常长，一个人在我前头，他可能事先挂了号。窗口里的人就问他用的是哪一个身份证号，问他一句他不回答，又问他一句他又不回答。我在后面实在是急了，就对他说，人家问你用的是谁的身份证号。他转过头就冲我发作了，说他听见了，陕西口音，他肯定是一个外地来看病的。现在他不跟窗口里的人吵，转过来跟我吵，可能因为他吵不过那个人，反正是他出了点儿问题。他当天看不成病了，一肚子火儿啊，但我也理解他，因为我也一肚子火，我也等了半天了。所以我把它归纳为所谓"集中营规律"，就是说，在一个社会，或在一个集中营里，人们不会反抗体制。你想，在集中营里，人们想吃个饭、睡个觉都互相影响，人挤人，然后互相吵，上厕所抢蹲位呀，各种基本的需求啊，人们都要互相争抢，所以人们会特别想宰掉别人。我想这就跟看病排队一样，你可能会特别想把排在前边的人杀掉，或者让他们赶快病死掉，唉，这样你的队就马上排到了，但你不会怀疑体制。就是这样，无论是挤车、看病还是哄抢，你情绪上的不满是指向和你一起抢夺机会的人。这算是社会学让我懂的一件事情，所以我从来不认为谁是坏人，只有坏体制。

7. 关于课堂与课外

我的课堂会比较活跃，我上课一般不点名，不过我也会经常提问，我会让学生保持紧张。有一次我提问一个学生，他说他不知道，我就问，你是不是打酱油来了，他说是的，然后我说打酱油也行。还有，比如说，课堂上两个人在下面说话，我一般都会走去，竖着耳朵听，然后我说，你们俩在说什么呢，大点儿声，让我们都听见。他们肯定很不好意思，就什么也不说。我说不行，你要和我们说，因为你说的一定跟课堂讲的相关，因为我是鼓励你们说话的，既然你们说了，就让大伙儿听一听。其实他们在说上课说的事儿，其实我就是想让同学们相信，我绝对不是在对他们严格纪律要求，而是在鼓励他们，有话就是要大胆地说。

我教社会统计，有一回一个同学收集来了数据，写在 excel 里面，但是本来应该是横行第一行是变量，竖列第一列是名单。结果他搞反了。他把本该竖列的，弄成横行了。然后我就对他说，你应该把它调过来，调过来就是矩阵的转秩，英文叫 transpose，先把它拷下来，再点击选择性粘贴，其中有一个选项是转秩，然后刷一下就转过来了。我在课堂上演示之后，同学们自发地给我鼓掌，这一次我非常骄傲！

还有一次上课，正好赶上教师节，学生给我送花，就是一个很普通的场面，班长送花了。什么花？额，我不记得什么花了，我很荣幸。我能看到你们跟我们过去不一样，你们很独立，你们有自己独立思考的语言，而且你们并不迷信老师，而且你们懂的东西很多老师不懂。这些就是让我感到很高兴的。比如说，你们会很多网络语言，上课时我经常会请教你们，就是这些时候，我感到很高兴。就是说，当我能够从你们那儿学到一些东西，而且你们能够很高兴教我的时候，我感到很高兴。

至于潮不潮这个问题，我感觉我不是很潮，我爱人比较潮，我是从她那儿学的，要不然我就学不到了。据同学们评价说，我还算幽默，额，但其实我的幽默很冷。但我没有魅力。我不觉得人一定要有魅力，人一定要感动别人，要被别人感动。这些都是太中央电视台了，太朱军了！我也不喜欢用幸福这个词，太形而上。就说愉快吧。我可能有点儿刻意地躲避这些高深的、很高级的东西，因为这些东西的确让我有一些生理反应，我非常不喜欢。

关于爱好，我最近有一个爱好，就是看看宇宙学方面的东西，比如说，从大爆炸到现在，一共经历了多少年你们知道吗？应该是 140 亿年。地球的年龄应该是45亿年。其次，我比较喜欢徒步旅行。这要怎么说呢，也不是旅游，也不是登山，会是一种比较原始的旅行。在美国比较容易，但在中国，这个要求就比较高了，要去可能只能去西藏。其他的方面，我比较爱好看电影，我的口味都是比较刁的，看那种比较小众的电影，比如说 film noir，叫黑色电影，听说过吗？这是一类，还有就是一些特定的导演拍的，比如说，伍迪·艾伦的。

有人会问，我爱我的职业么？或者说我的兴趣点在上面么？我觉得我肯定爱我的职业啊。我这个人跟很多人比起来，是非常有责任感的，但是我不会觉得，应该把我定义为一个有责任感的人，这不是我的本质。从当老师或者从事社会学这样一个出发点，我只能说，我还是一个相当喜爱自己职业的人，不然的话，我不会这么低、这么低的工资还在这里干。这里面会有很深的矛盾感，明确来说，还是因为钱少，没别的。

关于系庆出的书，这是一个我们系的记录，这是一个好的资料，我们要出一本书，我们不一定先去问谁会看。学术杂志登一篇文章，我不会去问谁会去看，有多少人去看，这不是我要问的问题。而是说，我这里面说了什么东西，这个东西有多重要，我们会问这些问题。

我希望展现得尽量和别的老师不相同。这样对这本书有好处，对我自己有好处，对其他老师也有好处。比如说，我要是完全和熊老师的一样，那岂不是相当于撞衫了？谁也不希望撞衫，当然我也希望我说的话能够有水平。

8. 对社会学系和社会学的看法

我觉得我们在进步，我们系做得不错，但是学校的一些要求有些问题，主要是第一年把你们搞得很忙是吧？有好多公共必修课是吧？如果真的是通识教育，那么就规定几个门类，人文类有一类，然后是社科类、自然类，然后艺术，然后每一个门类让学生们自己去挑，而且不一定要第一年，从第一年到第四年，只要你能上一门就可以，或者上两门，我觉得就是要给很大的自由才好。可以三年毕业，也可以五年毕业，也可以不毕业。我是说，像我们毕业太宽松了，这是更大的制度的问题，不是我们农大的问题。为什么一考上大学就跟买了保险一样，一辈子就有保障了，应该是宽进严出，让想考大学的人都有机会来这儿尝试一下大学。但是要告诉大家，想大学毕业，那要很严格才行。

对于我们系的话，我觉得已经很好，只是我们系缺一些比较重要的课，比如社会分层。咱们有家庭社会学、人口社会学，是吗？还有宗教社会学。其实分层社会学应该叫作社会社会学，缺了一门最重要的，就是社会社会学。我们学生的课程数量，我觉得太多了，把你们搞得太忙了。你们上的课太多了，但是你们读的书太少。

说起东西区上课，以前在西区，现在改东区了。我有点儿不喜欢西区，不知道为什么，我每次去西区，心里就沉重半天。我不知道，也说不清楚。感觉那儿像是被流放的地方，太偏远了，东区这儿更城市化一些。

提到答辩，我想起一个事儿来！那大概是2004年，估计是我第一次参加系里答辩。那会儿答辩，是在办公室里，那会儿很简陋啊，还没有一个专门的会议室，就是这样的一间办公室。老师来了坐一圈，学生来了坐在一个椅子上。那天我穿着短裤，是夏天嘛，接着进来一个学生也穿着短裤。当时吴惠芳老师一见那学生就说，答辩怎么能穿短裤。然后，我看着这学生也挺尴尬，是吧？没办法，是回去换还是不回去换，还是穿着短裤答辩呢。当时我只好低下头，反正那会儿是坐着一圈答辩。现在严格了，有中期检查，那会儿没有中期检查，连开题也没有。

对于现在社会学班男女比例十分失调，其实我觉得你们会比我更有想法。你们为什么报社会学？还有那些男生为什么会报？整体大学生里就是女多男少，是吧？就是女的稍微多一些，为什么我说不好，可能社会学这个名称从外表上一看，给人一些女性的印象。不仅像文科，而且是文科里比较婆婆妈妈的那种印象，因为社会嘛，社会这个词在咱们国家不是一个挺好的词，比如说社会车辆、社会人员，指的是没有工作、没有单位的意思，一般就是街道呀妇女啊，就是多多少少会有这种印象。如果你一说到什么管理，就听上去很男性，是吧？我觉得可能是这个原因。但按说呢，社会是一个好词，有些东西是事与愿违的，最后社会成一个坏词了。

至于怎样让更多的人认识到这个学科？还是看社会本身，我还是一个结构论者，我们是一个什么样的社会，就决定有什么样的社会学。比如说，我认识一位韩国的社会学家，叫韩桑震，他曾经是金大中的顾问。金大中，你们知道吧？金大中曾经是韩国的总统。他们国家从以前的专制走向民主化了，这个期间搞了很多民主化运动，然后，社会学就变得很重要了。社会学的老师还能担任总统的顾问，这在美国也没有做到过。所以，在社会变迁过程中，可能就会出现这种情况，某一个学科变得很重要，咱们国家的主席和总理的顾问可能都是搞经济学的，这就看咱们国家把什么看得重要，是结构性的东西。我还是觉得社会学未来会非常有希望，特别有希望。在将来会上升到经济学之上。会有一天，这一天不会来得特别早。我们还要在这儿苦苦地熬着。如果非要预测时间的话，额，十年到四十年吧。

对于那些转入还有转出社会学系的同学，首先就是祝贺你们，转入（转出），只要这是你自己的愿望，那转入转出都应该值得祝贺。转出的话，并不意味着你和社会学拜拜；转入的话，不一定一辈子都要做社会学。这就是一个阶段，你在大学要选择一个专业，这个专业是你要去潜心、集中研究的一个东西。其实大学最重要的是对能力的训练，你们大部分同学将来毕业以后，甚至考研毕业以后，找到的工作百分之九十以上是跟社会学无关的，而且可能百分之九十以上你们今天学过的课程用不上，但是这并不意味着，今天你们的学习是白费的，今天的学习会让你知道学习是怎样的，学科是怎样的，或者将来你们要学一门新的东西，你会知道这个学习的过程是怎样的。当然也不排除你们当中有人爱上社会学，那么以后就学习社会学，进社科院，进社会学所了，进农大社会学系了，这都有可能。这说明这样的人呢，一辈子比较一致，除了社会学没有干过别的，那也是有可能的。

社会学这个学科会给人带来什么样的影响呢？我首先想到的就是，钱不会挣得太多。其次，你的思考方式会是一个比较理性的思考方式，注重逻辑。我倒觉得不一定会看得更广，或者会看得更深，或者说也不是很深刻，而是说，你会看到这个，叫实质好了，我不想本质主义。更实质的东西是什么，就是说，社会学是一个很让人觉得没劲儿的东西。比如说，别人谈爱情，多么美好、多么神秘、多么浪漫，但是，到了社会学，爱情是什么回事，它会告诉你：生理性别、社会性别、男女的人口分布、出生背景、经济条件是什么，社会意识形态怎样灌输给你，媒体话语怎么影响你，……最后把美好的东西转化成了一些很平庸、很无聊、很客观的事情了，社会学就是干这种事儿。它会把"感动"的事情变成没劲的事情。

相比经济学而言，经济学真的是在做预测，真的是在作为一门科学发挥作用。比如说，我是一个经济学家，可能房地产公司的人就会对我说的话感兴趣。如果我说今年房地产恐怕够呛。那么对于房地产公司，我的话可能就值很多钱。当然一般的社会学家所说的话在公司那边不一定可行，但是在政府那儿应该值钱。但是就中国社会学家来说，我们的话在政府那儿不知值多少。我知道这一点和西方国家不一样。在西方国家，社会学真的是一门科学。

这就是说，它能不能有用。比如说，我对这个国家的移民问题、人口问题、社会福利保障，能预测到五年以后会发生什么问题，而且现在有什么问题，如果政府做了什么就能解决到什么程度。这就是说，它能说得准，会有人信。但重视不是因为真的崇拜社会学，而是说它的预算会是准的，就是说他的话很值钱。不好意思啊，说庸俗一点，所谓值钱的意思就是说：如果你听了他说的话，就会应验，就会影响千百万人，影响国家政策。花几百万上亿的钱做一件事，谁都不想白花。我觉得就是这个意思，就跟工程师一样，我们要相信工程师吧，建一座桥、造一架飞机，我们得信这些科学家，是吧。在我们中国，你得信这些科学家、信这些工程师，但是我们社会学基本是一个摆设。我们说不出来那些桥梁工程师或者航天工程师说出来的能够预测准的话，这就是我说的能够发生作用的意思。

出现问题的根源有很多，一个是我们还没有这种传统，我们的社会学发展还没有到那种地步。在有些社会，社会学的发展通常要经过几个步骤。第一步，它仅仅是权力的奴仆。第二步，它成为科学的摆设，就是说社会学是一件外衣，你穿上这件外衣，人们就觉得好看或者能吓唬住一些人。中国的社会学就处在从第一步到第二步的过渡阶段。再下一步，社会学成为一个科学的工具，就是真的像刚才说的，跟桥梁工程师说的那些话一样能够预测未来。那么再下一步，科学应该可以成为大众也关注的议题，成为公共领域。

杨旭/韩泽东/王嘉雪　采访整理
童小溪 2015/04/17　修订定稿

赵旭东

我从北大来农大的时候是2005年的春天,我印象中是"五一"过了以后。那一年,社会学系正好建系十周年,今年是2015年,所以正好是十年前的事情。十年前的那个时候我们刚去,那时的农大社会学系人数上跟现在差不太多,可能稍微有所改变了,我不太清楚现在是不是有新人进来。大概有十几个人吧,最后应该是十三四个人的样子。人文与发展学院当时刚合并起来两年吧,印象中是2003年合并起来的。

1. 乡土与社会

社会学系是1995年成立的,在全国也算比较早的。但是我去的时候有些方面的研究在国内还是有一些影响的,比如农村社会学、农村发展这方面的研究。我去的那年是张蓉教授当系主任,2006年我当系副主任,后来当主任,一直当到2011年。在这个阶段,我组织了十年系庆,同时印象中也是农大校庆,大概农大一百年的校庆,一百年的校庆和十周年的系庆。借这样的校庆,我们组织了一个研讨会,那个会的题目就叫"乡土社会研究的新视野"。大概是这样一个主题，副标题我忘了。应该是一个主题研讨会。当时我们请了很多人，那个会场是很大的。你们可以查查我当时在系里编的《乡土社会研究通讯》，图书馆应该有，那里头记录了这个会议的过程。这个会大概是请了国际上的两个人，还有一位台湾的老师，即黄应贵教授。当然最重要的就是请来了美国加州大学洛杉矶分校（UCLA）的奥特纳（Sherry Ortner）教授，她是这个领域在国际上占据领先地位的学者。

反正开这个会请了国内国外的一些学者来讨论关于乡土中国研究的新思路问题。时间大概是在2005年的9月二十几号，具体记不清了。那个会之后，我们实际上对系里的课程做了一些调整，大概明确了每位老师主攻的研究方向以及研究的一些专门领域等，特别是强调乡土社会研究、乡村社会学、乡村发展研究等这些内容。实际上我记得同一年来的还有熊春文老师，他后来是做副主任，所以有些事你们不明白的也可以去问问他。他和我一起管理这个社会学系，那时他刚从中国社科院毕业。然后我们在课程、科研上大概连续做了一些大型的调查，包括中国乡村十村调查，这个材料至今没有发表，但是做完了调查，一直没有整理出来，系里的一些老师同学都参加过。

另外，我们还开展了一些暑期的、小学期的学生调查安排，大概也出了一些报告，所以你们可以查一查这方面，这个孙庆忠老师也都清楚。妙峰山是他一直在做的研究。之后还有大峪沟，这个是朱启臻教授的家乡，熊春文老师带着去做的小学期实习。那么还有张庄，即对《翻身》这本书的作者美国人韩丁研究过的山西张庄进行的重访调查。此外，我们还去过高密，就是莫言的故里，研究那里的非物质文化遗产，包括剪纸、年画、泥塑、茂腔等。后来在2008年以后，我们还做了一个关于汶川地震的调查，也就是在汶川地震灾后做了一个特别关注传统文化保护方面的实地调查，问题意识集中在羌族文化保护这方面。科研情况大概就是这些内容。还有，除了我们系里之外，当时我还担任农大学报的执行主编，即《中国农业大学学报》（社会科学版）的编辑，可能做了一些工作，现在的学报进入不错的一个档次，所以这些都算是可以回忆的吧。其他的我觉得好像也没有什么，其他都是大家在做的。那你们就随便问吧，我就想到哪儿说到哪儿。

2. 影响与改变

同学们问我的研究理念为农大的社会学系带来了什么影响或者改变，我只能老实回答：没什么影响。这改变不改变不是我能说出来的，而是要去问别人的。因为我也不知道改变了还是没改变，总之就是说，外面知道我们农大社会学系还有个讲座，叫"乡土社会研究讲座"，应该是我开创的。这个讲座在我 2011 年底离开农大的时候大概有七十几讲，后边人是不是继续在办我就不知道了，问问现在的系主任，可能他们清楚。

我们大概从 2005 年一直坚持到 2011 年，积攒起来有七十几讲，这可能算是挺频繁的，而且在国内也有一些影响，你从网上也能查到这些信息，请来的都是很重要的人，不同学科里的人都有，不仅是社会学，还有人类学、哲学、心理学、政治学、宗教学等这些学科里的大家都曾在这个讲坛上演讲过。所以这个是我印象比较深的，应该是有一些影响的，使得大家知道农大有这样一个平台，有这样一个中心，仅此而已。

至于在我留住农大期间所感受到的农大社会学系的变化，可能感受最深的就是空间上变化了两次，从西区搬到东区，从西区的主楼到东区的民主楼，办公室调整就是这样变来变去。其他的变化就是有一些新的老师，新人员啊，郑红娥、谢元媛都是我们引进来的，她们都是北大毕业的优秀博士，现在都应该是我们系里的教学核心力量了吧。研究上，我觉得我们应该有分有合吧，每位老师都有自己的研究项目，同时系里也有一些主抓的课题。但是实际上也不容易，学者之间有时候需要有各自的独立性，所以怎么样去配合怎么样去合作不是很容易，但是还是做了一些，包括我们以科研的方式来带动小学期以及学生的调查实践。以前可能就是学生们随便去做没什么指导，现在应该说所有学生的实践都是以一种科研的方式，属于研究性的。所以我想这种方式是一个明显的变化，背后的理念就是强调学生探索和研究能力的培养。这不是一个简单教学的问题，不是说学生记住知识然后背诵知识等这样，而是真正地从实践当中,从田野调查当中,从社会调查当中去提升自己。在这方面,我们实际上培养了一大批愿意从事科研的学生,我们社会系在那一段时间继续去读研究生的和出去读博士的,还有出国的,应该不在少数。现在大概各大高校里都有我们农大的学生,人大、北大、南京大学等都会有。所以我觉得我当时的思路就是以科研带动教学和学科发展。这可能是我当时确定的一个目标,通过讲座、通过课题的调查、通过论文写作指导去带动这个学科的社会影响力。所以我想农大的社会学现在的排名应该是在前面,但不会是前十,我觉得前十几是有的,不会落在二十以后,可能是这样。

3. 我与社会学

至于我本人是怎么进入社会学这个领域的以及进入了以后自己兴趣和认识的变化,应该属于个人的问题,但也只得说出来与大家分享人生的经验。可能你是学社会学的,我也是学社会学的,进入的初始动机大概都有差异。那么,我进入这个学科的历史有点漫长,所以也不是今天能够讲完的,有空大家可以看看一些网上对我的访谈,也能了解一些,或者在我的书里也会专门介绍一些,可以去查找。简单回顾一下就是自己先学了心理学,后来想读社会心理学的博士,全国都没有这个点,然后就转投到北大读社会学,然后拜到费孝通先生门下读社会学,仅此而已。那么,我个人发展出来的兴趣又在人类学,喜欢更多的田野调查和田野叙事。所以要说个人兴趣,倒不是对社会学,而是对问题,对中国问题或者说对一些人的问题感兴趣,仅此而已。这倒没有说有那么强的学科意识。我认为学科不是一定说你是社会学,一辈子就能干社会学。

而且社会学比较广,很难用一个东西来做论述。所以我觉得我们这一代人不一定像你们那样有完全正规化的从小学到大学这样一个过程。但是我们都是这样东闯西闯地过来的,就是这样一个过程。所以各有优缺点吧,你们大都是按部就班上来的,但是学习的动力可能会小一点;我们这代人大约就属于没有按部就班的,所以就自己拼命找机会来充实自己。可以说我们是在比较、漂泊中寻找,你们是在一个安乐窝里不断被启发，路子不一样。因为这个时代必然是这样的一个结果。再让你们回到我们那个时代，这个学科也没法发展。所以在这种情况下，怎么发展可能需要你们这一代去想。可能很快，因为就是十年之内的时间。我倒觉得希望就在年轻人的身上。大胆地想象，肯于做实事，又能抓住机会，不放弃，我觉得这样就会有希望。否则，我们就会培养一大堆社会也不急需，学科也不能使用，最后只能是万金油这样的学生。我觉得一个大学的目标，一个系的目标还是要培养最优秀的专业人才。至于不断地被筛下来的这些人去做什么，或者他在人生际遇里遇到的一些问题使他不能从事这种专业的工作的话，那么就只能是走掉了，道理就是这样的。不是说我们要去培养从底下漏出来的这一层层的人才。如果你是一个所谓的"985"高校，或者是一个很有重要性的大学的话，而不是职业技术学校，道理就是这样的。

4. 学生与培养

作为社会学的老师，肯定会去思考有关社会学这个专业如何培养出优秀学生的问题，这是社会学的教育问题。在这里，培养学生钻研的兴趣是真正重要的，重要的是要让学生真的发自内心地喜欢学社会学。

我觉得农大的学生也许有自己的特点，需要老师在这方面针对每个人的兴趣而有一种学习和研究上的引导。我之前指导的学生大部分是有农大背景的，目前我在人大带的两个博士也是在农大读的硕士，两个人一直跟我从本科就读起来，一起讨论、一起调查以及一起写文章等。那么，今年在农大毕业的三个博士也都是这样的情况。所以可能他们也了解我们教学的情况。我想可能中国的教学到了一定阶段，需要师傅带徒弟的那种方式，而不仅仅是西方意义上的授课，然后自己过于松散地去钻研，而是需要有老师的指导。当然不是说西方的老师不指导，只是没有我们这样随时随地的指导。这是中西方之间的差异，为什么会有这个差异呢？西方的大学教育是一个非常漫长的形成过程，至少要比我们漫长很长时间的这样一个过程。而且很多现代性的学科都是从西方开始的。所以它有一套自己的叫 discipline（学科或规训），即规训的方法。

这套已经很成熟了，上哪些课，然后怎么毕业，怎么考试，学生只是按这个固定的程序就能学出来。但是我们实际上在这方面参差不齐，各种课程也不能标准化，那么只能变成老师在做什么，就怎么样去引导，然后再怎么样给学生提供机会，我认为这些都有点像师徒关系。所以中国的老师最好不要叫老师，叫"师父"可能会比较确切一些。

确实是这样，因为学生和老师处的时间多的话，他受老师的影响，也会被带着进入这个领域。要是大撒养可能也会有结果，但是我们这儿不是这样做的，至少我带学生不是这样，我至少一周要跟学生见一面。我们有一个读书会，叫组会也好，因为我们还有一个名字叫"公正读书小组"。为什么叫公正呢，我的第一本书叫《权力与公正》，书名是费先生题的，因此我们就用"公正"这个词来代表，仅仅是个代表而已，就是说用这个符号把大家拢在一起，即把学生召集在一起，大家可以每周读书，有研究方面的问题可展开讨论，等等。所以我们在农大从2005年就开始这样做了，这读书会的方式就是大家分头去读书，每周讨论一次，雷打不动。以前我们都是，甚至周末会加上一次，那么这样的形式我不认为每个人都受益，有的人可能也是混的。但是大多数的人还是会想，当你在一个群体一起读书讲不出东西的时候，这不是对老师不负责任，是对你自己的不负责任。他因此而有一种群体的压力。所以我想通过这样的方式来带动学生，去培养这样的读书意识。我认为大学最重要的事情就是读书，其他的我认为都可谓是辅助性的。不是说它不需要，你说锻炼身体不需要吗？它是很自然的，但锻炼身体不能成为大学的主业，实际上谁都可以、谁都必须锻炼身体，因为你想有一个好的身体、一个好的工作状态，它是读大学必须的，但大学绝不是来锻炼身体的，道理就是这么简单，但是很多人并不明白这个道理。换言之，真正大学必须有的就是在读书中成长。如果一个大学不再鼓励读书了，这个大学就不对了，那大学就完全变成其他意义上的东西了。

而且所读的书是没有什么界限的，就是在一定情况下需要由老师来引导，同时自己要打破老师设定的边界，然后不断去做一种闯荡。这个过程是一个不断磨合的过程。怎么磨合呢？就是说每个人都有自己的兴趣，有的人快一点，有的人慢一点，有的人喜欢高深的，有的人喜欢相对通俗易懂的。那么，怎样在这里头寻找到自己游刃有余的方向？这就需要指导老师和学生之间有一个互相磨合的过程。可能老师提供给他的书，他读不进去，但是他自己找到的书却十分愿意读。那这个时候，他在和老师交流当中就会知道自己选择书的优势和劣势之所在了。所以我想，一个老师能够跟自己指导的学生有一个保持良性互动的读书会，这可能是中国学术界的一个特点，特别是90年代以来，这样一个特点更为突出和普遍了。在90年代以前，中国的大学可能不那么强调科研，实际上这种读书会是不那么有急迫需要的。因为老师就是按照自己写好的讲义讲课，然后你把老师讲的东西一五一十地背下来，考试再能够复述出来就完事大吉了。不需要你有再多的师生互动了，更不需要其他事情的指导以及业余研究爱好的培养了。但是随着学校科研和这种大学知识体系创新性的要求，怎样提升对古典知识、现在知识、既有知识的认识，同时寻找到一些新的研究方向，那都必须通过阅读和讨论来实现。在这里，没有人是高于谁的，老师也不一定高于学生。在读书的时候，学生读了，可能你没读，那你做老师的就要老老实实地去承认。这一过程是平等的，同时也是一个创造新知识的机会。很多学生的论文，就是在这样一个不断读书讨论的过程中成形的。可能老师的一句话被学生接受，或者学生的一句话被老师肯定，都有可能创造出一个新的创造性思维，从而使学生沿着这样一个方向不断地探索下去，对不对？如果没有这个老师肯定的过程，学生自己不可能一直坚持做下去，可能就会过眼云烟地忘记自己闪光的一念。所以我们大概是从这个意义上来指导学生的。

我在农大教过的课最主要的就是社会学概论。那么这个课，应该是社会学系比较重的课，而且这个专业的学生也比较重视这门课程。那么我上课的方式大概也是科研探索型的，而不一定是教学灌输型的。你们可以访问一下前面听过我课的学生们，我应该独自教到社会学系2011级。这种方式可能跟其他老师也不太一样。每一周有两次的课，大概我会讲其中的一次课，余下的一次就是采取课堂讨论以及学生阅读报告等各种形式。另外还有社会调查，就是让学生跑出去然后回来在课堂上报告。我现在在人大也是讲这门课，也是采取这种方式。通过这种方式，学生不一定学到系统的知识，就是"系统的社会学是什么"这样的知识，那可能是需要他自己花一辈子的时间去系统化的，但是他在探索学问的路上应该知道如何去做一项研究。所以我们班上让学生报"大创"项目，得到批准的国家级项目还是不少的。所以我想社会学很难用一个系统来概括，特别是在今天网络这么发达的情况下，很难完全用"系统"这两个字来梳理和代表社会学。或者说，任何知识都在变得越来越不确定，实际上你并不知道每天究竟会有哪些新知识涌现出来，需要不断地学习和丰富。比如社会学原来可能很少谈恐怖主义的问题，因为以前在世界格局的范围内从来没发生过或者很少发生。

但随着传媒进入我们的世界，今年看到各地都出现了各种形式的恐怖主义。这个时候我们再来看英国社会学家吉登斯的《社会学》教科书，已经把"民族和恐怖主义"作为一章来大谈特谈了。就说明这已经是今日社会学的一个新的问题。那你说我们的社会学怎么能系统化呢？这些新知识恰恰是年轻人比我们了解得还多。比如说微信、微博如何影响我们的生活实际。我们这一代人就可能不如新一代人有更为切身的体会，知道它的运作逻辑和实际感受，对不对？那我觉得这些新的东西可能恰恰在深度地影响着今天的世界。那么在微信、微博这样一些新媒体越来越多也越来越频繁地进入我们世界的时候，我们原来的组织方式、交流方式就要受到挑战，原来的知识就要受到挑战。很难再有一个所谓知识系统的存在，实际上一个人真的有系统了的话，那它也会箍住你的创造力，这是我的一个很私人的看法。所以我不太主张学生去记住哪些概念，什么社会组织、分层、家庭、婚姻等概念，这些概念毫无意义。它们在一定意义上可以帮助你考试，但是它实际上解决不了实际生活里真实的社会场景。你说家庭，我们怎么来界定家庭呢？你从课本上能学到的是两个人合法登记，一男一女，到政府认可的地方登记结婚，这就是家庭的组成，并可以生孩子，抚育下一代。但是你到现实一看，有的婚姻就不登记，有的甚至是两个男的在一起，我们叫它同性恋，也都是生活在一起，那你说这不叫家庭吗？按传统社会学的界定就不是。但他们实际真的在过日子。另外，还有各种七七八八的形式。对于各种婚姻形式，你是没法用一个概念加以涵盖的。

那这个时候我觉得就需要大家的眼睛去观察以及大脑去思考了。在媒体和知识变得越来越容易获得的情况下，人的大脑变得非常重要。如果没有思考，就等于永远不会超越别人。过去一个教授，历史学教授，只要把二十四史读过一遍，这就必然是教授了，只要他读一遍就是了。为什么？这就是别人没有摸到这个东西，不容易接触到这个东西。或者说一个社会学老师把吉登斯的《社会学》教科书从英文翻译成中文，翻译一遍他就是教授了。因为别人从来没看过或者看不懂英文，这就是新知识了。然而今天大家知道，那些仅仅是教科书的知识而不一定都是新知识，但是那个时代的信息量就这么多。今天就不是了，我们想找任何的知识都能找到，但是和这些知识不一样的东西究竟在哪里找？实际就要在你的大脑里找。这可能是今天社会学里非常重要的。所以我认为，这是我们今天无论是社会学、人类学还是一般的社会科学，都要去思考的问题，中国面临着一个大的转型，社会转型之后便是文化转型。在这里，新现象是教科书没法涵盖的、系统不了的，只能你一点点去做、去研究。

5. 提升与转型

学生直接问我在学习和教学生涯中有没有发现农大社会学有什么不足之处，因为她们知道人大的社会学是在全国排名第一的。我想她们问这个问题是对农大有一种期待的，属于年轻学子的期待。她们直言不讳地期待在一种学校的对比中可以让农大社会学提升到一个新的境界。我很理解这些年轻学生对自己所学专业的期待，谁不愿意在一个学科排名靠前的学校里的学院就读呢？当然我也不否认一个学校的优势会决定学科的优势，在我看来这是很自然的。大家想一想，如果你是北大的，学校的优势就强于学科的优势。农大怎么做大概也做不过北大，你把北大所有人都搬过来也不行，这背后可能是个结构性的关系。但是每个学科、每个学校应该有自己的特点，我觉得这应该是很重要的自觉。我想基于农大的背景，农大社会学在乡村研究上应该是而且也必须是能走到前头去的。除了中国农业大学，还有很多地方农业大学，那么，如何让人家竖大拇指称许，那就说明中国农业大学做的东西确实能够有一种引领性了，但这还是需要大家去认真思考和实践的。我认为可能任何学科，只要它是一个学科或者说社会科学的话，它都应该有自己的理论和方法。在这两方面，我认为都应该有所加强。在课程的安排上和一些实际的科研应用上，社会学的理论和方法都应该有所加强。在这一点上，我们原来的课程安排也都是这样去做的。另外，我还认为，可能应该有一些标志性的研究去推进这个学科的发展。比如说在中国农村发生新变化的情况下，现在的城镇化是不是应该像一些人所说的那样义无反顾地去这么做，也都是可以去探索的。我认为农业大学的老师要对此提出一些质疑或者一些不同的看法。没有一个学术是必须要求和政府唱一致的腔调的，大概开明的政府，或者想把自己的事情办好的政府，还是喜欢听批评性的意见的，而且真正的社会学学术就是要对现实的社会有所批判，这样社会才不至于被引导到一条有所偏离的道路上去，或者说不被一种观念所引导。所谓观念，就是要在不断的争论当中，被引导到一个中性的、至少不会损害大多数人利益的发展路子上去。所以我想这一点可能还是任重道远，但如果是一个真正的学者，就要去思考这些所谓发展方向的问题。

实际上，我认为农业大学如今的发展研究还是比较有实力的。所以就看怎么样对中国发展未来、现在和过去有所总结和展望，提出一些不同的看法，提出一些真知灼见吧。这些真知灼见就是要从调查中来，同时又能够有所思考。这个我认为还可以有一些发展的空间，学科在这里可以有所发展。学科是一个非常僵化的东西，比如说你是学文学的，那你好像就只能看小说诗歌之类，但实际上面对今天网络里各种形式的写作方式，原来的文学形式该怎么应对呢？这个问题也出现了，文学实际上在面临一种新的转变。社会学也是这样。我们原来的那一套东西，从家庭一直讲到政府以及民族国家，这个社会学系统模式今天再看还是这样吗？实际上，我们有越来越多的人开始动起来了，家庭也变得有越来越多的人，他们有家庭但是没有什么实际的家庭生活。大学生肯定是没有什么家庭生活的，那么平时生活中的小孩子有没有呢？实际上他们大部分的时间也都用在学校里头了，或者在家以外。我们面对这些家庭概念，就应该有所挑战，甚至很多概念实际上在今天都面临一些危机。

这些危机的原因就是我们物质的基础变化了，就是我们现在可以依赖网络做很多事情，网络如何影响社会一定是未来一个很重要的问题。当中国有6亿人开始使用网络的时候，如果我们的社会学还是建立在原来的所谓乡土社会面对面交流上面来理解就不够了，就需要拓展视野。农村也是这样。农村中比如像江村，从我们最近的调查来看，每家每户都在做网店，女孩子都在做网上的交易。这个时候跟过去的乡村就完全不一样了。可能偏远地区还属于传统方式，但实际上也都在逐渐地发生改变。所以，我们要关注这些新变化，只有在新变化里我们才知道哪些过去的理论是需要暂时忘掉或者抛弃的，哪些东西是需要自己去创造和提升的。就像工具一样，你不能说我要把箱子打开，但是找不到钳子、改锥之类的工具，我就不去打开箱子，实际上在我们急需的时候可以用脚把它踢开，这时脚就变成一种工具。这不是不择手段，而是由瞬间的新思维所创造出来的机会，是在没有条件下的自我创造，是没有办法的办法。而且，社会学是在任何时候都需要自己发明出解决问题的工具的一个学科。你学了社会学的方法课，学得再好、分数再高，下到乡村你还是一定要自己摸索着怎么样去做一项近在眼前的调查。这就是理论和现实之间的背离。我们说这些课程有一半都是为了应付这种学科和教学系统的安排，但是实际的东西却不是这么分类的。你们说遇到一个社会现象然后想着某门课上老师说的话，那是不搭界的，甚至风马牛不相及的，是需要转化成你自己的整体性认知的。尤其是社会科学，它是跟社会密切结合在一起的。所以我想这一点需要注意，可能更需要你们这些年轻人注意，不要把知识的获得看得太重，而是要把知识的发现看得更为重要一些。换言之，要从"无"中生"有"，而不是把那些"有"经过复制和花样翻新变成自己的东西去炫耀，那没有太大的意义，至少对学科的发展没有太大意义。

6. 经历与人生

在农大教书和工作有六年之多，总体感觉还是很愉快的，也是我人生中难得的一份经历。我是1965年出生，差不多40岁的时候到的农大，应该算是最精力旺盛的时候。这六年多的时间在农大这个空间里，今天想来很有一种"过雨看松色，随山到水源。溪花与禅意，相对亦忘言"的感觉。不过我印象深的还是学生和老师之间互动的愉快。当然，也有不愉快的时候，我印象里有些学生是很有主见的，表现在不那么合作。但是我们也都有很愉快的结果，这过程当中可能有很多细节就不去追溯了，忘记了再去回忆也不过是一种虚饰而已。实际上，我认为农大的好处就在于它的自由性。农大的交流空间和学术空间都是比较自由的，在我主持的讲座上，谁都可以发表自己的看法，没有太多的限制，而且在农大可以说没有人会干涉你真正思想的发挥以及学术能力的拓展。我觉得这份自由对于个人而言是很不错的。

学生和老师之间的互动也是良性的，因为学生不多，老师也不算多。与其他学校比，学生能够跟老师之间互动更多一些。所以学生有随时随地跟老师讨论或者交流的机会。而且我们系里社会实践的课程安排得很多，每年大概夏天都会有小学期的社会实践调查。我认为那段的教学也是我比较下功夫的。我一共上过几门课大概都忘了，社会学概论是一直上，还有政治社会学上过一次，田野民族志方法也开设过，另外还有一些课程属于讲座之类，你们现在大概还在上的，就是每个老师讲一讲这样的方式。反正我觉得那里的教学最有意思的就是学生的水平还是很高的，我倒不觉得比北大、人大差多少。一旦进入这种学校，学生的潜力是需要教学去发挥的，倒不是说学生本身素质差多少，只是他愿不愿意做和他喜不喜欢做。记得有一届学生，大概是2007级的同学，他们跟着我一起翻译过一本书。课程作业就是翻译书，大家既有痛苦又有快乐，他们都会有翻译感言留下来，这也算是一份我的教学经历的记录。最后，可能每个人都有两三万字的英文翻译出来，曾经把一本几十万字的书翻译出来。当然现在也没有办法把这些译稿都校订修改成可以出版的样子，因为相互之间在翻译质量上还是有很大的距离，但至少翻译过程中学生们是逐字逐句地去理解和探索的。

实际上，我教学的特点之一就是通过英文的翻译来学习和体会西方社会学的语境。这是我到哪里都这么做的，所以跟着我的学生一般都要参与一些初步的翻译，有些经过我的打磨能够出版，有些也就出不来废掉了。但是在这个过程中学生受益应该是很深的。翻译不是完成一个任务，而是培养你一种做学问的态度。当一个词你不知道是什么意思的时候，从来没见过或者说根本不知道的时候，又看起来跟哪个词相近的时候，就会望文生义，就会猜，会瞎想，这是一种态度。而有的人会老老实实地查字典，查各种网络上的信息，明白前后文的含义，这又是一种态度。时间用的不一样，最后结果也不一样。

学问可能就是这样，对一个东西不明白，千万不要一笔带过，而是要去钻研它。这种态度是可以迁移的，从翻译的态度可以迁移到做学问的态度上去。我想这就是我在农大教学中的一个体会。因为我们的学科是一种西来的学问，所以至少要从英文的原著里面体会一些社会学概念在西方建立中的含义和真实、实际的含义，那你再去理解这些概念中文翻译的真实意义时就会清楚很多。比如说社会组织（social organization）这个概念，中国人理解的组织就是人的身体那种组织和社会的联系，实际上 organization 在西方的背景里还有一些不可分割的、有机性的（organic）含义在其中。如果你能够理解这个词原来的含义是什么，那你在理解中文时就会清楚很多。比如说 identity 这个词，一般翻译成"认同"，实际上要从中文语境去理解这个词就很困难。认同是什么呢？我们都有文化认同、自我认同，实际上 identity 究竟是指什么呢？身份证也是 identity 这个词。那么为什么难于理解呢？实际上你要去理解 identity 这个词在西方背景里的真正含义。

所以我想语言上的训练对理解社会学是非常有好处的，我自己认为一个好的社会学家或者人类学家应该通晓一门语言，特别是英语。它不应该是你的障碍，而应是你获得真正跨文化理解的绝好助手。因此，我觉得尤其是本科生，如果你本科英语没学好，到研究生就是一个坎儿，到时候你想让英语有所提高是一件十分困难的事情。但大学四年是可以做到这些的。只是看有没有这样的机会了。对待学生，每个老师的方式都不一样，每个老师对这些东西的认可也是不一样的，但我却要强调这个东西的价值。另外，我的教学可能更多是使用身边发生的案例或者正在发生的事件，来跟同学们讲社会背后的道理。所以，我的课应该不是那么难懂，基本就是讲故事的方式。所以大家应该能听懂。难的是他们怎么样把从我这听到的故事转化成自己阅读和解释里的一种理解，这可能是有一些难度的，课本知识和我讲的知识之间肯定不是一一对应的。可能也有人会讲那种和书本一一对应的知识传授，但我认为那样做老师没太大意义。在今天大家这么容易获得文本知识的时候，我们做老师的需要去点拨学生而不是传授所谓的僵化了的知识，这一点是非常重要的。可以说学生的开窍比学生获得知识还要重要。道理就是这么简单。在明白这事以后，他就知道什么是自己应该追求的，什么是自己可以暂时放弃的，那他行为的动力一定比他得到很多一股脑塞进来的知识要强得多。所以很多学生可能在学习和掌握知识上不是最好的，但他在研究上以及在未来的钻研能力上有可能会走在别人前面去。因为他自己知道，哪些东西是他真正需要的，而哪些是可以放弃的。

7. 烦事与趣事

采访我的学生说："老师刚才谈了很多宏大、庞大的东西，现在问问您，您在农大社会学的教育或者学习的过程中有没有什么印象深刻特别有趣的事或者特别让您费劲的事，举一点具体的例子。"我想这倒是一个很有意思的问题。应该是有很多事情，但是我的记忆力不如以前了，所以记起来比较困难。大概别的老师会记很多，应该能够从旁边了解一下。我想真正有趣的事情是什么呢，我还真是一时没法记起来了。我想有些学生学习中可能会有一些抵触情绪，会有一些矛盾，这些可能都发生过，具体细节我都忘了，所以没法回答你。不过有些事情是特别难忘的，比如指导学生做 URP 的课题研究，其中最难忘的大概是有关于张庄的调查。虽然我没去过那个村子，但是我前前后后组织过一拨学生去做暑期调查。是 2005 级还是 2006 级，我都忘了。他们做张庄的调查，我的一个硕士生郭慧玲也在那里做调查。回来听说他们学生间分歧很大，内部分成小的派别，比如男女之间啊，各组之间啊，分成小群体。最后大概最难的就是钱花没了，没钱了。预付的一些钱没有了。我那时也在外地出差，想到如果没钱了村里可能就不让他们走了，因为欠人家的食宿费是不可以的。于是我打了许多电话，想办法帮他们在当地解决，后来总算渡过难关，最后还能写出不错的一本《重返张庄》的访谈资料汇编。那本书我认为还是比较有深度的，不仅是一份很好的资料，也是一份很好的调查记录。

其实我记这些的能力很差，很多人希望我写点这方面的东西，我这人没有这种对细节的记忆能力。也许是应该有很多，回头去查查我过去的笔记、记录，也许能回忆起来，但是现在我没有脑子去想这些事情。肯定有很多人会对我有意见，我自己也有许多的烦事，因为我这人向来是说话口无遮拦，做事也比较直率，所以应该会留下很多坏的口碑，希望大家能够原谅。你们也可以去沿途打听打听，会有一些，比如说喝酒啊，或者说话啊。记得我们曾经和学生一起喝得大醉，说胡话这种事都发生过。我印象很深的还有一个女学生，当时不是我指导的学生，在喝酒聊天时开玩笑，我忘了是哪一届的。在毕业典礼的聚餐上，我从社会学交换理论讲到了女性的交换功能，这个女学生听了就不干了，非要和我连喝三杯，最后大家都喝倒了。不过，我想她还是没理解我说话的真实含义，因为她实在不懂交换理论的真意究竟是指什么，没有听过我给研究生讲的社会学理论课程，所以不能理解交换的真正含义是什么。不过我觉得这种争吵还是挺好的，后来我跟农大的很多并非我指导的学生还有来往，他们也会偶尔回来找我，还会有些上课时的记忆。有这些就够了，做老师的要求也不高。

总体而言，我认为农大学生还是比较朴实的，而且你安排他们做事情还是能够做得很完善的。其他各个学校我就不去评价，但我认为可能农大学生的特点是比较朴实。而且有合适的老师指导的话，他是有潜力发挥的，是能够往上迈步跃进的。而且，我觉得农大学生恰恰是需要老师引导的，北大包括人大学生大概都很放任，可以去自由发展。为什么呢？这里还是有个结构性的东西。比如说北大学生，他努力的方向就是出国，要是读研究生读北大当然没问题，很容易，他读再好也就是北大研究生，读再差他也不会跑到农大读研究生，这种往下走的很少。所以他就一门心思奔着出国，出国这些事跟学术没关系，根本都是语言培训就能解决的问题。那么，农大学生呢？他要往上走一走可能就是到北大、人大读研究生，然后再往外走，农大学生大概是这样的一个模式。所以如果能给农大的学生一些引导，他未来的机遇反倒可能会比北大好。北大学生出去以后一遇到国外花花世界说不准就流失掉了，不一定留在这个学科里发展专业了。多少北大、清华毕业的学生最后能留下来？最后留下的可能反倒是农大的这些学生。也就是说农大是一个潜力股。

8. 建议与主张

学生们问到对他们这些学社会学的学生有什么建议，我的建议也很简单：睁开眼睛看世界，然后用你的脑子去思考。很多学生是不看外面世界发生了什么，也不太愿用自己的脑子去思考，有点像是大众思维，网络是什么，电视上说了什么，他也就接受什么，这叫皮下注射，打进去是什么就是什么，而不是真正追求我要有一个说法，我要提出我的看法。在今天，皮下注射的方法不会带来一些创造性的东西。现在的机遇对你们来说是最好的，你们想看东西，看书、看文章都有，只是你们愿不愿意投入精力罢了。另外，可能要有一份对学术的热情。如果没有这种热情的话，学这个学科是很痛苦的。如果你现在就想，我毕业要当一个公务员，或者我现在就去报社当个记者，或者去哪里做一份工作，那么你的动力几乎就没有了，因为这个和那个就没关系。但是我认为每个人首先应该对学术有一份热情才能把它学好，学好以后可能由于各种因缘你不能再做这个学科了，你不能再往上走了，你在这种动力下积累的这些东西会很容易迁移到你的工作岗位上，也一定会做得比别人好。我一直是这样的一个看法。有个学生听到这里插话说："听君一席话，胜读十年书，特别受益匪浅。"我则回答说："我们都是过来人了，随便说一点。不一定对。"即便是这样的回答，我也能够感受到他们在学习社会学上的一种迷茫，并渴望着老师们的引导。

我觉得这样一种状态是值得去肯定的。很显然作为一个学生，当你以一个迷茫的态度过生活的时候是一种方式，当你拥有坚定信仰的时候，也是一种方式。实际上都是要去过这一段时间而已，人人的一生都是在过这一段时间，即从生到死。当然，最有意思的还是学生们的年龄，对不对？总的来说，过了我们这个年龄以后，可能什么都变得没什么意思了，但是你们还有时间去追求，仅此而已。很多老太太一退休，实际上就没有什么追求了，就是去过这一段时间，整个是空白，基本不需要留下什么。那么，每个人实际上也就是这样。但是，选择什么样的生活方式会带动什么样的行为，这结果其实是不一样的。社会会给你什么回报都是不可期的，今天的人更重要的是做自己可预期的、能把握的，你不要说，我以后要不要当个公务员，当公务员是不是要当个领导什么的，然后再想到家庭，就什么都有了。对于这些，实际你是控制不了的，你目前能控制的就是你选择了大学，你选择了学科，你能做的就是在这里如何做到最好。这时，如果有这样的信念的话，那会带动你处理很多问题。你若能做到在这个学科最好，那到别的学科也可能是最好的。它是可以迁移到很多其他方面上去的，大家也会认为，这是一个人才，我们一定要用他。我们不是有很多领导人或者社会精英在没有所谓背景的情况下成长起来了吗？是不是？我觉得真正的领导人或者精英人物不是从小官僚做起，而是有某一方面社会需求的能力，它被认可以后，然后才能够成功跃升为这个行当或者领域的引领者或者指导者。

如果你把生活的负担当作自己的一种追求，而不是把生活的乐趣当作自己的追求，我认为这种乐趣建立在对一种精神的追求上。这种精神世界的打造是需要大学四年来培养的。你通过大学四年的读书、学习、交往，知道你做这个行当是你乐于做的，可以达到乐此不疲。这种态度我认为才是一个真正的社会人所需要的一种态度，由此你做什么事就都能认真踏实、有所成就，同时又能看开很多事情。我认为社会学还有一个概念叫"自我启蒙"，通过社会学的学习，通过对各种观点、理论的把握，通过对各种社会现象的分析，你能处理很多对于自己来说尴尬的问题、很不舒服的问题、带有冲突性的问题。你能摆正自己该在什么样的位置上。因为每个人实际上都有一种人类的共同性，而且每个人又都是独特的、举世无双的。如果不能使这种独特性显现出来，那你是没有让精神世界真正地发展出来，达到极致。

现在物质的东西都不是第一位的。在以前物质匮乏的世界，人们认为吃饭是很重要的。但实际上，今天可能大家认为这都不是很重要的，重要的是一个人有没有自己按部就班的、坚定的信仰，这是很重要的。这不一定是宗教的，学术也需要有信仰。这种信仰使你的境界提高了，你说话、做事也就不会是一种大众式的思维。虽然我们社会学研究大众的生活，但是我们和一般的大众是不同的人。如果我们就是那样的人，我们研究不了他们。这就是社会学研究的辩证法！实际上时间过得是非常快的，四年时间过得非常快。但是坐在那里看书、思考、写东西的一分一秒确是实实在在的，有的时候让人感受到很艰难，也很煎熬，那是山穷水尽的绝望，但是也寓意着柳暗花明的惊喜。学问这东西，归根到底有很多内容和过程是很枯燥的，但只有把自己架在那些枯燥和乏味之上，由此才能够真正洞悟出一些新的思想、新的解决问题的途径。而没有这个积累，可能连一些成篇的东西都写不出来。我觉得你们要是对学术感兴趣，那一开始你们就要学着去模仿一些大家的手法和思考，慢慢从中超越出来，然后游刃有余地用自己的笔来书写。我认为笔还是很重要的，你应该学会用自己的笔去描述你看见的社会现象、社会真实，然后给它一个解释，这解释不一定正确，却是发自你内心的感悟，那便可以了。这样做开始可能显得稚嫩，慢慢就可以驾轻就熟了。你看费孝通老先生一生写了那么多文字，到90多岁还在写，那就是从小培养起来的一个书写的习惯。他这个写的过程为我们提供了很多今天还在享用的知识和启发。

这一点是值得你们去思考的。我认为一个人要勤快，手要勤，写东西、记笔记；然后脑子也要勤，想问题，想完问题要能够写下来，记下来；最后眼要勤，看东西，应该看那些自己看不懂的东西。一看就懂，我觉得这知识没什么大意义。看一遍可能懂，再问、再琢磨又不懂，这样的东西就更值得琢磨了。而且，我认为学社会学不应该仅仅是社会学教科书那几本东西，尤其大学生应该广博一点。社会学的基础应该有哲学、心理学、历史学这样的一些东西做支撑。没有这些，实际上是撑不起来的，因为它是一种工具和方法，它的内容还是要靠其他的学科知识支撑起来。你要谈到人的问题，就必然谈到心理学的问题；你要谈到概念、观念和范畴的问题，就必然谈到哲学的问题，人的存在的问题、时间空间的问题；你要谈论过去发生的事情来补充你现在的理解的话，那必然用到历史学的东西。我想这些不同学科的知识都是相互交织在一起的，没有一个完完全全纯粹的社会学存在。如果是那样，这个学科就毫无存在的意义可言了。社会学的好处就是包容好多不同的生活领域，你说谁不是社会学家，谁又是纯的社会学家呢？北京胡同里老太太说的那些话，有时很社会学，但是她自己没那么强的社会学意识。而你把它总结出来，说一个道理出来，那就是一个很好的理论了。反过来，你没有这套本事，那你只能站在社会学的概念上就事论事，无法洞悉正在发生的鲜活的社会现象。我认为需要有自己的判断和对价值的追求。这可能是我很粗略的看法，你们可能刚入社会学的门，门里可能还有很长的路要走，慢慢去体会吧。

9. 期待与展望

学生们询问我对农大社会学有什么期待以及未来的展望是什么。说实在的，我只能说没有。现在自己已经是局外人了，不存在什么展望，我也没有那么大的追求，也不要逼着我去谈这个问题。而且这种话也不是我最喜欢说的，说了又咋样，没什么意义。展望不展望，天时、地利、人和，这三个东西还是很重要的。一个学科和一个人的发展一样，这三个东西都是很重要的，确实没有天时发展不起来、没有地利同样发展不起来，没有人和就更别说了。要有这三个因素相互配合，才可以有真正的发展。很多的发展都是像去庙会赶集一样凑热闹，看起来发展，实际上没发展，甚至还倒退了。我们真的需要那么多的书写出来、印出来吗？很多文章写出来不是马上就进入废纸堆了吗？我们真正要生产的是那些放得住的东西。那些东西靠什么呢？就是你的真知灼见，真的思考，不是喊口号，不是去迎合一些人的看法。你只要想迎合某人的看法，你一定会毫无意义，写的东西就毫无价值。比如你的某种申请，都不过是一种迎合罢了，这是一个社会人必须做的，但是真正留下来的肯定不是那个。恰恰是不迎合人的作品能够留下来，在大家都沉睡唯有我独醒的时候写下的感受，才可能是接近真知灼见的，才能是留下来的。

实际上，我们读书的时候都在迎合，比如说某某大家，他们说了什么我并不清楚地知道，当时也只能是迎合他们。但是到了一定时候，我就想着要超越他们，不去迎合，唱反调，从另一个角度思考一下他说的是不是对，这个时候就开始有你的见解出来。人就是这样，从迎合到叛逆，学术和人的成长是一样的。小孩子都有叛逆期，一开始母亲的话是绝对真理，后来叛逆，变成老师的话是对的，后来老师的话也被叛逆了，最后自己的话才是对的。这个过程，是成长的过程，学术也是这样。一个好的学者，最后是一个独立的学者。就像陈寅恪说的，"独立之精神，自由之思想"，这一点非常难做。筛一筛有多少人是"独立之精神，自由之思想"呢？我觉得这个很难做到，但必须去做。我们平日里说官话的声音太重，影响了你的独立思维。所以我想学科的发展是靠大家各自有独立的精神而发展起来的，和而不同，费先生叫"各美其美，美人之美，美美与共，天下大同"。大概这些逻辑终究还是对的，是一种包容的心态。总之，最后还是各自要有各自的想法，社会才变得有趣。

社会学这个学科在中国的恢复也不过三十几年，未来要走的路还很长，不是一下子能走完的，要确定方向脚踏实地地走下去。作为一个学生，至少要给自己定下十到十五年的发展计划。这可不是开玩笑的，现在已经工作的我那个农大别样的学生杨青青，博士是到英国大学读完的，2014年去了中央民族大学工作。那应该属于最快的，在英国读博士三年就读下来了，不简单。杨青青是2006级的农大硕士，之前是2002级农大本科，现在加起来共计11年，没间断地谋得了现在的位置，能够开始做一些自己想做的事情，并可以独立地教书做学问了。这样的时间虽然漫长，但是我觉得还是很有乐趣的，如果你真正喜欢它的话。当然也不是谁都喜欢，如果一个系把所有的学生都培养成这个系的优秀人才，也是不可能的。最后总要有一些人离开这个专业，学科过滤的筛子一定会不断地做一种筛选的，主要是看筛下来的究竟是谁了。但是我一直相信"人间正道是沧桑"这句话。每个学科必须站在这个学科的主流思想方法上来考虑。不能说人大社会学出了一个刘强东做网络营销平台，那这个系就变成了一个网络销售系，学术的逻辑不是这样的。可以说，他也只是一个个案，如果从整个系走出来的人大部分都是刘强东，那么我们就要重新考虑这个学科是不是需要改换一下自己的名字了，但实际的情况并非如此。这就是人间正道的不可变性，因此值得去追求和把握。

李雅昕／刘思远／孙弋帏　采访整理
赵旭东 2015/03/19　校订定稿

熊春文

1. 与社会学结缘

社会学是一门有百余年历史、已经发展得较为成熟的学科。从专业的角度看，我与社会学结缘是很晚的事情，但如果从宽泛的角度讲，实际上，我们这一代人很早就接触到了社会学的东西。早在20世纪80年代末90年代初，我读初中的时候，有一门政治必修课叫作社会发展史，其核心内容我现在还记得。那门课告诉我，按照马克思主义的理论，人类社会发展的历史可以划分为依次更替的五种社会形态，即从原始社会到奴隶社会、封建社会，再到资本主义社会、共产主义社会这么一个轨迹，而我们国家还处在社会主义社会的初级阶段。这在当时是非常流行的一种理论。现在想来，这是一种线性进化的社会学理论。实际上，后来读了马克思的原著之后就发现，马克思本人不是这么讲的，它是一种中国化了的马克思主义学说，或者更确切地说是经过斯大林在《论辩证唯物主义和历史唯物主义》中的解读之后，传递到中国的社会发展学说。不管怎样，这算是我最早从教科书上接触的社会学理论，因为必修课的原因，印象非常深刻。

我真正比较系统全面地接触社会学这个学科，是在北师大上研究生的时候。我当时学的专业不是社会学，而是教育学。教育学主要是研究如何更好地教育、更有效地教学的一门学问，它也有很多分支学科，比如教育哲学、教育心理学、教育经济学，教育社会学也是其中非常重要的一个分支学科。教育学像其他所有学科一样，最早是从哲学中独立出来的，但教育学成为一门科学，首先是依托了心理学。我们当时学教育学的时候，专业课的老师会举一个令人印象深刻的例子，就是让大家思考一下为什么幼儿园阶段的孩子，一堂课的时间是二十分钟，到了小学变成三十分钟，到了中学是四十分钟，到大学就变成五十分钟了。为什么是这样？老师会告诉我们，其中一个重要的原因就是心理学研究的结果。心理学的实验研究表明，不同年龄阶段的孩子，他/她的注意力是不同的。比如说幼儿阶段的孩子，他至多只能注意二十分钟，就是集中注意力跟着老师来学习的时间阈值。如果超过这个阈值，他/她的学习就是无效的，所以你的教学也是无效的。所以它是经过很多次实验的，像巴普洛夫的实验一样，不断地测量，进行儿童心理的测量，以此作为教育教学的科学依据。把教育教学的实践依据建立在心理学的基础之上，这是教育学的一次革命。德国的著名教育学家赫尔巴特就是这次革命中很重要的理论权威。

但在我上研究生的阶段，教育经济学才是教育学诸分支学科中的显学，就像经济学成为所有社会科学中的显学一样。那个时候有一个很流行的说法，叫经济学的帝国主义。很多人认为经济学是社会科学里面最接近自然科学的一个学科，也就是最实证化的一门科学。因为它可以用大量的数据来进行人类经济行为的研究、市场行为的预测，甚至所有社会行为（包括教育现象）的科学研究。比如，我上研究生的时候（20世纪90年代末期），我们国家的高等教育经历了一次大规模的扩张，高等教育毛入学率从90年代初的百分之三点几，一跃为2000年的12.5%，现在已经超过30%，到2020年要达到40%。这个变化是什么概念？举例来说，大学扩招以前，社会上流行的一句话叫"千军万马过独木桥"，考上大学是非常难的。然而到近几年，基本上你只要走进考场，上一个大学是没有问题的。不过，现在竞争的是上"985"还是"211"，而不是上一个一般的大学就可以了，现在上一个一般的大学根本达不到"鲤鱼跳龙门"的效果。那么，当初国家为什么要急剧地扩招呢？一个最重要的理由就是来自经济学的理论。大约在 1997 年香港回归前后，发生了亚洲金融风暴。金融风暴带来全球经济萧条，尤其是中国周边国家的经济萧条。也就是说，周边国家的购买力下降了，由此导致中国的产品卖不出去，出口出现问题。经济学家有一套理论说，一个国家的经济发展靠三驾马车，出口、投资和消费。出口出了问题，就要靠投资和消费来补充，不然经济就会大幅下滑。投资就是大量地盖楼、修路、修高铁，这在中国的城市化进程中表现得很明显。消费就是内需，取决于国内老百姓的购买力，这是个大问题，一直是经济学家的心病。这时候出来一个叫汤敏的经济学家，他是亚洲开发银行的大经济学家。他分析说中国为什么总是内需不足，其实不是老百姓的消费能力不够，而是因为老百姓不愿意把存在银行里的钱拿出来消费。因此关键的问题是要找到中国人愿意消费的产品。事实是，中国人最愿意把钱花在孩子身上，投资教育。只要孩子能上大学，花再多的钱中国父母都愿意供。所以，只要提高中国高等教育的入学率，实现高等教育大众化，消费这架马车就能运转起来，中国经济就有救了。当然，这里面还有一个逻辑，就是我们上大学的时候是不要钱的，是属于公立教育，而且国家包分配，在这种体制下扩大高等教育规模是拉动不了多少消费的。因此，经济学家又出了一个主意，就是教育产业化。大意是说只有九年义务教育阶段才是公共基础教育，以国家投入为主；到了非义务教育阶段，尤其是高等教育阶段，教育就是一个消费品，甚至是一个物有所值的投资品，所以你需要花钱。就是说你上大学等于购买一个产品，理所应当要花钱，而且因为这个投入前景可观，家长还会乐意消费。基本上，就是在这样一种经济学逻辑的推动下，中国的高等教育迎来了前所未有的大规模扩张时代。经济学的思维因为跟国家的需求和时代的主题关联起来，变成了最为时髦的学科，也成就了它的"帝国主义"地位。我那时也一度加入了学习经济学的狂热当中。那个时候，什么斯蒂格利茨的《经济学》，曼昆的《经济学》，科斯和诺思的（新）制度经济学，等等，人们争相阅读，就像追星一样。那些经济学家也确实很有名，很多都是诺贝尔经济学奖得主。我自己发表的第一篇学术论文也是关于教育经济学的,邯郸学步地应用制度经济学的逻辑来思考教育的功能问题。

然而,到了 21 世纪初,高等教育扩张及教育产业化的弊端很快就显现出来了。比方说,你招了这么多的大学生,一个周期四年过去就面临就业的问题。可是,中国的产业结构、就业结构,也就是人才需求结构,没有什么变化,这就跟大学生的高文凭、高素质不匹配,形成了矛盾。尤其是在中国人的教育观念中,大学生是天之骄子,这一矛盾显得尤为突出。中国吸收劳动力的产业主要还是修路、盖楼、进厂,主要需求的是低端劳动力,根本就不需要上大学。实际上,这就是你培养的人才结构跟你的社会结构不匹配的问题,所以就出来一大堆人来反思经济学造成的这个后果,产生了对社会学的急切需求。我记得当时读到美国著名社会学家柯林斯(R. Collins)的《文凭社会:教育与阶层化的历史社会学》这样的著作,讲的是美国曾经出现的文凭膨胀问题,对我冲击非常大。在教育学这个学科内部,争论也非常激烈。我在读研究生的阶段,有幸见证并亲身参与了这样的争论,最后决定了我的学术方向。实际上,当时我们这些学教育学的研究生都在进行方向抉择,在思考依托什么学科来研究教育?所以有一次机会我就跟我的硕士导师周作宇教授,做了一次认真的交谈。我请教的问题是将来如果我还要继续从事学术研究的话,我应该选择教育社会学方向还是教育经济学方向?深谈了之后,导师的建议是我应该去学社会学而不是去学经济学,尽管当初大多数的学生都转向了经济学。现在回想起来,我非常感激导师帮我指示的方向。随着我对社会学的深入理解,我越发体会到经济学单科思路的局限性,而社会学的独特性或者说它的学科优势恰恰就在于它的复杂思维,它是一门综合科学。就如"社会学"的发明者孔德说,社会学是诸学科的女王,它像中世纪的宗教一样,是包罗万象的;再比如帕累托讲,社会学是一门研究非逻辑行动的科学,经济学是研究逻辑行动的科学,人类只有极少数行为是逻辑行动,而绝大多数行为是非逻辑行动,所以社会学比经济学更复杂,也更重要;帕森斯也讲,社会学是一门综合科学,是对曾经一度雄霸天下的功利主义思维的超越;等等。因此社会学考虑的因素更复杂、更周全,也更深刻。它谋求对纷繁复杂的社会现象背后结构性力量的理解，而不是简单地从利益最大化的角度理解社会现象（包括教育现象）。

一旦选定方向，我就开始为这个新的学术道路做准备。我差不多在硕士二年级的时候就去北大听课，在北大社会学系坚持听了一年多的课，专心地学习了社会学的两个核心课程，一个是社会学理论，一个是社会学方法。社会学理论主要是谢立中老师、杨善华老师讲授，方法课由郭志刚老师、林彬老师讲授。当然还有其他一些分支课程，但这四位老师的课我学得最认真，也最完整。现在想起来，在北京最大的好处就是，你一旦发现你的学术兴趣和方向，你不愁没有好的课程、好的老师，这是很好的一个环境，应该充分地加以利用。北师大离北大不远，从北三环到北四环，我每周至少有三天骑着自行车去听课。包括其他一些著名老师的课，有机会也去听，比如我记得钱理群老师在北大退休的最后一课，我也有幸去蹭过，那时候教室被挤得水泄不通。现在总结，我觉得蹭课是非常好的一种学习方式，对我自己来说是学养的一个非常重要的来源；因为蹭课总是带着一种积极的、有所期待的心情，是一种主动学习，印象自然深刻、效果自然很好。这是我的一段很宝贵的经历，也是一个很鲜活的体验。

学完社会学的核心课程之后，就面临考博士了（那个时候硕士是三年，不像现在改成两年）。当时我就去报考北大的社会学，其实旁听的过程也是准备考博士的过程，差不多大部分时间是在准备考博士。考博士的过程非常紧张，因为自己原来不是学社会学的，深知要跟人家学了七年的社会学科班（本科四年再加三年硕士）竞争是不容易的。所以我制定了一个很完备的学习计划，时间安排得非常紧张，要下很大的功夫。但是就在这样一个过程中，忙里偷闲，我读到一本书，几乎改变了我的学术轨迹，就是我后来的博士导师苏国勋先生的《理性化及其限制》。这本书的副标题是——"韦伯思想引论"，这本书也是他的博士论文。当时我处在复习韦伯思想的过程中，本来只是当作资料随手翻翻的，然而当时阅读的那个感觉，像触电一般，现在还历历在目。要知道我备考的时间安排得非常紧张，那叫"三班倒"，就是上午一段，下午一段，晚上一段，每一个时间段都有特定的阅读任务，规定自己必须看完多少书，看不完就来不及了。但是当我读到这本书之后，我的复习进度被打乱了。这本书有多大的魅力？我当时的感觉是，那些深刻又灵动的思想文字令我非常兴奋并激动，读了第一页舍不得往下读第二页，就这种感觉。这是我从未有过的一种阅读体验：不舍得一下子读完它，又期待着读后面的章节内容，就是读几页、放下来，舍不得，又期待，然后回到那个非常枯燥的复习工程中间，隔段时间又忍不住偷偷地读上几页，隔段时间又读上几页，作为对自己枯燥复习生活的一种奖赏。我就在这样一种感觉中读完了这本书。现在想来，这就是阅读当中可遇不可求的高峰体验吧。读完了之后，我不由自主地对韦伯有了一种膜拜，对书写韦伯的苏老师也有了一种向往。于是听从心灵的指引，自己做了一个非常重大的决定，就是我要去考苏老师的博士。下决心的时候，我北大已经报名了，一看中国社科院的报名时间也快截止了，我还是不惜耽误时间跑建国门、跑花家地（中国社科院研究生院所在地），去报名、递交一系列材料。所幸那个时候有个很好的制度就是博士可以同时报考几所学校，只要你报考的学校考试时间不冲突，所以我成功地同时报考了北大和中国社科院（现在北大、清华、中国社科院都是同一个时间考试，避免了生源冲突，但一定也耽误了不少我这样的真诚求知者）。考试的结果很理想，北大和中国社科院都考上了，而且两边都是第一名。去北大还是去中国社科院？北大在很多人心目中都是神圣的大学殿堂，我也在高中的时候就萌发了某种北大情结，但仍然随心灵的指引，我最终去了社科院，从学于我从未谋面、刚知其名但似乎又心仪已久的苏老师。成绩出来之后，我跟苏老师取得了联系。苏老师请我到他家去谈了一个下午，这也是一个非常难忘的经历。老师问我的学习经历、问我的读书经历、问我的硕士论文、问我的学术志趣。具体的回答，我已经大部分不记得了，但现在回想起来，对于我一个初入社会学门津的学子，得到老师的这般近距离指点，会是一种多大的激励?! 而对于北大，除了失之交臂的惋惜，最对不起的是谢立中老师，我去了社科院，还导致谢老师那年没招上学生。谢老师真是很好的老师，他非但没有"记恨"我，我还一直算他的半个学生，一直跟他保持了很好的联系。最近一次，我请耶鲁大学社会学系的亚历山大来"农政与发展"做讲座，还请了谢老师做点评。所以，对于我来说也是一段非常宝贵的师生缘。

Jeff C. Alexander 来中国农业大学人文与发展学院"农政与发展"系列讲座讲学，座谈中有谢立中、叶敬忠、梁永佳、何蓉、高蕊等教授

以上差不多就是我跟社会学结缘的过程。在这个过程中，我深切地感受到老师对于一个研究生的学术生命来说是非常重要的。我上研究生的时候，老师都是每年只带一个学生的，不像后来研究生也盲目扩招，有些老师带很多学生，学生管老师叫老板，就像工厂招工人似的，有些学生一年也见不着几回老师，这样的教育是很成问题的。我读研究生的时候，老师带学生，就像师傅带徒弟，所以跟老师接触的机会特别多；更幸运的是，我遇到的是难得的好老师，苏老师带学生不光是带我做学问，也教我为人做事。社科院跟大学不同，它没有很多课程，主要是学术研究。但它有一个很好的制度，就是每周二的上午为返所日（现在改成周三的上午了）。在这个时候，所有的研究人员回到所里，学生也跟着去。我那时候每周二都跟着去所里，到苏老师所在的理论室，去听老师们谈论理论问题和现实问题。那是我最享受的时候。那会儿，社会学所理论室可谓人才济济，除了苏老师，还有张旅平、渠敬东、应星、覃方明、夏光、徐冰等青年才俊都在那儿。每到周二，理论室是社会学所

当然的中心，不仅很多其他室的老师加入理论室的讨论中来，甚至其他所（比如哲学所）的一些著名学者也时不时地过来"串门"。那会儿，我的感觉是，苏老师代表了中国社会学理论的方向，他对于很多年轻学者都有天然的吸引力。苏老师本人是一个极具卡里斯玛气质的学者。80年代末，他还是博士生的时候，就已经是一套非常著名丛书的副主编，那套丛书的名字叫作"文化：中国与世界"，他的《理性化及其限制》是其中的一本。这套丛书还有杜小真所著《一个绝望者的希望——萨特引论》、刘小枫所著《拯救与逍遥》、赖永海的《中国佛性论》、俞建章、叶舒宪的《符号：语言与艺术》、钱理群的《周作人论》、汪晖的《反抗绝望》、梁治平的《寻求自然秩序中的和谐》、夏晓虹的《觉世与传世》等等。这些著作都是在上海人民出版社出版的。除此之外，"文化：中国与世界"编委会还在北京三联书店出版了"现代西方学术文库"，组织翻译了一些重要的西学名著，如尼采的《悲剧的诞生》、萨特的《存在与虚无》、海德格尔的《存在与时间》、韦伯的《新教伦理与资本主义精神》等等。这些著作现在看来对于几代人都曾起到学术启蒙的作用。我因有幸追随苏老师，得到他的指点，三年时间内，"贪婪地"阅读了不少好书。我非常清楚地记得，苏老师对我的培养，除了每周二返所时的熏陶外，差不多两三周还要去老师家里一次，向老师汇报最近的读书情况和研究进展。有时候还在老师那里吃一顿饭回去，那是一种充实而幸福的感觉。

2. 入职社会学系

我是2005年从社科院博士毕业来系里工作的，2015年是我在农大社会学系的第十年，又恰逢社会学系建系20周年。对于我来说，以这样的方式记述我与农大社会学系的交集是非常难得而有意义的一件事情。我非常感激系里尤其是孙庆忠老师所倡导费心的这项工作。十年、二十年对于一所大学、一个系来说，可能是很短的，但对于每个供职于她的人员来说，人生有几个十年、二十年？所谓"铁打的营盘、流水的兵"，回想一下，十年时间，倏忽即过，不由唏嘘不已。因此，我首先想表达一种情感：农大社会学系之于我，如果简单地来陈述，她几乎是我职业生涯的全部，因为舍此我没有其他的职业履历。此时此刻，我愈加体会到自己的职业命运系于这个小小的单位，正如我的学术生命系于我的授业恩师一样。

对于当初入职社会学系的情境，我依然记忆如新。我来系里的时候，张蓉老师是系主任，面试我的还有朱老师和孙老师。我还记得面试时，我讲的题目是"西方知识社会学的理论演进及其启示"。三位老师都非常和蔼，使我问答之间没有拘谨和紧张。对于几位老师的提问，我已经记不清楚了，但张老师向我介绍系里的情况，尤其是系里对于本科生教育教学的重视，向我展示了孙老师、何老师带学生做 URP 的成果，给我留下了深刻的印象。面试之后的入职程序也非常顺利，张老师很快把我当作系里的一员，邀我参加系里的活动，使我很快便对这个新的单位有了归宿感。这对于一个之前与农大无任何关联的年轻人来说，真有些出乎我的意料。我的印象是，只要经历了求职的博士毕业生，没有几个不遭遇诸多变数、体验如履薄冰的感受的。事后想来，我的顺利入职，既有它必然的因素，也有非常偶然的机缘。意识到这些，我更加珍惜现在的福分。从系里的角度，当时是该年度第二次招聘，如果第一次招聘就已经有很好的人选，就轮不到我了。即使是第二次招聘，与我竞争的，仍然是强手如林，后来听说其中就有孙老师的亲师弟。在这样的竞争环境中，系里还能把我选上，真是万幸。后来还听说，系里能争取到进人指标，也是小概率事件；也是后来，我才知道，招聘我的同时，院里还从北大为社会学系引进了赵旭东老师。我来系里十年间，社会学系再没有一年进两个人的年份了。种种机缘巧合，最终落到我头上，无论怎么分析，都是一种难得的缘分。

从我个人的角度，坦白地讲，当时还有其他的一些入职机会，我是在权衡比较中最后选择了农大。比如当时如果我争取还是有机会留在社会学所的，继续跟苏老师做研究，应该是再美妙不过的一件事情。然而，我当初有一个坚定的看法，就是我对教育研究有浓厚的兴趣，也有一定的基础，就应该到教育的现场，即高校去就业，而不是科研院所。自我剖析一下，我的知识结构实际上是教育学和社会学的交叉，我有七年的教育学修养，只有三年正规的社会学训练，即便算上我在北大蹭课的两年，也是一半一半，而且我的博士学位论文是关于民国教育思想的知识社会学研究。经过十年的陶冶，教育学与社会学已经成为我的"手头知识库"，嵌入了我最深的内心结构，因此我一度立志用社会学的理论与方法来理解教育、研究教育、实践教育。正是出于这一朴素的想法，我认定自己的职业选择应该是大学，而不是科研院所。这一想法也是我从学于苏老师得到的一个非常重要的社会学洞见。苏老师在给我们讲帕森斯的理论特点时，曾特别地强调，社会学首先是一门经验科学，社会学理论无论有多高，都必须踩在经验的基础之上，社会学必须始终关注经验、关注现实问题，否则社会学理论就变成形而上学或者哲学了。这一观点可以说对我产生了实际而深刻的影响。

不过坚定在高校而不是去科研院所工作，也不一定就来农大。当时我也可以去北大做博士后，因为谢老师又为我争取了机会，只是不能确定两年后的情况。再比如我当时还应聘了其他几所高校，面试效果都很好。比如我向北工大投了简历，但因为他们只有社会工作系，不合我的志趣，所以放弃了。我还投了简历给中央民族大学，他们的社会学在民族学与社会学学院里面，从学科来讲，它是该校最强的学院；相比之下，社会学在农大是边缘学科。我记得主持面试的是杨圣敏老师，他当时是院长。通过仅有的几次接触，我感觉他待人很好。然而，我最终没去民大，是因为我发现那里基本上是研究少数民族的，系里的老师不少就是少数民族出身。我感觉自己的学识结构和语言背景很难胜任民族方面的研究和教学，所以也主动放弃了。

总之，在多种情况的权衡下，农大社会学系成为我最终的坚定选择。农大社会学吸引我的，除了前述三位老师给我留下的良好印象，还有我认为非常重要的两点：其一是她在当时是少有的建系有十年之久的社会学系之一，说明这个系有一定的实力基础。2005年的时候我分析过，在北京的高校当中，社会学恢复重建之后建系有十年以上的，除了北大和人大，就是农大了。北大是1982年重建社会学系，人大是1984年重建社会学，农大是1995年建社会学系。像清华大学、北师大、中国政法大学、中央财大等，都是2000年以后建社会学系；而像中国青年政治学院、中华女子学院、北京工业大学等，都是先建社会工作系。即使是中央民族大学，虽然她的社会学基础比较好，但她的社会学系也是2000年之后建立的，之前只有民族学这个学科。因此，农大社会学系在2005年的时候就有十周年的建系史，应该是很值得自豪的一件事情！其二，农大社会学系以农村社会学见长，在相关领域具有明显优势、颇具特色，也是吸引我的重要原因。我自己的判断是，无论是从中国社会学的发展历史还是从当前中国急剧变迁的社会需求来看，农村社会学都是一门非常重要、大有作为的学科。中国社会学早期的发展，颇有建树的成就大都是从农村出发开展的研究，比如20世纪上半期被马林诺夫斯基寄予厚望的"社会学的中国学派"，由吴文藻先生领导，包括费孝通、田汝康、张之毅等开展的乡村社区研究；此外还有以梁漱溟、晏阳初、杨开道等人为首的乡村建设学派，以及以陶孟和、李景汉等人为代表的社会调查学派。这些颇有声色的社会学传统无一不是以乡村为基点，通过调查和研究认识国情，寻求中国建设和复兴的出路。值此当前中国大规模工业化、城镇化的发展时期，农村社会学在"三农"问题、农民工问题、城乡发展问题等方面一定仍然有大展身手的领地。加上我本人是从农村走出来的，对农村问题有一些切身的体会，因此，我觉得农大社会学系是我的首选。

不觉十年，我非常庆幸自己的生命在被选与选择之间落到了这个小小的单位。我刚来的时候，系里只有十来个人。那时候程贵铭老师已经荣休，孙津老师刚调往北师大，系里有三大元老（朱、蒋、张），然后是何慧丽、潘进、徐琦、盛荣、孙庆忠、童小溪、吴惠芳，以及赵旭东和我。在我之后又陆续有郑红娥、谢元媛、梁永佳、潘璐、张艳霞、尹荣华和陈义媛等人加盟，成为当前的规模。[①] 十年历程，回想起来，满是感激。可以说，我的职业成长和学术生命大大受益于这个温馨的教学—学术共同体。我永远忘不了张蓉老师、蒋爱群老师、盛荣老师曾经给予我生活上的照顾，朱启臻老师、赵旭东老师、孙庆忠老师对于我学术上的提携与砥砺。所有老师的种种交流和情谊，哪怕一个问候，总能

---

① 在我的记忆中，中间还有王研、刘晓茜的加入，后又调离。

在我心底留下温暖印记。我自己的教学和科研情况将在下文专门交待，这里只记述几种我所经历的系情。

我的理解是，大学不是官僚机构，而是一个崇尚学术自由和思想自由的所在，应该尽量少开会。然而，系是任何一所大学的基层单位，围绕学生培养和共同志趣，同事之间免不了经常见面。因此，社会学系有一个宽松的系会制度，仔细一想，系会的主轴恰是学生培养的节奏。本科生、研究生一届届地来，一届届地走，中间的教学，培养，小学期实习，研究生调研，毕业论文开题、中检、答辩，都是常规的节目，系里老师也总在这些特别的环节相聚。所以，一年下来，少说也要开十次八次会。正是通过这一个个的周期，大学才能实现她育人和创新的社会功能。在这个意义上，系实为大学的真正核心，就像一部机器的发动机，只有通过它的不断做功，才能实现整体的运转。不少大学为追求规模，撤系并院，"大学没系了"，终成笑话。我的印象是，对于本科生教学和研究生培养这些常规主题，大家总是认真参与讨论。2006年的时候，承蒙系里老师的信任，我被委任为系副主任（赵旭东老师是系主任）。其间恰逢教育部的课程改革，因此我们对于课程体系下过一番功夫，有了更加切身的体会。经过很多次的系会讨论，最终定稿的本科生课程方案大抵围绕入门课程—核心课程—分支课程—实践课程这一体系而设计：入门课程包括社会学概论、社会思想史、社会心理学、民俗学等，核心课程主要包括社会学理论（古典和现当代）、社会学方法（定量、定性）、农村社会学、发展社会学等，分支课程包括家庭社会学、人口社会学、城市社会学、经济社会学、宗教社会学、教育社会学、社会人类学等，实践课程包括社会工作、市场研究、小学期实习、毕业论文等。我记得这一方案还寄给北大的谢立中教授和人大的郑杭生教授鉴定，他们给予了高度评价。相应的，研究生的培养方案也经历了类似的过程，我们还专门请清华大学的沈原教授和院里的叶敬忠教授参与了研讨。

除了常规议程，系里还会围绕一些特殊的议题组织讨论，比如我印象深刻的一次，结合组织生活，蒋爱群教授作为支部书记组织大家围绕师德建设进行过数次讨论。我们认真地搜集一些经典案例，在会上分享，讨论异常激烈。正是在这样的系会上，基于目前的种种大学乱象，为概括大学教师的职业危机，我提出了"大学教师的自我救赎"这一命题，得到在场老师的强烈共鸣。这样的讨论非常纯粹，回想起来真是陶醉。

再有一次，围绕科研课题，系里组织进行了全国十村调查。大家结合调查结果也进行了数次研讨，还有一次会议在香山举行。在这样的研讨会上，各位老师各抒己见、相互激发，我提出了"离土中国"的概念，试图以此概括当前中国乡村社会的整体格局，一度成为讨论的中心。正是在这一概念的启发下，我完成了发表在《社会学研究》上的《"文字上移"：20世纪90年代末以来中国乡村教育的新趋向》一文。系里还一度设想围绕"离土中国"这一核心命题，各写一章，撰成书稿，为系庆15周年献礼，但因种种原因，此事终成遗憾。不过，近年朱启臻教授再度主持系务，对于社会学系的发展方向有了更加明确的主张，最近一次围绕科研的系会，讨论了将来系里主要围绕农业社会学、农业文化遗产保护等主题开展长期研究的议题。农大社会学的学术前景，令人期待。

在我的心目中，系会已然成为社会学系的常规生活。它是一种责任，是大学的核心实践，当然，也是我们精心营造的唯美节日，譬如每年的年终总结，对于孙老师的真情告白，我们总有一种期待。

3. 尽心课堂教学

在农大社会学系的十年间，我先后上过几门课程：西方社会学理论（2007年后改成经典社会学理论和现当代社会学理论两门），教育社会学，社会学原著导读（西方部分），社会学专题（两讲），科研训练，小学期实习训练，社会学理论（研究生），社会学概论（2014年两讲），等等。下面我主要以两门课程为例，谈一谈我的教学经历。

本科生的社会学理论课，我从2005年就开始讲，是上得最长的。尽管我声称对教育有浓厚兴趣，大学是我梦寐以求的职业选择，但博士毕业前我没有真正上过讲台，我深知站稳讲台是职业成长的必经门槛，需要认真对待。我也知道，因为自己是苏国勋先生的弟子，系里对我会有所期待。为上好社会学理论这门课，可以说我用尽了平生所学：教育学管教学设计和课堂技艺，社会学管教学内容和知识的专业性。我从学于苏老师得到的一个重要教益是，凡讲一个观点、一个理论甚而一个概念，都必须有所出，必须查看一手文献，绝不能做二道贩子，切忌以讹传讹。因对国内现有的理论教材不放心，我从一开始就下决心基于原典讲授。这意味着每讲一位理论大家的思想，都必须查对原著，甚至重读一遍原著，这样备课的工作量就非常大。那时候真是年经，精力很好，经常备课备到凌晨两三点，第二天照常精神十足地上课，想想也是蛮拼的。现在看来，我当初下过的这番功夫是非常值得的。不仅我对于自己讲过的东西非常自信，让学生从一开始就接触到原汁原味的东西，而且在备课、讲授的过程中，自己对社会学大师的思想也常有新的认识和心得。

经过十年的充实和摸索，逐渐形成了较为成熟有效的教学模式，我把它概括为"走进大师三部曲"，其中包括：第一，生平讲述。我一般会在讲授的前一个假期就把"三大家"的人物传记发给学生，让学生凭兴趣阅读，对社会学大家先有一些切近的了解，为理解他们的思想做准备。在课程中，我会分配学生们自己来讲述社会学大师的生平，其中又要求涵盖家庭、社会和学术背景。这样的安排基于一个非常重要的知识社会学原理，科塞（2007：92）在其《社会学思想名家》中用简明的语言概括为："如果你不能通过想象把自己置身于韦伯著述时的那个学术环境和社会环境之中，你就不能理解他的思想"。第二，原典阅读。在课程中，我会选取一些重要的经典著作，把学生分成若干小组，每个小组阅读1~2本原著，要求每天至少坚持一个小时的纯阅读（关手机、关电脑）。小组每周自行聚会交流阅读进度和体会。从学期中期开始，每个小组轮流派代表上台讲述，分享阅读心得。学期末，每位学生要递交一份读书笔记。这样的安排是训练学生养成阅读原著的习惯。在我看来，阅读经典原著是形成社会学专业思维、保持大学高贵品质、抵御低俗化的不二法门。第三，期末Seminar。依据社会学家的主要观点，我们创作了一个剧本，在期末的时候学生分配角色，通过自行扮演社会学大师来巩固所学。经过一个学期的熏陶，同学们在对各家思想有了一定理解的时候，想象自己就是马克思、涂尔干、韦伯、西美尔、滕尼斯、斯宾塞、帕累托……他们机缘巧合地聚在中国农大，会演绎出怎样的一段故事？难道不令人期待吗？我们的剧本经过几年的改编修订，每年都有新招新意。每每我在欣赏学生精彩表演的同时，偶尔也想：说不定哪一天我们的学生真能够在更大的舞台公演呢。

在这一过程中，我自己也形成了"基于原典—激情讲述—启发教学"这样的教学体悟。"基于原典"就是确保自己讲述的东西，是直接从原著里面来的，而不是从教材里面来的，不是不经考证地贩卖别人讲过的东西。"激情讲述"是我特别的一种教学体悟，我常常感到理论课讲授的一个悖论在于，理论是讲逻辑、讲理性的，对于对逻辑思辨不感兴趣的学子来说，如何让他们也爱上这门课？有一次偶然读到政治哲学家阿伦特的传记，作者引述拉普拉斯的一句话："［人类］最强烈的情感之中有一种是天才对真理的爱恋"，令我向往不已。我从中得到的灵感，就是一个好的理论课教师需要有对理论的激情，因为教师对理论的激情，就是对学生最好的感染。这就是我"激情讲述"的动力所在。我把每一次的讲授都视为与大师产生通感的难得机会，最好的感觉，就像那一刻我自己就是马克思、涂尔干或者韦伯，被灵魂附体，思想自由地倾泻，学生安静地聆听，如痴如醉的高峰体验，真是美妙极了。"启发教学"是教育学的一条基本原理，应用到我的课上，就是在解析每一位社会学大师的理论过程中，不错过任何一个启发的时机和实例，以增加学生与大师亲密接触的机会，让学生真正爱上理论。以下摘录几则学生的课程感言，学生的这些文字也给我带来不少感动。

> 这学期，老师您使我收获了很多。不仅仅是您让我们读书，读三大家，读三大家的著作，更是您为我们讲读书的三境界，还有看书与看画的区别，还有"念出来，讲出来，写出来"，还有很多很多。我感觉突然间让我认清了很多，不愤不启，不悱不发，老师您真正做到了对我们的启发！（社会111 张莹）

上完经典社会学理论课，我最深的感触是我终于进入社会学的大门了！虽然大一已经上了四门专业课了，但总感觉自己一直在社会学的门口，只是时而冲着门里张望一下，看看里面的美景，然后继续在门口徘徊。这学期在熊老师介绍下，我与曾经只有一面之缘的以及从未谋面的社会学十大名家熟识，在他们的带领下，我终于感觉进入了社会学的殿堂。（社会111 赵锦）

对每周二晚疲惫又兴奋的时光的怀念，将会出现在今后许多的日子里。

若用一个词形容这门课，便是震撼。每每都会感慨，这是怎样的脑袋才会拥有这样伟大的思维，会以这样巧妙的角度看待问题，将世界的运作牢牢地"控制"在他们的掌握中，而事情的发展又仿佛是在"屈从"于这些大家的分析。

感谢熊老师带领，将这些大家的思想淋漓尽致地展现。特别喜欢你的讲课思路，总说中的概括性话语，往往能一针见血地解决我读书时的困惑，也使我在之后想到每一个理论家时，将他们快速定位。富有逻辑性的思路给了我不会忘记这些大家的理由。（英语112 张琬卿）

如果说一直期待与大师相遇，那么经典社会学理论这门课程无疑提供了一个绝佳路径。为期一学期的学习，在老师的引领下，我们确确与社会学大师相遇，先后结识了"社会学十大家"，果然是各领风骚、才华横溢，我们也是受益良多，感慨赞叹不已。德国、法国在思想界的贡献何以如此之大！先贤思想智慧更是令世人敬仰佩服。他们无疑都是里程碑式的人物，对社会学的贡献足以光耀千年。当然于我而言，最是庆幸，除却为课前讲述，而了解到一个至情至性、浪漫有生活情趣的马克思；遇到西美尔便是最好的收获。尤其是他的"女性文化"和"生命感觉"，很是喜欢。课堂上印象颇深的那句："假如生命缺少内在差异，以至于人们害怕天堂里持久的幸福会变成持久的无聊，那么，无论生命在何种高度、以何种深度流淌，对于我们来说，都显得空洞和无谓。"

我想无论是这两个对我有特殊意义的丰碑式人物，还是这门课程，抑或是教授此课程的熊老师，能够相遇，有机会了解就已是一种幸运。或许理论类的课程枯燥了些,但是总的来说,老师讲的已是颇为生趣,各大家形象特征足以留在每位同学心中。另外,课程结束的 seminar 更是新颖独特,往后待回想,自是一番别致的记忆。谢谢熊老师一学期给我们的精彩讲述,谢谢您成为我们通往社会学大家的引路人,有您的指领,远方的迷雾渐散去,纵使前路漫漫,我们也会风雨兼程,所幸,我们都在路上。(社会 131 刘芮豪)

熊老师:谢谢您一学期来的付出。在您的课上我收获了一颗对理论的热爱的心。带着对经典社会学理论的热爱上路,继续不忘经典理论的同时走上下学期学习现当代理论的道路。(社会 131 李雅昕)

经典社会学理论课程学生合影

除了经典社会学理论,我还讲授了几年"现当代社会学理论"。这门课的开设是缘于我上面讲到的本科生课程体系的调整。在 2007 年之前,我们系本科生的理论课只有一门,就是西方社会学理论,但从教育部的培养方案要求来看,是不够的,为此我也调研过好几所知名大学的课程计划,都是两门甚至三门理论课。因此,借课程体系调整的机缘,我们系从 2007 年开始把理论课扩成两门。现当代社会学理论的讲授,我也是延续经典社会学理论的方式,目标是让学生爱上理论课。只是 2011 年以后,由于我兼任学校人文社科处的行政工作,精力实在不够,这门课后来转交给童小溪老师,现在又转交给梁永佳老师了。我相信,两位老师的理论课也上得很好。

与现当代社会学理论同时,我还开了一门教育社会学。这门课是作为分支社会学为大三学生开设的。开一门教育社会学的课一直是我的梦想,因为它与我的经验研究直接相关,可以相互发明,达到教学相长的效果。这门课除了讲授教育社会学的主要理论流派、核心议题之外,一个重要的特点是它对经验问题的关注。一方面,我特别强调,教育社会学的第一目标是回到自身。因为大学生最重要的社会经历都是在学校度过的,换言之是在受教育的过程中度过的。教育社会学理应能给学生带来专业的智慧,使之过更好的生活。另一方面,教育社会学关注最重要的、最显著的经验现象,比如农村教育的巨变、流动儿童的教育公平、大学教育的乱象等等。为了让学生对现实问题有更加直观的体会,我还努力先后开辟了几个田野点。如八家村的社会小学、希望小学,肖家河的明园学校,东三旗和小汤山的振华学校,等等。那个课有一个实践环节,我会带学生去农民工子弟校调研,调研往往以支教的名义,这样学校才能给我们一天的时间,中间要与校长和任课老师做很多的沟通,才能最终成行。听说可以去农民工学校,有些学生总是非常兴奋,我们要为调研做很多准备。其中,最重要的准备不是知识和技术上的,而是观念和伦理上的。这样的培训,我总是非常认真,慎之又慎。我的一个重要发现是,很多学生开始以为只是去支教,结果最后的体会往往是被教育了。如果不经过伦理和观念的反思,大学生容易带着一种居高临下的姿态去教育农民工的孩子们,或者走过场似的为自己增加一些"社会资本"而已。我称之为"慈善式"支教或"炫耀式"支教,这种支教很容易引起农民工子弟的反感,这也是很多大学生支教无效甚至引起反效果的原因所在。我亲眼见过某大学社团的支教学生与农民工子弟发生课堂冲突的实例。经过社会学的反思,我们的学生就能最大限度地规避上述问题,获得学生的欢迎。学生调研回来,我还会专门安排一次经验分享的课时。经过这样的课程实践,学生的智识收获和思想成长总是令人欣喜的。有些学生通过这样的实践,真正对中国教育问题的深刻与繁难有了体认,对学术问题有了兴趣,也有了敬畏之心。这都是教育社会学这门课很宝贵的收获。有些田野点我现在还维系着,这对于我的经验研究,也有重要的助益。

4. 开展经验研究

前面已经说过，我对经验研究的兴趣主要在教育问题上，不过之前我的研究偏向于教育思想史方面，到农大后，我主动把研究兴趣转向农村教育领域。这里面又有两个主要的研究议题，一个是农村学校布局调整问题，一个是农民工子弟的教育公平问题。

关注农村学校布局调整，是因为我注意到20世纪90年代末以来，中国农村教育领域的一个急剧变化，是大量农村学校（尤其是村小）的撤并：大约十来年的时间，中国小学校数量从1997年的51万余所减少到2006年的29万多所，教学点从1997年的18万余个减少到2006年的8万多个，减幅分别为43%、53%，到2010年，减幅进一步达到59%和68%，其中绝大部分为农村学校。换言之，过去15年来，中国2/3的农村学校被撤掉了，如果把教学点算上，这15年间平均每天约有73所学校在农村地区消失。再把时间放长看，会发现2010年全国的小学校数量已经降到新中国成立初74%的水平。速度之快、降幅之大，前所未有。这一趋向跟百余年来费孝通所概括的"文字下乡"的教育现代化过程恰好相反，形成鲜明对照。晚清新学以来的"文字下乡"运动，其轨迹是以普遍性姿态将学校教育普及到包括村落在内的每一个角落，以培养每一位社会成员的基本知识能力为鹄的，试图将学校这一正规的社会化形式变成社会整体的一个内生性因素。一直到20世纪90年代中期，中国教育的核心话语都是"普及义务教育"，中国广大地区也确实一度达到"村村有小学"的格局。然而，90年代后期开始的以"撤点并校"或"布局调整"为基本内容的教育改革却是一个"文字上移"的反过程。

目前，对于这一过程的主流解释还主要是人口学和经济学上的。人口学学者认为农村学校的大量撤并主要缘于农村计划生育导致的适龄儿童急剧减少，其次是大量随迁子女到城市就学导致的农村生源急剧下降。经济学学者的解释则为撤点并校是"优化教育资源配置、改善办学条件"的有效方法，是中国教育现代化的主要方向。目前国家政策的话语表达和具体实践也是这两种解释所主导的产物。但是，我们的研究表明，人口因素、规模效益两大因素不足以解释当前中国的乡村教育事实。首先，一个明显的事实是村庄学校数量的减幅远比在校生数量的减幅大得多，而且学校数量和在校生数量减少的趋势并不同步，可见人口因素不能解释"文字上移"的教育现象。就"优化教育资源配置"的经济学理由而言，一个重要的指标是学校平均规模。我的研究发现，十余年来中国农村学校规模效益的改善既不及农村在校生数量的减幅，更不及村庄学校数量的减幅，因此，通常所认为的"优化教育资源配置、改善办学条件"不足以解释当前中国农村的教育现象。在《"文字上移"：20 世纪 90 年代末以来中国乡村教育的新趋向》（《社会学研究》2009 年第 5 期）一文中，我提出"文字上移"必须通过中国社会之走向离土中国的整体进程加以解释。在《再论"文字上移"：对农村学校布局调整的近期观察》[《中国农业大学学报》（社会科学版）2012 年第 4 期]一文中，我进一步明确地指出，农民的离土趋向与政府的土地财政是驱动"文字上移"的双重动力；离土趋向与土地财政构成当前中国经济社会发展整体格局的一体两面，尽管国家 2012 年出台了关于规范农村学校布局调整的相关意见，但其在实践中的真正转折点还得依赖于中国经济社会发展的整体运行趋势。

然而，我的研究想要揭示的更为深刻的问题是大规模撤点并校可能带来的社会后果。大量农村学校撤并后，一个乡镇只留一所中心校，结果必然让农村的孩子从一年级甚至幼儿园开始就寄宿在封闭的学校环境中。这样的社会化过程，对于这一代人、对于农村社会，乃至对于整个中国，将产生怎样的影响？我感觉是一个重大问题。社会化是社会学不同于经济学的一个重要观察视角。社会学认为人的正常成长必须经过初级社会化和次级社会化这一逐步过程：初级社会化包括家庭、邻里、同伴群体的生活；次级社会化包括学校、组织、国家等正规制度生活。初级社会化之所以重要，是因为人必须首先有家庭、邻里、同伴群体的具体生活。现象学社会学把它概括为生活世界，在生活世界中养成自然态度，获得"手头知识库"，才能逐渐、顺利地过渡到学校、组织、制度等抽象世界。如果不经历初级社会化而直接抛到抽象世界，是会发生很

与孙庆忠教授在承德围场农村小学调研

多问题的。实际上，人的所有学习，首先都是直接学习，包括吃饭、走路，得经过接触、模仿、试误，有时是别人手把手地教你，才能触类旁通、概括推演、上升到抽象世界。就像早期人类，学习、生产、生活几乎一回事，这是费老所阐述的"用不着文字的社会"。只是到现代社会越来越复杂化，以至于在有限的时间里不可能一下子掌握人类历史所积累的技术、知识与文明，才需要学校这个专门的组织。在人类历史进程中，学校的发明是很晚近的事情，但学校的出现并不意味着人们不需要初级社会化这个阶段。学校是正规社会化的机构，是一个主要由文字、规范、课堂组成的正式制度世界，总体上是一个抽象世界。其中活动的主体，教师和学生都是正规角色，法律赋予其正规的职责任务和角色期待。学校生活很少像家庭生活那样，可以随心所欲地撒娇、玩耍、试错，自然、自由地成长。因此学校生活总是跟生活世界（现象学社会学家称之为"至尊事实"）隔着一层，它不可能完全代替家庭生活。如果过多地压缩初级社会化的过程，过早地把人抛入抽象的学校生活，必然对人的认知、态度、人格养成、社会交往等方面产生难以弥补的后果。现实中发生的很多悲剧可以作为例证。比如前些年因不堪学校枯燥生活而上网成瘾的学生杀人事件不断见诸报端。相对于生活世界，网络是一种虚拟世界，是二级事实。长期浸淫于网络游戏的人，久而久之会认为这就是真实的世界，所以曾出现过因网游而杀人的越轨少年。你采访他，他不认为现实中杀人有什么不对，因为他在网络游戏中想杀人就杀人，这是非常可怕的现象。再有大学生投毒杀死自己同学、舍友的事件，稍加分析就能发现，当事人连起码的在日常生活中人与人之间的相处之道都不懂。还有一个案例，一名小学生在学校成绩不好，老师提出去家访，家里只有爷爷奶奶，父母长期在外打工，他在路上就用绳子把老师勒死了。这样触目惊心的案例数不胜数，其背后都能看到不完整初级社会化的影子。想一想，整整一代人，都经历不完整的社会化过程，等到他们成为社会职业的主要担纲者时，会造成怎样的社会影响？这并不是一个简单的资源配置、经济效益就能解释得了的。关于这一问题的探讨，我曾在农大学报（2011年第1期）上发表过《留守儿童的"生活世界"》一文。该文以叶敬忠教授主编的《爸爸妈妈，你们知道吗？——农村留守儿童书信集》为例，重构了留守儿童的"生活世界"，认为构成留守儿童"生活世界"底色的是对父母的无尽思念；其前台上演的是多数留守儿童学习退步、生活孤寂，这是一幅有血有肉、有情有感但令人不安的图景。近期，基于杨晨、折曦的硕士论文，我们还完成了一篇学术论文——《全景敞视主义规训及其限度——对农村寄宿制学校的社会学观察》，指出农村义务教育寄宿制学校工程是一种极端现代主义理念的产物，亟须得到反思与改进；这一制度在学校层面演化为一种确保学生24小时安全、可视、可控的全景敞视主义规训场景，孩子们健康、心理问题丛生，也发展出不计其数的日常抵制。农村孩子的未来，值得社会学学者密切关注。

除了对农村儿童社会化的影响，撤点并校还可能对农村社会产生重要影响。最近我们发表的《乡村学校的演进及其社会文化价值探析》[《广西民族大学学报》（哲学社会科学版）2014年第5期]，检讨了新中国成立以来主导乡村教育发展的上层建筑论和生产力论两大理论范式。该文从社会文化的角度综述了中国乡村教育的历史发展进程，特别强调乡村学校除了承担输送人才的政治功能和增加人力资本的经济功能

与朱启臻、孙庆忠教授在房山调研

外，还一直承担着使社会得以维系的、不可或缺的社会文化功能：一方面，乡村学校是连接大传统与小传统的重要中介；另一方面，乡村学校是乡村社会整合的重要组织。文中提醒，随着撤点并校的进程，那些曾由乡村学校承担的社会文化功能，将由什么组织来替代？乡村的文化凝聚力问题不解决，整个中国社会的价值整合将无所依托，这无疑也是一个特别值得关注的议题。

从某种意义上看，流动儿童问题与留守儿童问题可谓一体两面，对留守儿童的关注自然会连带关注那些随迁到城市中的农村孩子。但兴趣归兴趣，经验研究的开展则有待机缘，这便得益于我们2007年开始的对八家村拾荒者的调研。那是一个本科生的URP项目，在多次努力进入现场而未果的情况下，我们从家教入手，逐步接触到了流动儿童的问题。关于这一过程，我在2008~2009年度URP报告的后记中有所交待：

> 我对八家村的关注大致源于现实和学问两方面的兴趣。就现实而言，这个闻名于出租车司机甚至普通市民中间的村子离农大东区近在咫尺，它闻名于司机之间主要是因为村里的拾荒者造成清华东路频繁的拥堵状况。每天凌晨5~6点开始长长的板车队伍鱼贯而

出，每天下午 4~5 点开始长长的板车队伍又鱼贯而回，构成了这个都市角落的常年风景。每当路过这个村庄，每每看到这种景致，一种想了解这个村子，想了解这个群体的心思便油然而生。就学问而言，最近几年农大的社会学系在努力倡导学术名村的重访研究，如张蓉和孙庆忠教授带学生对京郊四村的调查，孙庆忠带学生每年进行一回的妙峰山朝圣之旅，赵旭东教授带学生到山西长治做的翻身研究，我也曾尝试着带学生到山东汶上去接续廖泰初的私塾研究，可惜路途遥远，成本太高，未能持久。有一回偶然读到杨堃的《中国近三十年来之出版界（社会学之部）》（1943：13），说到 20 世纪 30 年代，燕京大学社区研究之"成绩表现，则有北京西北郊前八家村一带之专刊研究，共约二十种。惟尚未正式出版，故无详述之必要"。我立即托学生到北大图书馆和国家图书馆寻找，可惜未果。杨堃留下的悬念，让我猜想种种可能，或许当时只是燕京大学社会学系的一个计划，并未真的实施，或者即便实施了，没有实际的成果，再或者是如吴文藻记述的那样因为抗战辗转西南，而在途中遗失了即将付印的材料？于我而言，总归是没看到实际的东西，竟成了我几年来的一块心病。

没有现成的研究传统，"重访"还是要做的，而且因为知道了前人曾经关注这个地方，就越发激起了我的兴致。2007 年 5 月，我带领社会学系 2004 级和 2005 级的 6 名本科生做了为期一年的 URP 调查。这些学生分别是张帅、王海侠、郝晶晶、胡宏伟、刘畅和张玉林。这一年的调查完成了近 10 万字田野调查访谈抄本，形成了张帅的一篇本科毕业论文。但是，总的来说这一年的成绩是很单薄的，抄本和论文的完成质量都还有限，实际上这一年大部分时间都在与拾荒者建立信任关系，对于研究而言，可谓是"巧妇难为无米之炊"。为打开局面，我们想了一个办法，就是让几名学生分别给八家村的适龄儿童免费做家教。家教一般是晚上进行，回来的时候要到 9、10 点了，从黑黢黢的八家村步行 20 多分钟才能回到学校，所以必须男女生结伴同行。这样大概半年后，学生才能很好地通过儿童家长的介绍与八家村的拾荒者进行访谈。中间除去上课和假期，很快就到了 URP 结题的时间。因此，大家都觉得还没怎么来得及做研究，项目就要结束了。现在想来，这一年的工作最大的成绩恰恰在于与被访者建立的信任关系。没有这种信任关系，第二年的调查又将如何说起呢？当然，调查过程中形成的友谊，也应该是他们很大的一个收获，他们讲给我听的很多故事我都记忆犹新。

在后来几年持续的八家村研究中，我们找到了不少燕京大学社会学系的本科毕业论文。通过阅读这些 20 世纪 30、40 年代的实地研究，我们在一定程度上还原了民国期间的八家村。接续这些研究，我们完成了《八家村六十年的变迁叙事》（杨琇涵主笔）以及多篇关于拾荒者的报告。然而，八家村的研究到 2011 年就因清华大学的征地拆迁而终止了。但在这一过程中，我们对流动儿童的关注却得到了延续。八家村分为前八家和后八家，2011 年前有四五所学校，其中只有一所学校是公立学校（八家村小学），其他的都是民办学校，主要招收农民工子弟。随着八家村的拆迁，这些学校的农民工子弟也被迫分流。他们先是被转移到清河一带，还有一部分被分流到石油实验附小和学府苑小学（以后者为主），再转移到西三旗、东三旗一带，就是五环外面了。最近两年，西三旗、东三旗也在不断地拆迁，有些学校又往外搬，比如我们跟踪的一所学校（振华学校）已经转移到小汤山一带了。依据八家村研究打下的基础，我们不断跟踪这些往外迁移的农民工子弟，几年下来，收获不小。

有关农民工子弟的研究，陆续出来一些成果。除了每年一期的 URP 报告，还有一些不错的硕士论文、本科论文，比如王毅的硕士论文、史晓晰的本科论文，目前还有两名硕士研究生（曲承乐、谢彤华）在这个领域开展他们的田野研究。此外，我们还在《北京大学教育评论》上发表了两篇长文，在《南京工业大学学报》（社会科学版）上发表了一篇约稿文章，这些都是很可喜的成绩。《"义"的双重体验——农民工子弟的群体文化及其社会意义》一文借鉴威利斯（P. Willis）抵制理论的研究进路，在描述农民工子弟校学生同辈群体的静态结构和动态机制的基础上，探究当前农民工子弟群体的文化生产过程。研究发现，虽然没有突破阶级的社会再生产，但农民工子弟在丰富多样的同辈群体活动中，自主、能动地生产出具有鲜明特征的群体文化。这种文化以"义"的精神为核心，包括平等的义气伦理和不平等的差序体验双重维度。通过意义—规则—行动三个层面的洗礼，这一群体有望实现其相对完整但特有的社会化过程。正是在这种群体文化的影响下，农民工子弟在意识和微观层面主动放弃了学业，而在结构和宏观上造成社会再生产的结果。《制度性自我选择与自我放弃的历程——对农民工子弟学校文化的个案研究》则进一步通过对农民工子弟校各年级学生实际流动的动态考察，发现农民工子弟校的反学校文化有一个逐渐生成的过程，即从"制度性自我选择"逐渐过渡到"制度性自我放弃"的演化过程；学校整体往往包含着制度性自我选择与自我放弃的双重奏，而不是一种单一的文化。该论文还通过一个具体的学生个案揭示了农民工子弟反学校文化的作用机制，进一步确证了农民工"义的亚文化"的真实性及其力量，对近年来消解农民工子弟反学校文化独立性和自主性的相关研究进行了反思。基于王毅硕士论文的《"混日子"：对农民工子弟就学文化的一种理解》一文，则对一所农民工子弟校初三年级所盛行的"混日子"亚文化进行了深描。研究表明，这种"混日子"的就学文化不仅体现在农民工子弟校的课外活动和同伴群体亚文化活动中，也体现在诸如课堂、作业、考试等学校"主战场"中。初三年级的"混日子"文化席卷了全班所有学生甚至老师，已经没有威利斯笔下"小子"们反抗的对立面。这种文化包含了丰富的伸缩性，在权威基础上，根源于农民工子弟对父辈个人气质的认同和形塑；在社会基础上，直接的原因在于农民工子弟校所处的制度环境，深层原因可以追溯到近20年来中国的发展模式及农民工群体在世界劳动力市场中的位置。

以上简单介绍了我在农村教育领域的经验研究，除此之外，我当然还保持了对理论的兴趣。实际上我的理解，理论研究与经验研究是不分家的。没有好的理论学习，经验研究不能得到灵感和提升；没有经验研究的滋养，理论则必然显得贫乏和空洞。这些年，我虽然在理论方面少有直接的成果发表，但任何一项研究无不浸透了我的理论思考。与农大的研究特色相关，近些年，我在农业社会学和发展社会学的理论渊源、发展脉络、当代进展等议题上下过一番功夫。最近，我发愿对中国乡村研究的传统进行一番整理，其中包括绅士研究、宗族研究、土地问题等相关主题，假以时日，相信会有一些收获。

5. 从容寄望未来

农大社会学系虽然只有短短20年的历史，但中国社会学重建的历史也不过30多年，中国的现代大学不过百年（农大今年110周年）。然而，如果从世界范围看，现代大学从意大利博洛尼亚的波隆那大学算起，有1000年的历史，就是从巴黎大学、牛津大学、剑桥大学算起，也有八九百年的历史。现在看来，大学还是颇具生命力的一个组织机构。照此，农大社会学系建成一家具有特色的百年老店、千年老店，还是颇有希望的。我在讲社会学理论的第一次课时，总会给学生比较一个数据，就是农大社会学系与北大社会学系的差距。十年前重建后的北大社会学系只有23年的历史，农大是十年；到今年北大是33年，农大是20年。从绝对数值来看，我们与北大的时间距离永远是13年，但随着时间的推移，我们的相对距离会变得越来越近，比如十年前我们的系史还不到它的一半，但十年后的今天，我们的系史差不多就是北大的2/3长了。那么，百年之后、千年之后呢？那时候13年就可以忽略不计了。这当然是我对学生和自己的一种鼓励，农大与北大的距离，要靠我们每一代人的努力和成绩来说话。

揆诸美国的社会学发展史，耶鲁大学是美国第一所开设社会学课程的大学（19世纪70年代），芝加哥大学创建了世界上第一个社会学系（1892年）。到20世纪20~30年代，在帕克、托马斯等人的努力下，芝加哥大学社会学系日臻完善成为同期美国及世界上最成功的社会学系，形成了以社区研究著称的芝加哥学派。这一学派对当时燕京大学的社会学也产生了深刻影响。从20世纪30年代开始，由索罗金和帕森斯先后主政的哈佛大学社会学系兴起，主导了美国社会学的"启蒙运动"。当时哈佛社会学系的标志语言是："You can go anywhere with a

耶鲁斯特林图书馆

degree in sociology",这对学生来说有多大吸引力！到40年代，哥伦比亚大学成为美国社会学的新星，形成了默顿和拉扎斯菲尔德为代表的以定量见长的中层理论阵营。再到50、60年代，加州大学又成为布鲁默、戈夫曼符号互动论的发祥地。20世纪60年代以后，美国大多数院校都设置了社会学系，社会学教育迅速发展。可见，美国的社会学也经历了从一枝独秀到百花齐放的过程。这样看来，只要我们放宽眼界，扎实进取，做出特色，做出成绩，农大社会学的未来还是很有希望的。

我在农大社会学系的十年，已经见证了这个小小的教学—学术共同体的努力与成绩。比如系里的教学科研实力蒸蒸日上，在最近一次全国社会学学科的评估中斩获佳绩，几乎每位老师都拿到国家社科基金的项目，不断出产一流的科研成果，有些老师在国家级教学、科研奖项中获得殊荣，在重要的学术委员会中获得头衔和称号。在任职学校人文社科处期间，我还有幸主持参与了《中国农业大学哲学社会科学繁荣计划（2011-2020）》的撰写和出台。这一"计划"明确写道："尽快完善［我校］社会学学科体系建设，设立社会学一级学科博士点，使其达到国内领先水平。"目前看来，农大社会学系在农村社会学、农业社会学等学科领域的特色和优势已逐渐确立，获得学术同行的认可，这些都是可喜的成绩。当然，农大社会学系的成绩和希望还在于一届届的毕业生走向社会，走向各自的岗位，做出各自的成就，留下农大的印迹。我常跟学生讲，我们的学生毕业了总会有一种母校情结，当你们走上工作岗位向人介绍说，"我是中国农大社会学系毕业的"，说出这句话来有一种自豪感的时候，农大的社会学系就有希望了。

个人的学术生命和生理寿命是有限的，但愿农大社会学系的生命绵长。唯以我辈的只争朝夕，换来社会学系的美好未来，这是我给予农大社会学系的衷心祝愿。

杨雪映/李才怡/曹玉泽/辛育航　采访整理

熊春文 2015/03/12　校订定稿

郑红娥

1. 感念与感悟

说实在话，当我于 2013 年在美国访学期间，接到梁永佳老师的邮件，通知系里每位老师书写个人生活史，以此作为 20 年系庆的献礼时，我在疑惑不解的同时，便是惶恐。自古以来能够或已经书写的都是帝王将相的历史。现今社会，能够吸引世人眼球的要么是富甲一方的权贵发家史，要么是受万人追捧的明星生活史。我这么一个渺小、微不足道之人何德何能书写个人的生活史呢？当然，我也深知，自从 20 世纪 50 年代社会学研究范式实现转型以来，宏大叙事理论遇到挑战，微观研究范式开始兴起，平常百姓的生活史日益受到社会研究者的青睐。我想，如果我能换一种视角，放下自己"骄妄"之心（唯恐自己"不伟大"、太渺小而难以书写），平心静气地回想走过的历程，感念生活的同时，为印证农大社会学系的成长足迹，折射农大教师的生命历程做历史注脚，岂不也是另外一番成人礼的历史见证和重要的人生蜕变？没有回首，哪知前方呢？

如果要用一个词或一句话总结我已走过教师生涯的主题（这也是生

命历程或生活史通用的研究方法),我该如何概括呢?奋斗的一生,似乎政治化色彩太浓,正所谓"十亿人民九亿侃,还有一亿在发展(奋斗)";挫折的一生,似乎有点"少年不识愁滋味,为赋新词强说愁"。想想,我更愿意用"感念的一生"概括、总结自己已经走过的道路和在教师职业生涯中挥洒过的岁月。虽说,人是社会之人,但人最终面对的还是自己真实的内心,真实活在自己"营造"的世界中。我感念来农大工作以来,同事、领导、学生对我真切的关心和激励,让我能真正成长与蜕变。

2. 初次造访

记得初次来农大面试的那天,2006年6月5日。清晰记得那天风和日丽。在接到赵旭东老师要求面试的通知后,我便兴冲冲地赶到农大。入农大西校区大门后,主楼屏幕上显现的农大校训"解民生之多艰,育天下之英才"便引入眼帘。走在校园内,清风徐徐,农大勤奋且朝气蓬勃的学子们不时擦肩而过。望着迎面而来的整洁而生机盎然的校园,闻着清新宜人的空气,脑子里不由得像放电影般一次次回放农大关怀苍生的校训。是呀,这就是农大特有的使命,厚德载物,赈济苍生,先天下之忧而忧,后天下之乐而乐。想想自己,尽管微小得像颗尘埃,如果能够为天下苍生贡献自己的一份光和热,也不枉来世走一趟。

在叩开赵老师办公室的大门后,迎面走来笑容可掬的赵老师。这是我生平第一次见到赵旭东老师。他戴着宽边眼睛,厚厚的镜片后面闪烁着睿智而宽厚的目光。落座后,我便见到已经坐在沙发一角的温文尔雅的孙庆忠老师。孙老师文静地坐着,未曾开口,我便感受到了孙老师深邃、温和的神情下内心的热情。当询问起我对农大的印象以及今后来农大工作的设想时,我说,农大社会学系的师资力量在北京各大高校的社会学院系中比较靠前,特别是在"三农"问题的研究上,农大社会学系有着自身的特色。就我而言,我很愿意来农大工作,并为推进乡村社会的建设贡献自己的力量。谈话片刻之后,我便起身告辞。赵老师的风趣、幽默和睿智以及孙老师的深情、含蓄与洞达给我留下了深刻印象。

3. 带队实习

来农大工作后,首次的教学任务便是带队实习。农大社会学系规定,大三第二学期暑假前的半个月为大三学生的社会实践时间,必须去乡村实习七天至十天时间。实习完成之后,每位同学要上交一个实践报告以此作为实习课程的作业。按照教学程序,通常学生在下乡实习之前,要确定好自己的实习题目,并准备相关材料与访谈提纲或问卷。在实习过程中,每位学生围绕自己所选议题,结合带队老师的指导,完成选题即可。

记得当时,我与熊春文老师带领社会2004级学生去房山区的大峪沟村实习。6月26日中午饭后,老师与学生统一从学校东校区乘车前往房山区大裕沟村。下午4点左右便到达大裕沟村一户早已联系好的村民家中。该村民家一共有四栋平房,一栋平房归夫妻俩居住,另一长栋平房为客房。带队老师与学生就住在由简易床搭建的客房中。另外两栋平房各为厨房和洗澡间。学生、老师共32人,行李收拾完毕之后,师生便在客房前摆好的四张桌子上共进晚餐。晚饭后,我与熊老师将学生分成八组,每组四个学生一起讨论,商量明天入户调查具体事项。本次调研主要是入户进行家计调查。每名学生要每天完成四份问卷的调研,然后结合每组的共同选题对户主进行深入访谈。在布置好第二天任务以及强调问卷填写和深入访谈注意事项之后,我与熊老师便安排学生尽早休息。

第二天,早餐之后,我带领一组学生入户调查。没想到初次入户便遇到了困难。当时正值农忙季节,年轻力壮的农户一大早便出门下地干活。在吃过好几次"闭门羹"之后,我们终于遇到第一户欣然接受调查的被访者。这是一位非常和蔼可亲的老奶奶。老奶奶已经70多岁的高龄,但耳聪目明,步伐稳健。当学生问起各项收入时,老奶奶如数家珍,一一道来。可是,当学生问起她的各项支出,特别是消费支出时,老奶奶便有点茫然不知所措了。老奶奶只记得大概每天吃多少粮食,但是记不起每天吃多少蔬菜,更难以将每天消费的粮食、蔬菜和肉食较准确地折算成货币。从老奶奶的回答中，我发现了做农村家计的困难所在。对于这个问题，费老早在《江村经济》一书中进行了精辟的论述。老奶奶解释说，村民几乎自给自足，食用的粮食、蔬菜和水果都是自家生产的，很难折合成市场价格。同样，对于人情往来的礼物，老奶奶没有日常记账的习惯，很难将人情往来的各项礼物折合成现金。

晚餐后，当各组成员一起汇报当天的调研情况及遇到的困难时，几乎每组的学生都反映存在类似的问题。熊老师和我商议决定，建议学生先详细记下来每位被访对象日常消费的物品，再一律结合当地的市场价格折合成现金。即便如此，我与熊老师还是发现某些本地生产的蔬菜、水果难以依据市场价格进行换算，因为这些蔬菜、水果都是农户自家生产，或从山上采摘的，从未进入市场成为商品。对于往来礼金的处理，我们只能建议同学记下重要节日的礼品往来，日常往来礼金却难以一一统计在内。

除了入户做农户的家计调查之外，我指导一组学生对农户的医疗情况进行了调研。调查表明，尽管大裕沟村民的收入提高很快，平均收入在北京市所有村庄中处于中等偏上，可是村民普遍缺乏医疗保健知识，特别是健康饮食知识。自90年代村民家家种果树，并到北京市打工以来，村民的收入大幅提高，生活水平也在节节升高。村民除了修缮房屋、购买高档消费品之外，便是饮食方式的改变。富裕后的村民大量食用高脂肪、高蛋白的食品，加之日常体验和保健知识的缺乏，村民中犯有高血压、糖尿病等慢性疾病的人逐年增多。现有农村合作医疗没有覆盖"三高"、糖尿病等慢性疾病的医疗费用，使得犯有此类疾病的村民不知如何寻求相关的医疗帮助，如对常年食用的药品如何报销以及如何获得医疗保健知识等。如何为慢性疾病患者提供良好的医疗救助似乎成为村庄中一个即将浮出水面的问题。

总之，初次带队下乡实习，令我受益颇多，不仅使我懂得了乡村社会是不同于城市的另一个世界，村民有着其特有的思维逻辑和行为方式，也使我深思已有的乡村研究范式和研究思路的局限性。当我们审视、批判和研究乡村社会时，我们能够运用的理论概念、研究框架几乎都是沿袭西方现代化的思维方式和理论框架，似乎所有的发展中国家都在亦步亦趋地走西方式的发展道路。但是一旦直面乡村社会的发展现状和现实，便会发现几乎所有西方式理论的苍白和空洞。对于我而言，更触动我内心深处的还是乡村百姓生活之艰辛。随着调查的逐步推进，不少学生因为住宿的条件不够便利、日常的饭菜不够可口而逐渐变得烦躁起来，初来的那股研究热情日渐丧失殆尽，甚至有些学生在未完成调研的情况下当起了逃兵，事先撤退到城市中。我只能如此激发学生：你们在乡村调研"有吃有喝"，不到五日便开始抱怨，想撤退当逃兵。村民祖祖辈辈在此生活，乐在其中，即便较恶劣的卫生条件使得疾病侵蚀了他们的身体，他们依然无怨无悔，默默无闻地为整个中国现代化建设贡献着自己的力量。难道你们就仅仅因为住宿条件的不便利，而想提前撤离，当逃兵吗？相反，为何我们不能趁这次的调研机会，更深刻地理解农民之艰辛，真正肩负起农大学子的责任呢？

此次调研中，着实令我的心灵备感灼伤的，便是村民面对疾病、伤痛，甚至死亡的那份冷静和洞达。当我访谈村民对癌症的看法以及癌症患者如何寻求医疗帮助时，大部分老人很从容、冷静地告诉我，一旦被诊断为癌症，他们便会选择从容地面对死亡，因为他们不想因病影响子女的生活，更不希望昂贵的医疗费用使子女负债累累。曾经有位村民告诉我，村中的一位老人因为不想拖累子女，竟然活活在床上躺了两个月直至死亡。村民还告诉我，其实这位老人犯的并不是什么绝症，如果及时就诊治疗，很可能有生还的机会。听完这个故事之后，我的心顿时非常凝重。我能够深切感受到这位老人躺在病床上时，其内心深处的绝望、荒凉，就像面对一片无边的黑暗，似乎选择尽快死亡倒开启了一扇解脱之门。无限感慨、唏嘘之后，我问自己，除了心灵中装填着这些苦痛之外，为这些贫苦百姓，我能做些什么呢？

4. 第一次上讲台

来农大工作后，初次开设的课程是给大三学生上消费社会学。尽管这一直是我的研究方向，可是究竟怎么教，心里没有底，因为这门课程在国内社会学界尚属边缘，既没有成熟的教材，也没有系统的课程设置。当时,我想,如果能够结合自己的研究经验,激发学生对这门课程的学习兴趣,就基本上完成教学任务了。

清晰记得初次登上讲台的情景。上课铃响,我怀着忐忑不安的心情站在讲台上。望着台下一双双热情、渴望的眼睛,我的心中顿时充满了信心和勇气。首先,我问同学,对于消费社会学这门课程有什么样的期待。有些学生说,希望通过这门课程的学习,对他们以后的生活和工作有所帮助;有些同学则希望我更多地采取案例教学的方式激发他们的学习兴趣。同学们七嘴八舌地回答,令我明白了很多教学的要点和方法。为了让同学们对消费社会学这门课程有一个初步的认识,我给他们播放了大量新中国成立初期直到现在的一些日常生活照片。这些照片向学生们展示了新中国成立初以来人们消费观念和消费行为的演变,从以穿着补丁衣服为荣到现在人人唯恐不时尚、不炫耀以及日常老百姓生活从追求"四转"(自行车、缝纫机、手表和电风扇)到现在洗衣机、空调、电视等成为生活的必需品。在讲完大到1996年以来国家制定启动消费的政策,希望鼓励国民理性消费以拉动国家经济增长,小至改革开放以来伴随经济增长,消费的转型、人们生活方式的丰富和生活水平的提高,我话锋一转,指出,消费与我们自身的日常生活也息息相关。同学们有没有想过,为何东校区的西南门角落里挤满了各种快递公司,这说明了什么呢?有同学立马回答,这说明了大学生网购的流行。我说,是呀,同学们回答得很对,从最初的物物交换,到货币的发明促进交换的便利,再到零售方式向超市的转变以及现在网购的流行,这些都说明了消费方式的改变。消费方式的改变对于我们日常生活的影响是不是值得大家认真学习和探讨呢?看到同学们眼中闪动的思想的火花,我非常欣慰,忐忑不安的心释然了许多。

课后,一位同学问我,为何每次乘坐火车回家,沿路都可以看到成堆的垃圾,这是不是人们过度消费或高消费引起的呢?同学的提问令我深思。直到今天,我依然非常感谢这位学生的提问给予我的启发和思考。正因为他的提问,使我深思大学课程教学目的之所在。依据我以前做学术报告的经验,似乎上课就应该和做报告一样,尽量悬置自己的价值判断和价值追求,呈现自己客观的研究发现和研究成果即可。可是,如果将教学与学术报告做此类比的话，那么教学注重的是传授系统的知识，还是主讲自己的研究成果和发现呢？更重要的是，如何真正理解和贯彻教学授业解惑的宗旨呢？如果将业理解为学业，惑便围绕学业展开。那么学业仅仅是知识和技巧的传授吗？是否也得为学生提倡一种学业的精神和品德呢？

在第二节课堂上，我改变了原定的课程计划。针对目前出现的大量消费问题，我指出，作为一名大学生，仅仅掌握和培育自己的知识和技能是不够的，也应该进一步加强自身的品德修养，正所谓为人为学。就消费社会学这门课程而言，我希望同学们不仅仅掌握这门课程的知识和理论方法，更重要的是形塑一种消费品德与精神。大家随处可见的各种浪费现象便反映了一种非常不理性的消费观念。尽管随着经济收入的增长，人们的生活水平不断提高，社会日渐进入丰裕社会，但是这并不意味着可供利用的资源的无限供给和丰裕。人类社会的发展依然受限于资源的减少和匮乏，特别是对不可再生资源的利用关系到全球的存亡与发展。同样，我们大家都是时尚的奴隶，为了买件漂亮时尚的新衣服或换款最新的手机，可能宁愿放弃对学习资料或学习培训的投资。这充分说明，如何计划和安排自己的消费生活和投资，实际关系到自身的成长，也就是说消费与我们自身的发展、个性培育和自我完善息息相关，正所谓怎么消费决定你是一个怎么样的人。课后，学生们告诉我，以前觉得社会学课程传授的知识似乎离自己较远，没想到消费社会学与自己的生活如此贴近。学生的话给我莫大的鼓舞，激励我不断提高自己的教学技能，力求不误人子弟。尽管在教学上是应该传授给学生系统知识，还是讲授自己的研究成果上，仁者见仁智者见智，但在我的心目中，结合自己的研究，运用较科学的研究方法，引领学生在探索各种消费现象的同时，掌握系统的知识，并形成相应的社会品德便是我对教学的看法和矢志不渝的追求。

5. 我的成长

时光荏苒，一转眼我已经在农大工作近十年。这十年间，我见证了社会学系的成长、发展和扩大。我也在践履社会学系发展轨迹的同时，日渐融入农大发展的血脉中，不断"铸炼"自身的成长。各位同事的帮助与激励始终铭记于心，成为我不断前行的动力。

记得刚来农大时，赵旭东老师激励我，一定要好好研究中国的乡村。"三农"问题不仅关系到整个中国现代化转型的成败，也是农大治学的特色。他指出，除了在消费社会学方面，可以多研究乡村消费生活的转型之外，我还得进一步提高自身理论功底。多读些西方的专著或名著，理论修养才能逐步得以提高。这样，写出来的文章才会有理论脉络和深度。赵老师的话让我深受启发。

就整个中国社会学的研究而言，基本上是对西方理论的发展亦步亦趋。尽管自70年代末，社会学学科在中国得以重建以来，创建本土社会学理论体系的呼声日渐高涨，但是究竟如何才能建立，仁者见仁智者见智。而且，如何真正理解和吸收西方社会学理论的精髓，以便于站在巨人的肩膀上，仍然是值得探讨的。问题是，由于存在语言的障碍，能够原汁原味地理解西方大家的思想并非易事。更何况，很多社会学大家如马克思、韦伯、福柯等来自非英语系国家，而国内能够熟练掌握两门外语的学者并不多见。如何打破语言的障碍，真正掌握这些大家的思想精华，而不限于从他人翻译的译著中获取思想来源，并用于指导中国本土的研究至关重要。

正是受益于赵老师的启发，这些年我一直在苦读西方的名著，慢慢克服依赖中文文献写作的毛病，逐步养成写论文必查英文文献，掌握最新国际文献的习惯。可是，由于自身的愚钝，这么多年以来，依然觉得自身理论水平的贫瘠与苍白。尽管自己为此花了不少笨功夫，如为写一篇论文，基本上读遍了所有相关英文文献，可是理论见识的提高、学术功底的提升非一日之寒。更何况理论功底的提高，除了学术积累之外，也在于自身的理论领悟能力和学术灵气。愚钝的我前行在学术道路上，如在黑暗中行舟，其中的孤单、痛苦、迷惘与艰辛只有自知，但是赵老师的激励宛然航海前方闪动的明灯，时时清晰可见，尽管遥远，毕竟希望就在前头。

农大社会学系虽然谈不上大家荟萃，却可谓"藏龙卧虎"，更重要的是大家真诚相待，如同大家庭。与同事共处十年，他们给予我的帮助，难以一一道来，只能在此择些花絮，以表心中的感谢。记得刚来农大工作时，张蓉老师鼓励我一定要把教学搞好，并建议我多向系里其他老师请教，特别是向孙庆忠老师学习。孙老师授课风趣幽默，声情并茂，一直受到师生的好评，屡次被评为农大优秀老师和受欢迎老师。能够与孙老师共处一系，并聆听他的教诲真是我的荣幸。我来农大工作以来，第一堂洗耳聆听的课便是孙老师对大三学生讲授的人类学导论课程。记得当时孙老师授课的具体内容是家谱。当时，我想，如果换做我来讲授，我很难把如此耳熟能详的话题说深说透，也许只能三言两语、蜻蜓点水地谈谈什么是家谱及家谱存在的意义等。孙老师的授课艺术真的让我拍案叫绝。他首先从中国传统文化或习俗中论述家庭的意义，再从为人之子娓娓道来，最后过渡到家谱存在的价值和意义。孙老师艺术般的言语，似乎有一种魔力，听着，听着就会被深深吸引，随着孙老师的思绪去思考，去探索，去欢呼。我环顾四周，发现整个教室如同一个巨大的磁场，孙老师便是磁芯。他声情并茂地演讲着，学生们如痴如醉地聆听着，时而蹙眉思考，时而开怀大笑。整个课堂如同一曲优美、舒缓而高潮不断的旋律，让人在舒心、畅快淋漓的聆听中享受知识的盛宴，接受精神的洗礼。下课铃声敲响，学生们如梦初醒，整个教室便爆发雷鸣般的掌声。我不由惊叹，孙老师授课的艺术果然名不虚传。

趁着下课休息的间隙，我向孙老师请教上课的秘诀。孙老师告诉我，为了上好课，他曾经探索了好几年。他把每次上课内容用磁带录下来，一遍遍地反复听，以便不断改进上课内容，包括句子间的连贯性以及吐字的清晰。而且请自己的爱人当学生，在课堂中听课，以确认何种上课姿势最佳。他告诉我，以前上课，他喜欢不时走下讲堂与学生互动，爱人告诉他，这样容易牵引学生的视线，打断学生的思索，不如直接站在讲台上讲授有利于学生的聚焦。听着听着，我想，原来名师就是如此练成的。要上好课，非得下一番功夫才行。如此看来，为了不误人子弟，老师仅仅掌握知识、习得相关技能是不够的，还得掌握上课的艺术与技能。至此，我才深深理解，要做一位受大学生欢迎的老师非常不易：仅仅做好科研是远远不够的，只有深入浅出地授课，且真正地关心和爱护学生，让他们打心眼里喜欢和敬佩你才行。作为一位大学老师，如果不具备如此综合的素质和能力，想成为一位优秀的老师是不可能的。

6. 亦师亦友

在农大，为硕士生导师已有八载。与硕士生的近距离接触，让我得以走进他们真实的内心世界，与他们同呼吸，共成长。他们个个性格迥异，各具特色。他们艰辛奋斗和努力打拼的经历通常让我在看到自己过去影子的同时，更唏嘘不已。在此，难以一一列举他们给予我的感动和启迪，只好拣选些花絮在此分享。

清晰记得面试刘健时的情形。在我们问过他为何报考社会学系以及对社会学一些基本理论的理解之后，就进入英语口译环节。在刘健以前参与面试的考生都在这个环节连连失利，毕竟在这个环节，在短时间内较流利地用专有名词翻译社会学经典思想家的一段名著并非易事。不想，刘健在短时间内阅读完文稿后，用非常流利的语言对译文做了比较精准的翻译。在惊讶于他扎实的社会学理论功底的同时，我也被他的快速应对能力而折服。很荣幸的是他选择我作为他的研究生导师，于是便开始了我们的师生之旅。

由于刘健的英文翻译能力非常不错，他打算在读研期间翻译一本美国著名社会学者卡斯泰尔的名著，即 *The City and the Grassroots*。我同意了他的这个想法。其实，后来想想，他的这个想法也许有点不切实际，毕竟两年的研修时间实在太短暂了，而要干的事情却很多。没有四五年的时间，要翻译一本大部头的英文著作谈何容易。尽管到毕业前夕，刘健只翻译了著作的四分之一，但当我看到他送到我手中一大叠反复修改的译稿时，我的心瞬时间碎了。这哪里仅仅是一份译稿，这里面凝结了刘健多少心血和汗水。我能想象，多少个日夜，刘健在完成主修课程的同时，挑灯夜战，一遍遍反复修改校正稿件。

研究生毕业之后，刘健放弃了原本考博的想法而选择在京工作。可是，我深知，读博深造，主攻学术一直是他心中梦想。而且，他身上那股坐足冷板凳，不做好学问誓不休的韧劲和禀赋是做学问之人非常难能可贵的品质。可是，迫于家中的经济压力，他不得不选择先留京工作，以挣钱养家，梦想只好一再被搁浅。每每看到他为生活奔波，难以集中时间和精力准备博考时，我在感慨现实残酷的同时，也为自己未能为刘健很好地规划他的时间而深深自责。作为硕导，不仅应该指导研究生如何写论文、做学问，还应该善于发现，不断打磨他们的长处和优点，以真正贯彻因材施教、"点石成金"的教育原则。试想想，如果当初，我能学会如何管理好刘健的时间，也许现在的他又是另一片洞天。

如果把刘健比作一个非常认真、听话的学生，那么最初的王伟便是一个不太听话的学生。要他写论文，他会当着你的面爽快地答应，可事后问起他的时候，他却压根儿没有动笔。当时，我想发火，可转念一想，也许他很忙，正干别的事情呢，就没有责怪他。事后证明，我的判断是对的。日后与王伟接触多了，我发现王伟不但动手能力非常强，而且在人际交往上也是一把"好手"。在我于2011年带队去广西兴业县和辽宁黑山县进行禽流感项目的调研时，王伟不仅在接待当地畜牧业的领导方面，而且在入户调研方面，都充分展示了其突出的人际交往能力。从王伟的身上，我得出这样一个道理：不能仅仅凭借学术的标准来评价研究生的"优劣"与否。同样，对于研究生的培养，可能不仅在于学术方面的培养，也应该着重于对学生综合能力和全面素质的提高。更何况，每个学生的想法和个性不一样。如果老师执意要学生通过多写论文的形式以提高学术能力，有时恐怕只是老师的一厢情愿。农大研究生培养计划只有两年，如何安排这两年的学习时间，可能每个学生都有自己的"一本账"。即便要学生写文章，也得真正与他们的兴趣契合才行。

因此，在与王伟讨论他的毕业论文选题时，我充分结合他的研究兴趣，将他的选题定为对一个村庄的慢性病人的就医行为展开研究。后来，在王伟进行中期答辩时（离毕业论文答辩只有四个月的时间），我发现，他对该选题把握得太泛，难以有一个鲜明的主题，就建议他聚焦于对该村基督徒的疾病观和就医行为进行研究。在确定这个选题之后，我为他捏一把汗，毕竟他对基督教几乎没有涉及，能否把这个选题做好，当时，我真没有把握。我建议他在做田野之前，阅读大量相关文献,然后列出一个具体、明确的访谈提纲。并且,我请宗教研究方面的专家梁永佳老师给他把把关,看看他列的访谈提纲是否合理。即便是我看过他列出的访谈提纲,并叮嘱他如何下田野,我依然非常忐忑不安。毕竟田野工作是一项非常灵活多变的智力活动,仅仅凭借一份访谈提纲去面对繁杂多变的田野现实是不够的。这对研究者的访谈技巧和洞察现实、发现问题的能力,以及相关的理论储备提出了较高的要求。没想到,半个月过后,当收到王伟发来的访谈记录时,我顿时觉得一块石头落了地。王伟不仅对乡村基督徒对疾病的理解、疾病的归因以及诊疗的过程有了较详尽的访谈,而且记录了大量有关乡村基督教的仪式、灵歌和各种诊疗的故事。梁老师也反映,王伟的访谈记录做得不错。尽管王伟的访谈记录存在不少瑕疵,但是能够在这么短时间内,围绕主题收集较详尽的材料还是难能可贵的。

硕士毕业之后,王伟在一家公司找了份工作,并很快如鱼得水,得到领导的器重和提拔。从王伟的身上,我学到了很多。中国的研究生教育似乎有点不伦不类。不像美国研究生教育,时间短,只有1~2年,且注重实际应用,不要求学生从事科研、发表论文。中国的研究生教育尽管分专业和学术型两种,前者注重实际应用,后者偏重于科研,可是就后者的学术实践而言,通常很难达到学术培养的标准,因为在两年的学习期限内,学生既要选修多门研究生课程,完成一篇较合格毕业论文的写作,还要在毕业前夕至少发表一篇学术论文才能有资格参与论文答辩。这对于大部分研究生来说,往往疲于应付,更何况是在面对难找好工作的严峻形势下。如果老师只是以学术的培养标准来要求他们,希望他们搞好学术,多写论文发表,其实很不现实。反思我自己,针对类似于王伟这样的聪明学生(志不在学术),如果从一入学就要求他尽早确定好毕业论文选题,尽快进入田野工作,然后围绕选题发表论文和完成毕业论文,可能更便于他从容、有序地安排两年的研修计划,不至于使他在毕业前夕,既要忙于找工作,又要收集材料、修改论文,忙得焦头烂额。

在我已有的所有研究生当中,陈倩文的理论功底和学术思维能力应该说是最扎实的。她是农大2008级社会学系本科生,名副其实的科班出身。当她从新疆支教返校,并选我当她研究生导师时,我欣喜万分。能够有这么一位社会学理论功底扎实的学生,作为导师的我觉得很骄傲。而且,我相信,对倩文整个硕士论文的指导肯定会轻松许多。事实证明,在整个指导环节中,不管是选题、论文写作还是田野调研,倩文都完成得非常漂亮。特别是在毕业论文的中期答辩环节,倩文更明确将她的选题定为"关系就医困境",并较鲜明地提出了她自己的观点,如什么是关系的运作逻辑以及关系就医所导致的个体获得了优质医疗服务,却破坏了正常的就医秩序和加剧了医疗资源不均的困境等。她的中期答辩得到参会老师的一致好评。当时,我正在美国访学,当我看到她发过来的中期答辩幻灯片时,也为她清晰的思路和扎实的理论思辨能力所折服。我建议她好好做个案访谈,运用详尽的资料把关系就医的运作逻辑说清楚,并且结合对医护人员的访谈,说明关系就医困境的最根本原因在于医疗体制本身的结构性矛盾。

由于当时我在美访学没能亲自与倩文商讨论文资料的收集与分析,加之我犯了一个致命的错误,倩文最后的成稿未能很好地呈现或回答她中期答辩时提出的逻辑框架和研究问题。当时,我与倩文利用 QQ 进行交谈,告诉她,为了较好呈现整个关系就医的过程和运作逻辑,最好采用个案法,以叙事的方式呈现病患如何找关系、拉关系、用关系以及运用钱、权、物,甚至承诺与医护人员进行"互惠性交换",从而获得优质医疗资源。可是,该如何寻找个案,或哪个被访者愿意掏心置腹地告诉研究者有关他或她经营关系的故事呢?这便是她当时论文的最大难点,也关系到整个论文的成败。作为一种潜规则,关系运作自古以来属于中国厚黑学的一种,涉及权钱交易的方方面面,既折射出人人皆知的社会灰暗面,又深深触及每个人的敏感神经。我当时犯的致命错误在于不应该建议她访谈自己的父亲,即把她父亲作为她的被研究者,而应该通过访谈其他被访者来获得确切资料。在定性研究中,制约样本类型的一个非常重要的因素是研究者与被研究者之间的关系,比如局内人还是局外人、熟人还是陌生人、隐蔽关系还是公开关系。通常研究者在进入研究现场,遭遇"守门员"时,都恐惧与"守门员"不熟而被拒。似乎研究者与被研究者之间的关系越熟,越便于研究者与被研究者之间的互动。我当时就抱有此类想法,而建议倩文访谈自己的父亲。

事后想想,我真的是恰恰犯了定性抽样中的大忌。就像北大教授陈向明一再告诫定性研究者,如果研究者本人具有双重身份:既是一名研究人员,同时又在一个单位正式工作,那么最好不要选择自己的工作单位或单位里的同事作为研究的样本。自己在工作单位里难免与别人有各种各样的利害关系,很难在各种利益的制衡中进行相对"客观"的研究。同样,尽管父女之间不存在类似于单位同事间复杂的利益关系,但是父女关系却关乎父亲在子女心目中的形象问题,子女往往出于自身情感而难以客观地把父亲当作研究对象。如果涉及父亲在子女心目中高大的正面形象,父亲会欣然配合子女的研究,而子女出于对父亲的尊重,难免对父亲的形象有所美化;可是,一旦研究有损父亲在子女心目中的光辉、美好形象,父亲就会断然拒绝。倩文告诉我,她父亲觉得告诉她有关关系就医的事情不好,建议她不要写这方面。也正是访谈资料的难以获得,使得倩文无法就论文的研究问题展开充分、详尽的论述和探讨,正所谓"巧妇难为无米之炊"。

说了这么多,我只想表达的意思是:我从我的学生们身上真的学会了很多。他们就像一面面镜子,使我依稀看到曾经的自己的同时,更觉察到自身的不足和缺点,深深领悟到身为人师的责任重大及任重道远。尽管他们已经或即将毕业,独自走上社会,可是他们的背影始终牵引着我关注的目光。从他们的身上,我能深深感觉到时代转型带给每个人前进(或发展)的焦虑以及不能承受"生命之轻"的心灵灼痛。也许这是时代赋予我们的烙印以及我们每个人在成长过程中必然要付出的代价。

7. 失败与"成功"

记得小时候,不管是老师,还是父母,鼓励我好好读书、追求上进的激励话就是"吃得苦中苦,方为人上人"。现在,身为一位大学老师的我,是否还应该以此作为激励学生的座右铭呢?

随着年岁的增长和阅历的增多,我渐渐明白,要干好干成任何一件事情，非得下一番苦功夫才行，即必须能够吃得苦中苦，可是最终追求的目的和人生的意义就是为了成为人上人吗？我对此表示怀疑。

对"人上人"有多种理解：如获取功名富贵，被别人敬重、爱戴的人；或理解为在生活上比一般人豁达开通，眼光远大，做起事来可以得心应手，获得别人的尊重、爱戴的人；或者在日常生活中，对此做非常通俗而功利的理解，即超越他人，不甘于人后的人。如此看来，"人上人"无非是超越一般人，即以一般人为参照系，比一般人卓越和有能力。可是，究竟如何理解一般人，又如何能做到比一般人豁达开通、卓越呢？"一般人"太抽象，加之，每个人有不同的衡量尺度和标准，导致人们理解、参照，甚至以此比拟欲超越的他人，或"一般人"便是身边具体的人，如同学、同事等。因此，不难理解，国人在衡量自身的成功、人生的意义，甚至生活的幸福时，总喜欢与他人，特别是与身边人比较，攀比、炫耀之风盛行，嫉妒、好面子为国人诟病。

反观西方文明，从苏格拉底的"认识你自己"到康德的"人为自身立法"，再到基督教文化强调人人平等，皆为上帝子民以及自我的超越，都说明西方文明关注对人自身的认识和超越。基于此，个人才能开启智慧的大门，掌握人生意义和幸福的钥匙。当然，在此，我并没有菲薄中国传统文化的意思，因为儒释道都注重个体的修身养性，只是在日常老百姓的小传统中，个体的修为常沦为追求人上人，即权贵的手段。我想表达的是，在我看来，从某种程度上说，基督教文化对人性的看法和超越有利于确立人类的地位和人生的意义。我曾记得著名基督教文化的阐释者 C. S. 路易斯在《返璞归真》中，说过这样一句话，"人若克服自身天生的弱点，不亚于冲锋陷阵的勇士"。这其实与中国传统文化"人贵在自知"殊途同归。同时，基督教文化认为人神之间永远存在无法跨越的鸿沟，人在神面前永远只能谦卑，人只有通过不断改正自身的盲点和缺点，才能向神靠近，并获得拯救。试想，如果我的教导能让学生懂得不断反思自己，不断修正和改进自己，克服骄傲狂妄之心，以平常之心对待成与败，岂不是我作为一名教师，一生为之奋斗的最高教育目标吗？而现在的问题是，我该以何种形象出现在学生面前，让他们愿意接近我，接受我的教导与影响呢？

我来自湖南南方的一个小城市，既没有大城市姑娘的自信与大方，也缺乏小城市女孩应有的历练、机灵与矜持。如果将初来农大的我比喻成有些笨拙、有些鲁莽，纯真得近乎粗野的乡下姑娘太恰当不过。当然，现在的我依然愚笨，只不过为师八年的经历以及同仁的热心帮助与关心，让我历练了许多，真正明白了生活的不易以及为人师和为人子应担负的责任。现在想来，如果当初能减少几份愚钝、几份鲁莽，也许现在心中的愧疚能少许多。

由于说话带着较浓郁的乡音，上讲台不久便遭遇了"滑铁卢战役"。学生纷纷反映我乡音太重，建议我一定改进自己的普通话。张蓉老师建议我多听系里老师的授课，提高自己的上课技巧。程贵铭老师更是不辞辛苦，多次试听我的授课，并一次次苦口婆心教导我如何改进自己的教学。当时，我非常懊恼，心想，说了20多年的"塑料普通话"要彻底改掉谈何容易呀。要知道，天不怕地不怕，最怕湖南人说普通话呀。现在想来，真的非常感谢系里老师的热心帮助，正是他们的鼓励和支持，使我痛下决心一定要把普通话说好。记得那一年的寒假，我没有回家过年，独自一人在京，每日面壁思过的同时，就是练习普通话。我买了大堆普通话的学习材料，并请北外的一位女学生每日教我普通话。尽管校园内鞭炮声声，欢声笑语不断，处处洋溢着团圆喜庆的气氛，我却孑然一身，蜗居在宅，但我并不感到寂寥与孤单，反而心中充满了喜悦和希望。春节过后，当我再次登上讲台时，学生们似乎觉得我焕然一新，普通话有了显著的提高。

事后，陈倩文告诉我，正是由于我能够放下架子，亲自向学生请教，并努力提高自己的普通话水平，让她感觉我很亲近的同时，更从我身上感受了勇于改进自己的动力和精神。说这些，意不在表决什么，只想以亲身经验说明"改进自身顽症足以彰显自身伟大"何以成为我身践力行教学的最高宗旨。

记得张永杰等在《第四代人》一书提出，每一代有一代人的精神追求和生活方式。同样，80、90年代出生的学生关注的重心和生活追求肯定不同于其他年代的人。根据日本学者对80、90年代出生的这代人的研究，发现，这一代人往往沉湎于自我，不关心国家大事。我想，对于这一代人的教育应该不同于其他年代的人。针对他们自身的特点，如果只是一味对他们大谈理想与抱负，无疑纸上谈兵。经过八年教学的探索，我逐渐懂得了教学并不能单纯地传授知识，必须契合他们的心理和需要，并能够对他们的生活和将来的就业有所借鉴和指导。因此，在每次课程的导论环节，我都会问学生们对课程有什么样的要求和期待，然后结合学生们的要求改进自己的教学内容和进度。

以 2014 年城市社会学课程教学为例。我将整个课程分为三个部分或环节：第一部分为导论部分，希望学生发挥社会学的想象力，学会运用社会学的视角和方法来开启自身的慧眼，更好地指导自身的生活和未来的选择；第二部分为指点江山环节，希望学生通过对相关理论的学习和对中国现实社会的批判以及对美国等发达国家发展经验的借鉴来更好地思考和指导中国今后的发展；第三部分为激扬文字环节，希望学生通过第二部分的学习，将自己的思考诉之于文字，真正学会写评论性文章。由于社会 121 班拟出国留学的同学较多，且对美国文化和社会感兴趣，因此，在每讲的案例教学环节，我都会讲授两个案例，即一个中国案例和一个美国案例。通过两者的比较，让学生明白中国与美国差距的同时，思考中国如何在借鉴和学习美国经验的基础上走出一条具有自身特色的发展道路。课程结束后，感觉学生们的反映还不错，觉得学到了不少东西。然而，当学期结束，我静下心来写课程总结时，我发现整个课程的讲授还存在许多需要改进的地方，如每一讲的理论不够精练，太拖沓；每一讲留给学生思考的时间较短，使得最后一环的总结与思考部分太仓促。最关键的问题是我未能把每一讲的讲授与学生们的切身经验和自身发展关联起来，即在学生的自身发展和国家的发展之间建立起关联无疑是今后我继续努力的方向。

8. 学术之路漫漫……

八年的教学生涯使我明白教学的过程不仅教学相长，也教研相长。在教学过程中，通过师生共同对问题的探讨和对知识的探索，老师使学生学到相关知识和技能，提高了他们思考问题的能力，同时，学生的提问和探索也能够激发老师的灵感,进一步丰富教学的内容。同样,老师结合自身的科研,在向学生传授相关理论和研究方法的同时,也能够以自身特有的研究经验和成果激发学生的思考和求知欲望。而学生们反馈的求知和探索热情无疑能够进一步激发老师研究的兴趣和方向。因此,我觉得,除了教学艺术和技巧之外,老师自身科研的高度和深度直接决定了教学的高度和深度,教研相辅相成,相得益彰。

如果将每个学者的学术生涯比喻成一个纵坐标,那么在我看来,理论功底和修养是做学问的基石,能否掌握较科学的研究方法,即能否娴熟地运用研究方法或工具探讨研究社会现象与问题便是横坐标,而每个学者在自己独特的研究领域做出的研究成果和研究发现便是纵坐标。在此坐标图上,每个学者都可以根据自身的特长和研究特色确定属于自己的点,即给自身定位。

整个社会学系的老师都有自己特有的研究领域,并在相关领域取得了较卓越的成就,如张蓉老师的研究方法、孙庆忠老师对妙峰山和文化遗产的研究、朱启臻老师对乡村社会学的研究、童小溪老师对政治社会学的研究、梁永佳老师对宗教社会学的研究、熊春文老师对社会学理论和教育社会学的研究、蒋爱群老师对家庭社会学的研究、盛荣老师对土地扭转的研究、吴惠芳老师对留守妇女和发展社会学的研究、何慧丽老师结合自身在河南兰考的挂职经验对乡村合作社、生态农业和乡村治理的研究可谓独树一帜等。不仅如此,为了与国际学术接轨,系里老师根据每位同仁的研究特色组建了相关研究团队,如叶敬忠教授的团队对留守问题的研究做出了卓越贡献。

自从来农大工作,本人有幸成为李小云教授团队的一员,并参与了禽流感暴发对乡村社会和经济影响的两期国际项目。通过与泰国、越南和印尼三国学者合作完成这两项国际项目,我不仅习得他们做学术的方法,更看到了自身学科视野的狭窄,从而萌生了出国留学的想法。2013~2014年在美国密歇根大学做访问的经验,使我较彻底地开阔了学术视野,明白了自己学术的"软肋"所在。

在去美国访学之前,我认为美国是一个非常崇尚定量研究的国家,因而选择在定量研究和社会调查方面非常有特色的密歇根大学做访学学者。访学期间，我渐渐明白，在美国社会学界，不仅定量研究非常重要，而且定性研究非常流行。就密歇根大学的社会调查研究中心来说，该中心不仅运用定量方法收集了大量有关美国退休和养老方面的数据，而且采用定性方法对美国退休老人的营养和健康做了大量的深入访谈。就定性研究而言，为了便于学者间的交流，也便于客观、科学地得出研究发现，美国学者通常采用定性分析软件对访谈资料进行整理和分析。相比较之下，国内社会学界不仅在社会学理论，而且在研究方法上都各执一词，各有各的理解，各有各的做法。

在定性研究上，大多数国内学者往往根据自己的研究需要任意裁剪访谈材料为研究所用，即便是同一个研究团队，他们对同份访谈材料的诠释也可能完全不同。因为不注重科学的资料编码，研究团队成员之间难以在访谈资料的分类和分析上达成一致。在定量研究方法的运用上，可以说，国内社会学界擅长运用此方法的学者可谓凤毛麟角。由此可以窥见，国内学术与美国学术的差距非常大。目前国内社会学界一流学者大多以理论思辨或理论功底见长，可是研究方法不足，即难以把提炼出来的概念或理论通过科学、客观的研究方法予以论证，导致很难在国际一流期刊发表论文，更遑论跻身国际学术大家的行列。不仅如此，国内搞理论和定性方法的学者与擅长定量研究的学者基本上可以分为两大阵营，甚至这两大阵营学者之间的交流和沟通都成为问题。反观美国的学者，擅长社会学理论和定量统计分析的大有人在，有些学者既是社会学大家，又是统计学家。强强组合使得他们既能娴熟地提炼出社会学概念，又能将概念通过客观、科学的方法予以验证。以密歇根大学的谢宇教授为例。其具有的深厚而扎实的科学哲学的理论功底使其能够从柏拉图的理念世界追溯起，探讨了定量研究的三个基本原则：变异性原理、社会分组原理和社会情境原理。而其游刃有余、博大精深的定量研究方法使其能够把定量模型，特别是回归分析原理说得深入浅出，非常透彻。其运用精辟的定量模型对中国收入不平等和阶层的研究都成为这些研究领域的经典之作。特别是他有关美国青年学者学术晋升的经典论述于 2014 年初发表在 *Science* 杂志上。

更令我惊奇且百思不得其解的是，美国某大学的一位博士生（土生土长的美国人）利用他三年在中国收集的材料，以中国的实证数据写成的一篇论文竟然能在国际顶尖期刊 Science 上发表。该研究比较了种植水稻的南方人和种植小麦的北方人的文化心理差异，以此对有关文明起源和现代性的文化理论进行反思与批判。我好奇的是，该位博士生仅仅在中国生活三年，就能以中国的实证资料为题材写出反映中国发展实际的佳作，并在国际顶尖期刊 Science 上发表。为何在中国生活一辈子的学者却无法做到呢？是因为该作者为美国某名牌大学的博士生，且是土生土长的美国人，更熟练英语式的国际论文写作，还是因为其更擅长运用科学、客观的研究方法得出研究结论呢，或者是其使用独特的研究视角使然？当我带着这些疑问当面向他请教时，他告诉我，他只不过善于把人类学学科视野与心理学的研究方法相结合对话题展开研究。他说，人类学给予他整体、宏观的研究视角，使他能够把他的研究实验脱离心理学惯用的实验室，而选择以中国南北方和中国的周边国家为他的宏观实验室。而多年来的心理学的定量研究技巧使他能够采用大规模的调查问卷方法来比较中国南北方人的文化心理差异，以及中国与周边国家的文化心理差异，从而得出客观、科学的研究发现。听了他的一番陈述，我陷入深深的沉思之中。这种学科视角的绝妙结合，为何美国的博士生能够做到，而国内的学者却难以做到呢？

反思我自己，除了缺乏深厚的理论功底之外，研究方法的不足，特别是研究视野的狭窄和研究见识的缺乏导致了我目前学术的"瓶颈"所在。已发表的论文基本上可以说是自己的应景之作，几乎没有什么理论建树。俗话说，人贵在自知之明，好在自己终于明了自己的现状和短肋之处。路漫漫其修远兮，吾将上下而求索。中国自古便有"莫等闲，白了少年头，空悲切"以及"黑发不知勤学早，白首方悔读书迟"等古训，可如今，我已过了不惑之年，早已到了古训中白头的年龄，这才恍然大悟，彻底明了自己所处的学术生态，真的非常惶恐。惶恐自己竟然荒废了这么多年的宝贵光阴，却浑然不知。可是，悲也好，悔也罢，只能直面现实，力求突破，不能有丝毫的矫情。

在即将迎来社会学系 20 岁华诞的喜庆日子里，我感谢各位同仁为社会学系做出的突出贡献以及对我的所有真诚和热心的帮助。上述一切，在为社会学系的成长做见证的同时，更是作为身处其中的一员，对自身工作八年的总结和汇报。在欣喜地看到各位同仁为20年系庆献出一份份厚礼的同时，除了汗颜之外，唯有一颗真诚忏悔的心以回报系里多年的养育之恩。

郑红娥 2015/03/17　修订定稿

谢元媛

1. 求学：愉快之旅

值此中国农业大学社会学系庆祝成立 20 年之际，响应孙庆忠教授倡导，作为系里的教师，要完成一篇根据学生访谈整理而成的文章，以期留作系庆献礼的纪念。三位社会 131 班的同学对此次访谈相当重视，准备工作充分得让我意外，她们在访谈的时候问到了所有我觉得具有根本性的问题。然而在整理访谈资料而成文的时候，我觉得还是有相当的难度，有些零星的思维火花是学生的问题激发的，限于篇幅也不宜把所有的对话罗列，有些想法唐突地贸然说起，又恐欠妥当，于是重新组织而成这样的一篇文章。

整理这样的文章，不容易的地方还在于，我事先看到了孙庆忠教授的成文，让我既兴奋又有点忐忑。兴奋的是，孙老师的成文是个特别好的模板，有很强的示范效应；忐忑的是，我若画虎不成反类犬，还会枉费了孙老师的帮助和好意。此刻，只好用一句话来安慰自己："年轻人犯错误，上帝也会原谅。"但愿我的这篇文章不会有什么不好的后果。读者姑妄看之，只当是作者的自言自语吧。

整理这篇文章，我把它看作是一个难得的自我省思的机会，借此重温一下自己说过的话，凝萃一点心灵感悟，应该是对自己有帮助的，如果有缘人能读到从而收获些许欢乐，那就阿弥陀佛了。我十分赞同长辈常常教导我的话："人应该经常回头看看，总结总结。"我是这样薪火相传地对学生们说的："若想在心智方面有比较迅速的长进，比较好的一个办法就是记日记。"其实就是找这样的形式来完成古人说的"一日三省吾身"。权当此文是自省的一个记录吧。

想想我自己的成长和受教育经历，用幸运二字描绘比较贴切。我自小就是个万分听老师话的学生。在大学之前的课堂听讲极其认真专注，大学之后实在是有选择性地听讲了，课堂上开开小差不能说明老师讲得不好，有时候真是课程设置的问题，不是每门课都可以讲得生动有趣，但是我常常是因为喜欢某个老师的某个特点而喜欢上了一门课。所以我当老师之后，就想，还是当个有点特点的老师，可能会让学生喜欢上我的课吧。

跟老师这个职业的缘分，可以追溯到我上小学之前。母亲说，我在幼儿园的时候，是老师喜欢的孩子，因为我听话，我最喜欢的人也是老师。每次从幼儿园下学回到家，我自娱自乐的项目就是假扮老师，带领一群小跳棋假装的学生，一二一地训话。我清楚地记得小学时对老师的那种崇敬的感情，老师那么有学问，每天都有新知识要传授；老师那么有威望，赏罚分明；老师和家长说一样的话，但是老师的话总是让我那么坚信，从不打折扣地服从。小学二年级的时候，有一次不知老师何故布置了一大堆语文作业。我放学没有玩儿先写作业，一直写到半夜12点才写完，平时都是8点之前就完成作业的。母亲非常心疼，让我不要写了。我不，坚持写完。第二天上学，老师收到了许多家长写的纸条，说自己的孩子昨晚生病作业没有完成，老师自己也意识到作业布置得太多了，说那天的作业不收了。最后发现全班只有我一个人完成了那天的作业。

我父亲最初的时候当过民办教师，他对我的职业选择影响很大。根据父亲的回忆，我小学之前就展露了能歌善舞的文艺天赋。父亲的朋友（某大学的音乐系老师）见过小时候的我，说父亲应该好好培养我学音乐。可是父亲非常不赞成，认为："万般皆下品，唯有读书高。"故此，父亲对我的期许打小就是："你将来若有本事，就当个中小学老师。这是我认为女孩儿最好的职业。"后来父亲发现我读书上瘾，上完本科上完硕士竟然还要考博士，于是父亲的期许也水涨船高："要是能在大学里当个老师，那就更不错了。"母亲对我考博士是不太赞成的，硕士毕业的时候24周岁了，已经到了晚婚的年龄，母亲怕女儿读书耽误时间，嫁不出去误了终身。我宽慰她："考一下试试，不一定考上的。"结果不遂她的心愿，还是考上了博士。

本科我读的是曲阜师范大学。这所大学深藏不露，地处孔子故乡，沾染圣人气息，在对学生的教育管理方面格外严格。我读本科的时候是1995年，那年师范大学不并轨，招录了一批成绩十分优秀的学子。我庆幸在高考历史成绩考得一塌糊涂的情况下还能被该校录取，进了中文系。我初中时候，语文老师就预言过我将来是要学文科的，因为初中的时候我疯狂地喜欢杜撰小说，会把自己感动得掉眼泪，作文本经常是被外班的同学借阅展览，回到我手里的时候就真的是"辗烂"了。尽管初中夏令营的时候，我参加的是物理竞赛，但是那时我自己也坚信，我迟早是个文科生。后来的发展让我意识到信念的力量不可小觑。

曲阜师大作为母校，我必须心怀感激。该校的好处多多，比如环境好、空气好、校风好、老师宽厚、学校管理层有远见——鼓励学生们考研究生。当年曲阜师大的考研是很出名的，据传考研成功的比例高出普通高校好多。这成为一种优秀的传统，被我辈继承和发扬。1999年，我考到山东大学社会学系攻读硕士研究生。考山东大学社会学系也有很多偶然因素在里面。那时候，我对社会学这个名词还很陌生，买教材的时候才发现，原来母亲办公室的书柜里就放着考社会学系研究生的必读书。当时即刻的一个粗浅理解就是，政工干部必须学习社会学，学习好了估计能从政。其实最打动我的考研理由，是我高中同桌跟我说的话，她是山东大学金融专业的本科生，让我考研考到山大跟她做伴。她说："山东大学社会学系好几年招研究生都招不满，好多考生英语分数不够，你英语好，来试试嘛。"可见，1999年及之前的社会学专业可算是真的"冷"专业。

在山东大学的研究生学习经历,让我深刻地感受到见识和眼界与本科在曲阜师大时大为不同,跟着老师做课题、办会议,真正有了点学术研究的直观感受。研究生虽然也是学生,但是在社会地位上已经俨然有了受尊重的感觉。1998年的国企改革,导致1999年本科毕业生的就业分配还不如1996年、1997年专科生的就业安排。这是大时代对某代人命运的影响。这个事情,让我感悟,当年高考时候考上本科和专科同学的兴奋心情之差,却在毕业后被扭转,真是始料不及。时代的大事件对人的影响有时候超过个人的素质和奋斗。1999年大学扩招,本科生已经从"天之骄子"沦落为失业群体的"蚁族"。但是那时候研究生并没有扩招,我们那一届山东大学社会学系只招了六人,毕业时我们每个人都有很好的就业选择机会。

2002年硕士毕业的我幸运地考取了北京大学和中国人民大学社会学系的博士研究生,非常艰难而矛盾地做出了最后选择——到北京大学社会学系读人类学专业。

必须实事求是地承认,在北大的读书经历最初是异常痛苦的。人类学专业的学生想要三年之内毕业拿学位没有一点吃苦的精神和奇巧的运气加上一点通灵的悟性是不行的。读外文原著、写读书报告,按照导师的要求做 presentation,这是必修课。授课老师们都是有留洋经历、有自己独到研究的学者,每位老师的课都是非有大量的阅读不可的。这个痛苦比起博士论文的研究来说,只算是小巫见大巫。北大人类学专业的博士论文要求按照规范的人类学研究方法来操作,必须有一年的田野工作,在此基础上完成论文写作和答辩。我的田野相对于同门的师姐和同学来说,是不一样的。同门师姐和同学都是做海外民族志,师姐去了泰国,同学去马来西亚做了一年的田野工作。我其实很羡慕读博士的时候就能够出国做田野调查,本来的计划是去美国做一年的田野工作。可是,计划没有变化快,突如其来的鄂温克猎民的生态移民事件成为一个值得研究的课题,引起了导师们的重视。这时我又面临选择,去美国做田野还是在国内的少数民族地区做田野呢?选择的时候总有点挣扎的感觉。最后还是坚信出国的机会以后还有,赶上一件大事儿的机会难得,于是到了内蒙古根河市敖鲁古雅鄂温克民族乡开展我的田野工作。田野工作于我而言，是一段相当宝贵的人生经历，让我真正独立地踏入一个陌生的社区在那里生活，让我体会到生活原来可以这样过，可以跟我以前的样子不一样，让我感受到了很多的新鲜事物，感受到了自己的成长。田野工作的细节在此就不赘述了，已经有中文书出版，时不时地我还会再翻翻看。

总之，求学的经历比较顺利，有朋友说我从本科到博士的求学经历是"三级跳"，从小城市的大学跳到省会城市的大学跳到首都的大学，学校越来越"高档"。父母的朋友说能看出来元媛是个有理想的孩子，起码对学历的追求是到了头。其实，当学生的我并没有对自己的未来想得特别多，有理想好像也并不实际，只是我非常相信老师，听老师的话。我考博士就是因为刚入校时听了山大社会学系主任的话，他说："一口气把学历读完是最节约时间成本的。"老师对我的影响，我是特别有感触的，所以我当老师之后，我会格外在意我对学生的影响。老师，能给你指导让你少走弯路的人，真的不是一般的重要啊。教师在我眼里是个神职。

2. 工作：从心选择

有生以来的第一份工作挺让父母骄傲的。2005 年博士毕业，作为优秀毕业生，我被社会学系以组织的名义推荐留校，在北京大学党委办公室校长办公室做助理研究员，主要工作内容是起草上报教育部和北京市教工委的信息，起草领导讲话，做全校各部门的基本数据统计分析，编辑北大年鉴。除了这些文字工作，还要和同事们轮流值 24 小时的班，就像一个窗口单位，应对外来的一些询问。应该说党校办的工作是非常光荣的，也是相当辛苦的。在工作岗位的时候，我们已经被洗脑，绝口不提工作苦和累，只是从身体健康状况上看，能看出来不少同事都很累。后来我调离北大当了老师之后，有一次回北大办事，老同事说我气色比当年在这里工作时要好，说我转岗转对了。必须承认在北大党校办的工作经历确实对我增长见识、处理问题有很大的帮助，尽管多数工作十分费时、费力、费脑、费心，但是其实无形中也塑造了我们细心、耐心、坚韧、吃苦的意志品质。

　　工作满三年的时候，我产生了换工作的想法，原因有很多，可以列举一二。比如，我在大学的时候，有一位忘年交阿姨，她曾经跟我说过，现在的时代和以前不同了，不是一辈子就捧着一个饭碗了，独立女性必须在 35 岁之前有不同的工作经历。还有，比较大的压力来自母亲对我健康的担忧，我觉得这恐怕是独生子女不得不承受的一种压力。母亲得知老党办主任累得得过脑出血，我工作时的党校办主任年纪轻轻就累得得了肝癌，37 岁就病逝；这些信息对母亲的刺激很大，她对我的健康状况格外放心不下。母亲心疼我上班早 8 点准时到，下班晚 7 点还到不了家。当然有时候不仅是因为加班，也因为北京交通的拥堵路况而被迫晚归。有一次吃着吃着晚饭，我竟然睡着了。生完孩子后，母亲更希望我多照顾孩子和家庭，所以希望我有份相对可以自由安排时间的工作，那就是当老师了。恰好，我的工作内容之一是对全校各部门数据进行统计分析，那时我留意到行政岗的工作人员也可以申请出国留学，于是我申请了留学基金委的挪威政府奖学金互换项目。当时申请这个项目，也是因为教研岗的老师都不愿意申请，而行政人员可以作为后补申请者。给我准备申请材料的时间只有一个星期，幸运的是我的导师们有良好的海外联系，帮我求到了外方邀请信。于是，2008 年 9 月我到了挪威的首都奥斯陆，在奥斯陆大学的文化研究与东方语系做了为期一年的访问学者。冥冥中有些选择是有关联性的，比如挪威北部的萨米人，与我在读博士期间做田野工作的地方的少数族群鄂温克猎民有一些共性。他们都是饲养驯鹿的少数族群，有相似的生活方式。我的出现让挪威做相似研究的学者感到兴奋。在此之前，他们已经在中国国家图书馆查阅过我的论文，知道我在奥斯陆访学，他们亲切地邀我见面并参与合作研究。这样，我在挪威的生活充实愉快，回国的时候也带了合作课题回来。

　　回来之后，我就开始重新选择就业。能来农大，也循着校友前辈的举荐。经过几轮面试，我被安排到《中国农业大学学报》（社会科学版）做编辑。本来对学报编辑的工作没有什么概念，工作之后发现其实很不错，在发表论文的渠道成为稀缺资源的情况下，学报的编辑是非常受人尊敬的，而且工作很单纯，我越来越喜欢这个工作。

但是一年后另外的机缘又出现了，父母的影响还是占了上风，他们提醒我不要忘了初衷，其实关键还是他们感觉当老师自由的时间会更多。2011年初，我到社会学系给张蓉教授做了一年的系主任助理，2012年又参加学校的面试，终于我成了一名教研岗的老师。

回首三种工作经历，感受有所不同。北大党校办的工作是很宝贵难得的经历，也是应该倍加珍惜的，那里的工作环境和氛围都很让人留恋，和一群高智商高素质的人共事，对自己本身也是个很好的锻炼和提高的机会。只可惜大概是由于那是我的第一份工作，所以轻易就放弃了。如果我有过别的工作经历再来做这个工作，也许我会干到老。后来当编辑，也是个特别好的工作，至今我还恋恋不舍。舍不得编辑部的常老师，她对我特别宽厚友善。简单的工作环境、单纯的工作，特别适合我们这种与世无争的人。最终当了老师，我也不后悔，因为这是小时候的理想，是父母的期望，关键是工作之后我收获了许多作为老师的幸福。

3. 班主任：幸福的社会111

2011年社会学系本科生入学伊始，我就开始当新生班主任。这个工作让我很是兴奋。要特别说一句，中国农业大学非常重视对本科生的培养，安排任课教师做班主任。记得我上大学的时候，一个班70多名学生，没有班主任，只有大四刚毕业留校的行政人员给我们当辅导员。我兴奋的原因是，我就喜欢和年轻人打交道，因为对他们来说我就是过来人了，我乐意跟他们分享我作为过来人的经验感悟。已经转专业出去的以前我的副班长，有次跟我说："老师，我能感觉到您那种热切的心情，恨不得把所有知道的事情都告诉我们。"我说："其实有时候我很谨慎地在琢磨，什么该现在告诉你们，什么不能现在说，有的事情早说了对你们未必就好呢。"她说："老师，我现在能体会到您对我们真的好用心啊。"从学生的眼神中，我就足以感到幸福了。而且社会111的学生整体素质非常棒，他们的高考成绩都相当不错，要知道农大的本科录取分数线自 2010 年之后是大幅上涨的。看看孩子的表现就知道他们的家教修养都很不错，和这样一帮出色的学生在一起，教学相长是肯定的，和学生在一起，就和时代的最强音同频，让我保持着一种有活力的年轻态。每当想到我的这班学生，我就会乐得不由自主地微笑。

自我评价做班主任最用心的时候就是这班孩子上大一的时候，因为我事先看过了一些优秀班主任的经验分享，所以形成了这样的意识："大一多关心学生们，形成良好的班风和习惯，大二班主任也能干得轻松愉快。"为了准备第一次和学生们的见面，我多么精心地把自己打扮得老成持重。第一次班会课上，我倡导同学们站起来走起来开始我们的"第一次握手"。我反复琢磨要在大学的第一次班会上说些什么，好让同学们有感触，而振奋继续拼搏的精神。我清楚地记得我在第一次班会课上讲的核心思想：

社会 111 班合影

大学生活对每个同学来说是个新的起点，高考的成绩说明我们过去的 18 年还不错，说明家里的教育还不错，体现的是父母的心血成果。再过 18 年，你们到我这个年纪的时候，你们会是什么样？那就要看你们现在开始这 18 年会怎么做。头 18 年，主要是老师和父母替你们做选择做安排，现在起的 18 年更多地要靠你们自己来主动选择主动安排。人生真正的比拼就是从大学开始，体现个人意志的真正的竞赛就从现在开始了。谁在入大学的时候松懈了，谁就真的在放弃未来可能更加美好的生活。

转专业的同学转出去的时候，我们也搞了一个班会"第二次握手"，好多同学都哭了，说明我们都对这个集体有感情。我对学生用心，收获到了学生对我的真心。我当班主任的第一个教师节，收到了学生们亲手做的风铃，上面别着 31 张小卡片，每人都在卡片上写下了动人的、可爱的语句。我感动得不知所以，把它好好地包起来珍藏。

教师节风铃

2011年年底，学院举办新年联欢会，我和同学们一样兴奋，积极地组织和参与活动的排练。我特意邀请我的朋友来帮忙排交谊舞，我还和我们班的女生同台表演歌舞《父亲的草原母亲的河》。我唱歌，她们伴舞，登台演出配合相当默契，台下的观众朋友跟我说你们配合得太好了，你们班学生真有才。我作为班主任感觉相当骄傲。社会111班让我骄傲的地方有很多，我们班人才济济，各有所长，每个人都很健康阳光，深入了解发现每个学生都有丰富的内在，是个宝藏。我们有着纯洁的师生情，这是我从事其他工作从未体会到的成就感和幸福感来源。大四最后一年我出国访学不得不转让班主任职务的时候，我极其恋恋不舍。但是即使出了国，我们还有微信、QQ、邮件，我的心和我心爱的社会111在一起。

我相信我的学生，他们有好的基础，又有不放弃的奋斗精神，前途一定很光明。为师者的幸福是源源不断的，学生会越来越好，我坚信十年之后我的学生都是栋梁之才。我认识的很多优秀老师，他们的经历已经印证了我的这个判断。

做班主任的一些具体工作细节，如果全部都说出来，就显得太炫耀了。此处省略一万字。必须提的是，我们学院的党委对学生工作非常重视，而且对学生是真切地关心爱护。我所做的一切班主任工作，很多是依照学院党委的要求在做，比如跟学生们挨个单独谈心。当然也会发挥自己的主观能动性创造性地做我觉得对学生有意义的事情，因为我对这个工作有热情，所以我的灵感源源不断。我组织过全班同学一起看英文电影，让他们猜剧情，一方面激发他们对英语学习的热情，另一方面也培养他们的审美情趣、激发他们对人内心世界的探索。我做的事情大概真的让学生喜爱和感动了，要评选优秀班主任的时候，学生对我说："老师如果你不是优秀班主任，我们都不干。"当然我干班主任头一年，就被评为优秀班主任了。要说做班主任有什么感悟，我觉得最重要的是花时间。成长需要陪伴。学生要倾诉，你要有时间陪着他/她。"亲其师，信其道"，大道理简单说说，可能效果并不好，学生需要的是多接触建立起信任之后你在细节之处的点拨。我觉得教育就像是一朵花的绽放，美丽的绽放才会吸引来蜜蜂采蜜，这种吸引和熏染的力量是教育里面最成功最伟大的力量。能把自己修炼成美丽绽放的花朵，也不是那么容易的。有时候我也担心自己是朵带刺的玫瑰，会无心刺伤无辜的学生。所以我总是喜欢把矛盾的多面讲给学生们听，让他们总是能够做好多种心理准备。我能感觉到，学生的悟性相当高，他们对我言教的理解领悟能力相当强。学生们单纯善良，我希望他们的大学生活丰富多彩，收获良多。如果我的所作所为能给学生带来什么感悟和启发，我觉得是我对学生最大的贡献。学生对我说："老师，您满满的都是正能量！"从学生的反映来看，我知道我的话对他们有启发有触动，看着他们从愁眉苦脸变得开心，看着他们郁闷的情绪化作泪水释放，我就会觉得很有成就感。师门聚会的时候，我眉飞色舞地讲起来我和学生的种种。我的师妹都忍不住深情款款地说："师姐，我好想当你的学生啊！"

4. 课堂：享受彼此的存在

老师的本分之一就是教好每一堂课。任何一位有志于做好老师的人，都会格外看重自己的课堂教学效果。我听说过孙庆忠老师对自己的课堂教学多么严苛，为了在讲课中带给学生们美好的感受，孙老师会把自己的讲课录音，课后一遍遍地听，之后找出不足，下次修改。这样的敬业精神令我肃然起敬。

我曾于2013年9月参加过学校组织的青年教师基本功比赛。这个比赛对任课教师来说是一次锻炼和学习的机会。我参赛的过程中出了一点小意外，当时好多台下的观众不知详情，我不妨借此机会说出来。我们参赛的选手每人有20分钟的课堂展示时间，我的讲课科目是"社会工作中的伦理困境"。在展示环节，我安排了两名学生回答问题，配合我的讲课。结果有一名旁听的学生——当然是我教过的一名非常优秀聪明的学生，比赛前我俩还坐在一起聊天——突然举手要参与我的提问环节。他想要回答我刚才的提问。我当时看到比赛计时器的时间，担心多个回答会影响比赛的时间，所以我问他："时间不够了，你还要回答吗？"然后他在旁边老师的示意下坐下来，这个想回答问题的学生把想回答的冲动给抑制了。当时台下的评委和听众以为我没有掌控好时间，把本来要回答问题的学生给压抑了，所以我没有取得好的名次。当然名次本身不重要。让我反思的是，其实我可以做得更好。如果我当时的应变能力足够强，我可以在现场把这个意外的小状况结合我的讲课主题解释清楚。比如我可以这样说："刚才这位同学想要起来回答问题，那么我作为参赛的老师就面临一个伦理选择困境，我是应该严格遵守比赛的时间不超时呢，还是应该尊重学生回答问题的意愿？哪个应该更优先？"如果我当时能像事后反思的这样处理，那么即使没有好的名次，我也不会遗憾。不过，参加比赛到底收获了这样的经验教训，对我来说是很好的学习锻炼。这个学生因为此事的不安早已被我消除。做老师要大气，这样才会让学生安心，学生安心，我自然开心。

这个基本功比赛，我参加了一次就不想再参加了。因为我觉得这不是真实的课堂，20分钟的集中展示并没有留下多少让人思考的时间，好像害怕断档的节目展示一样。我本来就觉得这是一种表演，本身这就不是真实的课堂。当时评委的点评也让我吃惊，说有的老师像主持人，不像老师，呵呵。这样的评语，我在此只能呵呵。学生喜欢我讲课，我觉得足够。每个老师都有自己的个性，要想培养学生有自己的个性，难道老师讲课要一个模式一个范本吗？什么样的风格才叫像老师而非主持人呢？这不符合真正的大学精神。我认为，大学生已经具备相当的自学能力，任课教师能够做的就是点燃他们的学习兴趣，让他们主动地投入一种自学的、勤学的状态。教师简单地传授知识，学生的学习效率真的不高。假如这样，那么课堂教学完全可以被优质的多媒体网络教学视频取代。之所以不能取消课堂教学，其根本意义就在于学生和老师之间的交流、互动，彼此激发出的思想火花和灵感，这对点燃学习热情很有帮助。因为这样的想法，所以我对某些评委的评语也不能苟同："老师讲课就好像能解开学生的所有疑问。"学生在一心生疑问的时候，老师就顺着疑问把答案解了，也显然不符合孔子教育思想中的一条："不愤不启，不悱不发。"我觉得让学生于疑问处思考，会更能激发学生的创造力。

我在农大烟台研究院的教学经历让我对大学课堂有了更多的思

考。2012年秋学期，我在农大烟台研究院为公共管理专业2010级的学生讲授了48学时的社会学概论课。当时，我独自住在烟台院方安排的公寓里，没有任何干扰，心无旁骛全情投入到课堂教学的备课和讲授中，课后跟学生们的交流也相当频繁。公管专业2010级有三个班，合堂上课，一共有74名学生。我给他们回复的邮件有两百多封。大概因为课下的交流比较好，所以课堂上的互动也特别热烈。有一个学习委员课下来问我："老师，为什么在你的课上同学们会这么活跃？以前大家不这样的。"我说："你这个问题非常好。你能不能帮我想想，然后告诉我答案？"结果，这个学习委员非常认真，两周后交给我一份咨询报告似的结论和一份人人网的调查投票图片。她相当于做了个社会调查研究。我真是感佩学生惊人的创造力！一旦激发了兴趣，他们自己就会找到解决问题的方式方法，就会做出让人惊喜的成绩。在烟台研究院的教学，让我体会到了一种共享课堂的欢愉。那就是一种彼此的期待和满足。

在课堂教学以及培养学生方面，我还是个新手，要走的路还很长。所幸，我们系有很多老师在这方面可以给予我指导和帮助。

5. 求知：小宇宙爆发的渴求

我跟学生说过："我不会要求你们做我做不到的事。"这话一说出去，就形成一种对自己强有力的鞭策。咱们一起活到老、学到老。知识本身永无止境，对知识的渴求也是一样应该永不知足。

现在很多的研究是交叉学科领域的问题，社会学和人类学跟许多学科结合产生了交叉学科，比如环境社会学、医学人类学、生态人类学等等。当深入研究一个问题的时候，就会发现单单社会学和人类学原有的专业知识还不够用，需要了解其他专业的一些基本概念和方法。在研究的过程中，慢慢地就会接触到同一主题的其他专业的同行。这个接近的过程就是在创造进一步学习的契机。于是，我现在可以在伊利诺伊大学香槟校区进行为期一年的访问，研究方向是环境政策。

其实一方面我们应该有学科意识，另一方面也应该有打破学科壁垒的意识。这两者并不矛盾。所以，对于本专业的学生，我会鼓励他们去旁听一下别的专业的课程，恰如只知道一门语言不能算作懂语言学，只在一个专业内学习也感受不到专业间的差别和关联。我希望我的学生以开放包容的心态去对待学习。我也这样要求自己。

如果人能一辈子在一种上下求索的求知状态中，其实可以活得很充实。求知本身就是一种内心能量的发泄，会超越很多庸俗的东西，提高人生命的层次和品位。所以，我觉得老师就是一个带领学生一起求知的角色，通过求知来提升自己、引领学生。我想说，如果你对一件事情有兴趣去弄清楚，那么就去做，任何时候开始都不算晚。你会发现在这个过程中，你的收获不可思议。

6. 人生：因梦想而让人期待

每个人的人生只有一次。要想让生命充满意义，一定需要有梦想。梦想也许不一定能实现，但是它就像大海中的灯塔，会给我们指明方向，让我们充满信心和希望。循着它，我们就会找到这个征程中的意义和存在的价值。我常常鼓励学生要有自己的梦想，可以做做"白日梦"，设想一下再过十年自己的样子。人的信念的力量是很强大的。很多时候你能看到的和听到的只是你选择性地看到的和听到的，是你相信的存在。我们为什么会相遇在这里，而且能彼此关照？因为我们有共同的梦想，我们希望我们遇到了就能好好地珍惜彼此在一起的时光，把我们的集体打造得更加美好，让生活其中的每个人感受到温暖幸福。如果没有这样的梦想、这样的信念，我们就会活得很孤苦。世界会按照我们绝大多数人的想象去发展。所以做人文教育的人责任重大。老师就是必须具备人文关怀的角色，我能影响学生们的价值观吗，能影响他们有美好的想象吗？我告诉自己，必须能。

7. 致谢

行文到最后，总有感谢想要表达。感谢父母给我健康的体魄，引导我走上了一条独立自主的路。感谢教育过我的师长、朋友，呵护关爱让我保有自己的个性。感谢给我机会让我变成老师的前辈，让我感受到最多的职业乐趣和幸福。感谢成全我教书育人梦想的学生们，让我相信平生有一份感动和成就可以绵延到生命的尽头。

最后，特别感谢整理访谈录音的学生：韩泽东、王嘉雪、杨旭！

韩泽东/王嘉雪/杨旭　采访整理
谢元媛 2015/03/01　校订定稿

梁永佳

1. 自我放逐的求学

我从大学一年级就开始接触人类学，此后一直跟人类学有缘。我在1991年上大学，当时叫武汉水利电力大学，后来与武汉大学合并了，我读的是英语专业。那时候，英语老师的英语当然很好，但其他方面吸引我的地方不多，甚至有点失望：难道大学就是学习一门语言么？但有一个老师让我觉得很特别，他成为我的启蒙老师。他叫朱炳祥，现在是武汉大学社会学系教授。当时朱老师是我们大学中文教研室的，并非外语系教员。他给我们上了三门课，都跟人类学有关系。当时我特别受到吸引，就这样跟人类学结了缘。那时候不知道社会学，很晚才知道人类学在中国是属于社会学专业下的一个二级学科。

我刚接触人类学的时候，中国刚刚经历了一场"文化热"，1991年仍然有余温。受影响的人还在大学里教书，我想朱老师算是其中一位。从他那里，我发现我们周围身边的生活，都可以叫"文化"。这跟以前对"文化"那种阳春白雪的印象不同。我从他那里知道，文化不只是艺术，更是身边的生活。我们生活的行为方式、思维方式，都跟一种叫

文化的东西有关。而且，它是有规律的，在世界的不同地方有不同的文化，从古到今有不同的文化。当时朱老师给我们讲泰勒，讲弗雷泽，讲马林诺夫斯基。那个时候，大家对人类学的印象主要是这些人，觉得很有趣。记得他给我们讲"中国古代文化史"，讲《易经》在先秦时代可能的使用方法，讲《道德经》的含义，讲俾格米人，讲本尼迪克特。这都是90年代初的事情，距今天竟然已经20多年了。

在我那个时代，研究生不多，很多老师也只上过大学本科。读研究生的选择机会也很有限，朱老师那里并没有人类学的研究生读，我仍然在自己的系里读，读英语方面的语言学学位。我的导师是一位语言学教授，语言学相当好的，很有见地，也很有理想，在我们那个环境中难得一见。他和朱炳祥老师，都是1950年左右出生的人，我跟这代人很有缘，我的小学、中学、大学，甚至读硕士、博士期间，这代人对我都有较大的影响。他们很有理想，很有才气。学校教育中有这样那样的欠缺，如外语不好、没书可读等等，但他们这一代人很多人品德高尚、异常敬业、做事大气且有奉献精神，对个人的际遇没有那么在乎，对学生对工作却非常负责。尤其是他们非常了解社会，对中国有十分深刻的认识。这是后辈人没有的经历。他们多半是恢复高考后上的大学，上大学的时候已经20多岁，被"文革"耽误了很多年，倍加珍惜学习机会。他们是90年代大学校园里的中坚力量，在市场经济大潮中坚守了大学的象牙塔风格。从他们以后，大学被市场攻陷了，大学风气也江河日下。

我很幸运有这样一代人教我。我在学语言学之余，不仅跟朱炳祥老师继续学习人类学，也到华中师范大学中文系去听民俗学课程。所以我跟民俗学结缘也很早，大概1995年开始的吧。那一年，我遇到了民俗学的启蒙老师陈建宪。他也是50年代初的人，也是恢复高考后头一代大学生。他永远面带微笑，对人和善，即使遇到不公的对待，也能心平气和。他是一个宠辱不惊、持之以恒的儒雅学者。他讲神话学，讲民间故事，当然也讲民俗学，民俗学圈里的人都知道他。他不仅对中国民俗学的学术情况了如指掌，也十分注意英语世界的情况，是比较前沿的学者。

当时我记得，我去华师校园上课要从一个小山坡上翻过去。这是珞珈山的一个小坡，在武汉大学和我们大学之间，上面的路叫"恋爱路"。我去华师要走40多分钟，回来更慢，无法骑自行车，因为一路陡坡。每个星期去两次，全都是走路。现在想想，那时虽然很远，但是很充实。一路走一路想课程的内容，不知不觉就回到东湖边的宿舍。那时觉得自己很幸运，现在也这么想。

那个时候我的想法单纯，就是对人类学对民俗学有兴趣，但那时候，我的愿望与周围有点格格不入。当时，邓小平南方谈话没多久，中国经济大发展，我们学英语人的出路好。记得当时我们班只有26个同学，单单广东一个省就来了22个单位要人。当时叫"双向选择"，就是说国家不再统一"包分配"了，用人单位可以来要人。现在的大学生可能不知道那时"包分配"意味着什么，就是让你去哪儿工作，你就得去哪儿工作。能够"双向选择"去沿海工作，自己跟用人单位签订协议，是非常好的选择。当时，中国的国有水电建设公司在世界上有很多电力工程和水利工程的项目，国内的水电项目也用了大量外资，所以特别缺懂点水利电力知识的英语人才。武汉水利电力大学作为水利电力部直属大学，每年只有20几个英语专业毕业生，所以大家去向都很好，工作好找。但是我有点麻木，只想做学问，一心想待在高校读研究生，1995年到1998年一直学语言学、人类学、民俗学，水电工程只学到了皮毛。

那时候我也有工作，就在本系当英语老师。那个时候大学老师地位很低，尤其是在理工大学教英语。人家觉得你们除了教ABC啥都不懂，更别说做学问。90年代后期，经济上已经是热火朝天了，大学教师忙着搞课题，做项目，三峡工程也上马了，很多教授一年到头在工地当老板，哪里有心思做研究？更无心教书。有的导师甚至连自己的研究生都认不全。完成教学任务的担子，几乎全都落在我们年轻教师肩上。但我还是很喜爱那份工作，至少能勉强养活自己。每天讲课，但是不能每天吃到肉。周末跟过去的同学聚到一起，用酒精灯烧几条小鱼，就算打牙祭了。当时住在"筒子楼"里，几个人一间，楼道就是厨房。现在的学生恐怕不知道筒子楼是什么意思了，跟"蚁族"差不多。我那时候却觉得很充实，一边教书，一边读研究生，筒子楼在校园内，可以享受校园的宁静。我们跟武汉大学没有围墙，那个校园可以说是中国最漂亮的，我至今仍然这么看。我其实并不是一个失败的英语老师，工作上算是有些成绩的，同事相处得很融洽。那段经历已经过去20年了，但使我受益良多。

年轻的时候，总是有各种各样的可能。我如果去做别的事情的话，也可能会有意思。我认真钻研过国际关系，也试过涉外工程翻译。我学过涉外工程管理，跟外资企业的工程合同有关，这个能力帮了我不少忙。活来了，几天几夜不睡，跟几个朋友把招投标书翻译过来，再去饭馆会餐一顿，还能剩下点零用钱。这点本事最后一次用上，还是在读博士的时候。当时要自己养活自己，有机会去替外资公司打临工，赚点外快。接到上面的通知，要到哪个城市去做两天的现场翻译。公司买好飞机票，到那个城市后，我变得像个白领，住5星级酒店，去参加商务谈判，或者现场勘查。这种外快，一笔可以维持好几个月埋头读书的生活。有时候我想，如果这条路走得顺，说不定我就成为一个工程翻译，也可能有意思。还有，我大学实习的时候做过国际会议的会务工作，住在酒店里。那时候觉得大堂经理特别有意思，如果不做人类学，我现在也可能是个大堂经理。但是后来我做人类学了，这是我最想做的事情。幸运的是，这个理想实现了。人生中总要放弃各种各样的机会，选一条路，放弃其他的可能，这是不得不做的事，叫"放弃"（renounce），后面我还会讲。

到1999年的时候，北京大学有了人类学博士点。当时消息闭塞，我只知道这个学校有人类学博士点，也听过一些传闻，但基本上对北大没有什么真正的概念。偏巧我所在的单位要跟武汉大学合并了，领导也就批准了考博的要求。可能你们难以理解，为何考博需要批准，因为在那个时代，"单位制"还很强，动不动就说组织需要，但组织里已经出现了严重分化，上层为了自己的自由，总是想办法限制底层年轻人的自由。今天我们看到的既得利益者，大概就是那个时候利用单位制的漏洞，与年轻人分道扬镳的。幸亏我的大学与武汉大学合并了，人事上卡得不紧。总之，我去北大考博，考取了这个人类学的博士。当时费孝通先生还在招博士，但他的年纪已经很大了，所以考取后，是由王铭铭教授具体指导我的学习，当然也上了其他老师的课程。平时我在社会学系里学习，在开题、答辩等比较重要的关节点上，由系里安排去拜见费孝通先生，向他汇报，他再给我做一些具体的指导。费先生在大理做过研究，许烺光是他的同代人。许烺光的《祖荫下》，就是费先生给取的名字。所以费先生说起大理来，津津有味。记得最后一次拜见他老人家，是在 2003 年 6 月，"非典"还没有正式结束。系里老师带我去费先生家，当时费先生已经 93 岁高龄，仍然十分健谈。他给我讲白族人的生活，讲历史上的文化接触，尤其讲到明朝征服大理，信手拈来，非常有启发。

回想求学之路，我似乎是有一点自我放逐的心理的。一直不愿意融入主流生活，一直游荡于时代的边缘。学了一身应用技能，却一心想躲在象牙塔里做书呆子。人类学被戏称为"浪漫式的逃避学科"，过去有很多人类学者躲进异族部落，连自己老家打仗都不管。我想我也算是在热火朝天的经济建设中溜边的人。不知道是逃避竞争还是回避世俗，没有很好地想过这些问题，就这么走到今天了，不能不算一个遁世者。

2. 以宗教为研究领域

我的研究领域的确定也有点游击队员的脾气。我对民族感兴趣是后来的事情了，但对宗教的兴趣很早就有了。我的三个学位论文全是关于宗教的。本科论文是关于美国新教徒的，硕士论文是有关洪水神话的，博士论文是有关大理民间宗教的。我之所以关注宗教，主要跟大学经历有关。90 年代的中国大学，与国外的交往还没有那么频繁。我们外语系的学生，从大一开始就有外教教我们口语。这些人基本都是基督徒，是美国的基督教组织派出来的。他们当时并没有向我们传教，但学习英语自然会接触到圣诞节、圣经故事，以及大量有基督教含义的概念、制度、流行乐、文学等等，使我对宗教有了一定的感性认识。与此同时，我对人生的憧憬，对挫折的苦闷，对爱情的渴望，对世界的认识，都时不时地被宗教的某些部分所触动和启迪。

外教作为基督徒。虽然影响我们，但我从来没有信过基督教，也没有成为基督徒。我只是感兴趣，尤其对基督徒自律精神感兴趣。记得一次讨论课，有人建议去学校附近的录像厅看美国电影，但是外教不同意，说这些地方的片子没有买版权，不愿意去占这个"便宜"。还记得当时有个美国朋友说要参加一次汉语考试，她选择的方式是由美国机构寄来考题，她自己在家里按规定时间完成，再把试卷寄回美国，由那边的机构给分。我当时觉得不可思议，怎么可能有人这么自觉，在没有人监督的情况下，不超时不看参考书，来答一张试卷！我对这种自律的态度很有兴趣。现在我学过人类学了，可以讲很多道理出来，也知道这跟文化高低无关，而当时只是兴趣，觉得基督教徒很特别。但是我无法接受他们的神学，也就是《圣经》上说的那些事情，耶稣复活、三位一体等等，令人难以置信。但到今天为止，我交了很多基督教朋友和天主教朋友。他们的诚恳、勤勉、自律，令人赞赏。

当时对佛教也很感兴趣，记得读过一本同学借给我的书，是台湾人间佛教的书，当时不太明白，但知道那位同学已经只吃斋饭，觉得很有趣。还有，通过一些普及读物，也接触了宗教典籍，读过《金刚经》。高中时候读过蔡志忠的漫画《六祖坛经》，让我对禅宗的理解不再止于《红楼梦》里薛宝钗的那段公案回放。当然，朱炳祥、陈建宪两位老师的课程，让我了解了巫术、仪式、神话等近乎神秘的东西，也知道上中学背诵的那个宗教定义，无法概括宗教的生活世界。宗教不是那么可怕，而且中国一直也有，理解西方文化，更离不开对宗教的理解。大四的时候，我自己去读韦伯的"新教伦理"，读不懂。但已经明白，宗教是要认真审视的，而不是像社会上普遍认为的那样，是个落后的、封建的、行将就木的东西。记得大四的时候，我去学校的微机室打印毕业论文。那里的老师听说我写的论文是关于新教徒的，满脸不屑，质问我为什么要研究宗教，不怕你的老师批评你吗？不怕上面查你吗？你弄这个有什么用？她不知道中国有宗教学专业，也不知道我的老师们是支持我研究的。她的这种看法代表了中国绝大多数人，到今天仍然如此。在这一点上，理工科大学基本属于这个绝大多数之列。例如，人发学院之外，多数农大人对宗教的认识与普通中国人差不多，充满误解，严肃的研究更是无从谈起。

实际上，中国有很强的宗教学传统。只是当时我不知道，就是很朴素地觉得，原来人的物质生活之外，还有其他的事。我自己不愿意去投身那个火热的经济建设，或许跟这个有关。我记得同学都去找了好工作，薪水比我多十倍的都有。我那时候是优秀毕业生，成绩很好，又是学生会主席，不算是找不到工作的人。但我没有去"社会"，大概是因为对物质生活之外有一些考虑。那时候，我没有什么对家人的责任感，考虑更多的是如何独立，而不知如何替别人想——没有成家，也不用给父母养老。那个时候可能想问题要自由些，对人生充满浪漫的设想，会关注精神世界。

除了朱炳祥老师和陈建宪老师影响了我之外，还有一个人对我的人类学学习影响至深。他叫纪仁博，David Gibeault，是我很要好的朋友。他在1996年来中国做田野工作，和太太住在我的大学。他是法国高等社会科学学院人类学专业的博士生，承袭涂尔干以降一个重要的学术分支。正是通过他，我阅读了马林诺夫斯基的《巫术科学宗教与神话》《西太平洋上的航海者》，阅读了《宗教生活的基本形式》《图腾制度》《原始分类》《礼物》，还有《祖荫下》《晚期中华帝国的丧葬》，全部是英文原著。当时在武汉，人们还都无法接触到这些书，就算是全中国也不会很多。我们一起去湖北农村做田野工作，调查丧葬、婚礼，以及仪式里的歌师、阴阳先生；我们一起去武当山访谈老道姑。三年中，我们几乎每个星期都在一起讨论学习。我教他汉语，他和他的太太教我法语。如此高密度的学习，自然使我对宗教人类学有了很多的了解。这都是我读博士之前发生的事情。

宗教是社会科学的冷门。我涉足它的原因的确偶然，但却重复了我自我放逐的逃避性格，算是我作为一个隐遁者的佐证。学人类学又去研究宗教，很不了解人才市场的行情，不知道这双重冷门立足世界的艰难，无知者无畏吧。

3. 田野工作的乐趣和收获

人类学要做田野工作。做田野不是一件舒服的事情，有诸多不适应，要从对方那里学习，要克服自己的偏见，克服孤独，这都不容易。我不知道很多人类学家声称的喜悦是哪里来的，我无法把田野工作当作浪漫之旅。我认为人类学的田野工作应该一个人去做，游击队式的，题目不要太明确，没有定什么时候回来，准备好文化冲击。这一点，我可能不如很多动手能力强的人类学者。我知道一些在北京的欧美人，住在街巷里面，就跟普通人住在一块，到街上去跟人借火、抽烟，满嘴京片子，我很难做到这样。

有一位有名气的社会学家跟我说，你们人类学和我们社会学的区别，就是你们有点自残倾向。你们总要去个偏远地方、艰苦地方，待在那儿不走。当然从他的角度来讲，这个是有道理的，也是一种善意的调侃。说起"自残"，我当然也有一些特别的经历吧。但是我想，不做人类学的人也会有很特别的跨文化经历，这不是人类学独特的问题。人类学的田野工作，艰苦可能是艰苦，但不一定是物质上的艰苦，主要是你要跨越文化，要遇到各种各样的不适应。我去云南做田野工作，云南大学的一位老教授跟我说，田野工作最麻烦的事情是无聊。我起初不信，田野做了一阵子，发现他是对的。

我在不同的文化中做过田野工作，主要还是用英语。现在很难找到机会做长期田野工作，一个人如果工作了、结婚成家了就很难做这样的事了，脑子里总是要想着别人。我上午还跟两个学生说，你如果想做田野调查，那就在读学位的时候做好，在博士阶段都完成。如果说你结婚了也可以，你们夫妻两个一起去；如果你没有成家最好，你可以掌握自己的时间。否则的话，田野是一个高密度、高强度的工作，随着你成年之后责任越来越多，就没办法投入这么多时间了。

我有四个相对完整的田野工作点，中国西南、南印度、新加坡、美国南部，最难受的是印度，最舒服的是美国。在美国，我不会开车，每次都会有人来接我，所以我结交了很多朋友。有一次我们去玩，简直是那个城市里所有的同性恋都去了。美国人喜欢让我讲中国的事，我说自己家附近有美国的披萨店、快餐店，他们觉得不可思议。还有一件事是在美国，我被问得最多的一个问题，就是"中国人信什么教"。这个问题不好回答。如果他是一个普通老百姓，那么我就说中国人大部分不信教,因为信教的话各种宗教都有。如果问我的人是知识人,像我的同事,我就会说"你这个问题不对",中国人信教,但不是按照伊斯兰教、天主教、基督教的方式来信教的。然后如果他有时间的话,我会慢慢给他解释。中国人大都有宗教,但是我们未必是在"信",我们是在"做"。周越有篇文章,就叫"做宗教"。我相信在中国找不到一个没上过坟,没拜过祖,没烧过纸的人,除非他生来就是伊斯兰教信徒或者基督教徒,是吧?说中国人没有宗教是不可能的,你做的这些事真的跟宗教无关?除非你按照基督教的方式定义宗教,那是头脑被殖民的后果。

我去印度的时候完全是一个研究者,我没有其他的身份,我只是一个访问学者,在马德拉斯发展研究院。这个机构没有多少人,尤其是在暑假的时候人更少。所以,我只有靠自己去建立各种各样的关系才能去做田野,去村里。但是在美国不一样,在美国我是富布莱特访问学者,有一整套接待制度。我是那边学校里的正式教员,我要上课,要跟他们开会,所以自然就与他们打交道。尤其在美国,我是在农村,算是一个小镇。这个小镇上,大家真的没啥事,只要你把手机打开,每天晚上都有聚会。他们喜欢凑份子,何老师讲过的。你自己做饭,把饭端去。比方说我们有"电影之夜",星期四要到一个同事家看电影。每次我们都定好要看什么电影。电影是关于哪一个文化的,晚上就吃关于那个文化的饭。我给他们放的是《霸王别姬》,晚上吃的是红油抄手,在中国有点不搭,在美国农村就不是了。他们觉得花椒的麻味很有趣。美国人的节日有很多,万圣节、复活节、感恩节,都特能玩儿,圣诞节更不用说了,总是充满了各种各样的活动。而且我认识的人不只是基督教的,信仰不同宗教的人有不同的节日庆典,所以我经常过节。还有有意思的事情,就是他们有一次带我去参加"文艺复兴集市",叫 Renaissance Fair,像集市一样。就是有那么一个人出了个主意,巡回演出文艺复兴时期的事,有 jousting,骑马互相冲的,还有杂耍,还有向罪犯扔烂柿子。吃的东西也模仿文艺复兴莎士比亚时候吃的东西。这些东西不仅很好玩儿,还特别能让你理解美国的乡村生活,理解为什么共和党有那么多人支持,因为乡村的生活很简单,也很保守。

你会发现其实美国的乡村生活是非常有机的,人们的工作压力很小。你在美国农村,活不下去是很难的。我们对美国现代化的想象,却不是这个东西,我们想象的现代化是纽约、芝加哥。但是我们错了,我们为了在中国建成纽约和芝加哥,把我们的农村全都破坏了。

南印度很多人英语很好,但是当然不如在美国,美国人多数只会一种语言,全世界最大的单语区域就是北美和东亚。再一个,印度社会是一个高度文明化的社会,它的文明比中国要久远。我说高度文明化,是说印度几千年的人口增长使它的社会容量已经崩溃,跟中国一样,社会已经容不下这么多人了。所以人们都很精明,我们中国人要比美国精明太多了。你觉得美国人像傻子,你说什么他都信。印度不一样,我的印度助理说:"你别以为你们中国人精明,我们印度人在世界上是最精明的,想占我们便宜是不可能的。"事实证明如此,我总是被他们占便宜,各种各样,他们很会算计。美国人特别单纯,很无知,傻得可爱。印度不同,所以我在印度不适应,气候不适应,吃的不适应,人更难以适应。

在美国,我接触了很多底层人,包括我的学生、我的邻居。我走的前不久,一天晚上回来,发现邻居家有一个 17 岁的小女孩来吸毒,死了。我走的前一天没睡,因为在邻居家出现了死尸。警察来了,跟电影里一样,拉上黄线,旁边放一个裹尸袋,尸体就在里面裹着。他们是底层人,很可怜。印度的阶级差别特别大,所以我跟各个阶层都有接触,跟底层接触的机会不算太多。我经常去海边,跟海边的渔民聊天,他们都是底层。我带上烟酒,他们就把海里捞出来的鱼烤熟了吃,真是人间美味。你们可能知道,印度有种姓制,抽烟喝酒尤其是吃荤腥,都是较低种姓做的事情。我跟这帮人混得特别多。婆罗门则多是律师、会计、工程师,进食规则往往很严格,素食是最基本的,打交道不那么有意思。

在印度,人们觉得你是陌生人,所以不理你。田野工作一般来讲是一年,我那个时候,机构不允许做那么长时间,就算是做大理,第一次做了六个多月,后来不断地回去,加在一起也有一年。我在印度只能做四个月。我的体会是,田野做到第四个月的时候是最痛苦的,所有的问题都出来了,人家已经不把你当客人了,但也没把你当朋友,只把你当一个白痴,一个攫取的对象,一个欺骗的对象,一个可有可无的人,甚至已经开始烦你了。你只要再坚持一段时间,就能成为他的朋友,就能进入他的社会。大概第四个月结束的时候是个转折点。很遗憾,我的钱只允许我待四个月,所以我从印度走的时候,是最悲惨的时候。我要能坚持一点儿,过了这四个月,如果能允许我再待半年或者一年的话,那我对印度人的印象就不一样了。他们就会成为我的朋友,他们就会真的关心你、帮助你、告诉你一些事情,而不是偷偷地见你,拿了小费就走。

我在印度,主要待在马德拉斯,几乎每天都去海边,访谈渔民。我的研究题目是海啸的社会记忆,后来写过一篇文章,在一个英文期刊发表的。我曾经花了一个月的时间,遍访泰米尔纳德邦,坐火车、长途汽车。上面除了我之外,没有外国人,非常乡土。我访问了几个著名的神庙,学了一些经文,做过一些仪式。进入神庙,你要脱光上身,脱掉鞋子,表示崇敬,婆罗门给我额头点上红色。在南部的一个神庙里,我被兜头浇水,据说洗净了污秽。对于在印度的经历,我写过两篇中文文章,记录了很多奇葩的事情。比如,我很赞叹他们的语言能力,一个乞丐会说四门语言,让我很汗颜。我还访问了路易·杜蒙的田野故地,访谈了见过他的人,如今已经老态龙钟了。还有不可思议的赤贫穷人,穷到全家只有两个铁桶,他的家只能容下妻子和孩子住,他自己要住在臭烘烘的鱼市。还有抢我东西的警察、强迫我看各种表演的残疾人。我的助理只顾自己在神庙里拜神,把我留在内室外,差点跟我失散。还有,印度人爱开飞车,车的性能也让人不放心,我总觉得自己再也回不了中国了。有一次,我不得不在一张 30 厘米宽的椅子上睡觉;还有一次,我在 50 个人的直视下吃一碗馊米饭;还有一次,我走路的时候遇到一条毒蛇……总之,五花八门的小事,有时候可笑,有时候可气。当我坐上飞机飞往曼谷的时候,飞机上播放了一首中文歌,四个月没有听到普通话,差点哭了。

有本《天真的人类学家——小泥屋笔记》,说多瓦悠人。这本书第一版 2004 年进入中国的时候,我写过书评。《小泥屋笔记》讲的内容是非常标准的非洲人形象,但是你不能够把它那个叫固化,认为"非洲人就这样"。不是的,他们是对"陌生人这样",陌生人是他们的一个资源,可以攫取。所以那里面就讲,当地人把自己的弟弟找给作者奈杰尔·巴利,说"他是个大厨师",做了个牛蹄子,连毛都没有拔,做出来给他吃。巴利遇到了很多很多奇怪的事,黑人认为他是个白人巫师,晚上会把白皮脱下来,变成黑人。田野工作就是那样的,印度人也这么对待我这个陌生人。巴利是一个非常诙谐的人。我不诙谐,记得的都是些单调的事情。

美国有一种普遍的世界观,认为家里的人是人,陌生人也是人,这是基督教世界的特点。但很多社会没有普遍的世界观,认为家里人是人,别人不是人,陌生人不是人。很多社会认为偷陌生人的东西、抢陌生人的东西,是一件荣誉的事情。很多民族是这样的,印度跟中国都有。有些地方看上去很豪爽,实际上对陌生人并不友善。我不知道你们有没有体会,我自己可以看得到。我在北京去超市,经常被老先生、老太太挤到一边。他们不认识我,所以觉得可以撞我挤我。他们不把你当作一个平等的人,也觉得公共环境中无需秩序。

我觉得存在普遍主义文化和特殊主义文化的区别,世界上绝大多数文化是特殊主义文化,不是普遍主义文化。美国没有那么多人,而中印呢,长期经历大规模的人口压力,在中国、印度几千年前发生的事在美国现在还没有发生,比方说森林的大量砍伐。以前中国的土地上全部是森林,但是什么时候没有的?有了国家,有了农业,就没有森林了。我们根本就没有森林的记忆了,土地都已经被种植改变了,连土壤成分都是人为改变的后果。亚洲地区定期地发动战争,定期地消灭人口,定期地发生饥荒,在中国历史上不断地发生这样的事情。我们常常说少数民族落后、浪漫、原始,但是中国少数民族几乎没有发生过汉族那样惨烈的屠杀。历史上,汉族聚居区的大规模屠杀,是周期性发生的。你看梁漱溟、钱穆先生的书,他们都说中国文化多么美好、多么和平,不太关心杀人放火这些事。我有保留意见,大规模屠杀同样是中国历史上无法回避的问题,不能对非自然死亡视而不见。当然,如何解释屠杀,不能只从人口密度看,还有更关键的因素。阿玛蒂亚·森解释为什么印度没有饥荒,那么多人没有饥荒,不是人口密度导致的。

人多了，不可能耐心地交往。所以当我看到很多人去崇尚儒家经典、崇尚所谓中国文化的时候，我很担忧，我觉得我们不可能回到先秦诸子时代。先秦诸子难道就很好么，那个时代真的值得回去吗？那个时候是有杀人献祭的。回到先秦诸子时代，你就能成为荀子、老子，成为贵族吗？那时候，大多数人的生活很悲惨。但是我们现在觉得古代一切都是好的，都是光荣的。还有不少人怀念民国，但民国的研究生只有几千个，大学生只有几万人，我现在这点本事，在民国只能给他们洗衣服。我们现在这种怀旧，这种将历史浪漫化，我很担心，缺乏反思，不往前看。孔子说了多少难听的话，他对女性的态度，他对知识的态度，拿到今天，如何说得出口？当然，那个时代的改革者，都是托古改制的，表面上说的是先贤，骨子里是他的私货。Jack Goody 这些年有本雄心勃勃的书，说的就是这个道理。他说，所有文明的更新，都是"文艺复兴"。表面上复兴过去，实际上全是新发明。

我当然也要试图避免把人刻板化，我也觉得国民性的研究很没有意思，因为没有一种东西可以叫作"国民性"，疆界是偶然形成的、不断变动的，说一个疆界内的人有共同的"心理"，无法说服我。你去西南边境，他们跟国境那边的人更熟更像，斯科特一直在论证这个道理。我刚才说的东西都是我自己的经验，我没有说美国人都是这样的，我只说我遇到的美国人是这样的。我也去过美国的北部，我看到纽约、芝加哥的人走路，太急匆匆了，可以撞到你，因为资本主义要求他们走得很快，人们都非常冷漠。我也被非洲裔人要过钱，也被他们骂。在芝加哥，不给钱很危险，他们有枪。我也听说中国很有名的学者在美国上学的时候曾经被抢过。印度有很多让我喜欢的人，我一些朋友到现在还有联系。所以说印度人怎么样，美国人怎么样，中国人怎么样都是大概，我只讲我的体会。在很大意义上，中国人很简单。中国从宋代开始就很商品化、资本主义化了，这个进程到现在为止还在进行中，葛希芝有一本书讲过。中国民众的确非常简单，就是赚钱发财，很少遇到一个人，他的主要生活不是赚钱。为了赚钱，中国人什么苦都愿意吃。很少有中国人认为"我的人生理想是过得幸福"，大多数人的理想是让自己的子女"过得幸福"。赚钱在这个意义上，就成了社会性的，与亲属关系有关。在这个意义上，中国人更直接，美国人更多样。我见过在美国的很多中国人，至少很多亚裔，美国很多样的。

田野研究过程与读书很不一样，做田野工作并不等于写民族志。写民族志需要另外的写作技术。实际上，田野工作是完全另外一回事，包括你写得很诙谐的东西，也包括很糟糕的东西。例如，马林诺夫斯基做田野，他有一本"严格意义上的日记"，大骂当地人，但是他写出来的书，是让大家看他多么爱那些人，可实际上他心里是在骂那些人，做田野就是这样的。我给商务版的《西太平洋上的航海者》写了篇序，讲到这个。还有女性视角，像肖斯塔克。她研究桑人，就是我们所说的俾格米人，这个词本身是个贬义词，应该叫桑人，在卡拉哈里。这个研究实际上在揭示田野研究本身的偶然性、主观性、片段性、不完整性。肖斯塔克的田野快失败了，但在最后一天，尼萨突然出现了，跟她说了很多很多自己的事，夸张地说了一些假话。肖斯塔克录了十几盘磁带，回去将这些录音整理出来写成田野民族志。为什么有的人会呈现一个非常客观的民族志，但他同时又偷偷地留了日记，还有人像巴利那样，写了一个很诙谐的笔记，还有人像肖斯塔克这样，干脆写很偶然的东西。是不是说人类学研究就是一个很偶然的研究、不可靠的研究、不真实的研究、没有客观性的研究？恰恰相反，这样的东西存在，反衬了那些伪装成客观的研究方法，要知道自己研究的有限性。人类学者拼了老命，花了那么多时间做很"小"的研究，都是这样的结果，连马林诺夫斯基也会写那样一个东西出来，那我们伪装的科学在哪？我们伪装的客观性在哪？它本身是不是值得怀疑的？这才是我们要问的问题，而不是说我们怎样才让它更客观、更科学，那就问错问题了。田野工作是很丰富的，你只能看到片段，但不要担心这个片段不够"客观"，要满足于这个片段。

我做田野工作的一个体会是不能命题，你不知道什么问题重要，除非你待得足够长。渐渐确定了自己要研究的题目之后，你就知道要跟什么人来往。做田野不是为了追求拿到材料，是跟别人交往之后才有材料的。你要跟人打交道而不是跟材料打交道，材料是你跟人打交道的副产品。换句话说，你跟人打交道没拿到材料你也要高兴，这才叫田野工作，跟问卷调查相反。

记得在美国，有一次躺在朋友的拖车上，做 hey-ride。星星正在天上冒出来，四周寂静无声、凉风习习，淳朴的村人在旁边嬉闹。我对自己说，就这样一直躺在稻草上岂不是很好？一定要做人类学研究吗？或许云南那位老先生的话是对的：做田野不要太功利，没材料也无妨。我又一次享受逃避的日子了。

4. "三不主义"人类学

关于人类学，我提出过一个有些"离经叛道"的说法，我叫它"三不主义"。第一，人类学不等于社区研究；第二，人类学不应当问代表性；第三，人类学不研究自己的社会，至少在学问论文阶段应当如此。我有一个加长版，但是简单来讲就这三个。

先说第三个，研究自己的社会太亲切了，研究不了，尤其是在做学位论文阶段，所以我明确反对家乡人类学。一个人在获得博士学位之前，最好不要到自己老家去做田野。要研究陌生人，研究跟你的社会不一样的人，宗教、文化都不一样的人，甚至语言都不同。当你进入一个陌生的地方，你想几天把它研究出来是不可能的。作为学生要去实习，但短短几天一般跟旅游的效果差不多。每个地方，人们都有天经地义、想当然的惯常知识，但一个地方的惯常在另一个地方可能是另类。从经验研究的角度看，惯常知识只有通过比较才能得到反思，得到质疑。如果你研究家乡，你很难质疑惯常知识，你会在当地价值观里不容易出来，很多东西太习以为常，跳不出来。有能力跳出自己世界的专业，应该是哲学，经验研究不是哲学，所以人类学者最好不要做家乡。只有研究其他人，最好是语言和很多习惯都不同的人，你才能比较，把自己的知识与别人的知识对照起来。这一点，利奇说过的，费孝通先生也做过讨论。费先生说，研究他人是进得去的问题，研究自己是出得来的问题。我觉得有一层意思他没有展开谈，就是研究他人的比较意义。你看他研究美国人的时候，就敏锐地讲道：美国是没有鬼的，这样的世界是怎么样的？

对人类学最大的误解，在于将人类学等同于社区调查，这是我要说的第二个"不"。人类学经典几乎无一是社区调查。《西太平洋的航海者》研究的是一个大范围的交换体系，《努尔人》研究的是一个民族，《缅甸高地的政治制度》研究的是一个跨民族的动态政治体系，等等。但是不知道为什么，很多人都认为人类学就是社区调查的代名词。社区调查是自成体系、自有脉络的东西，是芝加哥社会学派发明的一种城市社会学研究方法，而且很快发生了变化，走下坡路了。

很多人认为，之所以要做社区调查，是因为可以调查得更详细，甚至认为，社区调查可以穷尽地了解一个"社区"。这是不可能的，哪怕是研究一个人，都不可能穷尽地研究清楚，何况"社区"？在中国，社区调查经常集中在一个地方，而不顾及大社会的研究，不顾及社区之外的大传统研究，不顾及历史，不顾及文献。这是一种浅薄，而不是一种好的方法。社区调查在30年代的中国起了很大的作用，在那个时候是世界领先的，那是因为社区调查在当时刚刚发明，发明人罗伯特·帕克亲自到中国来传播这个理论。社区调查有巨大的历史功绩，但过了80年，如果我们还说人类学就是社区调查，那就是固步自封了。认为大范围社会只能用问卷完成、社区调查才能用"民族志"技术完成的看法，实际上不了解人类学的前世今生。人类学不是这样考虑问题的，不能说研究小地方就叫人类学。人类学里面有一句名言，是格尔茨所说的："人类学不是研究村落，而是在村落里做研究。"英语说就是"Anthropologists don't study villages. They study in villages"。

什么叫不问代表性？人类学研究经常遇到的挑战就是说："你研究一个人，研究一个村落，它能反映中国吗？它能反映那个区域吗？你凭什么选择它呢？它有什么典型性吗？它有什么代表性么？"人类学是强调总体的学科，但它研究问题总是面对具体的关系，这个似乎跟总体无关，但实际上这才是真正的总体性。布迪厄在 Distinction 里说过，这个想法来自更早的莫斯。我就不多说了，你们可以找来看看。如果你问代表性，它就变成了局部研究。因为，一旦问"代表性"，你就假设有一个更"大"的东西，具体的关系就成了局部。但你假设的那个总体，常常是一个政治组织、社会组织或者是文化组织，你首先要建构一个总体才行，然后你才能使用必要的统计方法去计算。

我办公室门口贴着一张纸，你们有空可以去看一下。上面是卡马洛夫的一句话，说人类学家不"算数"（Anthropologist don't count.）这个"算数"是两个意思，一是不统计，二是说话不顶用——有权力的人不会听你的，因为他们认为你在研究局部。通过统计能认识出来的现实是一个层面上的社会现实，它并不是不重要，但是它是为了国家治理而存在的。统计学在英语中跟数字没关系，跟国家有关系，它叫 statistics，词根是"国家"。统计是一个层面上的事实，并非不是事实。但人类学家所看的东西要比这个深得多，这个方法只能认识所谓"片段"，但他要满足于这个片段，不要问"代表性"。正因为如此，我也不觉得人类学研究方法可以称为"定性研究""无结构访谈"，因为当你看到更深一层事实的时候，你会发现其他方法都用不上。

我觉得我说的是很朴素的东西，而且我是说给外行听的，给初学者听的。如果他是一个人类学的内行，他会觉得我说的东西很浅显。但如果你打开一本社会研究方法的教材，你会发现人类学田野方法被安插在整个方法格局的一个犄角旮旯。之所以如此，是因为美式社会学的认识论与人类学不同，误以为《街角社会》就是人类学。人类学满足于对片段的认识，满足于自己与被研究者的互动，满足于不太准确的"解释"。而这一切在人类学者看来，远比数字可靠。

5. 与农大结缘

我从新加坡回来之前，南方有些大学给过我机会，但换一个城市重新开始是比较难的。这个时候机缘巧合，有位老师告诉我农大可能有机会，熟悉双方，建议我考虑一下。这让我想起"弱关系反而更重要"的社会学发现。"弱关系"联系的人是异质的人，你跟他不是那么近的关系，他的圈子和你的圈子不一样，但正因如此，才可能起更大的作用。当然也是出于对我的厚爱吧，觉得我能做事。一个人要向另一个人引荐我，他也要负责，他要对我有一个基本的判断，觉得我合适，他才会引荐。就这样渐渐地开始走程序，我觉得农大有很好的潜力，吸引我。同时，我也不愿意离开北京，毕竟人类学在这里最集中，尤其是我这一代，人要比前一代少很多，可能聪明人都去经商从政了。人少也在不同大学，但经常可以见面聊聊，彼此促进。

　　农大社会学我以前是知道的，也来听过讲座，口碑很好。我觉得这里边特别可贵的地方，就是可以对边缘群体做研究，在这里，这种研究是"合法"的。我不一定同意印度学者的"底边研究"概念，但这个概念概括得好。用一位前辈学者的话说，底边研究就是研究"底"跟"边"的人，"底"就是农民，"边"就是少数民族。所以我觉得如果在农业大学都做不了底边研究的话，那在中国其他地方也做不了了。我很高兴在农大有这个空间。做农业研究没有问题，做宗教研究，我想也没有问题。人发学院有不少同事跟我讲，你做的研究很有前景，宗教的确是社会学界一直忽略的事，尤其农村的宗教问题，这是一直不受重视又非常紧迫的问题。民族问题虽然在农大一直没有怎么发展过，但并不意味着不能发展。如果说前些年，民族问题在很多人看来还是一个"小"问题，恐怕现在没有人敢这么说了。民族问题到现在这个地步，很大程度上也是因为长期被忽视。现在很多大学都在发展民族研究，农大一些有识之士也在推动。我们做了一些非正式的活动，请了几位学界领袖级人物，还有政要，大家凑到一起就是谈，没有急着形成什么。国家社科基金批准了我的项目，是关于民族地区宗教活动的。我未来几年会把精力放在这个上面，这也是我能为农大做的事情。在农大社会学系，可以按照我的兴趣做下去，还是幸运的。

　　有几位老师是在我来农大之前就已经认识的，有的是在国外认识的，有的是在外地，有些很熟悉的，有的人的作品，我早就拜读过。我来之前，把每一位老师发表的主要文章都看了一遍，这样可以让我更好地了解今后共事的人，了解他们思考什么问题，取向是什么，专长是什么，你可能在什么方面请教他，在哪些方面有合作的潜力。不至于见面只是寒暄，还可以有更多的了解。上次开会的时候，我曾经建议老师把其他同事的文章拿来上课，这样我们才有特色，才有共同的话题，起码理解对方在做什么。世界上很多大学都是这样做的，同事互相认可彼此的研究，有意在教学和写作中引用同事的作品。因为你读了他的东西，你还可以跟他讨论,这样可以加深想法,互相影响。这不同于只读文章不见人,见人讨论收获会更大。

我喜欢争论,喜欢不同观点。我读农大社会学系同仁的作品,跟我读其他作品一样,总是带着批判的眼光看,不可能因为是同事,就同意他们的观点。这是学者的宿命——发生什么你都不满意,对什么观点都不能完全同意。我无法同意很多同事的观点,但欣赏他们的风格。我想"和而不同"才是常态,知识分子的世界应该是这样的,统一思想、齐心合力论证一个观点的事情,不应该是知识分子的工作。在这个意义上,大家都是孤独的。

我觉得多数的合作是非正式的。在中国当下社会大变动的时期,等制度本身办事是不能解决问题的,不能太迷信正式的东西。很多行之有效的办法都是在非制度框架中完成的。比方说读书会,有老师来,有学生来;我们请人做讲座,非正式的沟通往往更重要。你不要看结果是什么东西,写论文是大家自己各写各的,肯定是这样的。但实际上影响却是在各种各样非正式场合下完成的。现在几位老师在一起做家庭农场,我觉得会有很多发现,会有很多沟通,都是非正式的。

其实我没有开过新的课程。因为我们的老师比较少,课比较多,所以说先把课程补充好。我刚开始是给本科生上过社会学概论,上过一次,我就没有再上了。后来又跟另一位老师一起上过社会文化人类学。但这两门课,我不是唱主角的,上了两次就算了。上的主要是宗教社会学和现当代社会学理论,还有小学期的科研训练和认知实习。大概我有四门本科生课吧。研究生呢,我就一直在上人类学理论与方法,2015年又加了社会学专业英语。所以我一共有六门课。

我觉得对于老师是"上课",对于学生应该强调"修"。"修"的意思是学生要参与,他才能把这个课上好。老师固然要讲好,但这只是课程很小一部分。学生要事先做事,课后也要做事。很多大学都是老师讲课,但是还有助教辅导,就是学生不仅要上老师的课,还要上辅导课,这才叫一门课。但我们的课程安排做不到这个,课程太多,班级太大,无法保证质量,因为时间都被分散了,这样我觉得不太好。但这个是我们改变不了的,这是教育部的规定。所以我只能说,在课堂上多加入学生参与的部分。一般来讲，我的课都是让学生每次都来讲一篇原创作品。因为这样他自己可以去主动找些信息，对他来讲印象会很深。对我备课来讲，可以说社会学概论我以前上过。社会学理论也不是我的专长，但可以上，毕竟有些积累，没有那么强的压力。宗教社会学是一个选修课。它还是一个分支社会学，所以说它的重要性没那么大。但我觉得这门课我是很满意的，我相信学生第一次上这个课到这个课结束的时候，对宗教和社会学的态度和认识会有很大的变化。我觉得这一点是我这个课令人满意的地方。我的课来者不拒，去者不追，从不点名。我有严重的脸盲症，你不来我也不知道。

以前在中国政法大学的时候，有一个韩国留学生上我的课。可能知道我有脸盲症，他大概上过两次，然后就交了一个作业，写得非常糟糕。我让他写对"民族志"的认识，他理解为"民族志气"，然后大谈"民族精神"，在作业里说"我是韩国留学生，你得同情我"。我不太高兴，因为你如果努力了没通过，我可以同情你，考虑你的语言不好。但我一个学期讲了十几本民族志，你却不知道什么是"民族志"，连这门课是关于什么的都不知道，我就觉得你不该要求我同情了。拿韩国籍学生的身份说事儿，就更离谱了。我心目中的韩国人是很有尊严、很有骨气的，但这个韩国男生让我失望。我曾经问过一位首尔大学老教授，为什么我见到的韩国学生是这样的。她说很简单，他们无法考取韩国的大学。

让我印象比较深的是我 2009 年去新加坡之前。我当时还在中国政法大学教书，不知道学生怎么知道我要走的，在我课程最后一次课上说"老师您能少讲点么，我们有事情"。我就少讲了一些，结果他们准备了一段录像给我看。他们访谈了每一个人，每一个班上的学生，每一个人都跟我说了一段话，做成了一个光盘给我。他们说了很多祝福，有两个藏族的学生送了我哈达，拍了一张照片。我到现在都记忆很深刻，每一个学生都说了让我感动的话。后来，我也准备了一小段话，我说法大的社会学是个很好的学习机构，在很多方面是中国最好的，所以大家珍惜这个学习机会，打好基础。

我觉得农大学生特别努力，很在乎分数。这跟我当学生的时候很不一样，却跟新加坡的大学生一样。新加坡的学生也特别在乎分数，他们会为分数做非常大的努力。你可以想象，他们交给我的作业是用小车拉过来的吗？有个同学做了一个很大的展示板，"亲属制度"板，有半个门那么大，送到我的办公室，都没有地方摆。这么努力的学生，我当然会给很好的分。农大的学生给我的感觉，似乎也很在乎分数，尤其是对 85 分以下很不满意，我不知道为什么。其实我很不情愿给 85 分以下的成绩。但是，首先教务处有一个很明确的规定，就是分数要均衡分布，曲线不对、高分太多的话，你是无法提交成绩的，必须得有人得低分。再一个我觉得，学生的确存在这样的差距。第三个我觉得，这个是学生要特别注意的事情。在一个大学里面，你可以挑战和质疑老师，但你不能质疑他对你的学术判断，这是大学的通则。他给你多少分就是多少分，你可以说他在给分的过程中做了哪些不正当的事情、违反学术伦理的事情，你可以说这个老师做了哪些违法违纪的事情，使你受到不公正对待，但是你不能挑战他对你的学术判断。如果这个都被挑战的话，那就乱套了，那就不需要老师了。学术是公平的，学生可以瞪着眼睛跟我"对骂"。在学术争论中，我不反对这样，我也跟学生热烈争论过。一些学生可能不断地挑战你，与你辩论，这很好。但是我说，好，讲完了，我认为你可以得 80 分。你就不要质疑我，你不能说老师你的判断有问题，因为这是我的事。一个好的老师不会让学生舒服，他应该不断地挑战学生的常识，激发他的思考，甚至有能力颠覆他的世界。

  我希望学生多积极参与我的课程。我讲课比较散，比较难，比较乱；我有脸盲症，据说是脑子里面某一个部分发育得不够。我是对不上人的，所以很多人跟我上了很多年的课，我都不知道他是谁。我会给别人带来很多麻烦，选我课的同学就是如此。

  我比较反对用教材。这一点，可能大多数人不会同意我的看法。人们会强调知识点，强调要全面。这个我同意，但我觉得不应该通过教材完成这个任务，而是应该通过老师的课堂教学。教材最终是不太有益的东西，多半让人雾里看花。最终的效果是，学生只是听说过一些知识，却不知道这些知识是什么，道听途说，贻害很大。我主张本科读原著，读论文，读经典。老师可以讲些一般性的东西，讲全面，可以帮助学生理解。教材应该放在老师的头脑里，他应该有能力信手拈来，而不是对教材亦步亦趋地注释。就是说，老师本人就是教材，学生则把宝贵的时间拿来读丝丝入扣的原创研究。

研究生的课，我会给学生非常大的压力，就是让他们拼命读，让他们总在低头读书。学生不仅要在课堂上讲东西，并且要在课后花很多很多时间阅读。我觉得研究生阶段是最痛苦的阶段，是前不着村后不着店的阶段，要经过很严格的训练才可能成为一个务实的研究生。所以，我的研究生课程读书量非常大。上我那门课的人经常会觉得我布置的东西太多了，但实际上在我想象中是不够的，我是尽量删减的。所以我上课的内容大概总结两点，一个是要读原著，一个是学生要花很多时间。

做学者是高兴不起来的，发生什么事情你都不满意，这是学者的宿命，在中国做学者更是如此。我很羡慕做理论研究的学者，可以躲进小楼成一统，一心只读圣贤书；也羡慕研究历史的学者，可以一头扎进故纸堆，只需要替古人担忧。我对经验研究有兴趣，尤其是当代，所以总是要看实际情况，很焦虑。我想，研究古史和纯理论的朋友也有现实的判断，也有自己的理想，能把自己的理想和研究结合在一起，这很让人羡慕。我说羡慕是真心话，就像我不是教徒却羡慕教徒一样。我的课有些沉重，我自己不是个风趣的人。

很多有趣的事情反倒是到了自己的国家之外才遇到的，因为在国外，你没有那么多沉重感。我在美国上课，那个班上的学生主要是一些"非传统学生"，就是说不是从中学直接到大学来上学的。他们有的很老，70多岁还来上大学，在我的课堂上听课；有的又很小，十八九岁。我印象很深的就是这些学生不能保证每次都来，但是每次都跟我请假。有个学生有一次跟我说："老师，我下次上不了课了。"她说她的小孩要去医院。她说："我家的这个老大也有问题，老三也得去医院。"我问她她多大。她说19岁。一个黑人的小女孩，已经有三个孩子了。她说孩子的父亲并不是一个，有一个是谁她也不知道，只知道他叫John，是一个路过的卡车司机。美国南部这种现象——单亲母亲——是一直都被歧视的，但是在我去的时候已经不是这样了，社会宽容他们，也会帮助他们。人们可以做很多自己的决定，我以前不太理解美国这点，但是这件事情挺有趣的。你不能因为那个女孩子是三个孩子的单亲妈妈，就去评判人家。

我发现在美国当老师，老师会觉得自己只是在做工，他的权威也很有限。在中国不是这样的，如果学生问的问题不对，我可以说"你这个问题问得不对"。但是在美国是不行的，只有回答不了问题的老师，没有问错问题的学生。这个让我感觉到差别特别大。我觉得我们是精英主义，他们是反精英主义的，各有千秋，但是的确不同。他们认为每个人都有自己独立的能力去探索知识和获得知识。你不要以为我的知识跟你的知识差别很大，我们就不能够平等地说话了，不是的，将你的知识告诉我，我理解了，这才叫我的知识，我们要互相理解才行。这一点对我有启发，就是老师不要云遮雾罩地说一些大家都听不懂的东西，说多了可能自己都不懂。藏传佛教的修为，崇尚大家共享知识，辩论的目的不是自己一枝独秀，而是让别人也明白你的意思。我喜欢这种学法，不喜欢老师高高在上，弄得神神秘秘的，学生听不懂，还在那里自责，说自己是不是不够聪明。

我在中国当老师，中间有三四年断掉了。三四年之后，我发现学生不一样了，新一代人出现了。我觉得农大给我印象很深的就是学生要参与很多事。这一点同我在很多大学上课不一样，很多大学我觉得学生非常安静，听老师讲，做笔记。农大不是没有这样的人。但是学生的那种积极参与是一个常态，这一点我觉得是一个差别吧。以前我教英语的时候，要讲语法，很无聊。现在我知道教英语已经根本不是我20年前当老师那个时候的样子了，这就说明的确是有很多变化。

我的启蒙老师告诉我："别人说'聪明反被聪明误'，但我要告诉你：'聪明永被聪明误。'"这句话我受用一生。"聪明反被聪明误"是说你很聪明，但有时候反被聪明误；但他告诉我"聪明永被聪明误"的时候我真的体会到了，所有的"聪明"都是小聪明，不要以为别人努力了你不努力，你只是因为"更聪明"，你就能做得比别人好。不是的，在某件事上你可能做得比别人好，但最终会算总账的，过段时间你会发现你省去的事只能重新做。多数辛劳是绕不过去的，所以我不相信"聪明"，我相信勤奋，文科尤其如此。

我认为这个话的道理在于它适用于所有人。你如果是学数学的，学物理的，那你应该非常聪明。一个数学家二十八九岁的时候就可能已经很有成就了，过了这个时间没有成就，也该考虑改行了。但是文科不一样，文科是积累的，很多人都这样说。李敖怎么批评韩寒？李敖说韩寒进入学术界就不行，因为你得知道汉代什么时候成立的，唐代什么时候灭亡的，不是聪明就可以想得通的，你只能博闻强记，必须靠积累堆起来，用知识堆起来。怎么堆知识，你需要有一个好的导师指导你怎样把这个大厦垒好。靠拍拍脑子说"我什么书都看"，因为我勤奋，没有这样的学法。刚做学问的时候都觉得我什么都要知道。读博士的时候都是听到什么东西就要学什么东西，那是不行的。必须 discipline，被训练，被纪律，实际上就是要有路数。尤其是论文题目，什么题目重要，什么题目不要做，这对导师来说是一个大的责任。实际上就是教你吃饭，就是家长教小孩吃饭。我觉得研究生在学术上就像一个不知道怎么吃饭的孩子。要教他吃饭，让其毕业时学会吃饭，渐渐知道"我要吃什么样的饭"。教学生学会"吃饭"，是导师的任务，是一个老师经过很多经验提出来的东西。你若说"我靠我的聪明，会把社会学做好"，我肯定不同意。你当然要聪明，但是靠聪明是不够的，而且是远远不够的。你看陈寅恪的文集，看他怎么做一部读书笔记，全是硬功夫。我有一次有幸向一位学界名宿请教。我问他："汪老师，我们都非常佩服您，您到底是怎样做学问的？您有什么样的绝招、捷径？"他回答非常简单："没有。"我相信他，你肯花时间，我只能花更多时间。鲁迅也这样说，对不对，哪里有天才？

6. 大学教育和社会学的前景

我经常跟不上大学的变化，我也试图亦步亦趋地跟着制度安排，但这并不意味着我没有反思。还是那句话，我觉得很多情况下是非正式的网络更有效。完全对正式制度进行亦步亦趋的配合，实际上很不利于学术本身，制度变化也太快，很多事情来不及适应。中国大学现在似乎在全面发展，但潜在的危机是非常明显的。如果对大学体制很适应，很愿意迎合它的评价体系，就很可能出问题。学者应该与正式的系统保持距离，否则没有反思，也就称不上学者了。

中国社会在发生很多变化。这种变化使制度不断处于制作中，使正式制度不断地在变动。今天和明天会很不一样。这不光是中国的事儿，这是全世界的事儿。全世界大学的知识生产，现在已经高度资本主义化、高度商品化。这个过程的后果，就是摧毁大学作为象牙塔的身份，让它成为一个短平快的科研部门，让投入的每一分钱都变成可以量化的东西，叫效益。这对知识本身的创造和传递很不利。

我曾经听过一个法国哲学家的讲座。他说，从科学史的角度看，如果科学跟技术结合得太紧，科学就会停滞。科学史上所有重要的科学发现，都是在很久以后才应用的。瓦特发明蒸汽机，那只是技术改革，原理早就被发现了。换句话说，如果你太重视应用研究，你就很难有科学意义上的创新，你只是在技术革新而已。20世纪最明显：几乎所有重要理论如物理学知识都是在1950年之前出现的，相对论、大爆炸理论、量子力学。我们现在还没有提出有相当量级的知识，就是因为知识跟技术太紧密。社会学也是一样，太多应用研究，对学术本身、对教育本身都是很不利的。

有三个我的同代人，他们写过一篇文章，提出了当下中国社会学四大误区。第一个误区是以美国为代表的西方理论盛行。第二个误区是朴素的经验主义，以为无须理论思辨单凭在村里待着就能出理论。第三个误区是政策研究压倒基础学术研究，结果没有创新。他们还特别举例子说，"三农"问题做了这么多研究，学术贡献却乏善可陈。第四个误区是，重生态研究轻心态研究，就是只研究形态、制度，不考察人心。我非常同意，我觉得四个误区都很深刻地存在着，很值得包括我们系在内的社会学同行进行反思。我认为过度重视应用研究、政策研究，可以给教员带来充足的课题，也可能为一个机构带来一定的影响，但对大学、对学科都是不利的。

对于社会学这个专业，大的方面我跟社会学主流是一样的，干一行爱一行，干什么吆喝什么，一般都说"我这学科比较重要"，这一点我是同意的。社会学、人类学、民族学这三个我涉足比较多的学科里面所讲的那些基本东西是共通的。但是我觉得人在本科的时候应该把自己按照通才去培养，虽然我们的教学计划做不到这个，我们学校也没有实力提供很多人文课程。不能因为你学社会学，其他学科就都不对、不重要，每个学科都有道理，什么学科好，什么学科不好，这是一种偏好。

至于学科该怎么办，这个问题太大了，我没有资格谈。但我觉得问题其实非常简单，就是现在五花八门的东西太多，课题、经费、学科点、评比、奖项，很多很多，却忘了最重要的事情。其实大学里只有一件事，就是教好书。所有其他的事儿都应该为这件事服务，所有资源都应该向教学倾斜。即使是校长开会，也不能让老师停课。教学最大，不以教学为本，就是舍本逐末。一个大学如果没有把它的评价体系和激励机制的重点放在教学上，它就脱离了教育这个最基本的职责。一个大学的各级管理者，要有意识地抵御知识生产的资本主义化潮流，捍卫大学的精神，处处以教育为本，这样才是对历史负责。不知疲倦地大干快上，迫使学者轻教学重科研，那不是一个教育管理者的境界。小到说社会学，不管是农大社会学还是哪儿的社会学，最重要的事情是培养人，是上好课。不是只培养社会学家，而是在不同阶段的教学中，培养合格的毕业生，有担当的知识人，有独立思考能力、处理问题能力和解决问题能力的人。重视教学，不迎合上面的各种评比、考核、动员，不做表面功夫，不去瞎折腾。这样才能安静下来，才能好好教书，才能培养人。大学不是公司，要回到教学这个根本上来。

例如排名的问题，我不以为然。中国有这么多社会学系，农大算是名列前茅。这当然是好事，但排名不能说明所有问题。排名是给管理者看的，因为管理者只能跟数字打交道。我觉得一个系的好坏，同行口碑同等重要，什么专业都是这样。一个系不是关起门来办的，我们属于中国整个社会学共同体。一个系的一举一动，学界同行都看在眼里。这个专业能走到哪里，也要不断经过同行评议，同行往往会有更公允的评价。

今天大学这个样子，有国内的原因，有国际的原因。我觉得片面国际化是原因之一。中国强大了，但心态仍然自卑，什么都要跟别人比。大学追求大干快上，追求排名、论文发表量，看重这些指标。我说片面国际化，是说我们的国际化，只要求科研国际化，不重视教学。更不可思议的是，只要求学者国际化，不要求行政、后勤、管理国际化。中国大学的非教学科研序列，从官员到普通官僚、办事员，基本停留在 20 年前的状态。以这种管理方式要求一线学者达到国际水平，不是天方夜谭，就是杀鸡取卵。你如果在一个发达国家的大学任教，几乎不需要管一分钱，全部由专职助理负责。如果你也管报账，领导会批评说，雇你不是为了让你干这些事儿的。2014 年，我们请了一位美国教授来做讲座。他说在他们大学，职员最重要的评价标准是让教授满意。这个标准，我们想都不敢想，但是我们要跟这些美国教授在同样的期刊上竞争发表机会，我们的学校要跟这些大学在同样的评价体系中竞争排名。农大行政和后勤部门里的人好像特别喜欢你，总是希望你不断来求他们，有时候当场发明新制度让你再跑几趟，有的新规定一下子追认过去好几年，不知道这么做的法律依据是什么。总之，很多人毫不介意挥霍你的时间，因为他们觉得自己是管理"一线工作者"的。有人告诉我这是中国特色，我无法同意。我在四所中国大学工作过，并非都是这样。

我们现在担心的是专业学生流失，本科生到了二年级的时候就有人选择转专业走了，还有你们高考时候可能很少第一志愿报社会学。我觉得这个问题跟社会学本身关系很小，就是把芝加哥大学全系的老师都找来在农大上课，照样有学生流失，这是肯定的。我觉得叫"流失"不太好，应该叫"沟通"。我觉得学科意识、专业意识是好事，但它不应该限制住人对知识的涉猎。总的来讲，我主张你对什么感兴趣你就去看什么。你如果想调到经管学院或者说什么学院，我只问你一个问题，就是你是否对那个东西更感兴趣。你说，"哎呀，那更好找工作"，那就有风险，因为"穿上袈裟事更多"，你换了那个专业，可能同样没有兴趣，学得蹩脚，只能硬着头皮做。

70 年代末第一批上大学的学生，头等志愿都是文学、哲学、历史。像今天流行的学科，如法学、经济学，当时并不是学生的首选。今天大学有很多专业，但我仍然认为，就文史类讲，本科还是应该学习文、史、哲、法、经、社这六个专业中的一个，其他专业都是这些专业的延伸。但社会学没有直接对口工作，所以不可能受追捧。

中国社会不太重视"真诚"这两个字。人可以对不起自己，这一点我觉得也是中国人的优点。我有同学说"我可不可以在北京一个什么大学读一个博士"，因为他的小孩要在北京上学，他就要在北京读个博士拿个北京户口。你看这个人多有奉献精神啊！为了自己的小孩，会对不起自己读博这几年，"啃"些根本没兴趣的东西。而且，他挂了博士头衔，将来可能仍然没有能力做什么研究，白白浪费了学位。所以，在这一点上，中国人并不自私，他为了孩子着想，这是常态。

我会说一些不主流的话，对自己的文化不盲目崇拜。我常说，如果你觉得四书五经是人类最高成就，什么文化都不如我们中国的老祖宗，那你就去中文系、中国哲学系，或者去当传播学院的院长。如果你对其他文化感到好奇，想了解它们，想诘问自己，那你就来学人类学，因为人类学的目的在于通过理解他人认识自己，是克服文化中心主义的利器。我也不喜欢鼓弄什么"情怀""感动"，我觉得这跟研究没有什么关系。做学问是个人的选择，每个人都有很个人的原因，谁都有情怀和感动，但学术共同体的沟通语言并非谈这些个人原因，而是要拿出冷冰冰的事实，进行理性的争论。你弄错了被反驳，被拒稿，被否定，你只能认错纠正，这很残酷。"大道如青天，我独不得出"，做学问要不断反思、质疑、否定，我想这是职业病吧。学生创了一个群，叫"我不跟学者做朋友"，也把我拉进去了，很吊诡。他们创这个群的理由是，学者只告诉你问题在哪儿，却拿不出解决办法。潜台词是，要么你别告诉我有问题，要么你给我出路，只是指出问题所在，有点没事找事的意思。这个说法有意思，我觉得这是应用、政策研究导向的后果，好像指出问题拿不出方案，就不算高明。但无论如何，做学问，尤其是做社会学，有那么多令人担忧的趋势，没办法没事偷着乐。

7. 每个同学都在谋划自己的生涯

我们上大学的时候，还认为自己是天之骄子。每年全国只有62万人上大学，包括大专，人少工作多。但是你们已经没有那么多朝气了，不是你们的原因，是因为大学生太多了，向上流动已经很难，上面已经固化，很难吸收新成员。李强教授有一篇丁字形结构的论文，说每个阶层的人士都很少，只有最底层的人多，很有解释力。我很希望有能人拿"六普"的材料再算算，看看向上流动的通道是否有些变化。你们有上千万大学生，你们看的问题就特别实际，就会没有天之骄子的豪情。我们这样看你们，我们的老师何尝不是这样看我们。我记得很清楚，我的一位民俗学老师，现在快 80 岁了。他 20 年前 60 岁不到的时候给我们讲，说他是新中国成立以后的第一代大学生。他说："我们毕业的时候说，苏联有三个'斯基'，都很短寿的，但是三个'斯基'的人生非常辉煌。"当时他们真诚地希望，如果一生能做出像三个"斯基"那样辉煌的事情，可以短寿，可以马上死。20 世纪 50 年代的大学生，真是充满了热情。他对我说："可惜你们这一代人不这样想。"他是中文系的资深教授，说"我们是非常有激情的"。后来我看《激情燃烧的岁月》的时候才明白，那个时代的人虽然物质条件匮乏，个人选择非常有限，但他们充满了热情，他们真的很有干劲。我的另一位老师，从来不去检查身体，病了也不吃药，不怕死。他们有崇高的情怀，对自己的人生想得很高，六七十岁了，仍然激情洋溢，仍然翻山越岭去做田野调查。他们不担心没人鼓掌，对人生想得高远。而到了我们呢，做学问就成了怪人了。我在他们看来，过于保守、稳健。老师批评我，不要想什么后路，有后路就会真的退而求其次，走容易的路，一生就在退却中渡过。要有"赤条条来去无牵挂"的豪迈，可以第二天回家种地，甚至可以第二天就离开这个世界，想好了就去努力。我还是听进去了，虽然未必做得到。我想，所谓"切实际"，实在是胸无大志的托词，跟那个"实际"没啥关系的。我经常听到学生说，"我不能做不切实际的事情。我要生存，我要生存"。这个社会实际上饿不死人的，那"生存"是什么意思呢？而 50 年代那个时候是可以饿死的，但我的老师为了理想不怕死。做事情没有热情——你们现在最富有的东西就是热情，如果你们也没有热情的话，还有什么东西呢？

任何时代都有不同意义的竞争。我那个时候，虽然一个人有好多工作让你选，但每个工作你都未必想去做，实际上的选择很有限。在公司、在机关、在企事业单位，都要跟领导搞好关系，跟同事搞好关系，人事很复杂。抽什么烟，什么时候递，怎么递，讲究多得很。甚至早晨上班先擦谁的桌子都有讲究。我们毕业的时候，有个同学被老师叫到家里，告诉他往后工作该怎么干：不要先擦领导的桌子，要先擦同辈的桌子；这个钱是给你的，你不能要，这个钱是给你们单位每个人的，你就不能不要……这种前景让年轻人不寒而栗，至少我觉得很难受，所以留在大学里到现在也不敢出去，因为在大学里还能执着，还能发发牢骚，还能不理会领导。我的不少同代人，应该有很多人已经适应那个不寒而栗的社会了，甚至如鱼得水。中国政法大学有个副院长，为毕业生送别的时候，讲了些话，说的大概就是这种担心，担心"江湖险恶"，更担心学生毕业以后，最终会沉沦在江湖。庄子说相濡以沫不如相忘于江湖，我想大学应该是相濡以沫的地方，江湖的水让鱼难以生存，只有改变自己，变成两栖动物，甚至上了陆地就回不去了。所以，我们这些留在大学里的人，可能是惧怕那个让你改变的江湖吧。这是我选择大学教员这个简单生活的主要原因。在这个意义上，我的确是这个时代的败者，隐遁或许是无奈的选择。

学生当然最关心自己的生涯、自己的未来。我觉得一个原则就是，若在这个环境中随大流，你的机会就减少了。如果你跟身边的同学做的事差不多，那你就会跟他们差不多，肯定就是这样的。所以我希望一个班二三十个人，每个人做的事情都跟另外一个人做的不一样。这样大家不同，才有竞争力。你的热情可能会成为你的职业，你要这样想。你打游戏都可以打得很好，都可以赚钱，有很多人打游戏赚钱。我有个同学喜欢看电影，上大学的时候天天去看电影，逃课逃得很厉害。后来她去干吗了呢？去了时代华纳，研究中国的电影市场，研究引进什么大片，看电影成了她的工作。我还有个同学喜欢看球，喜欢姚明。他毕业的时候，新浪刚建立没多久，他去做体育编辑。他说他都是晚上工作，天都亮了还在编辑，因为美国那边的新闻是这边夜里发生的，看篮球成了他的工作。我想大学生大概不必要也不可能都成为金领、高管、政要、大律师，但要敢于喜欢，敢于钻研，热情会让你的兴趣成为你的职业。如果你要稳健，硬着头皮去学不喜欢的专业，那么去学法律、会计、金融，不失为好的选择，因为你永远都有工作，什么机构都缺这种人。这是另外一种，就是工作跟生活分开的。

有一次我跟同事在一起吃饭，在一个废弃的跑马场，很漂亮。出来之后，天都黑了，灯火通明，一排人在马厩改装的场地打高尔夫球，双手拎着球杆。球从地上冒出来，"啪！"打出去，再冒出来，"啪！"再打出去。他们开的全都是好车，但玩儿的东西却如此无聊。有人问"What's the fun?"这有什么好玩的？不就是球冒出来，你打一下，再冒出来，你再打一下，你还要付天价会员费。但是有一个一起来的同事，一个在美国的越南人，他说，你要知道世界上有两种工作，一种工作和生活没关系，一种是有关系，我们就是工作和生活有关的人，你按你的兴趣随便看哪本书，都有人给你发薪水，够意思了。但我们也过度工作，学者都是过度工作，没有工作时间、没有下班时间，每天都工作十几个小时。因为我们爱好这个东西，是工作也是爱好。而打高尔夫球的那帮人，"他们恨死自己的工作了！"谁喜欢打官司告状、计算数字？但是他们可以下班，关上办公室，就过上一种跟工作毫无关系的生活，如打高尔夫球。对他们来说，是享受，又彰显身份地位。我们学者呢，回家还是看书，很穷酸的样子。选择工作没有高低之分，但有你爱好不爱好之分。学者都是爱好自己工作的人，没有学者因为做学问致富，但你在做自己喜欢的事情。

我希望你们找到自己爱好但不会让你富有的工作，或者自己痛恨但让你富有的工作，各有各的活法。如果你能找到自己喜欢又能致富的工作，这个我最高兴。我曾遇到过一个捷克人，在阿尔卑斯山开一家滑雪培训学校，冬天教游客滑雪，其他时间环游世界。这个工作好，既能致富又是你的爱好，还健康得很。希望你们都能成为滑雪培训学校校长。

8. 遁世者的意义

我曾经研究过"隐士"这类人，写过几篇文章。年纪不大的时候，听一位自动化领域的知名教授做报告，说什么是人才。一棵树在森林里，不为人所用，不能说是"木材"，人也一样。当时觉得很有道理。研究隐士之后，我发现这位知名教授的话有代表性，代表了近代以来全中国乃至全世界的一个总体趋向：反隐。中国最早研究隐士的学者蒋星煜先生，在民国时期就写了一本《中国隐士与中国文化》。他在书里讲了大量隐逸的故事，末了却诘问道，真不知这些人有什么用。其实，社会学、人类学就能说出道理来：隐逸不是中国独有的，很多大文明都崇尚隐逸。路易·杜蒙有一篇文章叫《印度各宗教中的遁世修行》，认为在古代印度社会，人的意义就在于遁世者与世间人之间生生不息的沟通，遁世者因此有着返照世界的意义，甚至赋予世界以意义。在他的另一本书《论个体主义》里，他分析了欧洲历史上的遁世修行，发现在公元前后基督教兴起的时候，获得宗教道德生活的方式也同样是遁世，基督徒要脱离世界才能成为基督徒。从基督教成为罗马帝国国教开始，到启蒙运动乃至今天，这个有道德生活的人才从世界之外被请回世界，用了整整1700年。如果说，在印度想成为自己你必须遁世，那么在欧洲想成为自己则不用再这么做，整个世界的安排已经建立在允许你成为自己的构架之中。这就是每个人今天都十分清楚的一种意识形态：个体主义。

中国以及很多大文明，都因为西方的强烈影响而不再理解自己文明中的隐遁含义，所以才有上面所说的自动化教授与历史学家的论点。今天你去终南山，仍然有很多隐者，但他们已经不再有力量。而在中国历史上，隐士的地位非常重要。他们不仅人数众多，而且在帝国书写体系的重要文献中占据重要位置。《论语·微子》《孟子·万章下》都专门讨论隐者。《史记》将《吴太伯世家》列为世家之首，将《伯夷列传》置于列传开篇。《后汉书》更创制了"逸民"传。此后，有十五部正史设有隐逸传、处士传，地方志中的隐逸传记更是不胜枚举。此外，士大夫的其他著述也一向重视隐士。孔子、孟子、老子、庄子、刘向、嵇康、皇甫谧、韩愈、苏轼、朱熹、龚自珍，都十分崇尚隐的价值。姜子牙、范蠡、陶渊明、阮籍、陶弘景、孙思邈、王维、李白、陈抟、黄宗羲、王夫之、傅山……数不清的隐士塞满了中国古代文献的各个角落。且不论他们在政治、哲学等方面的成就，韩兆琦说，仅仅把"隐士所写的诗，和其他人所写的与隐士或与隐士生活有关的诗加起来，其总量恐怕要占到古代诗歌的三分之一"。隐士显然是一种极其重要的社会意识。

古代统治者无不尽量求得隐士的支持。以最受推崇的伯夷叔齐为例，《史记》上说，他们叩马而谏，批评周武王不孝不仁，可是武王不能惩罚他，只能由姜太公"扶而去之"。"武王全夷齐之志"从此成为隐士的基本含义，正史中但凡有隐逸传，几乎都会提到这一点。这个样板表达了一个重要的社会意识：帝王有义务成全隐者的志向，甚至要对隐者低眉顿首。这样的帝王不胜枚举。尧让天下于许由而遭到许由嘲讽；文王要挽姜子牙走路；晋文公"以绵上为之田"，追悔自己对介之推犯下的过错。王莽对向子平、刘备对诸葛亮、司马昭对孙登、梁武帝对陶弘景、宋真宗对种放、朱元璋对刘基、康熙对黄宗羲，都要低眉顿首地去请，请不出来也无可奈何。似乎，每个隐士背后都有一位贤君或者自命贤君的帝王。《梁书·处士传》这样评价说："自古帝王，莫不崇尚其〔处士〕道。虽唐尧不屈巢、许，周武不降夷、齐；以汉高肆慢而长揖黄、绮，光武按法而折意严、周；自兹以来，世有人矣！""光武按法而折意严、周"的例子最能说明问题。刘秀虽然"侧席幽人"，但仍然有不少为士者决心隐遁。有个周党，被光武帝引见时"伏而不谒"。博士范升奏毁他，刘秀却下诏说："自古明王圣主必有不宾之士。伯夷、叔齐不食周粟，太原周党不受朕禄，亦各有志焉。其赐帛四十匹。"刘秀想请严光出来做官，更几乎到了低三下四的程度。

为什么隐士如此重要？就在于他通过遁世而使得世界有意义。将入世的官绅与出世的隐逸放在一起考虑，可以发现士大夫的一项更为基本的价值观——"道"。在《论语》里，孔子说："笃信好学，守死善道。危邦不入，乱邦不居。天下有道则见，无道则隐。"他赞扬蘧伯玉说："邦有道，则仕，邦无道，则可卷而怀之。"他又说："士志于道，而耻恶衣恶食者，未足与议也。"他高度认同颜回的做法，对颜回说："用之则行，舍之则藏，惟我与尔有是夫！"根据余英时先生的研究，"士志于道"是孔子时代新出现的历史情况，不仅儒家提出"道"的问题，墨家、道家也都深入地讨论过道的问题。此前的"士"仅指"有职之人"，各种职所具备的"道"是不同的。西周封建秩序解体后，原在贵族最下层的"士"沦为四民之首，这使曾经"思不出其位"的"士"产生了一种超越精神。余英时借用章学诚的观点指出，孔子成为中国思想的核心，是因为他和先秦诸子一起创造了"道"这种新的超越性知识。从"道"的性质理解"士"，继而理解儒家对于出世与入世的种种态度，可以让我们看到，绅的消极与隐的消极要放在"道"的概念下考察：士可以"仕"也可以"隐"，因为两者都服从于一个目的——"士志于道"。正是"士志于道"，使得"士"独占了想象世界的可能，获得了一种超越性。

我说这些，与社会学、历史学和人类学界有关"士绅"的研究有关。费孝通、张仲礼、何炳棣等人开创的"士绅"研究，后来被美国学者周锡瑞、孔飞力的"精英"模式所取代。我曾向孔飞力先生和他的学生杜赞奇先生当面讨教过这个问题。他们当然坚持自己的模式，谈话也非常有启发性。但我自己感觉，"士"所蕴含的"道"的问题，不能被"精英"这一充满"权力"的概念完全取代。因为士的全部力量在于他无"权力"，而精英可以无德但必须有权力，所以连土匪都能算上地方精英，这会让"士绅"变得不可理解。所以我分析隐士，试图说明这个毫无权力、算不上地方精英的人，乃是"士"的理想、"绅"的反面。

实际上，隐的问题可以进一步让我们思考所谓的知识分子在近现代以及当代的演变。这跟我对宗教的兴趣直接有关。即，解释世界不能仅靠"权力"，不能成王败寇，单凭权力无法形成社会所需的团结，还需要内心的认可，对"德"的认可，对价值的认可。守"道"是遁世者的意义。遁世者通过疏离这个世界而获得价值。这不仅是世界各个文明的经验，也是中华文明的经验。我没有遁世，也无力遁世，但向往遁世。

曹玉泽、李才怡、杨雪映、辛育航　采访整理
梁永佳 2015/03/10　修订定稿

潘 璐

作为中国农业大学社会学系最年轻的教师,同时也是社会学系毕业的学生,我对社会学系的记忆可能有着与别的老师不同的视角和情感。2000～2004年,我在农大社会学系度过了本科四年的时光;2004～2012年的研究生学习阶段,我在系别归属上离开了农大社会学系,但是我学习的专业和兴趣并没有离开"社会学"。2012年6月参加工作时,我重新回到这个系,感觉就像求学多年的游子回到故乡一样亲切和踏实。系里的很多老师曾经给我们授过课,我还依稀记得他们在讲台上的睿智风采和讲台下的和蔼可亲。时光如梭,一转眼我已经从社会学系本科毕业11年了,也从一个青涩懵懂的学生变成了一个年过而立的老师。当初大学梦想起航的地方,也正是今天蕴育新梦想的地方。这样的巧合让我无数次感慨自己的幸运和人生的奇妙。

1. 大学忆往

  在高考填报志愿时，我的第一志愿选择的是法学专业。当然，在填报志愿时，我对专业本身认识得并不充分。后来也是机缘巧合，我没有被第一志愿录取，而是被调剂到了社会学系。这也是我迄今的成长道路上最幸运的一次改变。因为，在社会学系，我更好地认识了自己，也找到了自己的兴趣、爱好与人生追求。然而，这种对专业的认同和内化并不是一开始就形成的。和每位初入社会学的学生一样，我自己也经历了很长时间的思考，甚至也出现过迷茫和动摇。在2000~2004年读大学的这段时间，我认为，社会学系在教学和实践各方面的水平与现在相比存在一些差距，似乎在大学期间我没有充分领略社会学的风采，也没有发现自己进入这一领域的可能。就拿实践教学来说吧，回想起来，我们这一级学生在大学四年中的实践机会其实是比较少的。给我印象比较深的有三次实践经历（也许是仅有的三次实践吧）。一次是在王冬梅老师任教的社会工作课上，王老师带我们参观了北京慧灵智障人士社区服务机构。那是一个在北海公园后边胡同里的草根NGO。那次实践是我们第一次近距离接触残障群体、了解非政府组织的运作。后来我的博士论文以农村智障人群的生活世界为题，也和那次实践课上对智障群体的初次了解有着一定关系。第二次课程实践是在张大勇老师任教的社会保障课上，张老师带我们参观了北京四季青养老院，了解北京城区老年人的机构养老状况。第三次社会实践是在朱启臻老师的农村社会学课上，朱老师带我们去了北京郊区的一个民俗村（具体村名已经忘记了）。我们坐长途车到达时，已近中午。由于时间有限，在民俗户家中用过午饭、与农户简单交谈之后，同学们就只能快马加鞭回程，对村庄的认识非常粗浅。除此之外，我印象中就没有其他社会实践，特别是与农村社会相关的实践机会了。也许是系里当时的师资条件、科研经费和课程设置有一定局限性，我们的大学四年主要是在教室里度过的。有些专业理论课由外聘老师主讲，例如西方社会学理论课是由北大的一名博士生主讲的。我所理解的社会学不仅是一门理论性、思想性很强的学科，更是深深扎根于社会、有着强烈现实关怀的学科。所以在本科学习过程中,实践环节的相对缺乏使我自己在大四的时候陷入了一种迷茫。一方面,作为一个比较感性的人,我总是希望在现实生活中找到学习和思考的动力,把理论与实践相结合;另一方面,身为农业大学的学生,又处在当时的"三农"热潮中,总有着投身田野的冲动。于是,大四做毕业论文的时候,我决定冲动一把,自己去一次农村。

当时的本科毕业论文并不是一个严格的专业训练课程。如今,社会学系本科生在准备毕业论文时,首先要进行毕业论文设计的课程训练,其次要经过选择导师、开题、中期考核、论文答辩等一个严格的过程,论文写作过程中也有导师进行细心指导。而在我读大学的时候,学校和系里对本科毕业论文的要求并不严格,也没有一个较为系统的专业训练过程。所以大家的毕业论文选题真的是五花八门,有人写广告营销,有人写城市清洁工,甚至有人临时抱佛脚,在答辩之前才最终定下题目。作为一个生活在城市的孩子,我对农村的认识只是民俗村的那"半日游",只是老师的口口相授。我很希望在做毕业论文的时候真正去一次农村。睡在我上铺的姐妹——关艳芳同学——的老家在河南安阳农村。在她的帮助下,我计划了这次田野之行,也是我人生中最难忘的一次旅行。当时从北京到安阳只有一趟从北京开往四川绵阳的绿皮火车,车票特别难买。火车上挤满了回四川和河南的务工人员,暖水壶、蛇皮袋和油漆桶把整个过道塞得水泄不通。我用了半个小时时间从座位挤到了门口,在凌晨3点到达了安阳。关艳芳有个女同学在安阳师专读书,于是我在火车站打了一辆黑车到了安阳师专,悄悄翻进校园,在那位女同学的帮助下混进宿舍,第二天早上又坐长途汽车去关艳芳老家的村子。这段经历在很多人看来也许不算什么,但是对于一直生活在城市、从没有自己去过农村的我来说,的确是一段新奇的旅程。寄宿在关艳芳家中,她的家人给了我很多帮助。其间,我由于不适应环境而高烧几天,都是艳芳的妈妈在旁细心照顾。这份情意我一直铭记在心。也是在这个村子里,通过对村民、邻居的访谈,我第一次接触到农村劳动力流动这个话题。当时的毕业论文就是以《劳动力流动对农村社区的影响研究》为题。虽然研究设计很不成型,论文写作的质量也很差(遗憾的是当时没有电脑,我自己也没有留下原稿),但是第一次亲近农村、从实地中获得研究问题,主动进行思考,这种体验让当时的我很是振奋。在差不多十年之后,我还在从事农村人口流动与留守人口方面的研究,也许这颗研究的种子就是在做本科毕业论文的时候种下的。在这次田野之行中,我也第一次接触到农村教会和农村妇女的宗教信仰等现象,第一次在乡镇集市上剪了头发,从内而外地收获满满。

2. 研究生学习:寻找实践的田野

差不多也是这次农村实地的经历,让我决定继续从事跟农村社会相关的学习和研究。而把我推向农村社会以及后来的农村社会学研究的另一个推力,是大四的时候在电视上看到的关于乐施会在甘肃扶贫活动的报道。这种以社区为基础的参与式减贫活动给了我一种耳目一新的感觉,好像突然发现可以以一种介于研究和行动之间、介于理论和实践之间的方式接近农村、了解农村,进而服务农村。作为大学生来说,我或多或少都有一点抱负,想要给这个社会特别是农村社会带来一些改变,为农村社会和农村人口做些事情。于是在后来的研究生学习阶段,我转向了另一个方向——农村发展管理。农村发展管理专业是一个非常年轻的专业。作为一个交叉学科,它的理论体系和实践方法与社会学有很多共通之处,但是它对实践性的强调让我获得了很多实践学习的机会和经历。比如说,2004~2008年这段时间,我一直在参与由我的博士生导师叶敬忠老师协调的,在河北省易县四个村庄开展的参与式社区发展项目。虽称之为"项目",但入手的都是非常细节的事情,比如农民的能力建设、电脑技术培训、种养殖技术培训、农户生计调研以及周转金的发放和使用等等。这些项目活动的落实需要与农民经常性地互动交往。通过这种互动,农村社会展现给我一个由不同行动者交织而成的独特结构场域。这种经历也为我后来的农村社会研究提供了一个更广阔的窗口。

实践经历和研究之间是存在很大区别的。如果说真正开始做农村社会研究,我觉得应该是从2004年的冬天开始的。2004年12月,我第一次跟随研究团队参加"中西部农村劳动力外出对留守儿童的影响研究"。这次研究是在北京延庆县八亩地村进行试调查，在宁夏、河北、陕西进行正式调查。这是我进入研究生阶段学习后，第一次比较系统地经历了从选题、研究设计、试调查、正式调查、数据录入与分析到调查报告撰写这样一个研究过程。这次研究经历给我的最大体会就是，一个好的研究最重要的是严谨求真的研究精神和立足于现实的研究问题。在北京集思广益设计了调查问卷和访谈提纲后，研究团队来到北京郊区的八亩地村进行试调查，从问题的适用性到问卷中措辞的使用逐一进行验证、推敲。白天我们入户调查，晚上集中到住宿的某一农户家里进行讨论，每天晚上都会围绕问卷问题和现实发现争论到很晚。印象最深刻的一次，晚上7点吃完饭之后大家就开始坐在炕上讨论，讨论的气氛非常活跃，但争论的内容却很严肃。等全部问卷中的所有问题都讨论结束后，已经是第二天凌晨5点多了。从这一农户家出来，天上飘着雪，大家一边唱歌一边跑步回到各自住宿的农户家，小睡一会，早上8点又继续入户进行补充调查。这次试调查的经历对于我是一个非常难忘的训练，也是很好的研究开端，因为在此之后我所经历的农村调研几乎都保持了这样一种过程和传统。实地调研过程中，研究小队每天要集中对当天的所见所闻和所感进行讨论和分享，这种讨论也让我们碰撞出许多火花和研究的灵感。

在后来的正式调查过程中，我和带队老师、研究生同学一起到了陕西省西乡县柳树镇大沙村。这次调研给我印象最深刻的是一个小男孩。当我去他家时，他正在练习用左手写字，他的右手缠着厚厚的纱布。这个男孩一直很沉默，我问他"你的手怎么了"，他也不回答。闲聊了几句之后，我问他"你爸爸妈妈在哪儿打工啊？你觉得他们出去打工好不好啊？"他还是没有说话，而是蹭蹭地跑开了，拿了一个小盒子给我。我以为是他藏了什么宝贝，就把小盒子打开了，结果盒子里是他的一截手指头。父母外出之后，爷爷奶奶在家照顾他，奶奶患有高血压，爷爷又要忙地里的农活，有时就疏忽了对他的照管。一次他趁爷爷奶奶不注意时，跑到地下室里玩铡草机，把手伸进机器，切断了手指。就在我到访的时候，他的右手还包着纱布。虽然他不想用语言跟我交流，但是从他的眼神中，我似乎能感觉到他当时的害怕、恐惧和不知所措。因为担

北京延庆县八亩地村：2014年春带领社会121班进行农村社会学课程实践

心儿子儿媳在外着急，爷爷奶奶当时还没有把这件事告诉他们。而这件事毫无疑问已经在年幼的孩子心里打下了深深的烙印。这个男孩的经历特别是看到那个装着小小手指的盒子，给了我很大震撼。自然科学强调价值中立，而在我看来，社会科学，尤其是社会学研究，是无法也不应该价值中立、情感无涉。这个男孩的故事让我明白，研究者和研究本身必须包含和体现一种现实关怀。对我而言，这种关怀最根本的就是每个个体生存的尊严与权利，而这种尊严却往往被各种结构性力量拉扯、撕裂。对于人有尊严生存的关注，也是我逐渐在实践和研究经历中所探索出的对于自己和社会学的定位。

后来我又跟随研究团队参加了一些其他的农村调研活动。在农村社区和农户家里获得的见闻、了解到的地方知识，跟坐在书桌前、从书本上获得的知识是完全不同的。对于我自己来说，在研究生阶段，社会学理论知识的学习相对薄弱，但我收获了在农村社会的生活经历和在实地开展研究活动的经验积累。这种生活和研究体验对于社会学研究和理论创新都是非常重要的前提和基础，对于研究者个人来说更是一笔宝贵的

2014年夏河南新县刚店村：带领社会学系本科生进行小学期综合实习

人生财富。在丰富了自己的实践经历之后，我愈发体会到实践和理论对于社会学研究相辅相成、不可分割的重要作用。所有的理论创新与演绎都根源于社会现实，这种现实性根基不一定是满身泥土的田野实践，不一定是与老乡面对面的访谈，但一定是研究者自身对社会生活的切身观察、体验和思考，一定是出于对社会中真和善的追求。就如同没有生活的作家成不了好作家，没有生活的社会学者（特别是农村社会学者）同样也束缚了自己想象力的延伸。我在自己有限的研究经历中总结出的一个小小心得就是，一个深入的社会学研究往往源于某个最让人感触、最让人疑惑或是记忆最深刻的社会现象。我后来所做的和正在做的研究，很多就是来自在农村生活经历中的这灵光一点。这并不是说我自己的研究做得多好，而是想说，永葆对生活的兴趣和关怀对于社会学者来说，既是一种素养，也是一扇宝贵的窗户。我的博士论文研究——农村智障人群的生活世界，就是来自我在农村社区的发现感悟。为了找到自己的研究灵感和选题方向，我和几个研究生同学住到了河北省易县的桑岗村，白天参与观察村民的生活和社区公共事务，晚上讨论分享。我们住在不同的农户家中，每天轮流在不同农户家组织讨论。村里是没有路灯的，晚上讨论结束后，我们凭记忆摸黑回到自己住宿的农家。一天晚上，我们正在村头的一条小路上热热闹闹地聊着往回走，路上突然跳出来一个人，他长得特别黑，冲我们嘿嘿嘿嘿笑了几声，露出了白白的牙齿，然后说了一些谁也听不懂的话，发出一些呼噜呼噜的声音。大家吓坏了，谁也不敢搭话，就赶快跑回我们住的那家。回去向农户家的阿姨打听了之后才知道，这个人叫柳建军。阿姨告诉我们，"这个人呢就是个傻子，你们不用搭理他，其实他也没有什么恶意"。可是第二天我发现，村里其他人的说法却不太一样。有的人说柳建军其实不傻，他就是个哑巴；有人说他就是个傻子，因为他是个哑巴，不会说话。这样的回答让我觉得很奇怪：一个人傻不傻和他是否聋哑会有必然联系吗？如果按照医学标准，他只是一个哑巴，为什么村民评价的标准会有差异呢？就是这个奇特的经历让我想要去看看村里到底有哪些人会被别人称作傻子，智障是一种生理现象还是社会标签，他们的生活又是一种怎样的状态。所以做研究其实和政策、行动、成果都没有必然的指向关系，做研究更重要的是给研究者自身的好奇心一个交代，再用写作的形式把自己探寻的故事、解开的谜团扩散出去，分享给别人。更何况这是一个自身及其家庭都常常被高度边缘化的群体，而我一直深信社会学给我们的力量就是去认识和理解每个个体的价值和意义、尊严和权利。这个研究的可行性并不高，我当时也并不清楚要怎样去开展研究，但是这次经历和这个人给我的印象太深刻了。尽管在论文开题时，有不少老师提出了异议和反对意见，我最终还是选择了这个主题。

  关于农村智障群体的研究过程遇到了很多困难，这也是意料之中的。缺少相关文献、与研究对象交流困难，还曾经险些被村里的一个精神病人袭击，这曾在我的同学中传为笑谈。这个研究主题的确是对我的极大挑战，但也正是我的研究群体和他们的家人让我觉得自己的尝试是必需的、有意义的。比如，那个十七八岁、有一点弱智的女孩总是认真跟我约定见面一起玩耍的时间，认真得让一个成年人/正常人的客套敷衍无处遁形；那个60多岁聋哑大妈虽然不会说话，但总是向我打着手势，"念叨"她那两个久不回家探望的女儿；那个19岁的智障小伙子成天在村里疯跑，而他的妈妈在知道我爱吃玉米之后特意在锄草时掰了嫩玉米送到我住的农家。当然,你也会发现他们在乡村生活中受到的排斥和忽视,那个弱智女孩对村民和长辈的热情招呼几乎从来得不到回应,那个19岁的小伙子也只有和河套里赶鸭的驼背老人能成为忘年玩伴。这样的排斥和忽视发生在一个很大程度上还能够守望相助的共同体村庄,你会发现,智障人群的社会境遇固然受到自身生理特征的本因影响,但是他们的社会地位在很大程度上则是权力、文化和经济力量进行规制和建构的结果,它的存在源于人类社会对秩序与混乱的分类图式并因此生成排斥与污名化的社会认知。这个群体需要的不是歧视或者同情,而是来自整个社会的理解与同等对待。虽然现在我的研究领域已经远离了智障人群,但也许是由于这段与智障者相处的独特经历,在看到和智障者有关的事情时,我还是会特别地关注。

3. 回归社会学系

2012年夏天,我在博士后出站后通过学校应聘获得了在社会学系任教的机会。但是真正全面参加和了解系里的工作还是从2013年初开始的。再次回到社会学系,面对的同事中许多是曾经教过我的老师,感觉熟悉而亲切。甚至直到现在,在这些老师面前,我还是更习惯保持自己"学生"的身份。与此同时,系里各位老师多元的研究领域和丰富的学术成果更让我感慨、感叹。在我本科学习时期,社会学系给我的印象一是老师太少,二是没有体会到鲜明的整体特色(当然,也许主要是因为那个时候对各位老师的研究领域缺乏了解)。在课堂上,朱启臻老师对于农村、农业和农民的洞见让我们印象深刻,何慧丽老师的电影教学法至今还历历在目,孙津老师的比较现代化理论在当时听起来有些懵懂却让我第一次对"发展"这个概念有了思考……不同的老师各具特色与魅力,但是,如果有人问我"农大社会学系是什么",我很可能回答不上来。2013年到系里工作时,社会学系已经有16位老师。虽然每位老师依然有着自己独特的研究领域和方向,虽然每位老师的研究和教学都各具特色,但是,我能够强烈地感受到,现在的社会学系无形中已经有了一张自己专属的"名片",社会学系已经逐渐地发展、成熟。朱启臻老师一如既往地沉浸在农村社会学和农民问题研究中。与我本科记忆中的朱老师相比，他的学术道路变得更加坚定，他站得更高了，但是也和土地贴得更近了；孙庆忠老师依然那么和蔼可亲，深受学生喜爱，只是多年从事乡土文化研究、为正在失落的村落文明而增添了些许白发与忧愁；何慧丽老师的乡村建设运动做得风生水起，从兰考南马庄到灵宝弘农书院，在课堂教学和研究之外，她在不断摸索知识分子参与乡村建设的经验和路径；童小溪老师一直为人为学极为低调，他对城中村和城市外来人口生存的关切却是坚持不懈；我与吴惠芳老师接触较多，对她在农村留守妇女和农业女性化方面的研究也较为了解；除此之外，系里其他老师在社区建设、政治社会学、宗教社会学、教育社会学、文化人类学、消费社会学等方面的专长都显示出社会学系的多元性与无穷活力。

社会学系老师研究领域的多元性其实并没有逃脱一个大的范畴，那就是从不同的层面和视角关注变迁中的城乡社会尤其是乡土社会。社会学系的这种既统一又多元的整体特色，是我在本科学习阶段所不曾发现的，而这恰恰是过去几年间社会学系发展的脉络足迹。从另一方面看，老师之间研究领域和研究视角的多元性也体现了过去近十年间中国城乡社会所经历的快速而复杂的变化，每位老师的研究领域——无论是乡村建设还是城市化，流动儿童还是留守人口，农村经济还是城市消费——都是这种城乡社会变迁的某个侧面的呈现。

在这样一个大集体中，我自己的研究领域主要集中在农村留守儿童和小农研究这两方面。对农村留守儿童的研究兴趣由来已久，虽然2007年之后没有继续进行系统调研，但始终没有停止对这个群体的关注和思考，也在努力为留守儿童群体做一些行动性的支持。小农研究的领域却是由于机缘巧合而逐渐形成的。2011年春天，叶敬忠老师让我来协调负责荷兰瓦赫宁根大学社会学系杨·范德普勒格教授著作 *The New Peasantry* 的中文版翻译工作。范德普勒格教授也是我们学院聘任的兼职教授，他与学院的学术往来已久。但是我真正了解他、了解他的思想，还是从这本书的翻译工作开始的。在书中，范德普勒格教授对当下世界农业类型进行了划分，提出了小农农业、企业农业和公司农业的分类方式，并旗帜鲜明地提出，小农绝不应等同于停滞、落后或历史的剩余物，处于过程变化之中的小农农业不仅并未消失，还在巴西、秘鲁、荷兰、意大利等世界各地被不断创造、实践和深化。这本书从我开始翻译、译校到2013年出版，中间经过了将近两年的时间，之前还有很多研究生参与了翻译工作。对于小农农业和农业生产，我是一个门外汉。在此之前，我始终认为，研究农业是经济学家的任务。但是这本书的翻译给我很大的启发，既让我重新认识了小农，也对农业的社会属性有了全新的认识。书中描述的拉美和欧洲小农为抵制食品帝国、谋求生存而进行的创新、抗争与回应生动而鲜活，也逐渐将我引入农民研究这个古老而又纷争不断的领域中。在翻译过程中，我还跟随范德普勒格教授去河北的村庄做了一次实地研究。虽然去的是熟悉的村庄，访谈的对象也是非常熟悉的村民，但我却是第一次关注他们的农业生产和人地故事。他们对于土地的自然情感、通过土地实现的生计创新和经由土地维系的代际传承，都让我对小农农业生出由衷的敬佩和浓厚的兴趣。在那次实地过程中，范德普勒格教授在中国农村进行研究的精神也给我留下了深刻印象。从2010年开始，他每年都会来中国两次，从事教学和实地研究，而且每次都必定会到农村进行实地调研。他总是说，欧洲的小农农业直到今天才发展出作为农村发展动力的多功能性，而中国的农业却已将多功能性的传统保持了几千年。然而令人担忧的是，农业的多功能性在农业现代化发展的潮流中经受着挑战，中国小农的命运也随着城市化发展和乡村的巨变而面临未知的风险。

现在看来，无论是农村留守人口研究，还是小农研究，我的研究历程正在逐渐经历从描述性研究到解释性研究再到批判性研究的过程。在很长一段时间，我的研究视角都停留在解释性研究的层面上。记得2008年在叶敬忠老师组织的"中国农村留守人口研究研讨会"上，有一位与会者说，如果对于留守儿童的研究还停留在悲情描述的阶段，那么我们就只能看到一个个不幸的家庭，而看不到造成这些家庭不幸的社会的和历史的因素。的确，今天的农村社会问题已经远远超越了"农村"的范畴。我们已经无法用"农村"来界定问题发生的地域和背景，今天的农村和农民所遭遇和经历的显然来源于更大的社会体系对他们的影响，这种影响的呈现也绝不仅限于农村地域。大约是从2012年开始，我的研究和思考中开始更多地加入批判性研究的视角，开始学着从对现象和事物本身的关注中后退一步，反思现象背后的复杂因素。这种转变似乎也体现在我所在的研究团队不同时期出版物的封面上。从2008年"中国农村留守人口研究"丛书《别样童年》《阡陌独舞》《静寞夕阳》封面中的三个打动人心的人物，到2014年出版的《双重强制》封面中震撼人心的留守妇女群像，这些研究对留守人口现象的反思也变得越来越深入。

4. 走上讲台

我是从2012年春季开始参与社会学系教学工作的。2012年春季，我和何慧丽老师一起承担了社会学名著导读课程，从那时起也和朱启臻老师一起承担了农村社会学课程。讲授农村社会学这门课，我的内心是极为忐忑的。农村社会学这门课，一直以来都是朱老师在讲。农村社会学是一门非常重要的专业课，我的资历和水平无法与朱老师几十年的丰富经验相比，从朱老师手中接过这门课也是一项很大的挑战。从最开始只讲几次课，到后来承担大部分课程，这门课也逐渐完成了由朱老师向我的过渡。但是遗憾的是，至今我仍然在摸索一套有自己风格和特色的课程内容，还没有形成成熟的、让自己满意的课程体系，每一年我都在不断做着细微调整。从关注的领域和主题来看，农村社会学和很多其他专业方向存在交叉，例如发展社会学、发展研究、农民研究和农业社会学，这主要是因为当下的农村问题已经远远超越乡村的地域边界和农民日常生活的范畴。尤其是农业和农民问题的动态变化，使得教科书的更新速度远远落后于现实的变化，例如土地流转、农民分化和雇工制农场，这些现象的出现也不过几年时间。因此，在课程讲授中如何把这些多元理论（尤其是来自国外学界的）、多元现实与中国乡村社会变迁的历史相结合，是对我的一大挑战。而另一大挑战，或者说授课的困难，来自我们的本科生与农村的日渐疏离。一届一届的本科生对于农村的了解和兴趣正在逐渐减少，现代城市生活对于他们来说比以往更加理所当然，而发生在乡村和农民身上的事情在学生们看来正变得越来越遥远。

这也是在未来的农村社会学课程中需要面对的现实问题。

在我读大学时，我曾经因为无法在本科学习过程中更加真切地参加实践、了解乡村而感到失望；当我成为一名老师之后，我也希望在教学过程中为同学们创造更多实践机会。实践对于农村社会学的课程学习来说尤为重要。2013年的课程实践中，由于时间和经费的问题，我通过北京真爱教育基金的朋友联系了一家农民工子弟学校，安排同学们分两次到学校参加活动。同学们提前准备了针对农民工子弟学校幼儿园孩子的游戏项目和小礼物，并且准备了针对农民工和学校老师的访谈提纲，还走访了几个流动儿童的家庭。在实践结束后的课堂展示中，同学们讲述了他们对农民工子女的教育和生存状况的观察与体会，北京真爱教育基金的郭斌老师也赶来和同学们进行了互动与交流。通过这次实践活动，很多同学第一次近距离接触农民工子女的教育和生活环境，对农村劳动力流动和城乡教育不均衡现象有了更深的认识。在2014年的农村社会学课程实践中，我终于把同学们带到了农村，虽然是北京的农村。我利用自己的科研经费租了一辆大巴，带2012级的本科生到北京郊区延庆县珍珠泉乡的八亩地村做了一天半的实践活动。出发之前，我对村庄的情况做了简单介绍。同学们便分成三组，选择他们感兴趣的主题开始初步的研究设计。进入村庄之后，同学们对八亩地村的村会计进行了访谈，了解了村庄的整体情况，并对各组考察的主题现象有了一定了解。之后，三个小组的同学纷纷开始行动。"村庄垃圾处理"组开始走访农户和村庄保洁员，了解村庄垃圾处理的方式和地方做法；"民俗旅游"组开始走访村里的民俗户，了解民俗游在当地的发展历程和当地居民的经济活动；"民俗文化"组开始寻找村庄的民俗遗迹，并对村中的老年人进行访谈，了解村庄的民俗变迁。同学们充分利用一天半的时间踏察村庄，走访村民。珍珠泉乡以山泉水著称，同学们便绕过山下的小路去寻找泉眼、接取山泉水；水库边山顶上的土地庙和村界边上新修的九神庙，都是同学们仔细观察的对象；村民们上山锄地，同学们也一起拿起锄头，体验农耕的辛苦；村民们搬砖盖房，同学们也在旁认真观察，向大叔们了解村庄建房的风俗；摆放在村口的传承上百年的名为"青龙"的石碾虽然早就退出了人们的生活舞台，但年年都有村民默默为它贴上吉符，历经岁月而光滑透亮的碾子也引来同学们驻足观赏。村民们的淳朴和热情让同学们感受到乡土的亲切：70多岁的护林员大爷为同学们唱起民歌小调；我们寄宿农家的大姐给同学们亲手做了暄腾的馒头；晚上去农户家访谈时，村民热情地切了西瓜招呼大家。当然，村庄中出现的一些现象也引起了同学们的注意和思考。例如，大家发现，随着乡村生活的价值逐渐为人们发现和理解，一些来自北京的城市居民开始到八亩地村租房居住或租地耕种；有些来自城区的老年夫妇每年春季到秋季住在村里，感受村庄的自然景观、享受村庄的生活方式。有的城市居民以承包小块土地的方式与农户达成合作协议，由农户帮助耕种，城市居民获得收获的作物，来缓解城市食品安全问题。这些现象在三年前还不曾出现，它们都体现了普通人在社会变迁之中对"乡村"观念的变化和对当下风险社会的一种自我抵抗与应对。而生活在这里的村民，他们身上也更加浓重地体现出对乡土生活的怡然、自豪和坚守。虽然这次实践只有短短一天半的时间，但是我却和同学们一起亲身感受到了乡村，看到了我们坐在课堂上所无法想象和预设的乡村，这就是实践带给我们的收获。对于2012级的同学们来说，这次实践更像是一次班级集体活动，他们彼此间增进了感情，也更热烈地接纳了我作为他们集体的一员。

除了农村社会学的课程和实践教学之外，在2013年和2014年我也参与了暑期小学期综合实习的实践指导。这两次经历也给我留下了深刻印象。2013年的小学期实习，我和2010级的13位同学在河南省灵宝市罗家村的弘农书院住了大概9天。弘农书院是我们社会学系何慧丽老师进行乡建运动的一个基地，书院的负责人和组织者大多是罗家村的村民和一些志愿者。在书院借宿期间，书院里的人们给我们提供了很多帮助和关照。在他们的帮助和介绍下，同学们了解了罗家村的基本情况，并确定了自己的研究选题，完成了研究设计和访谈。这次小学期实习既是对同学们的一次科研训练，也是一次生活上的磨练。书院的负责人帮我们买来蔬菜，但一日三餐是由同学们自己来做，每三人一组，负责捡柴、烧火、炒菜、做饭、洗碗等全部工作。蔬菜的种类比较少，只有土豆、茄子和西红柿，同学们就变着花样想办法做出不同菜色；烧柴生火需要技巧，同学们就分工配合，培养出了专职烧火和掌勺的能手；有几天书院住宿的人多，同学们最多时要为近 30 人准备三餐，而且有时为了考虑整体，大家都不敢吃饱。除了自力更生做饭之外，同学们也克服了炎热和缺水的困难。酷夏的罗家村，午后温度近 40 度，同学们就尽量利用上午和晚上的时间入户访谈。书院缺水，刷牙的水都是一滴一滴接下来的。同学们常常打趣说"慢悠悠上个厕所回来，刷牙杯里的水还没有盖满杯底"。在那里，大家七八天都没有洗过一次澡。就是在这样的环境中，同学们每天认真地进行访谈和小组内部讨论，对村庄的婚嫁风俗、基督教本土化、撤点并校后民办教师职业变化和村庄庙会习俗等主题进行实地调研。同学们以尊重、谦逊的态度进入村庄，也得到了村民的信任和爱护。每每从村民家访谈回来，同学们或是带回村民赠送的水果，或是喝足了老乡专门熬制的祛暑汤。在返回北京之后，同学们也较好地完成了实地调研报告。2014 年暑期的小学期综合实习也是如此。2012 级和 2011 级的五位同学跟我一起来到河南省新县刚店村，他们借宿在村委会，支起板床、支起锅灶，早上 6 点钟起床步行到邻村买菜，自己动手做饭，从饺子、馒头、臊子面、窝头到创新性地用随身带的奥利奥饼干做出了巧克力馅的汤圆。同样，他们与乡亲们的友善相处也让他们每每下午返回时都会带回乡亲们馈赠的蔬菜。在这两次指导同学们进行小学期综合实习的过程中，同学们深入田野和乡村的精神给我留下了深刻而难忘的印象，我也感受到了社会学系本科生实地研究能力和素质的提升。这种能力的提升和社会学系不断重视本科生实践教学、为同学们提供更多实践学习的机会是分不开的。在课堂与实践并重的专业训练下，如今的同学们有了对社会更加敏锐的观察、更加深刻的理解。单从我所了解的近三年来大四同学们的毕业论文选题来看，就足以看到社会学系学生的不断变化。从大学生环保意识到农村初中生教育分流，从农村人口流动之下的"孝"文化传承到农村劳动力跨国流动现象，从城中村居民的生活状况到"上楼"农民的社会交往……同学们的毕业论文选题更加多元而具有现实意义，毕业论文研究中也不乏一些深入扎实的好论文。回想和对比大学时我和同学们进行毕业论文设计和写作时的慌乱与茫然，我的确真切感受到了社会学系和社会学系本科生的成长。

2013年夏河南省灵宝市罗家村：带领社会101班本科生进行小学期综合实习

5. 寄语新生：学科意识的培养

在社会学系，除了教书、带同学们进行社会实践和农村社会研究之外，我还有一个同样重要的工作，那就是做"班主任"。社会131班是我做班主任之后接手的第一个班级。"班主任"这个角色对于我和新入大学的131班同学来说，都意味着一份新的体验和期待。因为自己也曾经有过在大学时期茫然无措的感受，我能想象，同学们对于和老师交流的渴望。而这种对于交流和解惑的渴望，在社会学系的同学当中就更加强烈了。进入大学后，同学们困惑的第一个问题，也常常是困惑最久的一个问题是——社会学是什么？就像一百个人眼中有一百个哈姆雷特，每个学习社会学的人对这个问题都有自己的理解和阐释，而对这个问题的回答也恰恰是在学习社会学的过程中慢慢形成的。然而很遗憾，一些同学还没能探索出这个问题的答案，就在大一学期末的时候放弃了努力，转到了其他专业。对于"社会学是什么"的困惑，是每个进入社会学系的同学必然经历的，我和我的本科同学也不例外。只不过，在当时没有转专业的自由政策、没有绕开这个难题的"蹊径"时，我的大学同学们选择的是不纠结、边学边理解。探索"社会学是什么"这个问题的确花费了大家很长时间,但是同学们都没有放弃过这种努力。当时同学们的生活和学习条件都比今天差了许多,我至今还能清楚地记得女生们为了晚上在宿舍多看会儿书、多学一会儿而"偷电"的事情。那个时候,全校的宿舍楼统一晚上10点熄灯。熄灯后只有楼道的声控灯可以照明,摸一下开关或者拍一下才会亮,隔一会儿就会自动熄灭。于是不少同学就搬着凳子坐在楼道里看书,楼道很窄,只能放一排板凳,有一个同学会坐在那儿负责时不时地按开关。后来有同学想了个办法,拿透明胶带把开关粘住,或者用饭卡的一角插进开关缝隙,这样灯就不会灭了。为了获得更长久一点的灯光、可以在宿舍里看书,同学们又想到了一个更大胆的办法——从楼梯口的应急灯上接插线板。当时我们宿舍是离楼梯口最近的,每天晚上都会有室友踩着凳子、扒着楼梯口的门,把一个十多米长的插线板插头接上。这个插线板会放在走廊,其他宿舍再依次把各自的插线板接到我们宿舍的插线板上,后面的宿舍又依次接到前一个宿舍的插线板上,依此类推。社会学系、科管系、法学系甚至新疆民族班的女生,就这样被一个个插线板连接在了一起,度过了无数个熬夜看书学习的夜晚。当然,我们的插线板也常常被突击检查的宿管阿姨没收。"偷电"的经历总是提心吊胆,但是也充满了乐趣。

那个时候的大学生的确没有对"就业"如此功利而超前的规划、打算,也并没有因为社会学专业相对于理工类学科的弱势而减弱学习的兴趣,尽管当时我们全班都是理科生。毕业十年之后,我的大学同学们已经进入了多种多样的工作领域,有银行、电子商务、公司企业、基层街道、大学高校、统计部门甚至还有监狱系统,等等。虽然很多同学从事的工作和职业与社会学专业并没有直接关系,但是大家都深深感受到大学阶段社会学的学习经历对自己思想的雕琢和对人生的启蒙。这也许和今天的社会学系本科生存在较大差异。在进入社会学系工作之后,我才了解到每年大一新生的班级中都会有不少同学转到其他专业。转专业同学的选择比较一致,多是想转到经济学、金融或者工商管理等一些实用性强的专业。不可否认,有些同学是在经过一个学期之后对自己的兴趣爱好有了更深刻的认识而选择转专业,但不少同学的确是出于职业发展的考虑而放弃了社会学专业。对于那些尚未识得社会学专业魅力就轻言放弃的同学，我觉得非常遗憾。如果说大学的职责是要让学生知晓德行、培养出更优秀的人才、让整个社会达到最善的境界，那社会学无疑是大学教育中最基础性的学科之一。然而在大学教育自身和求学者日渐功利主义的趋势之下，今日的大学非但不能文理并重，培养出致力于社会变革和创新人文观念的思想大师，甚至连培养人格健全、心智丰富、全面发展的专业人才都办不到。

很多喜欢并且想要学好社会学的同学，特别是一年级新生，常常会被另一个问题所困扰：怎样学习社会学？怎样培养社会学的学科意识？其实，如果今天有人问我社会学是什么、怎样学好社会学，也许我还是无法给出令人满意的答案，但是我从学生时代一路走来的经历告诉我，学习社会学离不开三点：读书，实践，一颗对社会和他人常怀感念的心。读书和实践是每位社会学专业的老师都会提出和强调的学习方法，我更想强调的是那颗对社会和他人感怀的心。几乎所有关于社会学的入门书籍都会告诉我们社会学是什么。在我自己对社会学的学习和研究过程中，我逐渐感悟到，社会学就是对生活于社会之中的个体的关怀。无论是社会学中经典的三大家，还是中国本土社会学的领袖人物，社会学家所关注的实质都是社会发展变迁在个体之上的投射。这种投射表现在经济、就业、教育、婚姻、家庭、阶层、伦理等一系列"社会的"范畴和领域内。尽管不同学派、不同学者对社会现象、社会问题、社会运行和发展进行思考与呈现的角度有所不同，但都未脱离对社会之中人的关怀。这种关怀和情怀是激发社会学想象力的根源，也是创造出譬如20世纪上半叶中国社会学繁荣思想的动力。这种关怀和情怀对于我所在的农村社会学研究领域也尤其重要。在一个像中国这样快速变迁的城乡社会中，我想，一个学者和研究者所能把握并引以为据的关切点，唯有一个个普通人在这个变迁时代中的遭遇与行动。这样的关怀与情怀也需要每一个社会学中人永葆对于社会的新鲜感和敏感，永葆感知社会的热情。通过阅读和实践来认识社会、反思历史，在不断探索社会学魅力的同时获得对自己心性的习练，这是社会学专业所赋予我的最美好的成长回忆。经历虽不能复制，但希望未来所有进入农大社会学系的同学都能在这个专业和这个集体中获得丰富的人生体悟。我们的社会学系还很年轻，它期待和更多人共同成长。

江沛／韦晶／王露露／贡秋郎加　采访整理

潘璐 2015/05/01　校订定稿

张艳霞

1. 八年燕园寻梦

我的社会学旅程始自北大，在燕园学习的八年是我寻梦的八年。记得初到北大时，我对社会学一无所知，处于迷惘与彷徨的状态。燕园八年的求学生涯最终让我认定社会学就是自己的理想专业，是我实现人生梦想的桥梁。这八年的燕园寻梦之旅，得益于北大所蕴含的浓厚的人文精神和北大社会学系老师们的言传身教以及同学们对我的启迪。

北大之于我最宝贵的是其深厚的人文关怀、对自由和科学精神的敬仰。虽然我在燕园的八年不是它的辉煌时代，记忆中三角地最显赫的位置总是被托福、GRE 培训和各种商业广告占据，但人文关怀、对自由和科学精神的敬仰早已深深扎根于北大的土壤和燕园的一草一木，并没有被校园外的喧嚣轻易带走。我依然能感受到这些北大精神时时在涤荡我的心灵，促进我的成长。这种精神的熏陶是我一生的宝贵财富，是真正让我感觉内心充盈的精神食粮。

北大社会学系的学术氛围、老师们广阔的学术视野、他们作为学者的真诚和良知都深深影响了我，激发了我对社会学这门学科的兴趣，激励着我深切关注当代中国的社会变迁和弱势群体的命运。社会学系的老师们给我的总体印象是勤奋、严谨、质朴、不哗众取宠。记忆中，老师们上课都兢兢业业、准备充分。20世纪90年代社会学尚属刚刚恢复重建的学科，几乎没有什么完善的教材，那个年代的授课方式也是以灌输式为主。所以老师们上课都不停地板书，我们一堂课下来经常要记几页到十数页的笔记。十几年后，当我自己也登上社会学的讲堂，才愈加体会到当年老师们备课之不易，内心油然升腾起对他们刻苦敬业的双倍敬意，也更加感激他们在当时那么艰苦的条件下依旧竭尽所能传授给学生社会学理论与各重要分支领域的系统知识，帮助我们掌握各种社会研究的技能与分析方法。我的老师们教书育人和勤奋为学的精神对我的影响是深远的，至今鞭策着我努力做一名合格的大学老师和社会学者。

在我们读本科的四年期间，王思斌老师担任社会学系主任、杨善华老师担任系副主任。他俩给我们讲授的课程也很多，给我留下了深刻的印象。特别是杨善华老师在社会学理论的课堂上表现出来的对经典社会学大师学术思想的深刻领悟和无限挚爱至今让我记忆犹新。像社会学系的很多老师一样，他们在教学中是很尊重学生的，对学生的质疑或挑战是赞赏和鼓励的，对爱读书、爱思考的同学喜爱有加，说起社会学系的得意门生总是掩饰不住满心的喜悦和骄傲。作为学者的他们，则是永不停歇地勤奋读书和辛勤笔耕。

在北大学习有很多珍贵的记忆，比如听费孝通先生的演讲。当时正值1992年北大社会学系恢复重建十周年系庆，费先生到北大参加社会学系系庆时受邀做了主旨演讲，那情景我至今记得很清楚。费先生对我们这些社会学的后辈谈到了社会学家要扮演好"故事家"角色，强调搞社会学的一定要会"讲故事"。20多年来，他的话始终回响在我的耳边。在我从事学术研究的每一天，我都在思考我要讲什么人的故事，怎样才能讲好他们的故事。同样，我也感觉自己非常幸运，在20多年前就能在北大的讲堂上听到诸如潘绥铭老师的性学讲座和李银河老师的同性恋研究，让我在刚刚踏入社会学的大门时就能感受到社会学的开放性和独特魅力。

大学本科四年期间，我们参与了很多社会调查的实践活动，留下了很多珍贵的田野回忆。印象最深刻的是 1994 年夏我们全班同学参加的密歇根大学关于中国城市家庭和代际关系的问卷调查，调查地点在河北省保定市。这实际也是我们的毕业实习。我们全班 36 名同学冒着酷暑跑遍了保定的大街小巷，深刻体会了收集资料的艰辛。记得每个被抽中的家庭都要调查两代人，包括七八十岁的老人，每份问卷平均需要一个多小时才能完成。四年之后，我亲耳听到了来北大访问的抽样调查领域最权威的专家、美国密歇根大学的 Leslie Kish 教授赞扬我们这次保定调查无论是抽样实施还是调查过程都是高质量的典范。在牛津读博士期间，我又读到了 Martin Whyte 教授所发表的数篇关于中国家庭变迁和代际关系的论文，都是基于这次保定调查。我的心里一方面为我们全班同学的高质量调研而自豪，另一方面则愈加明白收集资料对于学术研究的重要意义。

1998 年，我在本科毕业三年后重回北大社会学系读硕士，导师是王汉生老师。社会学系的很多学生倾向于把王汉生老师归为"严师"这一类，认为她学问做得好，对学生要求也非常严格。我在王汉生老师门下的三年没有感觉到她的严格，却深刻感受到她做人、为学的率性以及她对学生的关怀备至和指导有方。她不止一次对我们说起自己这一生是幸运的，因为选择了最理想的职业。王老师的言传身教让我真正体会到教师职业的神圣和传道授业解惑的快乐。在读硕士之前和读硕士期间，我一直在全国妇联妇女研究所从事学术研究。虽然我很享受做一名社会科学的研究者，但最终选择大学老师作为自己的终身职业正是缘于硕士期间王汉生老师的影响。我永远记得 2001 年硕士毕业典礼那天她给我和她的另外三名学生送来的鲜花和祝福，我们可能是整个毕业典礼唯一收到导师送来鲜花的毕业生，那份特别的温暖和关怀至今留在我的心里。

读硕士期间，还有一件事让我记忆犹新。那时，马戎老师给我们上一门人口问题研究的课。上课期间有一天，他把自己的博士论文带到了课堂上展示给我们，并与我们详细分享了他做博士研究的整个过程和积累的宝贵经验。在此之前，我对读博士尤其是出国读博士没有任何概念，感觉那是遥不可及的事。马戎老师的分享给我打开了一扇窗户，让我清晰看到了前方的路，促使我下定决心在2002年远赴英伦继续深造。

在北大学习的最大挑战就是身边优秀的同学太多了。在北大的这些年，我最大的收获就是学会了变压力为动力，学会欣赏身边的优秀伙伴，并以他们为榜样，感受他们对我的启迪。本科的四年期间，我对社会学逐渐热爱起来，但个人的独立研究能力非常薄弱，而我的同班同学项飚已经参加了两次"挑战杯"全国高校课外科技大赛，拿了两个大奖。短短几年，他对北京"浙江村"的研究在海内外已经产生了很大的影响，成为校内校外的学术明星。大学期间，他在讨论课上的发言每每让我感觉到自己书读得太少、思考太少太肤浅。还记得有一天，我偶然在校园橱窗看到对项飚的采访摘录。谈到对钱的看法，他说的是"为我所用"。这四个字多年来一直刻在我的脑海里，时时提醒我脱离物质主义的束缚，追求精神的自由和充盈。班上除了项飚，其他同学也很优秀，比如赵力涛，理论功底深厚、论文写得非常精彩，让人总有望尘莫及的感觉。本科跟他们做同学压力是巨大的，但收获也是巨大的。

在北大读硕士期间，班上有位大牛叫高琴，她当年是以考研总分第一名从中国青年政治学院考入北大的。读研期间，她的成绩基本保持全班第一，让我们这些北大社会学系科班出身的同学自愧弗如。她不但学习成绩好，而且有很大的人格魅力，是我眼中真正的社会工作者——有着坚定的人生目标，充满自信，而且关心身边的每一个人，时时刻刻助人自助。我感谢在北大求学的八年美好时光，让我结识了这么多良师益友，让我在学术生涯中一直有榜样，能够快乐成长。

2. 十二年海外求索

2002年，我有幸获得了英国外交部的志奋领奖学金，7月底前往英国深造。离开国门的时候，我并没有想到自己这一走就要在海外奋斗12余载才会重回故乡。这12年海外求索包括了我在英国的七年求学和在东南亚的五年学术研究和执教。这12年是我生命中的神奇之旅——

结识了更多的良师益友，获得了更多宝贵的人生体验，视野也更为开阔。

初到牛津，我又攻读了一个硕士，专业选的是比较社会政策。之所以选择社会政策这个专业（最接近国内的社会保障专业），是因为它在欧洲特别是英国，有着悠久的传统，旨在推动社会公平与协调发展，与我的学术关怀非常契合。在牛津读硕士期间，作为比较社会政策的研究生，我们特别学习了如何运用国际比较的视角，分析不同国家各种社会政策的异同。这样的视角之于我是珍贵的，察彼以察己，在比较中更加容易获得对于本国社会政策的深刻认知。我近年来对于中国与东欧转型国家、中国与亚洲儒家文化圈其他国家社会政策的比较研究所产生的浓厚兴趣，应该是得益于初到牛津的硕士训练。

牛津这一年高浓缩的硕士读下来是异常艰苦的。刚入学时，我就感觉到自己在基础知识和理论修养方面与一些同班同学存在较大的差距。很多东西这些同学在本科已经耳熟能详而我只知皮毛。在巨大的压力面前，我只能加倍用功。牛津是古老而美丽的，可是我很少有时间和心情去欣赏遍野的绿地和醉人的鸟语花香。在牛津睡个整觉对我来说是件奢侈的事情。悠扬的钟声和黎明的鸟鸣经常陪伴我度过一个又一个不眠之夜。在牛津读硕士一年的时间，我读的书可能比我在北大读硕士三年所读的还要多，虽然很多时候是囫囵吞枣。

硕士读完之后，我很幸运地获得了英国海外研究学生基金和牛津大学的 Clarendon Fund，资助我自 2003 年 9 月开始攻读社会政策专业的博士。博士期间，我有两位导师——法学家 Mavis Maclean 和社会历史学家 Jane Lewis。她们两位都有很深的学术造诣和广阔的国际视野，非常关心学生。任何时候只要我有需要，她们都会给予我最及时的指导和帮助。我深深受益于牛津的导师制和一对一的指导（tutorial），让我时时能够从导师那里得到足够的学术启迪、及时的鼓励与鞭策。每次与导师见面接受她们的指导，我都感觉自己似乎充了一次电、获得了一次新生。在牛津攻读博士是一个漫长而艰苦的旅程，没有两位导师的启迪与鼓励，我不可能在 2009 年 3 月顺利完成博士论文。我的两位导师用她们的实际行动教给我，好的导师时时刻刻都把自己的学生放在心上。我

参加牛津大学的毕业典礼

也深刻体会到指导硕士生、博士生时导师所给予的精神鼓励与学术启迪是同样重要的。

在我刚到牛津不久,我的大学同学项飙就已完成了他在牛津的博士论文。他先到新加坡国立大学做了一年博士后很快又回到牛津大学执教。我在牛津留学的那些年经常请教他,他是我没有挂名的导师。我每完成博士论文的一个章节,总是请他做第一个读者。每当我思路不畅的时候,他总是拨冗与我见面跟我讨论让我茅塞顿开。他经常跟我说,学术研究必须关注真实世界、现实问题、有深切的社会关怀。每当我迷惑于理论时,他总是提醒我平实、清楚的描述可能比抽象的理论更可靠。在牛津的岁月再次让我感受到他是我一生难得的良师益友。

现在回首自己在牛津读书的历程,我感觉也是一个学术除魅的过程。牛津的课堂和学术氛围、古老的 Bodleian 图书馆、来访的世界各地的学者,都让我感觉学术就是日常生活的一部分、不遥远也不神秘。我记得有一次去一位理科朋友的实验室,在楼道里遇到一位很慈祥的老先生热情地帮我开门并让我先行。前来迎接的朋友告诉我说,刚才给你开门的老先生是位诺贝尔奖获得者,他从来都是这样慈祥和绅士。我也清楚记得在牛津的大讲堂与几百人一起听吉登斯讲座时的情景,我的心情是那么平静,真正感受到了他的智慧和思想所给予听众的启迪。牛津这样一个学术除魅的历程让我更为从容地以一颗平常心做学术。

七年牛津留学生涯的艰辛每每想起来都会让我热泪盈眶,感慨这是我生命中迄今为止最为艰辛的岁月,真的是几乎每一天都在"绝望中寻找希望",但今天回忆起来更多的是感觉生命没有白过的满足和今后我可以迎接任何挑战的自信。

2009 年 6 月,我在博士论文答辩通过之后的一个月就从牛津赴新加坡国立大学就职,在亚洲研究院做博士后研究员,开启了为期五年的东南亚之旅。选择到新加坡工作主要是因为它优越的学术环境,特别是在东西方学术交流方面。我做博士后的亚洲研究院平均每年组织大约 30 场国际研讨会,来来往往的东西方学者不断带来最前端的研究信息。

在亚洲研究院工作期间,我有幸与国立大学的社会学和人口学家 Gavin Jones 教授合作主持了两项国际比较课题,探讨亚洲的婚姻与家庭变迁,我也很幸运能与国立大学的社会学家 Jean Yeung 教授合作组织了关于"养老和儿童照顾:亚洲各国社会政策和实践变迁"的国际研讨会,并在此基础上为 International Journal of Sociology and Social Policy 主编了一期特刊。这些宝贵的经历帮助我很快与英国、日本、新加坡、韩国等国的社会政策和人口学者建立了广泛的联系和长期的合作。此后不久,我受韩国和日本同事的邀请参与了两项大型国际比较课题,探讨亚洲国家在社会保障体系、养老和儿童照顾方面的异同。

2011 年 6 月到 2012 年 7 月,我有幸在新加坡国立大学东亚研究所做了 14 个月的访问研究员。这个东亚研究所是亚太地区颇具影响力的智库,以研究中国问题最为擅长,主席由历史学家王赓武先生担任,所长由政治学家郑永年教授担任。多年来,该所密切跟踪研究中国的政治、经济和社会各方面的政策,每周都举办关于东亚热点问题的内部讨论会和公开讲座,每年吸引众多世界知名的东亚研究专家到访。在东亚研究所的这 14 个月,我的收获是巨大的,一方面接收了大量关于中国政治、经济和社会发展的新信息,获得了同事们多学科多视角的启迪;

我与 Jean Yeung 教授在新加坡组织的国际研讨会

我与新加坡国立大学东亚研究所的部分同事

另一方面我也开展了对中国养老与老人照顾、社会治理、婚姻与家庭变迁等问题的前沿研究。我感觉自己对中国的社会发展问题有了更全面的把握。

2012年7月底，我从新加坡搬到东南亚另一个国家文莱，在文莱大学人文与社会科学院执教。这一方面是机缘巧合，另一方面也是因为我喜欢当老师，喜欢与年轻人鲜活思想的碰撞，享受学生的成长带给我的收获与欣慰。在新加坡的工作虽然也有机会代课以及指导本科生和研究生，但始终是以研究为主；在文莱大学的工作则是教学和研究并重，实际上教学任务很重。我先后给社会学与人类学系的本科生讲授了六门课，指导了几十名三年级学生的实习和四年级学生的毕业论文，指导了两名硕士研究生，协助指导了一名博士研究生。为了上好每一堂课，我经常昼夜不停地备课，其间所付出的努力和艰辛都因为看到学生的进步而倍感欣慰与满足。

东南亚五年的神奇之旅使我有机会体验了更多的社会与文化，特别是有幸近距离接触了东南亚的华人社区、新加坡和文莱的伊斯兰教和印度文化，我感觉自己的视野比离开英国时更为开阔，在文化的包容性与洞察力上也有了很大的进步。但这些收获都比不上结识更多的良师益友所带给我的冲击。12年海外求索对我启发巨大的有很多学者：牛津七年有我的两位导师Mavis Maclean和Jane Lewis、项飙以及另一位中国问题研究专家Rachel Murphy；东南亚五年有Gavin Jones、Brenda Yeoh、杜赞奇、王赓武、郑永年和赵力涛。他们在我眼里都是虚怀若谷的谦谦学子，都有一颗开放的心灵，不管年龄多大，都保持强烈的好奇心与求知欲。他们的为学给予我无尽的启发。

3. 旧燕归来初登农大讲台

多年以来，我的研究兴趣和关注点一直是当代中国的社会发展问题，我也一直计划回国。这其中最重要的原因是我想身临其境地观察中国的发展变化以及存在的社会问题，因为推动中国的社会公平与协调发展是我最深切的学术关怀。这个心愿终于在2014年7月在农大实现了。

农大是迄今为止我申请过的唯一一所国内院校。与农大这份很特别的缘分主要应该感谢梁永佳老师。他是我在新加坡国立大学的老同事，也是我特别欣赏的学者。我们几乎同时到亚洲研究院工作。他在院里的第一次公开演讲就给我留下了深刻的印象。我记得他演讲时，先勾画了一幅中国地图，然后特别标出了从黑河到腾冲这条人口地理分界线。他提到这条分界线的西北虽然占了中国国土的一多半，但一直以来得不到社会科学研究应有的重视，他说他很想填补这个学术空白。他的这番话当时就让我肃然起敬。虽然我们的研究领域有差别，但他对很多问题的深刻思考和独到见解经常给我诸多启发。2012年春，我听说梁老师作为优秀人才被引进到农大人发学院的社会学系任教，我当时就想农大一定有它特别吸引优秀学者的地方。2013年11月，当我从梁老师那里得知农大有新的职位开放的时候，我毫不犹豫就申请了。

之后不久我就接到了吴惠芳老师的电子邮件，通知我参加社会学系的面试。因为当时我还在文莱大学任教，所以决定采取电话面试的方式。社会学系的面试定在12月中旬，很遗憾那天因为网络连接的问题没能见到面试我的老师们。记得那天通过电话，我先试讲了自己对亚洲婚姻家庭变迁所开展的研究。之后，朱启臻老师问了我第一个问题，梁永佳和吴惠芳老师也随后各问了一个问题。电话传递过来的老师们的声音给我一种特别熟悉和亲切的感觉。通过系里的面试之后，在接下来向院级和校级申报资料的过程中，我得到了张蓉和梁永佳老师的大力支持和帮助。没有他们的热情帮助，单是资料申报就足以难倒已经不太熟悉国内办事流程的我。

2014年1月2日，我参加了农大高层次人才评审与考核会，面试的时候我见到了李小云院长。我在全国妇联妇女研究所工作期间见过李老师几次，出国前最后一次见面是在2000年我们进行第二次中国妇女社会地位调查请李老师做专家演讲时。这次在农大的面试使我在14年之后有机会再次见到他。我很激动，也非常感激他在面试时所给予我的鼓励。面试之后，我很高兴地见到了社会学系的朱启臻、张蓉、梁永佳和熊春文老师。虽然跟三位老师（除梁老师以外）都是第一次见面，但我心里却有种似曾相识的感觉。会面时间比较短，留给我的印象却是非常美好的，我对社会学系的概况和系里的老师们有了更多的了解，在内心里我已经把这个集体当作自己的家了。

校级面试通过之后，我从 5 月就开始办理国外学位认证和各种入校手续，7 月初就正式入校报到了。走在农大东区的校园里，我有种旧燕归来的感觉，因为出国前我就住在离农大东区不远的学知园小区，过去经常到东区校园来，所以这种重回故里的感觉特别强烈。

在农大的第一个学期，我参加了社会学概论的联合教学。这是社会学系第一次尝试多位老师共同讲授这门课。在 9 月 11 日的备课会上，我见到了协调组织这门课的吴惠芳老师和参与讲授这门课的朱启臻、盛荣、潘璐和何慧丽老师。在这次备课会上，我们一起探讨了每堂课要讲授的主要内容，并共同切磋了讲课技巧和方法。朱老师对我们所有授课老师提出的要求主要有：把基本概念和重要理论讲清楚、透彻，理论联系实际，充分激发同学们对社会学的兴趣。这次备课会让我充分感受到朱老师对这门课的殷切期待和厚望，也感受到系里老师们良好的专业素养和协作精神。

在 9 月 11 日的迎新会上，我们十来位老师一起在民主楼迎接了社会学 2014 级的同学们。迎新会的气氛是热烈的。吴惠芳老师向同学们介绍了社会学系的历史发展和系里的每一位老师。同学们也一一做了自我介绍，几乎每个人都介绍了自己的家乡、自己姓名的含义、性格和梦想。同学们给我的总体印象是善于表达和有志向，对新知充满了渴望，对大学生活充满了期待。记得朱老师那晚做了个现场调查，发现一半多的同学是自己主动选择的社会学专业，不少同学显示出对本专业已有初步的了解和浓厚的兴趣。那晚，我一方面被青春洋溢的同学们深深感染，仿佛时光倒流，好像自己重新迈入了大学的门槛一样满心激动和憧憬；另一方面当晚热烈的气氛让老师的责任感和使命感在我心中再次油然而生，促使我更深入地思考如何能更好地传授知识给同学们，引导和帮助他们实现美好的大学梦想。

我承担了社会学概论十一讲中的两讲：一讲是社区与城镇化；另一讲是社会保障与社会政策。这两讲虽然都是我非常熟悉的领域，但我在备课时丝毫不敢懈怠，依然花了大量的时间去准备。我给自己提出的要求是向同学们传授基础知识一定要到位，同时课要讲得有新意，不能仅仅拘泥于教材，还要帮助同学们初步了解当前中国城镇化发展进程的最新动态和面临的挑战，以及国内和国际社会政策发展的最新动向。我精心挑选了上海外语频道制作的纪录片《中国面临的挑战》作为课堂讨论的素材。这个纪录片曾荣获中国新闻奖一等奖，其观察和分析中国现实问题的视角很独特。我挑选了其中关于城镇化和福利民生的两个短片给同学们播放，引导他们联系课堂所学的知识进行讨论与分享。

让我倍感欣慰的是同学们上课时听得很认真，参与课堂讨论也很积极。第一堂课上完，就有两位同学在课后主动跟我交流，说："老师，谢谢您把课讲得这么清楚、有趣，整堂课听下来我一点儿也没有走神。"对于我所选择的纪录片，同学们也反映视角很新颖独特，能够激发他们更加关注中国的现实问题、启发他们积极思考当前社会发展所面临的各种挑战。同学们的掌声对于我来说就是最好的激励，促使我不断探索启发式、合作式的教学方式，调动他们学习的主观能动性与潜力，培养他们的创造力、社会责任感与批判精神。

人发学院的左停老师在这个学期还给我提供了一个宝贵的给社会保障专题的研究生代课的机会，让我能够初步了解农大研究生的授课模式，近距离接触选这门课的硕博士研究生。我给他们讲授了"东亚社保模式及其对中国的启示"这样一个专题。课堂上，同学们对这个专题表现出浓厚的兴趣，非常踊跃地提出了不少问题，积极参与了课堂交流与讨论。我也借此机会初步了解了对社会保障感兴趣的农大硕博士研究生的学术背景和研究兴趣。

从系里，我接到指导三名社会学 2011 级毕业生论文的任务。此前我已经在海外指导了多名本科生和研究生，但这是我第一次在中国大陆指导国内培养的本科生，对于我是一个崭新的开始。通过与我的这三名本科四年级学生的密切接触，以及参加毕业生的论文开题会，我逐步了解了社会学系学生所受的专业训练和同学们感兴趣的研究领域。我也看到同学们的专业素养和认真程度有较大差别，但我相信每位同学都值得导师付出同等的心血和鼓励。

在农大社会学系工作的半年多来，我经常感受到同事们的善意和关照。特别是张蓉、朱启臻和梁永佳老师给予了我诸多鼓励、支持和帮助。在我正式到社会学系工作以前，就听人发学院的学生们跟我说，社会学系有一位让学生时时如沐春风的教授叫孙庆忠。我与孙老师在楼道和班车上偶遇了两次，他亲切的话语让我备感温暖。在农大的民主楼，我经常感觉到北京的严冬有春风拂面。

4. 学术研究志趣及对未来的展望

在农大工作的半年多时间里，我先后参加了两个在本校举办的大型学术活动：一个是 2014 年 12 月 27 日召开的人发学院年度科研工作交流会；另一个是 2015 年 1 月 17～18 日在河北涿州农场举办的农大 2015 年青年教师科技创新学术沙龙。这两次学术研讨活动都给我留下了深刻的印象，帮助我了解了更多人发学院乃至整个大学的科研状况、人发学院乃至整个大学对老师们的科研要求和期待，比如，特别重视中英文核心期刊论文的发表数量。

在人发学院年度科研工作交流会上，我认真聆听了多个非常"接地气"的学术报告。这次交流会帮助我熟悉了本学院老师们所研究的不同领域，学习了"三农"问题的前沿研究。此次交流会上，叶敬忠老师和朱启臻老师的演讲给我留下了深刻的印象。两位老师都探讨了土地流转问题，他们的研究充分显示出各自深厚的理论功底和严谨扎实的治学，为我以后的学术研究树立了良好的榜样，让我由衷地赞叹和钦佩。在这次交流会上，通过叶老师的介绍我也了解到，依据人发学院近年的科研成果统计，社会学系的老师们所发表的科研成果数量一直在本学院处于比较领先的水平。

农大 2015 年青年教师科技创新学术沙龙则为我提供了一个初步了解全学校不同学院青年教师的研究状况和农大现有的学术资源的好机会。我自己也很荣幸有机会在此次学术沙龙上发言，阐释了中国和新加坡的大龄未婚现象，收到了较好的反响，算是我加入农大之后在本校所做的第一次学术演讲。这次学术沙龙让我了解到农大不少青年教师正在从事各种前沿研究，不少人已经取得了突出的成绩。我一方面非常羡慕学校为从事自然科学的青年教师们所设计的很多很好的成功路径和提供的全方位大力支持，如优青、杰青、自然科学基金的申请等。另一方面我也不禁感慨社会的大环境和农大本身的特点决定了人文社会科学在农大还没有得到足够的重视，人文社会科学目前在农大的发展还相对滞后。作为农大社会学系的一员，我深感前方的道路还很漫长，需要我们不断探索和执着坚持。

加盟农大社会学系这个经历让我对中国的城乡协调发展更为重视。未来我的研究领域将继续集中在社会保障、婚姻与家庭变迁、社会性别与发展这些方面。我有志于研究新型城镇化下的贫困问题、养老和儿童照顾问题、大龄未婚、离婚、代际关系等的变迁等。但与我以往的研究不同，我会更加关注对中国农村的实证研究以及城乡的比较分析。2014年末，我的引进人才支持计划启动项目确定为"中国城乡养老保障比较研究"。在未来 2~3 年，我将集中探讨当前中国城乡老年人在经济供养、养老意愿、生活照料需求和现实养老方式的选择等方面存在的差异及其根源，评估现有养老保障政策在应对城乡老年人养老所面临的挑战上存在的不足，推动公共服务均等化视角下城乡养老保障的均衡发展。

我非常希望在农大人发学院和社会学系的学科建设方面发挥应有的作用，尤其愿意促进社会保障、社会性别与发展、婚姻与家庭等领域的教学和科研。我很希望在自己的教学和研究中，与本科生、硕士生和博士生充分分享自己多年来从事实证研究所积累的具体经验，如怎样结合质性研究方法和定量研究方法，如何运用社会历史和国际比较的视角等，希望为社会学系培养更多优秀的毕业生来服务社会。

2015 年正值农大社会学系系庆 20 周年，我深感自己非常幸运回国后能够加盟农大社会学系这个优秀的集体。我非常喜欢系里老师们的率真性情、严谨治学、专心读书、认真教学和潜心科研。我也深刻体会到朱启臻、张蓉、蒋爱群等元老级的老师们对社会学系未来发展的期待与厚望。同事们的共同努力使得社会学系在过去的 20 年不断发展壮大，有了今天的良好局面。相信未来的岁月我们能够共同面对各种挑战，为社会学系创造新的辉煌，相信我们每个人都会在社会学系第三个十年留下深深的足迹。

张艳霞 2015/04/25　修改定稿

后　记

　　2015年10月，中国农业大学将迎来110周年校庆，届时社会学系也与之同行了20个春秋。为了纪念这个特殊的日子，2014年5月全系同仁决定以口述的方式，记下每个人与社会学系结缘的点点滴滴。之所以这样设计，一来建系历史尚短，写史的条件还不具备；二来每位同事的教学经历和教育体验，都是全系工作的重要组成部分。无论是课堂教学还是田野实践，都蕴含着教师对大学教育的理解，充盈着他们丰富的精神世界和独特的情感体验。这种心灵的道白，恰恰可以通过讲述的方式清晰呈现。

　　社会学系从1995年建立至今，历经了几代学人的努力，从年逾古稀的资深教授，到"80后"的学术新人，虽规模有限，却也建制齐备。其研究范围涉足社会学各分支领域，并在多年的累积中精准定位，形成了以农村社会学为基点，关注农民问题，直指乡村发展的专业特色。20年来，优秀人才从国内外高校汇聚于此，并为社会学系的发展做出了各自的贡献。为了全面地记录这段共同走过的日子，策划此项工作之初，我们便把已荣退的程贵铭教授和已调离的同事孙津教授、赵旭东教授纳入其中。他们在社会学系工作的时间长短不一，却同样在系史上留下了深刻的印记。与此庆幸同在的是，李小云、盛荣、潘进三位老师的口述，因种种原因，未能与此同列，甚为遗憾。

　　在这部以个人教学经历为主线，集体回忆社会学系往事的文集即将付梓之际，我们要特别感谢梁永佳教授以及2013级全体学生为此付出的努力。口述文本初稿的形成，得益于他们共同的"定性研究"课程。在持续两个月的科研训练中，梁老师指导学生实务操作，学生在听闻老师的故事后，整理录音，修改抄本。这一过程既训练了学生访谈的能力，也在老师们的叙述中，增进了师生之间的感情交流，加深了学生对所学专业的理解。

摆在面前的这部口述历史，熔铸了全系老师的教育情感，刻录了为师者源于心底的使命意识。这之中每个人的生活感受都从不同的层面，展现了廿载难忘的瞬间。这也是我们将这部文集命名为"守望与回望"的原因所在。社会学系的20年，相对于110年的校史是短暂的，但她所取得的成就不仅彰显了社会科学研究乡村的独特价值，更因她的专业设置和人才培养，使中国农业大学不负综合性大学之名。

孙庆忠

乙未大暑于农大东区民主楼

图书在版编目(CIP)数据

守望与回望:中国农业大学社会学系口述历史/朱启臻主编.
—北京:社会科学文献出版社,2015.10(2015.11重印)
 ISBN 978-7-5097-8057-2

Ⅰ.①守… Ⅱ.①朱… Ⅲ.①中国农业大学-校史
Ⅳ.①G649.281

中国版本图书馆 CIP 数据核字(2015)第 225694 号

守望与回望:中国农业大学社会学系口述历史

主　　编 / 朱启臻

出 版 人 / 谢寿光
项目统筹 / 韩莹莹
责任编辑 / 韩莹莹

出　　版 / 社会科学文献出版社·人文分社 (010) 59367215
　　　　　　地址:北京市北三环中路甲 29 号院华龙大厦　邮编:100029
　　　　　　网址:www.ssap.com.cn
发　　行 / 市场营销中心 (010) 59367081　59367090
　　　　　　读者服务中心 (010) 59367028
印　　装 / 北京京华虎彩印刷有限公司
规　　格 / 开　本:787mm×1092mm　1/16
　　　　　　印　张:27.5　字　数:418 千字
版　　次 / 2015 年 10 月第 1 版　2015 年 11 月第 2 次印刷
书　　号 / ISBN 978-7-5097-8057-2
定　　价 / 148.00 元

本书如有破损、缺页、装订错误,请与本社读者服务中心联系更换

▲ 版权所有 翻印必究